MUHAMMAD ALI

LA VIDA DE UNA LEYENDA

MUHAMMAD ALI

★ ★ ★ ★ ★ ★

FIAZ RAFIQ

Traducción de Pilar Recuero

LIBROS **CÚPULA**

Publicado originalmente en inglés bajo el título *Muhammad Ali: Conversations*.

© Fiaz Rafiq, 2010 & 2020
© de la traducción: Pilar Recuero Gil, 2021
© de la fotografía de cubierta: © Stanley Weston/Getty Images
Diseño de cubierta: Planeta Arte & Diseño

Primera edición: mayo de 2021

© Editorial Planeta, S. A., 2021
Av. Diagonal, 662-664, 08034 Barcelona (España)
Libros Cúpula es marca registrada por Editorial Planeta, S. A.
Este libro se comercializa bajo el sello Libros Cúpula
www.planetadelibros.com

ISBN: 978-84-480-2825-1
Depósito legal: B. 21.262-2020

Impresor: Liberdúplex
Impreso en España – *Printed in Spain*

El papel utilizado para la impresión de este libro está calificado como papel ecológico y procede de bosques gestionados de manera sostenible.

SUMARIO

PRÓLOGO

Me sentí profundamente honrado cuando mi amigo Fiaz Rafiq me pidió escribir el prólogo de su libro *Muhammad Ali: la vida de una leyenda*. Leer todos esos hermosos encuentros de destacadas figuras con mi padre, en cuya carrera tuvieron gran impacto, fue algo estimulante. Figuras de la talla de Angelo Dundee, Jim Brown, Sugar Ray Leonard, George Foreman, Chuck Wepner, Larry Holmes, Harry Edwards, Louis Gossett Jr., José Sulaimán y Butch Lewis, entre otros muchos. Estas historias abarcaban la diversidad de mi padre: el deportista, el amigo, el padre, el hombre de familia, la figura humanitaria y el icono.

Lo que encumbró a mi padre fue su inexplicable talento en el ring. Pero lo que agrandó su figura fue el amor que mostraba hacia su gente. El modo en el que hacía que se sintieran los demás, especialmente las minorías y los afroamericanos, era algo increíblemente espiritual. Lo que él representó y la forma en que inspiró al mundo para ser genial y hacer cosas geniales, seguirá tocando lo más profundo de nuestros corazones. Espero que esta biografía inspire a otros no solo a amarse a sí mismos, sino también a marcar la diferencia en las vidas de los demás y alentarnos a ser la mejor versión de nosotros mismos.

Gracias por los recuerdos.

Dios os bendiga.

RASHEDA ALI

PREFACIO

Muhammad Ali es una de las figuras más notables de nuestra época y puede que el mayor deportista surgido durante la era moderna. Una figura de proporciones míticas que tal vez fuera el hombre más reconocido en vida de su época: en la cima de su carrera, el conocido como «the Greatest» («el más grande») ingresó en el *Libro Guinness de los récords* por ser la persona de quien más se había escrito en el mundo. El propio Ali, por supuesto, se mostraba humilde sobre su figura, algo característico en él. «Soy el hombre más reconocido y amado que jamás haya existido porque en tiempos de Jesús o Moisés no existían los satélites», contó en una entrevista no mucho después de que John Lennon proclamase que los Beatles eran más grandes que Jesús. «La gente de los pueblos más apartados no los conocen.»

Décadas después de su último combate, aún se rememora a Ali tanto por su boxeo como por sus principios: por su audaz estilo esquivando los golpes y su rapidísimo *jab*, que desconcertaron a Sonny Liston, por su postura contra la guerra de Vietnam, por sus duelos con Frazier y Foreman y por su buena disposición para pasar tiempo con casi todos. Era un boxeador que mostraba un gran amor por el mundo y una figura cuya valentía traspasaba los límites del ring. Es posible que sea más querido hoy en día que antaño como campeón de peso pesado, atrayendo a hombres y a mujeres, a jóvenes y a mayores.

Para mí, Ali ha sido una de las dos grandes influencias de mi vida. Muhammad Ali y Bruce Lee influyeron en la cultura popular y en el mundo de maneras distintas; dos luchadores que cambiaron el significado de esta palabra y que causaron un profundo efecto en mi persona. Ambos defendieron sus convicciones. Ambos lucharon contra los estereotipos racistas, superaron obstáculos insalvables y dejaron un legado que pervive en la actualidad. La espectacular vida de Lee se truncó cuando alcanzaba su mejor momento: su temprana muerte consolidó su estatus de leyenda. Ali vivió hasta la avanzada edad de setenta y cuatro años, y su influencia es, sin duda, mayor.

Tras entrevistar a decenas de amigos, parientes y socios de Bruce Lee con la finalidad de escribir una historia oral del pequeño dragón, entendí a través de dicha experiencia que ese formato era una de las mejores vías para mostrar una nueva perspectiva de un icono tan querido. Sabía también, desde que empecé a escribir este libro, que intentar capturar la vida de un individuo del calibre de Ali sería una ardua tarea; por no mencionar el intento de contar algo nuevo de un hombre al que se le han dedicado numerosas columnas, libros, películas y programas de televisión. Con todo y con eso, «the Greatest» me cautivaba a medida que le seguía; cada revelación nueva de sus familiares o de sus amigos me descubría más cosas del hombre sobre el que tanta gente sabe cosas. Mi curiosidad aumentaba a medida que me sumergía en la vida de Ali, al profundizar en un hombre que ya era célebre por sus obras benéficas y su naturaleza generosa. El tres veces campeón de peso pesado sufrió también dificultades que yo no había considerado, fortalezas y debilidades que humanizaban a la leyenda mientras las iba descubriendo. Poco a poco, fui recomponiendo el rompecabezas de un hombre complejo: sus inclinaciones políticas, sociales y religiosas; sus sensibilidades y costumbres; así como todo aquello que le hizo ser tan querido.

He revisado las extensiones de los distintos textos que componen este libro en lo posible para que su lectura sea equilibrada y apasionante. Creo, y estoy seguro de que muchos comparten mi opinión, que era necesario abordar las facetas de la vida de Ali que iban más allá de su carrera en el boxeo. Ali fue un catalizador del cambio social, del que se hizo eco, lo que le granjeó el cariño de la gente. El lado humano del hombre y del personaje público no solo resulta conmovedor, sino que define profundamente la esencia del verdadero carácter de Ali. Dar forma al libro ha sido una tarea formidable. Durante la fase de investigación, me puse en contacto con decenas de familiares, amigos, colegas, colaboradores, entrenadores y conocidos de Ali. Hablé con viejos compañeros de entrenamiento sobre las jornadas de gimnasio, con antiguos contrincantes sobre lo que suponía enfrentarse al mejor de todos los tiempos y con algunos de sus amigos más íntimos sobre cómo actuaba Ali cuando las cámaras estaban apagadas. Todo ello, con la esperanza de obtener un tipo de biografía más íntima, una versión sin adornos de los acontecimientos que facilitase a todos contar su propia historia. Creo firmemente que este enfoque poco convencional es una de las mejores formas de contar una historia, pues permite al lector formarse su propia opinión de un individuo complejo y crearse su propia imagen de él como hombre. En estas páginas, descubrirás a un hombre vibrante, con sentido del humor e intuitivo que, además, era una persona cálida, afectuosa y accesible: un púgil asombroso que era tan amable fuera del ring como feroz dentro de él.

Además, a través de los relatos personales de familiares, amigos cercanos, socios y adversarios, este libro muestra los pensamientos, recuerdos y anécdotas de una figura pública notable que se negó a que la fama se le subiese a la cabeza. Después de hablar con aquellas personas cercanas a Ali, encontré nuevas razones para admirarlo. Su importancia como figura histórica está bien documentada; sin embargo, la cantidad de pequeños momentos que salieron a la luz durante las entrevistas demuestran exactamente por qué era admirado.

Muchas de las personas que aparecen en este libro ya no están entre nosotros, pero jugaron un papel importante en la vida y la carrera de Ali. Su recuerdo sigue vivo. Todas las entrevistas que he llevado a cabo se han realizado exclusivamente para este libro y tuvieron lugar a lo largo de los últimos nueve años. En algunas,

Ali había muerto hacía muchos años; otras, tuvieron lugar tras su muerte. Evidentemente, el deportista más grande no hablaba en los últimos años de su vida, y no estaba en absoluto en activo. Sus años álgidos (las décadas de 1960 y 1970), así como los de su carrera posterior (las décadas de 1980, 1990 y 2000), quedan bien reflejados en esta obra, también su infancia. Pude abordar con algunos entrevistados el tema de su muerte y legado, lo que me permitió trazar de una forma más completa la línea vital de Ali. De hecho, en la actualidad, todas las entrevistas son pertinentes y el libro es atemporal.

Muhammad Ali significa muchas cosas para mucha gente. Muchos lo ven como el mejor campeón de boxeo de los pesos pesados y deportista surgido en los tiempos modernos. Otros se sienten inspirados por su coraje y su labor humanitaria. Personas de todos los ámbitos de la vida son conscientes de esta figura simbólica y célebre, cuyo popular atractivo y notoriedad siguen siendo evidentes a pesar de su fallecimiento. Espero que, en estas páginas, los devotos admiradores de «the Greatest», así como aquellos que solo lo conocían a través de vídeos poco nítidos de YouTube o imágenes de televisión, descubran algo nuevo sobre una leyenda contemporánea.

Fiaz Rafiq

INTRODUCCIÓN

En la década de 1960, surgieron en el panorama mundial dos deportistas cuya fama alcanzaría tal magnitud que ambos serían reconocidos con solo mencionar su nombre. Ambos eran hombres negros con una procedencia poco prometedora; los dos ganaron inmensas fortunas y se convirtieron en sinónimo de éxito en sus respectivos campos. El futbolista brasileño Edson Arantes do Nascimento, conocido por sus admiradores como Pelé, se convirtió en el mejor jugador del mundo y en figura icónica del deporte más practicado en el planeta. En paralelo, Ali se ganó la admiración del público al elevar el deporte del boxeo a algo parecido al arte. Sin embargo, aunque Pelé y Ali ayudaron a que sus respectivos deportes se convirtieran realmente en un juego hermoso y en un noble arte, Ali llegó a trascender a su deporte y a convertirse en algo mayor.

Los aspectos esenciales de su vida, por supuesto, son de sobra conocidos. Nacido el 17 de enero de 1942, con el nombre de Cassius Marcellus Clay hijo, Ali creció en el seno de una familia afroamericana de clase relativamente media en Louisville (Kentucky). Cambió su nombre por el de Muhammad Ali en 1964, tras unirse al controvertido grupo religioso la Nación del Islam, tan solo unos días después de haberle arrebatado a Sonny Liston la corona de los pesos pesados, posiblemente el título deportivo más importante. Después, fue catapultado a la fama como ningún otro deportista lo había sido antes; pasó de la oscuridad de vivir en una pequeña ciudad a destacar en todo el mundo.

Todas las grandes figuras deportivas, por supuesto, son producto de su época, y la década de 1960 fue un periodo en el que dos de las principales preocupaciones de los estadounidenses eran la igualdad de derechos para los afroamericanos y la guerra. El movimiento por los derechos civiles, que alcanzó importancia nacional a mediados de la década de 1950, tuvo una gran influencia en Ali, y adquirió más conciencia de que los afroamericanos, con su sangre y sudor, habían ayudado a construir Estados Unidos y, no obstante, se enfrentaban a la discriminación, a la pobreza y eran tratados con desdén como ciudadanos de segunda clase. Ali creció en un entorno en el que los afroamericanos eran frecuentemente hostigados, golpeados e incluso asesinados por blancos y, probablemente, el caso de Emmett Till no le pasó desapercibido. El Ku Klux Klan ejercía violencia contra los negros: los atacaba, los asesinaba e incendiaba sus casas; un comportamiento particularmente común en los estados del sur. La lucha consistía en algo más que lograr meros derechos civiles ante la ley; las personas que habían desempeñado un papel fundamental en la construcción del mayor país del mundo querían ser tratadas como cualquier otro ciudadano blanco.

De este modo, durante la década de 1960, el escenario estaba preparado para intensificar el movimiento que perseguía alcanzar la libertad, la justicia y la igualdad de la población afroamericana. En esta batalla, líderes como Malcolm X (conocido también como El-Hajj Malik El-Shabazz) o Martin Luther King adoptaron una postura contra el racismo al luchar por la dignidad y el respeto, así como por la igualdad social y económica. King se inspiró en el activismo no violento de Gandhi, pero Malcolm X y la Nación del Islam se mostraron menos dispuestos a seguir el recto camino moral. Muhammad Ali no tardaría en incorporarse a esta lucha, desafiando al sistema y arriesgando su carrera en el proceso. Defendió sus creencias y transformó la imagen de los afroamericanos.

Entretanto, el movimiento por los derechos civiles en Estados Unidos captó la atención de todo el mundo y se convirtió en una brújula para la revolución mundial por los derechos humanos. La mayoría de las acciones por los derechos civiles tuvieron lugar en el sur de Estados Unidos, donde las marchas, los boicots o las sentadas eran las principales formas de protesta. Aunque Ali no procedía de un gueto como muchos otros afroamericanos (se educó en una familia de clase media), entendió la lucha a la que se enfrentaban los demás estadounidenses negros y fue más que capaz de empatizar con sus dificultades. En un momento en el que el campeón mundial de peso pesado era considerado quizá el mejor deportista del planeta, empleó su rango para hablar sobre temas que requerían seriamente la atención del público y, al final, alcanzaría protagonismo durante una de las décadas más volátiles del siglo.

Evidentemente, un elemento clave de la posición de Ali como pararrayos de la controversia fue su pertenencia a la Nación del Islam. Esta organización, fundada en Detroit (Michigan) por Wallace D. Fard Muhammad en julio de 1930, se desarrolló, en palabras de su fundador, para «enseñar a los negros oprimidos e indefensos un profundo conocimiento de Dios y de sí mismos, y ponerlos en marcha hacia la autoindependencia con una cultura y una civilización superiores». Fard desapareció en 1933 sin muchas explicaciones y, tras una breve sucesión, su antiguo ayudante, conocido después como el honorable Elijah Muhammad, lideró la organización desde 1935 hasta 1975.

Aunque la mayoría de los estadounidenses de aquel momento no lo entendieron bien, la Nación no se adhería a los principios básicos de la teología islámica. Además, se podría argumentar que la ideología que propagaba era, en realidad, incongruente y aborrecible para la verdadera corriente del islam. La creencia fundamental de la organización y sus seguidores se basaba en que su fundador era la personificación de Dios; asimismo, la Nación también argumentó en varias ocasiones que el ochenta y cinco por ciento de la población son ovejas «sordas, mudas y ciegas» fácilmente manipulables o que los afroamericanos son superiores a otras razas. Estas creencias se volvieron más controvertidas cuando uno de sus miembros más distinguidos, el difunto Malcolm X, nombrado miembro mientras estaba en prisión, abandonó la organización en 1964, a raíz de sus desavenencias con Elijah Muhammad. Malcolm X se convirtió en musulmán suní tras una peregrinación a la ciudad sagrada de La Meca y comenzó a hablar en contra del líder, hasta que, a principios de 1965, Malcolm X fue asesinado mientras pronunciaba un discurso en Nueva York.

Malcolm X ha sido ampliamente reconocido como la persona que introdujo a Ali en el grupo. Ali se unió a la Nación del Islam en 1964 y se le vio en manifestaciones musulmanas unos años antes de proclamar públicamente su lealtad. A pesar de que Malcolm X desempeñara un papel fundamental en el reclutamiento de Ali, este último afirmó que nadie le había presionado para convertirse en musulmán; que lo había hecho por iniciativa propia. Resulta sencillo argumentar que la Nación explotó a Ali, utilizándolo como plataforma para publicitar su mensaje y sacándole grandes cantidades de dinero, algo que Ali negó durante gran parte de su vida.

La guerra de Vietnam, que se desarrolló entre noviembre de 1955 y abril de 1975, fue otro punto de inflexión clave en la vida de Ali. Estados Unidos entró en guerra para evitar una invasión comunista de Vietnam del Sur, como parte de una estrategia más amplia para contener lo que se percibía como una amenaza comunista. Sin embargo, los resultados finales serían devastadores para el alma nacional estadounidense, así como para Vietnam y para una generación de soldados, por lo que la guerra pronto cayó en desgracia. El movimiento antibelicista alcanzó importancia nacional en 1965, registró su punto álgido tres años después y siguió vigente durante todo el conflicto. Atrajo el apoyo de los estudiantes universitarios, de personas de los suburbios de clase media e incluso de algunas instituciones gubernamentales.

Ali se negó a que lo reclutaran en las Fuerzas Armadas en el momento más crítico del conflicto, en 1967. Argumentó que, puesto que a él —y a los afroamericanos— se les habían denegado los derechos civiles en Estados Unidos, no estaba preparado para aventurarse a ir a otro país para luchar contra gente que nunca le habían hecho daño. Pagó un alto precio por su postura, excluyéndole de los combates durante tres años en el momento álgido de su carrera. Sin embargo, su postura firme en contra de la guerra lo convertiría después en héroe.

Sin embargo, antes y después de la guerra, Ali llamó la atención no solo con su velocidad o estilo, o su insolencia, sino con su corazón. Como él mismo dijo una vez: «Los campeones no se hacen en los gimnasios. Los campeones están hechos de algo que llevan muy dentro de ellos: un deseo, un sueño y una visión». No eran palabras huecas: Ali las respaldaría en sus legendarios combates *Rumble in the Jungle* y *Thrilla in Manila*, considerados unos de los mejores combates del siglo.

Los últimos años de vida de Ali tuvieron su propia parte trágica, aunque también sus propios triunfos. Ali, el más locuaz de los atletas, apenas podía hablar durante sus últimas dos décadas en esta tierra; en 1984 le diagnosticaron Parkinson, una enfermedad que padeció mientras seguía entreteniendo y animando a otros durante el resto de su vida. El Parkinson le robó mucho a este hombre, tan poderoso en otra época, que captaba la atención de todos en las conferencias de prensa y en la televisión. Llegó a paralizar calles y aeropuertos con su personalidad extrovertida; pero, finalmente, se enfrentó a la enfermedad, creando conciencia y recaudando fondos para combatirla en todo el mundo. Su legado sigue vivo. Mucho después de que colgara los guantes, según la Associated Press, en 1993, Muhammad Ali junto con la leyenda del béisbol Babe Ruth estaban considerados los atletas más reconocidos, de entre 800 de todos los tiempos, de Estados Unidos. Ali firmó más autógrafos que cualquier otro atleta vivo o muerto. La mayoría de los famosos llegan a un punto en el que empiezan a desvanecerse en la oscuridad, sobre todo, cuando dejan de ser objeto del interés público; sin embargo, el brillo de Ali perdura. Los atletas pueden ser recordados en sus respectivos deportes, pero a muy pocos se los recuerda por cambiar el mundo. La historia de Muhammad Ali es, sin duda, épica y engloba todas las facetas:

valentía, coraje, abundancia, castigo y superación de obstáculos con indómita voluntad. En su camino influyó a millones de vidas; miles de ellas en persona, decenas como apoyo, padre o amigo.

CAPÍTULO UNO

LA FAMILIA

La familia de Ali —el apoyo que le brindaron, las lecciones que le enseñaron e incluso las formas en las que no pudieron ayudarle— tuvo un gran impacto en su carrera. A pesar de haber contraído matrimonio cuatro veces (con Sonji Roi, Belinda Boyd, Veronica Porche y Yolanda Williams, comúnmente conocida como Lonnie) y de tener sus correspondientes problemas domésticos, Ali fue un incondicional hombre de familia. Tuvo nueve hijos: Maryum, Rasheda, Jamillah, Hana, Laila, Khaliah, Miya y Muhammad hijo. Laila es, probablemente, la más destacada de todos tras forjarse una carrera en el boxeo con gran éxito. Dos de sus hijas, Khaliah y Miya, nacieron fuera del matrimonio, y Assad Amin fue hijo adoptivo. Por desgracia, como les ocurre a muchos padres, Ali no pudo pasar demasiado tiempo con sus hijos y verlos crecer. Sin embargo, era un buen padre y los amaba a todos.

Ali se casó por primera vez en 1964 con Sonji, formando un matrimonio que apenas duró diecisiete meses. Belinda y Ali se casaron en 1967. Belinda era todavía una adolescente, estudiante de penúltimo año en la Muhammad University of Islam, cuando Ali la vio por primera vez. La pareja nunca llegó a salir como novios; un día, Ali fue a cenar con la familia de su futura esposa, y los padres musulmanes de ella acordaron el matrimonio después de que Ali les pidiese la mano de su hija. Tras muchos años de matrimonio con altibajos, solicitaron el divorcio a finales de 1976.

En el verano de 1977, se casó con Veronica Porche, a quien había conocido en 1974. Este matrimonio también duró nueve años. Poco después de obtener el divorcio de Veronica, se casó con Lonnie en 1986, un matrimonio que duró hasta su muerte treinta años más tarde. Según su tercera esposa, Veronica, Ali prefería una esposa que fuera del tipo doméstico, que le gustase quedarse en casa. Insistía también en que sus esposas observasen los principios islámicos, algo que a Sonji le costó mucho aceptar y que fue una de las principales causas de ruptura entre ellos.

Aunque el árbol familiar de Ali está enmarañado, se esforzó por mantener buenas relaciones con sus hijos y con sus madres. Como todo buen padre, Ali apreciaba el tiempo que pasaba con su prole y procuraba compensar las horas que pasaba en la carretera o en otras ciudades colmándolos de afecto cuando los veía.

De los relatos íntimos de los miembros de la familia, que probablemente conocen mejor que nadie al hombre que subyace al personaje público, surge la verdadera imagen detrás de la leyenda. Aunque Ali era conocido por su fanfarronería y su personalidad franca, tras esa fachada y sus bromas, mostraba la personalidad opuesta a puerta cerrada, una cara oculta para la mayoría de los extraños. En privado, Ali era un hombre tranquilo, lejos de la imagen que representaba ante las cámaras y la prensa para promocionar sus combates. El contraste entre ambas facetas de su personalidad era profundo.

Para la mayoría de nosotros, la familia es una parte integral de nuestras vidas. Buscamos sentirnos cómodos, seguros y con una sensación de alegría con las pocas personas que mejor nos conocen. Mucha gente vive con el fin último de sobresalir en aquellos proyectos que, consciente o inconscientemente, sienten que les dará la felicidad; pero muchos de nosotros llegamos finalmente a una edad en la que entendemos que la auténtica dicha reside en tener una familia que te quiera y te apoye. Ali llegó a valorar esto en sus últimos años, convirtiéndose en un hombre de familia que maduró al comprender las verdaderas enseñanzas de su religión.

Como cualquier otra figura pública o famosa, se han escrito historias positivas y negativas sobre la persona de Muhammad Ali.

Los medios de comunicación, la mayoría de las veces, se inclinan por la parte más controvertida de la vida de las figuras públicas. Es cierto que cometió errores a lo largo de sus cuatro matrimonios, como nos pasa a todos; pero a medida que Ali se convirtió en un musulmán más devoto, se fortalecieron su conocimiento y práctica de los principios islámicos y aumentó la devoción por su familia.

A lo largo de las siguientes páginas, encontrarás recuerdos de primera mano de los hijos de Ali, algunos de los cuales apenas han hablado de su padre en público antes. Mucha gente sabe, por ejemplo, que Ali tuvo hijas, pero muchos desconocen que tiene un hijo. Es muy raro ver a la mayor parte de los hijos de Ali en público. Su hijo, que durante buena parte de su vida apenas ha estado en el centro de la atención mediática, comparte sus recuerdos, y las hijas ofrecen una visión personal del hombre amado por tanta gente. La familia nos conoce tal y como somos en realidad, no como actuamos ante los demás.

MUHAMMAD ALI, HIJO

Muhammad Ali hijo nació del matrimonio de Ali con su segunda esposa, Belinda. Con una personalidad muy distinta a la de su célebre padre, el único chico hijo biológico de Ali ha tratado de pasar desapercibido y nunca ha intentado capitalizar su fama. Como resultado, da la impresión de ser una persona con los pies en la tierra que vive una vida normal.

Su padre era percibido como una persona impetuosa y fanfarrona. ¿Cómo definiría la personalidad de su padre?

Era una persona muy abierta y, en realidad, hablábamos de todo. Teníamos una relación como de hermano a hermano. Su personalidad era distinta a la de los demás. Nunca he conocido a nadie que tuviera una mejor personalidad que mi padre. En realidad, actuaba así para dar publicidad a lo que hacía en el cuadrilátero, fuera lo que fuera. Pero mi padre no se callaba; no tenía pelos en la lengua. Era una persona totalmente extrovertida. Cuando se trataba de otras personas, no le importaba ayudar. Recuerdo una vez, cuando vivíamos en California, que se trajo a una familia a casa para sacarla de la calle, darles ropa y comida. Tenía una personalidad notable.

Cuando era pequeño, ¿iba su padre a verle a la escuela como hacían los padres de otros niños?

Siempre venía a visitarnos a casa o a casa de mi abuela. A la escuela, vino una vez para la graduación. Imagínese, si piensa en lo que significaba para mí ser hijo de Muhammad Ali, estaba realmente feliz de verlo.

¿Le daba consejos su padre cuando era pequeño?

Claro que sí. Una cosa que me dijo, y que recuerdo, fue: «No me importa cómo te llame la gente. No me importa lo que la gente piense de ti, todo el mundo es igual ante Dios». Me decía que tratase a la gente como seres humanos y no por el color de la piel. Me decía que mirase a las personas y las respetase como seres humanos. Vamos, en pocas palabras: no las juzgues por sus acciones o por su aspecto, no juzgues a la gente y punto. Decía que lo que había que buscar era el contenido de su carácter. Si las personas tienen un buen carácter y no son engreídas, no son racistas, entonces, son buenas personas. Si es así, déjalas en paz. Estarás bien. Decía que vigilara lo que decía y lo que hacía, y que respetara a los mayores. También me enseñó muchas cosas sobre la caballerosidad: dejar de llamar a las personas por nombres de animales. Me dio buenos consejos.

¿Qué obstáculos tuvo que superar su padre en la década de 1960, cuando los negros soportaban tantas penalidades?

Primero, ser negro. Segundo, carecer totalmente de derechos. Tercero, hacerse musulmán y ser calumniado por ello. Cuarto, su boxeo: por su decisión de no ir a la guerra, le quitaron el título. Todo el mundo tiene derecho a la libertad religiosa. Otra cosa que me enseñó fue cuando me dijo: «No me importa si hay un judío, un cristiano o un musulmán en la misma habitación, siempre que crean en Dios».

Su padre hizo el hach, *o peregrinación a La Meca y, a raíz de ello, se comprometió celosamente con su religión. ¿Le contó alguna anécdota sobre cómo vivió aquella experiencia?*

Claro que sí. En realidad, estaba arrepentido por muchas de las cosas que había dicho, tales como: «El hombre blanco es un demonio». Se sentía realmente arrepentido al haber visto, cuando hizo el *hach*, musulmanes negros, morados, blancos o amarillos; todo tipo de musulmanes de razas distintas. Por eso, lamentaba realmente lo que había dicho mucho tiempo atrás, lo de que el hombre blanco es un demonio y que este es un mundo de hombres blancos. Lamentaba haberlo dicho. Porque se dio cuenta de que había otros musulmanes que no eran negros.

Le gustaba mucho bromear.
Podría haberse dedicado a la comedia.

¿Celebrabais reuniones familiares?
Íbamos a tomar helados, tartas, dulces, etc. Lo pasábamos bien. No hacíamos demasiadas barbacoas. La familia se reunía siempre, por ejemplo, para la cena de Acción de Gracias. En Navidad, hacíamos otra cena de Acción de Gracias, así que lo celebrábamos por partida doble cada año.

En su opinión, ¿cuál fue el logro mayor y más monumental de su padre?
Sin importar cuál fuera la situación, cuál fuera el coste, cuáles fueran las circunstancias, mi padre creía de todo corazón en el islam. Estaba dispuesto a morir por ello. Decía: «No voy a censurar a mi religión, el islam. Si tengo que enfrentarme a las balas, lo haré».

¿Cuál fue su mayor logro en el mundo del boxeo?
Permítame que lo exprese como mi padre siempre me lo contaba; decía: «El boxeo es una simple etapa para algo más gran-

de». Así es como me lo explicaba. Eso no era lo suyo; era algo más grande que el boxeo. Trataba de liberar a su pueblo, incluso a sí mismo. Cierta ocasión en que yo me encontraba en el parque, en Nueva York, una historiadora se me acercó. Me contó que Martin Luther King estuvo en aquel parque una vez con su esposa. La historiadora dijo que Martin Luther King había sido apedreado allí; le tiraron piedras. Fue en el mitin no violento que dio. Fue injusto. No era más que una reunión pacífica para los musulmanes. Me dije: «Esto es un desastre». Por eso, no se trataba realmente de boxear, sino de la liberación de la gente negra, de ser libres y de tener derechos como todo el mundo.

¿Cómo cree que han cambiado las cosas ahora? Si no hubiera sido por el movimiento por los derechos civiles de la década de 1960, ¿cree que Estados Unidos no habría evolucionado profundamente?

Las cosas han cambiado en el sentido de que ahora no tienes que ir a la guerra si no quieres. Por tus creencias, antecedentes, religión o educación, no tienes que ir a la guerra. Quiero decir que la guerra va realmente de matar, matar y matar. El islam significa paz. Por lo tanto, muchos musulmanes no tienen que ir a la guerra porque matar va en contra de nuestra religión.

Su padre se llevaba bien con todo el mundo, desde ancianos hasta niños pequeños. ¿Es cierto que a menudo dejaba entrar a extraños en su casa?

Como ya conté antes, cuando éramos pequeños, se llevó a casa a una familia, les dio ropa, les dio de comer y se aseguró de que no les faltara un techo sobre sus cabezas. Era una persona solidaria en todos los aspectos. No tenía en absoluto un mal corazón.

¿Qué personas permanecieron cercanas a su padre durante su carrera? Herbert Muhammad era su representante y Angelo Dundee, su entrenador.

Hubo mucha gente alrededor de mi padre que no le hizo ningún bien. Herbert Muhammad fue una de ellas. Hay una larga lista de personas, pero no quiero hablar de ello.

¿Qué camino siguió su padre después de colgar los guantes?

Ayudar a la gente, hacer obras de caridad, dar de comer a los sintecho, a los hambrientos. Ese era el tipo de cosas en las que se involucraba porque le hacían sentirse bien. Decía que hacía cosas buenas porque así lo quería Alá; que para eso lo había enviado Alá, para ayudar a la gente. Por lo tanto, la mejor manera de ayudarles era dándoles de comer y vistiéndoles, asegurándose de que tuvieran un hogar. Era su forma de honrar a Dios, de honrar a Alá.

El dinero no era una motivación para su padre; regalaba mucho. La fama no se le subió a la cabeza, algo que les ocurre a muchos famosos.

Regaló todo lo que ganó. Mi padre se basaba en el islam y el islam le dio una lección de humildad. Para empezar, no era una persona engreída.

¿Acudió usted a algún acto?

El último al que asistí fue para recoger un premio para mi padre, al que no pudo acudir. Eso es todo.

¿Su combate de boxeo favorito?

Mi combate favorito no tuvo lugar en el cuadrilátero; sucedió en el juzgado. Defendió sus creencias en el islam al no ir a la guerra, y Alá lo bendijo con el combate por el título.

El hecho de convertirse en musulmán suní le abrió los ojos a su padre; rezaba cinco veces al día.

Sí, claro. En sus últimos años de vida, realmente no podía moverse mucho para hacer sus oraciones, pero seguía siendo un devoto del islam. No dejó de serlo hasta el día que falleció.

¿Hay algo que la gente no sepa de su padre o que ignore?

Bueno, muchos de sus admiradores desconocen que tiene un hijo. Saben que tiene hijas. Muchos admiradores creen que Tatyana Ali es mi hermana, pero no lo es.

¿Le permitió su padre elegir su propio camino en la vida?

Mi padre me dejó ser quien yo quisiera. Aunque, en realidad, toda mi vida estuve protegido por ser mi padre quien era, y lo que yo representaba para mi padre, porque la familia recibía amenazas de muerte. Así que los que me protegieron, en realidad, fueron los padres de mi madre. Me criaron los padres de mi madre. Me criaron mis abuelos. Fueron ellos los que me protegieron; y en lugar de ayudarme, me lo pusieron difícil porque no podía salir por ahí. No podía tener mi propio esto o lo otro. Es algo que hizo mella en toda mi vida. Pero todo está bien y no supone una pérdida total.

¿Qué pasa por su mente cuando recuerda el pasado al ver a su padre en televisión?

Para ser sincero, me parece un sueño. Pero lo veo como mi papá. Es mi papá. Lo quiero y es mi padre. Así es como lo veo. No lo veo como al más grande de todos los tiempos. No lo veo como al gran humanitario. Lo veo como mi papá.

Cuando era usted pequeño, ¿pasó mucho tiempo con su padre?

Pasaba más tiempo con mi padre cuando era pequeño que cuando me hice mayor porque él venía a visitarnos. Sin embargo, cuando enfermó, él quería venir de visita, pero su mujer no lo traía. Cuando nos visitaba, nos daba dinero sin que tuviéramos que pedírselo. Fuimos de vacaciones a California, Deer Lake, Pensilvania; fuimos a muchos lugares. Él viajaba mucho. Fuimos a Kentucky para visitar a sus padres, mis abuelos. Hacíamos muchas cosas. Además, descubrí —me llevó treinta y ocho años descubrirlo— que tenía primos que nunca supe que tenía.

¿Cómo se lo tomó su padre al enterarse que sufría de Parkinson?

Como cualquier otra persona. Yo creo que fue algo como: si algo tiene que suceder, sucederá. Así es la vida. Todo lo que pasa es por voluntad de Alá. Realmente, no me preocupa mucho. Todo el mundo va a morir en algún momento, no se puede vivir para siempre.

Su padre no era derrochador, aunque le gustaban los coches. ¿Qué otras cosas le apasionaban?

Le gustaba mucho la música; la de la vieja escuela. Se rodeaba de todos los músicos de aquella época. Todos se conocían. Tengo que contarte otra cosa. Mi madre hacía de canguro de Michael Jackson, y Jim Kelly (coprotagonista en *Operación Dragón*) fue su instructor de kárate.

Interesante. Su padre nunca conoció a Bruce Lee, que murió en 1973. Mucha gente compara a su padre con Bruce Lee. ¿Qué opinión tiene de Bruce Lee?

Es como el Muhammad Ali del kárate. Permítame expresarlo así: creo que habría sido un buen combate mi padre contra Bruce Lee. Por ejemplo, en un combate entre mi padre y Mike Tyson, mi padre le habría pateado el trasero. Todos dicen que Mike Tyson le habría pateado el trasero a mi padre. Yo digo que no. Mike Tyson no podría llegar hasta el final; no aguantaría quince asaltos. No es un boxeador, es un luchador callejero. Es un artista del *knockout*. ¡Nunca habría podido vencer a mi padre! Sonny Liston era una especie de Mike Tyson, una versión más antigua de Mike Tyson. Nunca habría podido golpearlo. Por otro lado, con Bruce Lee, sí que habría sido un buen combate. Los dos eran jóvenes, ágiles y los dos llevaban su entrenamiento al límite. Ambos eran los mejores en lo que hacían.

A su padre lo idolatran en todo el planeta, ¿qué impacto ha tenido en el mundo?

Permítame expresarlo así: si mi padre fuera una bomba, sería como la bomba de Hiroshima. Ese es el impacto que tuvo en mucha gente.

Parece haber influido en personas muy diversas.

Influyó en Michael Jackson e influyó en muchas personas. Conocía a todo el mundo, sin importar quien fuera. La gente le proporcionaba energía. El amor que le ofrecía la gente le dio el amor que llevaba en su corazón. Le encantaba estar rodeado de gente, era una persona sociable. Nunca le decía que no a nadie.

¿Cuál es el momento más fascinante o convincente de su padre en televisión que usted presenciara?

Lo más interesante que he visto es cuando encendió la antorcha en los Juegos Olímpicos. Escuché que habría un invitado, una persona piadosa, que sería el encargado de encender la llama. Cuando dijeron esto, lo primero que me vino a la mente fue mi padre. Efectivamente, fue él. No sabía quién iba a hacerlo, pero miré y pensé que tenía que ser mi padre. Es una leyenda viviente, ¿por qué no iba a encender él la antorcha?

¿Tenía usted algún icono de pequeño o idolatra a alguien?

No tenía ídolos porque no creo en ellos; nací musulmán. Digámoslo así: el único que captó mi atención, en cuanto a parecido a mi padre, el único que realmente me gusta de forma comparable con mi padre es Hulk Hogan. No sé por qué me incliné hacia la lucha libre, pero llegó a gustarme. Veo lucha libre desde que empezó la WWF. Hulk Hogan, Iron Sheikh o Bret Hart. Sigo viendo la WWE. Creo que fue algo bueno [la pelea Ali-Inoki]. Después de ver a mi padre ir a la WWF [aparición como árbitro invitado especial], siempre quise ir. Yo practicaba lucha libre en el instituto.

RASHEDA ALI

Rasheda Ali y su hermana gemela Jamillah son fruto del matrimonio de Muhammad Ali con su segunda esposa, Belinda. Nacieron dos años después que su hermana mayor Maryum y dos años antes que Muhammad Ali hijo. Ha trabajado incansablemente como conferenciante para despertar una conciencia global sobre la enfermedad de Parkinson y sus tratamientos, ha publicado un libro y ha presentado un programa de entrevistas. Aquí, reflexiona sobre cómo cambió la relación con su padre en el transcurso de su vida juntos.

¿Diría que su padre nació para boxear? ¿Lo llevaba en la sangre?

Sí. Creo que su habilidad para el boxeo era algo natural, sin duda. Empezó con doce años e inmediatamente asumió los retos que asumiría un hombre adulto. Boxeó durante casi treinta años, lo que es muy inusual hoy en día. Así que, sí, creo que tenía un talento natural y que nació para boxear.

No es un secreto que su padre tenía una personalidad extrovertida. ¿Cómo describiría su personalidad desde una perspectiva personal?

Creo que, como boxeador, mi padre era una persona distinta dentro del cuadrilátero. Cuando boxeaba, desafiaba a muchos de sus oponentes. Creo que era muy descarado la mayoría de las veces. Tenía mucha confianza y estaba muy seguro de sí mismo, era arrogante y divertido; todas esas cosas. En la vida real seguía teniendo confianza y seguridad en sí mismo, aunque no era tan arrogante; era muy humilde a puerta cerrada. En la vida real, tampoco le daba tanto bombo a ser quien era. Buena parte de todo eso era espectáculo; tenía que vender entradas y hacer que la gente fuera a verlo boxear. Era más bien un actor representando un papel. Para los reporteros, era muy interesante grabarlo. Creo que esa era la razón de que aparentara una personalidad descarada y arrolladora; era interesante que la gente lo viera. Formaba parte de su personaje, de su papel como boxeador. Era un personaje muy interesante y creo que hizo muy buen trabajo.

Los medios pintan para el público una imagen de un famoso, pero ¿hay algo que los medios pasaran por alto en lo que respecta a Muhammad Ali como persona real a puerta cerrada?

Creo que no. Creo que mi padre, cuando estaba en público haciendo labores humanitarias, era exactamente como se le veía. La gente ha indicado que, cuando conocían a mi padre, lo encontraban un hombre cálido, sincero y bondadoso. Así era todo el tiempo, es parte de su personalidad; así es él. Por lo tanto, no. Creo que cuando los medios mostraban a mi padre dando a conocer el Parkinson y ayudando a la gente a través del Muhammad Ali Parkinson's Center, o procurando educar a los niños en su centro de Louisville, esa era su personalidad; así era él.

Rasheda, ¿puede contarme alguna anécdota curiosa del tiempo que pasaba con su padre cuando era pequeña?

¿Por dónde empiezo? Era tan divertido estar con él. Mi padre era único, sinceramente. He tenido el honor de conocer a muchas personas maravillosas en mi vida y no creo que ninguna de ellas le hiciera sombra a mi padre. Creo que, sin duda, era uno de esos pocos seres humanos sinceros enviados a la tierra. El primer recuerdo que me viene a la cabeza fue un incidente que viví con él. Todos los veranos íbamos a visitarlo cuando éramos pequeños, y un día que habíamos salido a pasear —creo que íbamos en coche por California— pasamos por delante de una familia. Creo que habían perdido su casa y no tenían un sitio donde vivir. Mi padre se los llevó a su casa, les dio de comer y les dio dinero. Fue algo increíble. Todos estábamos asustados, por supuesto, porque pensábamos: «Pero bueno, no conoces a esta gente». Pero mi padre no le temía a nada en el mundo. Aquella pobre familia necesitaba un refugio, y todo lo que mi padre hizo por ellos era digno de ver. Ese es un ejemplo perfecto de lo que mi padre era capaz de hacer. Por esa razón, ese tipo de cosas hizo que fuera un héroe para mí. Forma parte de su amor y entrega.

¿Alguna vez os reunisteis todas las hermanas juntas con vuestro padre en una reunión familiar?

Es una pena porque estamos todas desperdigadas, mi padre se casó cuatro veces. Todas vivimos en distintos estados. Tengo hermanas en Filadelfia y en California. Yo crecí en Chicago. Al estar tan desperdigadas, era muy muy raro. Después, a medida que crecimos y formamos nuestras propias familias, aún se hizo más difícil porque nuestros horarios no nos permitían estar a la vez en un mismo sitio. Debo decir que, cuando mi padre inauguró su museo en Louisville —que fue en 2005—, recuerdo que nos juntamos todos. Incluso entonces faltó uno de los hermanos. Aun en aquel acto, la inauguración del museo de mi padre, también faltó alguien. Para todos nosotros, resultaba muy complicado juntarnos; teníamos que hacer un gran esfuerzo para visitarnos unos a otros. Era un reto, debido a nuestras propias familias, los trabajos, la vida de cada uno. Sin embargo, nos esforzamos por intentar sacar tiempo para ver a mi padre en sus últimos años porque era importante.

Como padre, ¿alguna vez le dio algún consejo específico?

Por supuesto. Mi padre me dio un montón de consejos, y yo también iba a pedirle consejo. Creo que había en él algo realmente fuerte y su actitud era increíble: el hecho de que nunca se quejara y disfrutara de la vida. Me ofreció muchos consejos. Por supuesto, yo estaba en el mundo de la televisión, ya sabes que es muy competitivo, es feroz, es duro.

Entonces, mi padre me dio un consejo sobre ese mundo. Me dijo que, si me gustaba, fuese a por ello. Creo que eso es lo que hizo mi padre toda su vida. Hizo lo que le gustaba hacer. Nunca se conformó con hacer una carrera que nunca le había gustado. Creo que mi padre fue bendecido con eso. Tenía un don y lo persiguió. Me dijo que, si disfrutas con algo y eso te hace feliz, adelante. Creo que es un consejo que todos deberíamos seguir; todos debemos sentirnos felices con lo que hacemos, y todo lo demás vendrá. Me pareció un consejo muy bueno.

Sabemos que se unió a la Nación del Islam, pero que luego se convirtió en musulmán suní y realizó la peregrinación. ¿Tocó este asunto con usted y sus hermanas?

Creo que su vida sirvió de ejemplo. Pienso que en el momento en el que se unió por primera vez a la fe islámica, era una organización que no era ortodoxa. Es evidente que se trataba más de una secta. En el Corán se dice que no se deben disolver las sectas.

Creo que era una de las sectas de la fe y que estaba un poco distorsionada. No era, por supuesto, el verdadero islam, y mi padre lo descubrió cuando visitó La Meca. Intentó ver el verdadero islam, y el verdadero islam va sobre estar todos juntos. Hay razas muy distintas en la religión, no solo afroamericanos.

Pienso que fue capaz de ver el verdadero islam cuando fue a La Meca y realizó el *hach*, que le abrió los ojos, en mi opinión. Fue realmente maravilloso cómo abrazó la religión. Le habló a la gente sobre eso porque mucha gente tiene muchos conceptos erróneos. La gente no se da cuenta de que hay millones de musulmanes en el mundo y que proceden de distintas razas, culturas, nacionalidades y tienen distintos colores de piel. Creo que es muy importante que pudiera salir en primer plano como estadounidense famoso que resultaba ser musulmán y compartir las verdaderas creencias del islam: el amor, la armonía y la paz. Y creo que mi padre pudo hacerlo a través del ejemplo de cómo vivió su vida.

Cuando su padre se retiró, ¿qué rumbo tomó su vida?

Cuando se retiró del boxeo, una buena parte de su tiempo la dedicó a colaborar en la lucha contra el racismo y ayudar a niños con problemas de obesidad. Dedicó la mayoría de su tiempo a colaborar con obras benéficas; y, por supuesto, apareció el Parkinson que le diagnosticaron. Su objetivo principal era crear un centro de Parkinson para ayudar a las personas que padecieran esta enfermedad a obtener diagnósticos correctos y crear programas de ayuda para mejorar la calidad de vida de las familias que se enfrentan al Parkinson.

Así que se puso en marcha y se convirtió más o menos en embajador mundial de la paz. Viajó por todo el mundo ayudando a algunas organizaciones con sus causas. Pasó de ser boxeador a humanitario. Así es como pasaba la mayor parte de su tiempo: ayudando a organizaciones y a sus causas. Este increíble boxeador de increíbles habilidades se transformó en un ser humano muy afectuoso y pacífico. Mi padre realmente disfrutó su vida. Se divirtió mucho, fue persona y nunca estaba quieto. Forma parte de su personaje y él lo disfrutó.

HANA ALI

Hana Ali es la menor de los hijos de Ali, fruto de su relación con su tercera esposa, Veronica Porche, y nacida poco antes de que contrajeran matrimonio. Cuando su padre y su madre se trasladaron a Los Ángeles en 1979, la carrera de Ali como boxeador estaba llegando a su fin y por ello pudo pasar más tiempo con Hana y su otra hija pequeña, estrechando el lazo entre ellos. Más tarde, en 2001, Hana se mudaría a vivir con su padre en Michigan; se quedó a su lado durante cerca de seis años hasta hacerse casi inseparables.

Hana, ¿puede revelar alguna anécdota sobre algún famoso de los que visitaban la casa para ver a su padre en la época en la que vivieron en Los Ángeles?

Cuando estaba en familia, mi padre no se sentaba con nosotros a hablar de famosos. No era el tipo de persona que cuenta anécdotas sobre famosos. Yo era demasiado joven para entender. Solo conocí a Michael Jackson. Mi padre conoció a Clint Eastwood en un programa de entrevistas en televisión en 1969 en el que ambos coincidieron, y en el camerino mi padre le dijo: «Clint, Clint, hazme un favor, cruza la habitación, vuélvete muy rápido, saca el arma y di: "Tienes cuatro días para salir de la ciudad"». Y lo hizo. Fue divertido. Mi padre no intentó conscientemente separar su vida profesional de la familiar o de la vida social. No se sentaba y pensaba en la necesidad de mantenerlas separadas, simplemente no era importante para él hablarnos de las celebridades. Hablaba, en cambio, de iluminación espiritual.

John Travolta venía mucho por nuestra casa y también al campo de entrenamiento de mi padre en Deer Lake. Por aquel entonces, ni mi hermana Laila ni yo entendíamos quién era John Travolta porque éramos demasiado jóvenes. No habíamos visto sus películas, como *Fiebre del sábado noche*. Mi padre me decía: «Eh, Hana, ¿sabes quién es? Es una gran estrella del cine. ¡Es un gran bailarín!» John bailaba en nuestra casa. Mi padre decía: «¡Baila, John!», y John bailaba mientras mi padre le incitaba diciéndole: «Vamos, John, así se hace. Ven aquí, Veronica. Vamos, John,

¡baila!» Se lo pasaba en grande. Él le enseñaba a bailar a mi padre y le tomaba el pelo diciéndole: «Tío, tienes dos pies izquierdos». Papá decía: «Solo bailo en el ring». A todos les resultaba extraño que mi padre no supiese bailar porque tenía gracia y elegancia en el cuadrilátero. Sin embargo, carecía de ritmo fuera de él. En cambio, le gustaba ver bailar a los demás.

Kris Kristofferson venía con su hija y jugábamos. Le quitaba los zapatos y jugábamos. Era unos cinco años mayor que yo. Recuerdo que ella llevaba unos tacones altos que usaban las niñas, y yo intentaba ponérmelos y nunca me los quitaba; me iba al espejo a mirarme porque me encantaban aquellos zapatos. Los directores de Hollywood, a veces, traían a sus hijos.

Su padre, naturalmente, se convirtió en una figura mundial que pareció granjearse la simpatía de los círculos políticos.

Mi padre era una figura mundial de tal magnitud que lo admiraban y respetaban. Era capaz de abrirle las puertas de la comunicación a Estados Unidos cuando las cosas no salían. Dondequiera que fuera, podía facilitarle las cosas al gobierno estadounidense. Jimmy Carter confió a veces en mi padre. Bueno, no que confiara, pero llamaba a mi padre, que le ofrecía ayuda. Jimmy Carter tomaba decisiones a partir de la información que le presentaban. Unas veces las cosas salían bien y otras, no demasiado bien. Esto le hizo actuar de forma consciente porque, al ser una figura mundial, su mera presencia podía aprobar algo que estuviese sucediendo. Por lo tanto, tuvo cuidado de a dónde iba y qué hacía. No quería dar la impresión errónea de estar en algún sitio apoyando a una nación en la que la gente sufría injusticias.

¿Qué diferenciaba a su padre de todos los demás rostros famosos, y sigue haciéndolo?

Todo lo veía desde un punto de vista espiritual. Era muy humilde, teniendo en cuenta su gigantesca figura. Nunca perdió esa humildad. El día de Navidad, llamaba aleatoriamente a gente desconocida para desearles felices fiestas. Muchas celebridades quieren llegar a ser famosas, acumular mucho dinero y premios, pero no son gente sociable. Mi padre lo era. A mi padre le gustaba estar con gente normal; no intentaba esconderse. Paseaba por callejones y guetos, alternando con la gente. Era accesible. Ni siquiera las personas comunes y corrientes hacen eso. Para un vagabundo, era más fácil verlo a él que al presidente. Podía concertar una cita con un presidente, pero un vagabundo podía dirigirse directamente a nuestra casa, y mi padre le invitaría a entrar.

¿Qué puede contarme de las reuniones estrictamente familiares en casa de su padre?

El cumpleaños que me viene a la mente, el más destacado, fue el suyo, seis meses antes de fallecer. Fue una gran bendición porque ocho de sus nueve hijos estaban allí, y también sus nietos. Llegó a hacer grandes trucos de magia. Nos obsequió con sus trucos de magia toda nuestra infancia. Aunque, a lo largo de los años, todos los hijos de mi padre han sido fieles a su cumpleaños, nunca hemos podido coincidir todos debido a nuestras responsabilidades, como trabajos o hijos. Sin embargo, aquella noche nos reunimos todos después de mucho tiempo en Scottsdale. Lonnie contrató a un mago, que hizo su espectáculo mientras todos aplaudíamos sentados alrededor. Mi padre comió con buen apetito sus barritas de chocolate y mantequilla de cacahuete favoritas. Tenía los ojos muy abiertos y parecía feliz. El año anterior también lo pasó con sus hijos.

Por último, ¿hay algo de su padre que se haya malinterpretado?

No tuvo guardaespaldas. Los guardaespaldas de los que se habla no estaban allí para impedir que la gente se acercara a conocerlo. Por supuesto, estaban allí por si sucedía algo, para proteger a la esposa, ya que en algunos lugares había grandes multitudes, como en los combates. Nunca los usó para sí mismo. Nunca tuvo un guardaespaldas en el sentido tradicional. En sus últimos años, prescindió incluso de ellos.

MARYUM ALI

Nacida y criada en Chicago, Maryum Ali —más conocida como May May— es la mayor de los hijos de Muhammad Ali. Ha participado también en la producción de varios documentales que muestran la vida y carrera de su célebre padre y, en 2016, se infiltró como reclusa en una cárcel india para el documental de A&E *60 días dentro*. En la actualidad, vive en Los Ángeles y trabaja como conferenciante, así como en el ámbito del desarrollo juvenil.

¿Puede compartir algún recuerdo de la época en la que usted y sus hermanos visitaban a su padre en su mansión de Los Ángeles a principios de la década de 1980?

Mi padre era un bromista. Vivía en una casa grande y, claro, había largos pasillos oscuros. Le encantaba asustarnos. Se lo pasaba en grande. Acechaba en los pasillos oscuros y, cuando pasábamos por allí, nos asustaba. Se reía a carcajadas. Le encantaba gastar bromas y era una persona muy divertida. Le gustaba mucho jugar con sus hijos. Muchos padres no lo hacen, así que resulta divertido que lo hiciera. Se reía tan fuerte que todos acabábamos riendo con él. Ya lo ve, mi padre era una persona normal. La gente lo imagina diferente. ¿Qué hace una familia? Sale a comer fuera, va a celebraciones. Si tenía que ir a algún acto, nos llevaba con él. Pasábamos el rato en casa viendo la tele o nos bañábamos en la piscina del jardín. Hacíamos lo que hace cualquier familia en un día corriente. La gente tiende a adorar ídolos, celebridades, y siempre piensan que él era distinto, pero era una persona normal y corriente. Hacía lo que haría cualquiera, desde ir a comprar helados hasta rezar juntos.

¿Cuál es la conversación mantenida con su padre que más le ha hecho reflexionar?

Una conversación reflexiva sería una de las muchas que mantuvimos sobre Dios. Era muy serio en ese tema. Quería que sus hijos tuvieran conciencia de Dios. Quería que supiéramos que nuestro verdadero propósito es estar en el cielo eterno, el paraíso, algo en lo que creen todos los musulmanes. Siempre nos contaba que esta vida es un campo de pruebas. Esto sería lo que más da que pensar. Las cosas materiales, toda la fama, el dinero no significan nada, nos decía. ¿Vas a ayudar a la gente con eso? Todo lo que se hace en este mudo debe ser para agradar a Dios. Aquellas lecciones suyas, recalcando la importancia de nuestro verdadero propósito en la tierra, es lo que te lleva a ser una persona feliz y serena. Es en lo que uno debe cimentarse. Nos enseñaba ese tipo de lecciones y un día me dijo: «Valora siempre tu religión, tu fe y no creas nunca que eres mejor por ser la hija de Ali». Nos decía: «Vuestro apellido Ali no significa nada. Lo que importa es cómo tratéis a la gente, y no vuestro apellido o mi carrera de boxeo». Creo que esto es lo más importante que trató de enseñar a sus hijos.

En lo que respecta a guiarles a usted y a sus hermanos hacia una carrera o educación, ¿se inclinó hacia algo en particular?

No, no se inclinó hacia nada en concreto. Quería que hiciésemos lo que quisiéramos. Él sentía que debíamos seguir aquello que pensásemos que sería nuestra carrera profesional, fuese lo que fuese. No nos dijo que tuviéramos que ser médicos u otra cosa; no creía que debiera hacerlo. Nadie le había dicho lo que tenía que hacer. Todo el mundo tiene una habilidad o talento; depende de cada uno encontrarlo. No intentó guiarnos hacia nada, ni presionarnos. Sí quiso que recibiéramos una educación y acabásemos nuestros estudios superiores. Eso era importante. Quería que lo hiciésemos. Quería que tuviéramos una educación y nos valiésemos por nosotros mismos, aunque nunca trató de forzarnos a hacer una carrera. Nos tocaba a nosotros decidirlo.

¿Puede hablarnos de algún famoso que visitara a su padre estando usted presente?

Venían muchos famosos a su casa de Los Ángeles. Era tan bromista que a veces no nos creíamos lo que nos contaba. Un día, subió las escaleras de su casa de Los Ángeles y me dijo que Clint Eastwood estaba abajo. No lo creí, le dije: «Venga ya, estás mintiendo. No es verdad. Clint Eastwood no está abajo». Le dije: «¡Qué va a ser verdad!» Me contestó: «Si bajas, será mejor que te vistas». Llevaba puesto el pijama. Le dije: «Sí, ya, es una de tus bromas». Entonces, bajé con el pijama puesto y el pelo revuelto, y allí estaba sentado Clint Eastwood. Dije algo como «¡Ahhh!» y volví a subir corriendo. Mi padre empezó a reírse mientras yo corría escaleras arriba para vestirme, y le escuché que decía: «Le conté que estaba aquí abajo, pero no me creyó. Siempre les estoy gastando bromas. Ha bajado en pijama y despeinada y ha vuelto a subir». Fue gracioso. Era como, ¡Madre mía!, nos toma el pelo siempre. Él decía: «Michael Jackson está abajo». Pero no estaba; todos corríamos escaleras abajo, pero allí no estaba Michel Jackson. Aquella vez dijo: «Clint Eastwood está abajo» y, claro, yo le dije que nos la intentaba colar de nuevo. Estaba tan avergonzada. Clint y yo nos hicimos una foto cuando volví a bajar. Era como, «¡Madre mía, está aquí de verdad!» Siempre venía gente a visitarlo.

Usted se dedicó al rap en la década de 1980, ¿sobre qué tipo de música hablaba con su padre?

A mi padre le encantaba el du-duá, que proliferó en las décadas de 1950 y 1960. Le gustaba la música con la que había crecido. También le gustaban las Supremes con Diana Ross, además de Sam Cooke. Creo que, probablemente, su música favorita fuera la de Little Richard, Chubby Checker y James Brown. Pero, cuando veía a Little Richard, se emocionaba. Cada vez que lo veíamos en persona o en un acto, mi padre decía: «¡Little Richard! ¡Es Little Richard!» Se portaba como un fan. Yo miraba a mi padre pensando: «Madre mía, nunca te he visto actuar así. La gente te trata igual» Le encantaba Little Richard; había crecido escuchándolo. También Chubby Checker. «¡Oh, ahí está Chubby Checker! ¡Es Chubby Checker!», decía emocionado. Le gustaba la música de la vieja escuela, es la que solía escuchar.

Su padre visitó Irak para liberar a unos rehenes, ¿lo recuerda?

Siempre quiso utilizar su fama y notoriedad para ayudar a la gente. Comprendía su importancia y quería usarla para algo. Me parece que cuando fue allí, Saddam Hussein no le atendió en absoluto. Sin embargo, mi padre era muy amable con la gente, a pesar incluso de que no hablaba mucho porque se había quedado sin su medicación para el Parkinson. Saddam lo respetó; respetó la amabilidad con la que mi padre trataba a las personas. Mi padre esperó con paciencia la respuesta de Saddam. Creo que el comportamiento de mi padre y su humildad hacia los demás hicieron que Saddam liberase a aquellos rehenes. Porque al principio no parecía que la cosa fuera bien, pero mi padre era una persona muy piadosa, que quería que todo se hiciese de manera tranquila, no fue algo agresivo. No llegó allí con agresividad. Por supuesto, el gobierno de Estados Unidos no quería verlo allí, él fue en su propio nombre. No fue la primera vez que actuó en contra del gobierno estadounidense. Tomaba sus propias decisiones tal y como lo sentía: «Si puedo ayudar, si las vidas estadounidenses son importantes, lo haré. Bush dice que le estoy siguiendo el juego a Saddam». Mi padre estaba en lo cierto. Él no le seguía el juego a Saddam; conectaba con la gente real. Esa gente, los rehenes liberados, le dieron las gracias, pero decía que no tenían que agradecerle nada, que Dios obraba a través de él. No quiso atribuirse el mérito. No es que le pagaran por hacerlo. Estaba lidiando con el Parkinson y fue difícil. Solo quería ayudar a salvar vidas. Hoy en día, no hay mucha gente así, esa es la razón por la que se siente fascinación por mi padre. Él diría: «No te sientas fascinado por mí. Acude a tu creador y sé lo que tu creador quiere que seas. Cuando lo hagas, serás como yo. No tienes que obsesionarte con mi persona. Intenta ser una gran persona por derecho propio. No es necesario ser famoso. Haz lo correcto en tu propio círculo, en tu propia familia, en tu comunidad y ayuda a la gente. No necesitas mucho dinero, millones de dólares o ser una gran celebridad para hacer lo que se espera de ti en tu propia comunidad». Eso es lo que decía.

¿Llegó usted a conocer al presidente Obama, un hombre que admiraba a su padre?

Lo conocimos después de que falleciera mi padre. Fue en la Casa Blanca, donde se celebró un acto islámico. Acudimos algunos de mis hermanos, mi madrastra y yo. Nos dijo que admiraba a nuestro padre. Mi hermana Rasheda le dio a Obama unos gemelos de Ali, aunque el oficial presente dijo: «No pueden entregarle al presidente ningún regalo. Va contra las normas». Y Valerie Jarret, su asesora, dijo: «¡No, no, no!» Sin embargo, Obama se los aceptó a mi hermana Rasheda. Fue muy amable y nos dijo cuánto amaba a nuestro padre. Lo había conocido siendo senador y, luego, en la ceremonia de investidura y en el Ali Center. Yo acudí a la segunda toma de posesión, aunque como cualquier otra persona, no como invitada. Es una bendición que personas de su talla admiren a mi padre.

Usted habló desde la tribuna en el funeral de su padre. ¿Qué puede compartir en lo que respecta a sus sentimientos y pensamientos en aquel momento?

Escribo poesía al igual que mi padre; me encanta la poesía. Escribo cuando estoy inspirada. Quise escribir un poema sobre lo que representaba como padre y lo que nos había enseñado. Quise compartir algunos de los mensajes que transmitió a sus hijas: tener respeto por una misma y no permitir que nadie te menosprecie o te falte al respeto como mujer. Era muy importante para él. Escribí sobre eso en el poema. Pensé en reflejar algunos de los aspectos destacados y de los contundentes mensajes que recibí de él. Era más sencillo hacerlo en verso. De hecho, escribí el poema en el trayecto al funeral porque antes estuve muy ocupada con todos los miembros de la familia y primos en Louisville. Quería asegurarme de que todos estaban bien atendidos. Era un grupo tan numeroso de personas que quería estar segura de que todos los miembros de nuestra familia esperasen fuera en fila. Estuve tan atareada trabajando en aquella lista que no tuve tiempo de escribir el poema hasta que estuve en el avión. Escribo poesía con mucha rapidez cuando estoy inspirada. Fue un homenaje a mi padre.

¿Algo más que añadir sobre Muhammad Ali, su padre, que se ha granjea-do la simpatía de todo tipo de personas más allá de los confines del ámbito deportivo?

Creo que cualquiera que ame mucho a Muhammad Ali quiere ser como él. Solo diré que su forma de ser se debía a que siempre intentaba buscar lo que Dios quería que hiciese. No era perfecto, por supuesto. Pienso que sea cual sea tu religión, aprovecha tu yo espiritual tanto como sea posible, sobre todo, si es tiempo de oración. Aprovéchalo y ejercita ese músculo. Así era Muhammad Ali. Si lo admiras, eso es lo que deberías aprender principalmente de él.

CAPÍTULO DOS

LOS PERIODISTAS

Dos días después de su primer combate con Liston en 1964, Ali reveló en una rueda de prensa que se había unido a la Nación del Islam, posiblemente la organización más temida y denostada en Estados Unidos en aquella época. La prensa lo vilipendió, a pesar de que por aquel entonces llevaba años vendiendo periódicos a su costa: primero como el joven y descarado campeón olímpico, luego como el engreído bocazas sin esperanzas de vencer al taciturno campeón e incluso, unos días antes, como el nuevo campeón que les dijo a todos que se comieran sus palabras. Fue otro notable momento de un hombre cuya relación con el mundo estaba definida, en gran parte, por su prensa.

Teniendo en cuenta que Ali se convirtió en el rostro más famoso del país, sorprende quizá que fuera también uno de los atletas más accesibles de su tiempo. Hablaba con los reporteros durante horas, alargando las conferencias de prensa más allá del tiempo programado y, asimismo, permitía que los periodistas accedieran al gimnasio y los invitaba a su casa. Según Bobby Goodman, que trabajó durante años con Ali como agente de relaciones públicas, Ali hizo más que nadie —boxeador, promotor o cualquier otro— para promocionar y publicitar sus combates. Además, mientras las estrellas prominentes pueden mostrarse a menudo reservadas y distantes, como se puede comprender, la relación de Ali con los medios de comunicación era, en general, excelente.

Esta política de puertas abiertas continuó incluso después de que el campeón se retirase. Además, trataba a todos por igual, independientemente de lo grande o conocido que fuera el medio de comunicación. La fama mundial de Ali se le puede atribuir a muchas cosas: sus hazañas dentro del cuadrilátero, su singular personalidad y la controversia que suscitaron sus pronunciamientos políticos. Sin embargo, los cronistas deportivos y los periodistas desempeñaron un papel fundamental en la mitificación de su vida. Algunos de los más perspicaces procedían de los lugares más extraños.

Ali tampoco temía usar la prensa para sus propios fines. En la declaración oficial en la que rechazaba la incorporación a las Fuerzas Armadas en 1967, proclamó: «Me opongo firmemente al hecho de que muchos periódicos hayan dado la impresión al público estadounidense y al mundo entero de que solo tengo dos alternativas al adoptar esta postura: o ir a la cárcel o ir al ejército. Existe otra alternativa que es la justicia. Si prevalece la justicia, si se respetan mis derechos constitucionales, no me veré obligado a ir ni al ejército ni a la cárcel. Confío en que, al final, la justicia se pondrá de mi parte porque la verdad debe finalmente prevalecer». En aquella época, pocos podían predecir que el movimiento antibelicista ganaría la fuerza que tuvo y que llegaría a cambiar la opinión pública sobre la guerra. Ali fue uno de los pioneros del movimiento: tras ser llamado a filas, Ali dejó claros sus sentimientos ante un periodista: «El boxeo no es nada; solo satisface a algunas personas sedientas de sangre. Ya no soy Cassius Clay, un negro de Kentucky. Pertenezco al mundo, al mundo negro. Siempre tendré un hogar en Pakistán, en Argelia o en Etiopía. Esto es algo más que dinero». Fue una de las muchas ocasiones en las que la historia le dio la razón.

Otras veces, las hazañas de Ali fuera del cuadrilátero eran tan cautivadoras como las que se producían dentro: su comprensión de cómo darle bombo a un combate insultando y burlándose de sus adversarios ante los medios de comunicación le hizo adelantarse a su tiempo. Su lenguaje y sus chanzas cautivaron la atención de la gente. Atrajo a los medios al darles algo sobre lo que escribir, incluso aunque hubiese pocas dudas sobre el resultado de sus combates, creando figuras antológicas de los rivales segundones. Mostró un talento precoz para la poesía previa al combate, que recitaba para el regocijo de los periodistas reunidos, una habilidad que fue desarrollando con los años. En las conferencias de prensa rebosaba confianza y resultaba encantador.

Evidentemente, el interés de los medios por Ali fue más allá de su destreza en el combate. En la década de 1970, cuando un entrevistador le preguntó ante el público de la televisión qué le atraía de la fe musulmana, Ali ofreció una respuesta filosófica:

«La verdad, no puedo decir lo bueno que soy, y ningún musulmán verdadero se jactará o incluso se arriesgará a decir que es bueno o que es bueno en parte. Le toca a Alá, Dios, juzgarlo. Por lo tanto, no voy a decir ni una palabra sobre lo bueno que soy porque no lo sé. Nunca se es lo suficientemente bueno. Siempre intento hacer lo correcto. Y me planteó usted otra pregunta, que por qué cambié. Porque me crie en la fe baptista y, después de recorrer el mundo, descubrí que hay más de 600 millones de musulmanes en el planeta, y que todas las religiones son buenas. Una vez escribí: ríos, lagos, arroyos, todos tienen distintos nombres, pero todos contienen agua. La religión tiene diferentes nombres y a todas les concierne una guía y verdades, solo que expresadas de maneras diferentes... Lo que enseñó Jesús era bueno; lo que enseñó Moisés era correcto, y también lo que enseñaron Isaías, Lucas o Noé. Dios siempre ha enviado profetas a distintos pueblos en diferentes épocas para enviarles un mensaje, y las personas han decidido elegir a esos profetas como líderes.»

No es ningún secreto que Ali le daba una gran importancia a su herencia: estaba orgulloso de ser negro. En cierta ocasión, cuando un reportero de televisión le preguntó lo que le atrajo del islam, exclamó: «Las enseñanzas del honorable Elijah Muhammad sobre cómo se les había lavado el cerebro a los negros, cómo se les había enseñado a amar a los blancos y odiar a los negros. Cómo nos han robado nuestros nombres. Nos robaron nuestra cultura. Nos robaron nuestra verdadera historia. Nos dejaron como muertos vivientes. Así, cuando tienes personas negras en un país completamente blanco —personas que no saben nada sobre sí mismas, no hablan

su idioma—, simplemente están mentalmente muertas.» Con frecuencia, los periodistas intentaban desafiarlo en sus inquebranta-
bles puntos de vista. Otra vez, durante una entrevista en el programa de televisión presentado por Michael Parkinson en el Reino
Unido, Ali lanzó una extraordinaria diatriba cuando el presentador
lo desafió sin acritud sobre la naturaleza de sus creencias religiosas.
Sin embargo, a pesar de su franqueza, Ali mantenía, en general,
una buena relación con los reporteros y entrevistadores.

Es probable que el locutor más famoso que siguiera la carrera
de Ali fuera Howard Cossell, que falleció en 1995, aunque otros
muchos periodistas pasaron el tiempo suficiente con el más grande como para cultivar una relación con él y comprender mejor al
hombre en sí mismo. En las siguientes conversaciones, los periodistas y fotógrafos que mantuvieron una estrecha relación con Ali
comparten sus recuerdos.

ROBERT LIPSYTE

Robert Lipsyte nació en Nueva York y trabajó para el *New York
Times*, convirtiéndose en un galardonado cronista deportivo que
siguió la carrera de Ali desde el principio, y fue uno de los primeros
en aceptar las controvertidas posturas políticas del campeón. Ha
escrito muchos libros, entre ellos, el titulado *Free to Be Muhammad
Ali* (Libre para ser Muhammad Ali). El profundo conocimiento de
Lipsyte es el resultado de una estrecha relación de trabajo con Ali,
a quien entrevistó numerosas veces a lo largo de su carrera.

*Cuando Muhammad Ali, entonces conocido como Cassius Clay, ganó una
medalla de oro en los Juegos Olímpicos de Roma en 1960, ¿cubrió usted
aquella aventura?*

En aquel momento, estaba empezando mi carrera como joven reportero. Debo decir que él suponía una gran historia para nosotros,
pero no nos lo tomamos en serio. Como sabemos, ganó el campeonato de peso semipesado. Creo que se tuvo conciencia en el
momento en el que se estaba produciendo la Guerra Fría, y lo que

entusiasmó a la mayoría de la gente sobre Cassius Clay fue cuando un reportero ruso le preguntó por las condiciones en Estados Unidos, en particular, por la opresión de la gente negra, y Clay contestó bruscamente. Dijo algo inteligente en la línea de: al menos en nuestro país no viven en chabolas, como ocurre en el suyo. O algo por el estilo. He olvidado las palabras exactas. Se convirtió de inmediato —algo muy irónico para lo que vino después— en un héroe político menor. Sin embargo, cuando regresó a Estados Unidos, se hizo profesional y seguía sin ser tomado en serio. En realidad, no venció a nadie de manera convincente hasta que ganó a Liston.

¿Cómo fue para él crecer en Estados Unidos, un país en el que abundaba la segregación, antes de acudir a los Juegos Olímpicos?
Creció en Louisville (Kentucky), un lugar de grandes fortunas blancas. Era como el corazón del país de los caballos, una zona famosa por la hípica. La carrera de caballos más famosa, el Derby de Kentucky, se celebra en Louisville. Al mismo tiempo, estaba totalmente segregada, por lo que se crio en un entorno completamente separado. Asistió a unas escuelas primaria y secundaria totalmente separadas. Después de las Olimpiadas, según se cuenta, seguían sin servirle en los restaurantes. Se lo conocía como «el negro olímpico». Su primer contrato fue propiedad de un grupo llamado Louisville Sponsoring Group, formado por algunos de los hombres blancos más ricos de la región. Creo que el sentimiento general era el de que era muy afortunado por tener ese tipo de patrocinio, en lugar del crimen organizado o quien quiera que patrocinase boxeadores por aquella época. No obstante, creo que en muchos sentidos lo veían y lo trataban como si fuera un caballo de carreras ganador.

Después de ganar en los Juegos Olímpicos, se negaron a servirle en un restaurante. ¿Puede darnos más detalles sobre aquel incidente?
Creo que esa historia es verdad a medias. La mitad que probablemente es cierta es que fue a un restaurante en el centro de Louisville, parece que con la medalla de oro olímpica alrededor del

cuello, y que se negaron a servirle. La segunda parte de la historia cuenta que se fue a un puente de la ciudad, se quitó la medalla y la lanzó al agua. La mayoría de quienes lo conocieron no se cree esta parte. En general, piensan que alguien de su séquito robó la medalla mucho más tarde y la empeñó.

Usted presenció el encuentro con los Beatles en el 5th Street Gym. ¿Podría aclararnos este hecho?

Yo no era el cronista habitual de boxeo (en aquel momento), *The New York Times* pensaba que Cassius sería noqueado en el primer asalto. Mucha gente opinaba lo mismo. Las apuestas, como sabrá, estaban a siete contra uno. Por lo tanto, mi periódico decidió enviar a un chaval cuyo tiempo no fuese muy valioso: ese era yo. Cuando llegó el momento, mis instrucciones eran las de alquilar un coche en cuanto llegara a Miami y recorrer el trayecto entre el estadio y el hospital más cercano para no perder el tiempo después siguiendo a Cassius hasta cuidados intensivos cuando Liston lo sometiera a base de golpes. Lo hice en cuanto llegué y, luego, conduje hasta el 5th Street Gym, donde entrenaba. Era la primera vez que estaba allí. Mientras subía las viejas escaleras que conducían al gimnasio, vi detrás de mí a aquellos hombrecillos, cuatro chicos blancos. Vestían chaquetas y pantalones a juego.

Mientras subíamos las escaleras, alguien mencionó que Cassius no había llegado todavía. Llegaba tarde a su sesión de entrenamiento. Los cuatro chicos empezaron a maldecir y dieron media vuelta con intención de marcharse. Sin embargo, había dos grandes guardas de seguridad que forzaron a los Beatles a subir justo detrás de mí, y los cinco fuimos empujados dentro del gimnasio. Luego, los guardas los empujaron hasta el vestuario. Yo dejé que me empujaran con ellos porque, para entonces, ya me imaginaba quiénes eran. Aún no eran tan famosos; los conocía porque eran gente de mi edad. Eran una especie de grupo que arrasaba entre jóvenes adolescentes. Así que, cinco de nosotros fuimos empujados dentro del vestuario, y entonces entró él.

Como descubrí más tarde, el publicista de los británicos había organizado una sesión fotográfica con Sonny Liston, el campeón, para publicitar al grupo, no al boxeador. Liston les echó un vistazo y dijo: «No voy a posar con estos mariquitas». El publicista, desesperado, metió a los Beatles en una limusina —obviamente, si Liston podía tratarlos así, es que aún no eran tan importantes— y los envió al lugar donde entrenaba Cassius Clay, con la esperanza de hacerse unas fotos publicitarias con él como segunda opción.

Pues nada, allí estábamos los cinco dentro del vestuario. Ellos maldecían y se empujaban. Me presenté. Yo era muy pedante. Dije: «Hola, soy Robert Lipsyte del *New York Times*». John Lennon dijo: «Hola, soy Ringo»; y Ringo dijo: «Hola, soy George». Hablamos del combate. Ellos estaban convencidos de que Clay, «ese pequeño gilipollas», iba a caer noqueado en el primer asalto. Estuvimos allí encerrados cerca de diez minutos. Entonces, de repente, la puerta se abrió de golpe y apareció él. Creo que todos nos quedamos boquiabiertos a la vez. Era, sin duda, lo más hermoso que habíamos visto jamás. Era mucho más grande de lo que aparentaba debido a que estaba perfectamente moldeado. Era enorme, radiante y se reía. Entonces, dijo: «Venga, Beatles, vamos a ganar algo de dinero», y se los llevó al cuadrilátero.

Si no lo hubiese sabido, supongo que habría pensado que todo estaba preparado y coreografiado. No obstante, todos se metieron en el ring. Aún se pueden ver las fotos en YouTube o donde sea. Tienen clase. Aparecen los cuatro Beatles alineados, Clay golpea al primero en la barbilla, y el resto caen como fichas de dominó. Luego, se levantan de un brinco y bromean. Pasaron unos diez o quince minutos. Estuvieron muy bromistas, muy divertidos y, luego, se marcharon. No sé si volvieron a encontrarse en otra ocasión, pero los cinco siguieron sus caminos, convirtiéndose en historia. Fue algo bastante asombroso. Lo que a mí me resultó particularmente sorprendente sucedió después, mientras Clay recibía un masaje en su vestuario. En aquel momento, él y yo aún no nos conocíamos. Me había hecho señas para que me acercara. Se había dado cuenta de que yo había salido del vestuario, así que me dijo: «Bueno, ¿quiénes eran esos mariquitas?»

Fue realmente una iniciación en Cassius Clay bastante increíble e inesperada. Durante la semana previa al combate, recuerdo que pensaba: «Dios, no sería fabuloso que este tío pudiera ganar. ¡Qué pena que vaya a resultar herido!» Me sentí así justo hasta el momento en el que él y Liston subieron al cuadrilátero y se juntaron en el centro para recibir las instrucciones del árbitro. En ese momento, me di cuenta con toda certeza, y creo que el resto de la multitud también, de lo grande que era Clay en comparación con Liston. Es decir, habíamos estado pensando en algo parecido a la historia de David y Goliat. No era tan sencillo: David era más grande que Goliat, más alto, más ancho; y, sin duda, en aquel momento, pensamos que tenía posibilidades.

Usted se encontraba en casa de Clay en febrero de 1966 cuando le informaron del cambio en su estatus de reclutamiento. ¿Puede contarnos algo de su reacción al recibir la noticia?

Resulta un poco doloroso. Es una historia que yo destapé, aunque no vi realmente su significado. Llevaba todo el día con él para hacer un reportaje. Era un momento muy «candente» en la historia estadounidense. Tenían lugar comparecencias sobre la guerra de Vietnam. Los generales llamaban traidores a los senadores que se oponían a ella. El país había empezado a polarizarse sobre la guerra igual que estamos viendo ahora. Yo estaba sentado en el muro. Había estado viendo las comparecencias por la mañana y, luego, fui al apartamento que Clay tenía alquilado en Miami. No hablamos de las audiencias sobre la guerra. Obviamente, era algo en lo que pensaba o que le importaba. Estábamos allí sentados [en el balcón], y él trataba de ligar [de broma] con las estudiantes de secundaria que regresaban a casa desde la escuela. Sonó el teléfono.

Respondió a la llamada y volvió enfadado, echaba chispas. Se acababa de enterar por la Associated Press de que había sido reclasificado como 1-A, lo que significaba que, de repente, reunía los requisitos necesarios para ser llamado a filas. Hasta aquel momento, tenía una clasificación que lo exoneraba del reclutamiento militar. La sensación general era que, puesto que esas clasificaciones de reclutamiento se hacían de forma local, los tipos poderosos de los que hablé lo habían arreglado para que no lo reclutaran.

Sin embargo, el contrato había vencido y él los había dejado. Lo hizo para irse a otro grupo dominado por la Nación del Islam, que mantendría su contrato.

A los tipos de Louisville ya no les interesaba, así que ahora era, de repente, un 1-A. A los pocos minutos de recibir aquella información, la prensa se abarrotó sobre el césped, con camiones de televisión que traían reporteros. Aparecieron miembros de la Nación del Islam que empezaron a decirle que, si iba a Vietnam, lo matarían. Y que, si no lo mataban, algún sargento blanco estadounidense le metería una granada en los pantalones durante el entrenamiento. Entretanto, los reporteros le preguntaban: «¿Cómo se siente al ser llamado a filas? ¿Cómo se siente al tener que ir a Vietnam la semana que viene?». Era una locura. Quiero decir, es evidente que eso no habría sucedido. Era el campeón mundial de peso pesado. Aunque hubiese sido reclutado, habría ofrecido exhibiciones. Lo habrían exhibido como un trofeo. Nunca enviarían al campeón de peso pesado al frente. Aquello duró varias horas. Lo estaban vapuleando con todas aquellas entrevistas. «¿Qué le parece lo de Vietnam? ¿Acaso sabe dónde está Vietnam?» «Por supuesto», contestó. ¡No sabía dónde estaba Vietnam! Yo apenas sabía dónde estaba Vietnam. Y seguían incansables. «¿Qué opina del Vietcong? ¿Qué opina de matar a los del Vietcong? ¿Qué le parece lo de su reclutamiento?»

Luego, en algún momento después de horas y horas con esto, dijo sin pensarlo: «No busco pelea con los del Vietcong». Se refería a que no tenía nada en contra de los del Vietcong, pero fue la forma en la que utilizó la palabra «pelea». Tras haber escuchado esto tantas veces a lo largo del día, y teniendo en cuenta que respondió en un momento de exasperación, al final esa no fue la entradilla de mi relato. Sin embargo, parecía que todos los demás acabaran de entrar en aquel momento. La AP simplemente lo transmitió rápidamente por todo el mundo como si estuviese haciendo una declaración, como si aquello fuese una rueda de prensa mundial, como si él no tuviera nada en contra de los del Vietcong. La cuestión es que su primera respuesta fue: ¿por qué quieren reclutarme? Soy el campeón mundial de peso pesado, que gasta mucho dinero en impuestos. Les compro muchas armas, aviones y tanques. ¿Por qué iban a querer reclutarme cuando pueden reclutar a un chico pobre que no paga ni un impuesto? Aquello era lo que le rondaba en la cabeza. Sin embargo, todo aquello se transformó en una diatriba enrevesada en contra de la guerra, pero no lo era. Pasaron años antes de que se pusiera al día con lo que estaba sucediendo en Vietnam.

¿Podemos hablar de la relación que tenía con Malcolm X, que luego se volvió amarga?

Creo que Malcolm fue muy importante en la primera etapa de su educación como musulmán. En aquella época, pasé mucho tiempo con Malcolm. Era divertido, brillante y carismático. Pienso que la relación era más la de un hermano mayor y un profesor. Creo que la figura adulta que tuvo auténtico poder en su vida fue el honorable Elijah Muhammad, el venerado líder de la Nación del Islam. Además, según mi teoría psicológica, que puede ser o no verdad, creo que reemplazaba al propio padre de Muhammad Ali, que era un hombre bastante volátil y maltratador que bebía mucho. Una vez que el honorable Elijah Muhammad y Malcolm se convirtieron en adversarios, o al menos en una especie de rivales para controlar al grupo, Muhammad Ali tuvo que elegir. Se decantó por Elijah. Creo, además, que el hecho de que se apartara de Malcolm provocó comentarios al respecto en el sentido de: cualquiera que esté en contra de Elijah no debería vivir. En cierto modo, esto abrió el camino al asesinato de Malcolm. Es algo que siempre me disgustó. Creo que Malcolm era un gran hombre.

Malcolm, por supuesto, experimentó una transformación mayor después de realizar la peregrinación sagrada. ¿Por qué cree que la Nación del Islam y Elijah Muhammad empezaron a tenerle antipatía?

Creo que Malcolm era un hombre muy inteligente que seguía educándose a sí mismo. Me parece que se estaba alejando de los principios de la Nación del Islam, que eran muy sectarios. Se movía hacia un islam más tradicional, hacia los aspectos más importantes de la religión. En segundo lugar, empezaba a verse a sí mismo más como una figura mundial interesada en la paz y la reconciliación. Por último, si ambos hubiesen vivido, es probable que años más tarde hubiesen encontrado algún tipo de conexión con el reverendo Martin Luther King. No obstante, en aquel momento, se apartó de los aspectos sectarios y la palabrería de la Nación del Islam. Pienso que también era consciente de que Elijah iba dejando embarazadas a las secretarias adolescentes, una de las hipocresías de la organización. Por eso Malcolm se estaba apartando. Sin embargo, Muhammad seguía siendo leal a Elijah y no se puso del lado de Malcolm.

¿Qué significó Muhammad Ali para la población negra en la década de 1960? ¿Cree que la Nación del Islam lo utilizó para propagar su mensaje?
Sin duda, lo hicieron. Aunque no creo que Muhammad Ali hubiese alcanzado un impacto moralizador. Mucho antes de que se convirtiera en miembro de la Nación del Islam, un buen número de personas negras afroamericanas pensaba que no era más que un tipo que hacía mucho ruido. Sin duda alguna, la población negra de clase media no lo miraba con especial aceptación. Cuando se convirtió en musulmán, en mi opinión, la Nación del Islam no era muy popular en los barrios negros de las ciudades. Muchos negros pensaban que era como una descabellada secta religiosa. No creo que se convirtiese en un símbolo ampliamente popular para los negros, como recordamos ahora, hasta que los blancos empezaron a tomarla con él.

Si lo recuerda, fue minutos después de que se negara a dar un paso al frente en 1967 para ir a filas cuando todas las comisiones de boxeo del país, que básicamente eran políticos con o sin cargo, le retiraron de inmediato la autorización para pelear en la región o reconocer su título. Me parece que fue un chanchullo. El gobierno se había apartado de él porque no entendía la importancia de la Nación del Islam. Creían que, si el campeón mundial de peso pesado rechazaba su reclutamiento, ningún afroamericano volvería a servir en las Fuerzas Armadas, lo cual es absurdo.

Así pues, no fue hasta ese momento en que le arrebataron el título y le impidieron pelear, perdiendo su medio de vida y viéndose oprimido por el gobierno, cuando la población negra empezó a darse cuenta de que aquello era otra forma de opresión, la que llevaban sufriendo en Estados Unidos a lo largo de la historia. Durante sus años de exilio del boxeo, que fueron tres y medio, sus mejores años, la actitud de todo el país con respecto a la guerra fue cambiando. El movimiento por los derechos civiles en Estados Unidos estaba adquiriendo una fuerza increíble y mayor poder en la nación. Por ello, cobró mucha importancia y simbolismo para los jóvenes blancos de la década de 1960, en particular, los jóvenes universitarios blancos. Se convirtió en un símbolo muy importante de la resistencia negra que defendía a la población negra. Sin embargo, todo aquello fue fruto de su persecución y procesamiento.

¿Cree que la gente y los boxeadores negros se ganaron el respeto y abrieron las puertas de la aceptación boxeando durante la década de 1960 cuando abundaba el racismo?

Sí y no. Se lo pregunté a Malcolm y su respuesta fue buena. Dijo que los blancos siempre dejarán que los negros prosperen tanto como puedan, siempre que los entretengan, bailen para ellos, canten para ellos o sangren para ellos. Por un lado, sí. Joe Louis, Muhammad Ali y, más tarde, Mike Tyson fueron objeto de un cierto respeto. Sin embargo, si comparamos eso con Obama como presidente, se muestra en mi opinión la tremenda brecha que ofrece el deporte y lo que hace el poder real. Compárelo. Me refiero a que se compara a la gente en términos de popularidad y poder. Tiger Woods con Michael Jordan y luego con Ali. Podemos ver que Tiger Woods es únicamente una figura que produce dinero para otros.

En 1975, usted se encontraba en Miami con Muhammad Ali cuando ofreció un discurso en un instituto, ¿lo recuerda?

Estaba realizando una serie de exhibiciones de boxeo por la zona y yo viajaba con él. Recuerdo que no fue un discurso al uso lo que hizo ante los chavales. Celebraban su ceremonia anual de entrega de premios, y él fue el encargado de entregar las medallas y los premios. Lo hizo, además, de un modo bastante cómico, gastando bromas divertidas a medida que los chicos se acercaban a recoger los galardones. No fue ningún discurso inspirador.

¿Cuál fue la conversación más fascinante que mantuvieron?
Debo decir que no sé si tuve alguna de verdadera... Empecé a hablar con él en 1964, entonces ¿qué es eso? Hace un montón de décadas. ¡Madre mía! Empecé a hablar con él antes de que usted naciese. En todo ese tiempo, no estoy seguro de que mantuviésemos el mismo tipo de conversación que podríamos tener nosotros. Más bien, yo le hacía preguntas y él me hablaba. Quiero decir que tampoco éramos colegas. Lo más cercano a una conversación real que yo recuerde fue en 1968. Ambos esperábamos a que naciese nuestro primer hijo. Recuerdo que comentábamos lo largos que se hacían los nueve meses hasta el nacimiento.

Aparte de eso, creo que lo que encontraba fascinante era el proceso de trabajo de su mente y su desarrollo en el transcurso de los años. Creo que, cuando ganó el campeonato con veinte años, era aún muy joven. Maduró de manera muy específica para boxear y se encontraba dentro de una burbuja de aquella religión. En mi opinión, no era en absoluto una persona mundana. No creo que empezara a usar su mente para pensar hasta que no se le impidió boxear.

Se fue a los campus universitarios a hablar con los estudiantes. Luego, con los años, comenzó a tener las actitudes maduras que la mayoría de la gente adquiere antes. La ironía, por supuesto, es que, cuando fue un ser humano realmente formado, ya no podía hablar. Es como cuando Beethoven se quedó sordo. Creo que, en términos de pura fascinación, sigo volviendo al día después de ganarle el campeonato a Liston. Entramos en el estadio, y le preguntaron si era musulmán militante. En 1964, el término «militante» tenía una cierta resonancia histórica, ya que es así como la gente se refería a los comunistas, en una época en la que Estados Unidos sentía miedo de los comunistas.

Los llamaban «comunistas militantes», y a Ali le preguntaron: «¿Es usted musulmán militante?». Se quedó echándole una mirada [al reportero] y básicamente dijo, parafraseándolo, ¿por qué me lo quiere poner difícil? Hay un grupo de gente que no bebe, que no fornica, que come bien, que intenta tener un empleo y cuidarse. Y ¿me está diciendo que hay algo malo en eso? Quizá sea usted el que tenga un problema. A continuación, le preguntaron si era segregacionista. Contestó: «Los pájaros azules se quedan con los pájaros azules; los pájaros rojos, con los pájaros rojos». ¿Lo han escuchado? Después de esto, no había marcha atrás y Ali pudo percibirlo. De forma que la mayoría de los reporteros más jóvenes, que se quedaron con él hasta que terminó la rueda de prensa, se sintieron un poco decepcionados al parecerles nacionalista y segregacionista.

Algo que siempre me ha resultado fascinante fue cuando dijo: «No tengo que ser lo que tú quieras que sea. Soy libre de ser quien yo quiera». Me parece que, como declaración individual de independencia, fueron las palabras más potentes que jamás he escuchado. Recuerdo que, en aquel momento, ya me impresionaron y me fascinaron. Sin embargo, con el paso de los años, me resultan cada vez más impresionantes y fascinantes porque ningún otro atleta importante ha logrado nunca esa clase de independencia. Me refiero a que los Michael Jordan, los Tiger Woods, todos los grandes atletas, los atletas estadounidenses de nuestra época se han pasado al lado material de un modo u otro. Han hecho lo que querían sus patrocinadores. Ali siempre fue fiel a su propia persona: no quiero ser lo que tú quieres que sea. Eso fue lo más potente y fascinante que jamás le escuché decir.

Cuando Muhammad Ali se enfrentó a Sonny Liston por el título, ¿él o alguien sospechaba que Angelo Dundee podía estar involucrado con mafiosos?
Me convertí en cronista de boxeo después de que Ali ganase. Ningún boxeador perdía jamás un combate: estaba sobreentrenado, estaba poco entrenado, lo había vendido su entrenador, estaba con la mafia... Siempre se daban esa clase de argumentos, y siempre surgían las sospechas a continuación. Pero no en serio. El caso es que

sabíamos que Liston estaba acosado, pero no creo que nadie pensase igual sobre Angelo, cuyo hermano Chris era un promotor de alto nivel que quizá tendría más conexiones con el crimen organizado que Angelo. Con estas personas se hacían los negocios entonces, pero no creo que hubiese una preocupación seria porque Angelo estuviese actuando; no en serio. Naturalmente, la gente habló de aquello. Se llegó a pensar que Liston perdió la pelea o bien porque le amenazaron los musulmanes o bien porque sabía que, si había una revancha, eso supondría una estupenda oportunidad económica, como así fue. Con el paso del tiempo, es posible que no hiciese bien su trabajo, pero dudo mucho que se produjese un tongo claro.

Según Milt Bailey y su equipo, ellos creían que Muhammad Ali estaba loco. Además, tenían la idea de que él había expresado temor en el momento de los controles de peso. ¿Cuál es su opinión?

En aquel momento, yo era un reportero inexperto que pensaba que aquello era un teatro para asustar a Liston. Recordará a Liston saliendo de prisión. Liston era un matón muy fornido. La única forma de asustar a Liston sería hacer algo loco para hacerle creer que se iba a enfrentar a un chiflado que no le tendría miedo y que podría hacer algo totalmente impredecible. Creo que formaba parte de la estrategia. Aunque no estoy totalmente seguro debido a mi inexperiencia. Sin embargo, unas semanas más tarde, entrevisté en exclusiva a Cassius en la habitación de su hotel en Nueva York. Repitió paso a paso toda aquella disparatada representación. Me contó que se había planificado de antemano y me mostró con detalle todo lo que hizo.

Cuando Floyd Patterson se enfrentó por primera vez a Muhammad Ali, rechazó llamarlo Muhammad Ali y lo llamó Cassius Clay. ¿Cómo fue aquel combate y qué cabe destacar?

Todos aquellos combates se produjeron exclusivamente para ganar dinero. Creo que Floyd era, en general, un ser humano decente, que se veía a sí mismo como protector de Estados Unidos y campeón de la cristiandad. Se negó a llamarlo Muhammad Ali. Se negó a mostrarse respetuoso con la religión de Ali. En el transcurso de la pelea, Ali dominó por completo el combate, aunque lo hizo de una manera curiosa. Cuando escribí sobre ello, utilicé una metáfora, la de un niño pequeño arrancándole las alas a una mariposa. Era como si lo pinchase y lo torturase. Podía haberlo noqueado en cualquier momento durante los primeros asaltos. Patterson era mucho más pequeño y débil, tenía problemas de espalda y no devolvía los golpes. Sin embargo, Ali lo golpeaba unas cuantas veces y se alejaba bailando, burlándose de él, se mofaba. Fue un combate verdaderamente feo y asqueroso; el punto más bajo de su carrera.

Usted ha dicho que Muhammad Ali nunca obtuvo el apoyo de los medios de comunicación, aunque llamara su atención en la década de 1960. ¿Cree que era digno de veneración por parte de los medios?

Bueno, al principio lo trataban como a una especie de payaso encantador, era admiración. Todos sabían que Liston lo noquearía en el primer asalto; lo asumimos. Creían que no tenía derecho a competir por el título en esa etapa de su carrera. Pero era un buen material de trabajo. Resultaba divertido cubrirlo. Existía una verdadera división entre los reporteros mayores y los jóvenes. Los más viejos recordaban haber cubierto a Joe Louis, que era el ideal de boxeador, era respetuoso y hablaba en el cuadrilátero; no era un bravucón jactancioso. Recordemos: «Yo soy el más grande». Creo que, hoy en día, nos hemos acostumbrado a la fanfarronería a través de la lucha libre y también por otros deportistas. Parece que forma parte de la promoción. Sin embargo, en aquellos días, era algo evidentemente nuevo. Ali decía: «Soy el más grande. Soy el más guapo. Como me diga chorradas, lo noqueo al quinto». Esa fanfarronería salvaje, que básicamente era muy común en cualquier charla callejera de los guetos negros, era algo nuevo. Sin duda alguna, una novedad para los medios de comunicación blancos. No era nuevo para mí porque había escrito un libro con un activista muy conocido de los derechos civiles de los negros. Es decir, yo lo había visto, pero para la mayoría de los reporteros era algo salvaje y novedoso. Sin duda alguna, algo nuevo en los deportes.

Por lo tanto, era un gran material de trabajo. Sin embargo, lo trataban de una forma muy especial. Los reporteros más viejos lo llamaban «the Louisville Lip» («el Bocazas de Louisville»). Se burlaban de él constantemente. A los reporteros jóvenes nos encantaba precisamente porque nuestros colegas viejos lo odiaban. Existía una brecha generacional. Él tenía nuestra edad y era divertido. De algún modo, reflejaba los nuevos tiempos. Los poderosos reporteros y columnistas más mayores no lo trataban con respeto. A pesar de eso, siguió ocupando un gran espacio en los periódicos; escribían sobre él. En cierto sentido, fue el primer deportista célebre. En muchos casos, además, fue una especie de modelo, el tipo de persona que ahora atrae la atención de la prensa sin ninguna razón. Cassius Clay, por supuesto, lanzaba todas sus fanfarronadas, pero en el momento en el que lo entrevistaban, parecía tan vacuo como Paris Hilton o cualquier otro.

¿Presenció usted alguno de sus encuentros con estrellas del cine o de la música?

Algunos de los combates estuvieron repletos de estrellas. En uno, recuerdo a Frank Sinatra —nadie podía superarlo en aquel momento— tomando fotografías para la revista *Life*. Burt Lancaster ejercía de comentarista. Eran personas muy importantes en su época. Más adelante, sus combates atraerían a Diana Ross de las Supremes. Cualquiera que puedas imaginar, como Bill Cosby o Belafonte. Todos lo rodeaban constantemente. Era más grande que ellos.

¿Elvis?

No creo que tuviesen mucha relación. Lo hacían como lo hacen los famosos: se estrechan la mano, se abrazan o posan para una foto y luego se van. Si hubo momentos privados, no estuve presente.

Cuando Muhammad Ali se retiró, ¿siguieron en contacto o se vieron en las décadas de 1980 y 1990? ¿Cubrió usted alguna historia?

Sí, por supuesto. Hay algunas anécdotas conmovedoras. Recuerdo que Ali se encontraba promocionando un combate para Don King —creo que fue el de Tubbs y Witherspoon— y parecía triste. Recuerdo la terrible imagen de él sentado en una habitación de hotel con los pies en remojo. Alguien introducía cables eléctricos en el agua para producir pequeñas descargas en los pies que estimularan los músculos. Supongo que era el inicio del Parkinson. Recuerdo haber pensado que daba lástima. Pero salió de aquello.

Viajé con él más adelante cuando inició el centro Muhammad Ali Center: su gran museo. Recuerdo que se le acercaban, con lágrimas en los ojos, aquellos universitarios blancos de la década de 1960. Hacía pequeños trucos de magia. Hasta que empezó a hablar con dificultad, lo que sucedió en sus últimos quince años de vida, siempre estaba contando chistes malos. Él sabía que yo era judío, así que, cada vez que me veía, me decía: «¿En qué se parecen un judío y una canoa?» Yo siempre contestaba: «¿En qué?» Él decía: «Una canoa se da la vuelta». ¿Lo pilla? Una canoa se da la vuelta, pero un judío es tan tacaño que se queda con la vuelta. Otro más, decía: «Tres tipos van sentados en la parte trasera de un coche: un negro, un mexicano y un árabe. ¿Quién conduce?» Y yo contestaba: «¿Quién?», y él respondía: «La policía». Lo que a la gente le parecía interesante es que pudiera contar aquellos chistes tan políticamente incorrectos. Si usted o yo lo hubiésemos dicho, habríamos salido corriendo de la habitación.

Sin embargo, él contaba aquellos chistes y la gente decía que eso demostraba cuánto amaba a todas las personas. Antes dije que maduró a medida que fue envejeciendo. Pero creo que había algo de cierta inocencia en él, una especie de inocencia propia de un hombre santo en cierto modo. Creo que lo han beatificado ahora. Seguía teniendo como un dulce resplandor. Durante dos o tres años, no estuve con él. No lo vi en los últimos dos o tres años. Apenas hablaba. Cuando le hablabas, respondía murmurando algo. Era la esposa la que contestaba, como si pudiera entender lo que decía. Habría sido muy capaz de hacerlo. No lo sé. Emanaba de él una especie de dulzura.

Él conoció a un par de presidentes. ¿Alguna vez estuvo usted presente?
Sí. De hecho, allí estaba yo cuando conoció a Clinton. Asistí a la parte pública del encuentro. Se dieron la mano, se abrazaron y se saludaron. Dijeron algunas cosas agradables. Si hubo algo más en privado, no estaba allí para verlo. Tendrá que preguntarle a Clinton. Me parece que Bush le entregó una medalla. Me fastidió que aceptara una medalla de ese tipo, pero...

¿Alguna vez viajó con él al extranjero, cuando fue a Irak o a Afganistán?
Recuerdo un par de ocasiones en las que acudió en misiones de paz o a intentar liberar rehenes. Aunque no creo que su presencia fuera especialmente eficaz. También se negó a condenar a Osama Bin Laden tras el 11 de septiembre, lo que fue un gran golpe aquí. Dijo que no hablaría mal de ellos, de Al-Qaeda, porque tenía intereses comerciales en esa parte del mundo. Existe siempre una cierta paradoja en Muhammad Ali. Esto me recuerda: que no tengo que ser lo que tú quieras que sea. Era un hombre que siempre hablaba de los valores familiares, de lo importante que es ser cariñoso con la mujer y los hijos, pero, sin embargo, andaba tonteando con mujeres todo el rato. Era un hombre que representaba a un culto segregacionista en un momento en el que el país luchaba de manera sangrienta por la justicia para los ancianos y por la integración. Creo que es un tipo complicado.

¿Cree que marcó un punto de referencia y trascendió al deporte del boxeo?
Creo que lo elevó todo. No simpatizo con todo lo que dijo a lo largo de los años o todo lo que defendió. Sin embargo, me encanta porque creo que le ofreció a la gente un estándar dentro y fuera del deporte: un estándar de coraje, del valor de defender lo que uno cree y de ser valiente. Creo que era valiente. Me parece que la gente puede aplicar ese aspecto suyo. El principio de ser valiente y defender lo que uno cree. Sin duda, elevó el boxeo. Huelga decir

que no se necesita mucho para elevar el boxeo. No obstante, también elevó el deporte, todo el deporte, y elevó a Estados Unidos. Fue ciertamente uno de los deportistas más importantes de todos los tiempos. Es más, déjeme decirle algo: si lo comparamos con personas como Michael Jordan o Tiger Woods, no hay comparación. No creo que estos dos personajes representen nada, salvo su propio ascenso financiero. En ambos casos, pertenecen a una corporación y actúan como modelos muy caros de moda. Eso es lo que creo que son. Sin embargo, Ali realmente representó algo más grande.

¿Alguna vez fue testigo de que Muhammad Ali actuara de forma imprudente, perdiera los estribos y se enfadase?

¡Claro que sí! Absolutamente. Se enfadó el día que le comunicaron la clasificación de 1-A que lo hacía susceptible de ser reclutado. Con el paso del tiempo, creo que se enfadaba cuando sentía que era malinterpretado o atacado injustamente. En una ocasión, se enfadó conmigo. La única vez que tuvimos un desencuentro ocurrió a mediados de la década de 1980 mientras lo entrevistaba. Me parece que se sentía vulnerable, débil y deprimido. Fue una de aquellas situaciones en las que Don King le daba dinero para promocionar un combate.

Le planteé algunas preguntas serias. Por entonces, yo trabajaba para la televisión. Ali comenzó a gritarme; decía: «Eres un tramposo. Vienes a preguntarme cosas que hacen que parezca malo. ¡Eres un blanco que va a por el boxeador negrata más grande que puedas encontrar!» Me sentía muy violento y enojado. Mi productor me dijo que a los negros se les permitía llamar negratas a los negros, que no me preocupara. Creo que fue su momento de vulnerabilidad. Era un ser humano. Hubo momentos de vulnerabilidad en los que se vio amenazado. Se enfadaba, se ponía serio y respondía de esa manera. Sin embargo, en general, diría que en las últimas cinco décadas fue un hombre realmente amable. Aquel incidente fue un momento muy puntual.

En una ocasión, recuerdo que los dos corríamos para tomar un avión. No podíamos perderlo porque era el último vuelo de esa noche y llegábamos tarde. Íbamos corriendo por el aeropuerto y una ancianita le hizo una foto. Él se detuvo. Le dije: «Venga, vámonos», pero él contestó: «No, no, no». La mujer había dejado puesta la tapa del objetivo. Ali extendió la mano con delicadeza y quitó la tapa del objetivo para que ella pudiera hacer de nuevo la foto. No quería que ella se sintiera decepcionada. Creo que su vida estuvo marcada por muchos actos de amabilidad. Creo que, básicamente, era una buena persona. Me pregunta si lo vi enfadarse. ¡Claro que sí! Aunque, en más de cuarenta y seis años, solo puedo recordar un par de veces en las que se enfadara, que estuviera serio o que se portase mal y, sin embargo, recuerdo muchas veces en las que fue amable.

¿Algo más que añadir sobre la mayor personalidad deportiva de los tiempos modernos teniendo en cuenta que lo conoció a principios de la década de 1960?

Creo que el país se ha enriquecido al tenerlo. Aunque en muchos sentidos era una especie de «niño santo», creo que no era Mahatma Gandhi. No era Malcolm X. No era el obispo Tutu. No era ninguna de esas personas verdaderamente santas que han tratado de elevar a un país hacia el liderazgo utilizando la fuerza de su pensamiento. No obstante, creo que, de algún modo, ha posibilitado que mucha gente piense que pueden ser valientes y defender lo que creen.

BERT SUGAR

Reconocible a distancia por su característico sombrero fedora y su puro sin encender, Bert Randolph Sugar trabajó en la industria publicitaria antes de comprar la revista *Boxing Illustrated*, donde trabajó como editor desde 1969 hasta 1973. Pasó a ser editor y director de la revista *Ring* y ha escrito más de ochenta libros, la mayoría relacionados con el boxeo. Es uno de los historiadores más importantes del boxeo, ganándose el título de mejor escritor de boxeo del siglo xx otorgado por la International Veterans Boxing Association. Sugar dio incluso el inusual paso de ser el compañero de entrenamiento de Ali a lo largo de una carrera con múltiples encuentros entre ambos.

Para empezar, ¿puede contarme cómo se dedicó al boxeo Muhammad Ali y si Jack Johnson fue una de sus influencias?

Alguien le robó a Ali su bicicleta y él fue a denunciarlo a la policía. Ellos lo dirigieron a un gimnasio de boxeo, y a partir de ese momento se dedicó al deporte. No creo que recuperara jamás su bicicleta. Desconozco quiénes influyeron en él. Pienso que tenía un talento natural. Si tuvo alguna influencia, sería Sugar Ray Robinson, quien estuvo en su campo de entrenamiento en determinados momentos, entre ellos, en la primera vez que se enfrentó a Liston para ganar el título. No me parece que Jack Johnson influyera en Ali. Durante los tres años y medio que estuvo alejado del boxeo, vio la obra *La gran esperanza blanca* y dijo que la única diferencia entre Johnson y él —porque ambos fueron perseguidos— fue las mujeres en el caso de Johnson y su reclutamiento. No, no creo que Johnson fuera una influencia.

Hablemos de cuando Sugar Ray Robinson, uno de los legendarios grandes boxeadores, desairó a Muhammad Ali negándose a firmarle un autógrafo.

He escuchado esa anécdota, pero, para ser sincero, la desconozco. Solo la he oído. Rumores. No lo sé. Lo que sí sé es que Cassius Clay, aún no Muhammad Ali, seguía el boxeo y lo veía en la televisión. Tras dedicarse al boxeo, si alguien influyó en él, fue Willie Pastrano con sus movimientos. Willie Pastrano era un gran luchador defensivo. De los movimientos de Pastrano, aprendió a mantenerse lejos de los puñetazos, lo que se convirtió en su gran defensa: la rapidez.

¿Cómo surgió la amistad entre Muhammad Ali y Sugar Ray Robinson?

Bueno, buscó al mejor luchador de todos los tiempos. Y Robinson, por su parte, identificó sus habilidades, convirtiéndose así en una sociedad de admiración mutua. No sé exactamente en qué momento, pero Robinson apareció en su campo de entrenamiento. Ali, después de ganar la medalla del campeonato de peso semipesado en los Juegos Olímpicos de 1960, conoció a Angelo Dundee, quien llevaba boxeadores a Louisville. Además, se había nutrido e inspirado mucho en Pastrano, que peleó en Louisville. Ali estaba siempre portando bolsas y haciendo todo lo que fuera para asociarse con boxeadores profesionales.

¿Puede arrojar luz sobre los antecedentes de Sugar Ray Robinson?
Sugar Ray Robinson fue el mejor boxeador de todos los tiempos y no hay más que hablar. Podía hacerlo todo. Cada persona veía algo diferente en Ray. Era rápido, tenía una potencia explosiva, sabía moverse y creaba ángulos. Incluso le vi lanzar golpes de *knockout* de revés, lo que supone un gran efecto de palanca. Sugar Ray Robinson se enojaba si lo despeinabas. Fue el mejor en todo lo que hizo y no tenía ningún defecto.

¿Cuál fue la relación de Joe Louis con Muhammad Ali?
Muhammad Ali pertenecía a una generación distinta. Incluso se refirió a Joe como un «tío Tom» en cierta ocasión, lo que fue injusto. En la década de 1940, Joe Louis trabajó en silencio y a su manera para ganar derechos civiles para los afroamericanos. No peleaba en campos de entrenamiento durante la Segunda Guerra Mundial si no había integración entre el público. Y, básicamente, fue uno de los héroes de Estados Unidos en aquel conflicto bélico mundial. Fue uno de los que acuñó la frase «ganaremos porque estamos del lado de Dios», que se convirtió para los estadounidenses, si no en el eslogan, en uno de los dichos más famosos durante la Segunda Guerra Mundial. Sin embargo, Joe Louis era un hombre tranquilo, parco en palabras, pero eficaces. Decía cosas como lo que dijo antes del segundo combate con Billy Conn en 1946: «Puede correr, pero no esconderse». En una ocasión, durante una retransmisión por televisión en la que era comentarista, su compañero de transmisión intentó que se involucrara en el debate. Dijo que, al boxeador, quienquiera que fuera, no le gustaban los golpes en el cuerpo. «¿Y a quién sí?», respondió Joe.

Él hablaba, no obstante, con sus guantes. Tenía unas manos rápidas. En cuanto enganchaba a un hombre, había terminado con él. Que se lo pregunten a Billy Conn. Cuando Joe Louis le sacudió el primer golpe a Eddie Sims en un combate, antes de convertirse en campeón, Eddie Sims cayó noqueado a los dieciocho segundos de iniciarse la lucha. Se levantó y dijo: «Me gustaría dar un paseo por el techo». En ese momento, el árbitro suspendió el combate.

Joe Louis fue, probablemente, el boxeador que más fuerte pegaba en la historia de la categoría de los pesos pesados. Ali tenía un estilo totalmente distinto. Ali podía moverse como ningún otro peso pesado lo hizo jamás. Joe Louis era un boxeador lento y pesado, que no tenía juego de pies; tenía juego de manos. Fue un tipo de boxeador completamente diferente. Fue el boxeador ortodoxo de todos los tiempos. Cuando los cronistas vieron por primera vez a Clay, no sabían qué pensar de él. Corría y se movía. Los pesos pesados no se movían, todos eran de la escuela de Joe Louis: cruzado de izquierda y derecha. Ali quitaba esa izquierda, se movía, daba un cruzado de derecha y se movía. Ningún peso pesado había hecho eso antes. A los cronistas no les caía especialmente en gracia porque salía de una nueva escuela. No lo entendieron. No creo que ni su estilo ni el de Joe Louis, como tampoco su aprecio por Joe Louis, fuera tal que pudiera comentarlo porque no era su estilo.

¿Cómo llegó Muhammad Ali a entrenar con Archie Moore?
Archie Moore entrenaba a boxeadores. Recuerde que estuvo boxeando hasta los cuarenta y nueve años y que uno de sus últimos combates lo enfrentó a Clay, quien perdió en el cuarto asalto. Después, montó un negocio. Llegó a oídos del grupo que respaldó el debut profesional de Cassius Clay, el Louisville Group. Ellos lo mandaron a Archie Moore, quien ni siquiera quería que boxeara; quería que Clay hiciera todas las tareas domésticas, como barrer los suelos, para ganar disciplina. A Clay no le gustó. Él se marchó del lugar de entrenamiento. Sin embargo, Archie volvería como entrenador de George Foreman. Fue una de las grandes

epopeyas del boxeo, el hombre con más *knockouts* de la historia, y no hay más que hablar. Lo que le enseñara a Clay se me escapa porque su estilo no era el estilo de Clay.

¿Cuál es la conversación más apasionante que mantuvo con Muhammad Ali?

En una ocasión, fui a entrenar con él y acabó pateándome el culo. Fui a Deer Lake a principios de 1970. Por aquel entonces, yo era editor de una revista. Les dije que, por motivos publicitarios, para ambos, quería entrar en el cuadrilátero con él. Yo había sido boxeador, aunque rematadamente malo. Pienso que un buen apodo como *amateur* era «el gran blanco sin esperanza». Entré en el ring y aguanté un par de asaltos. No hizo más que golpearme. Al final, se dio cuenta de que tenía poco que ofrecerle, así que me agarró con un *clinch* y me golpeó un par de veces en el trasero. Sin embargo, hablamos. Allí estaba Muhammad Ali contando cosas maravillosas.

No obstante, debo contarle la mejor anécdota que jamás he escuchado sobre Ali, que no puedo contar en primera persona, por cierto, sino que la contó Bob Lipsyte, un joven reportero recién salido de la escuela, para el *New York Times*. Su periódico lo envió a Miami con antelación para cubrir el que sería el primer combate de Clay con Liston. No quisieron enviar a uno de sus reporteros habituales. Lo primero que Bob tenía que hacer era averiguar lo cerca que estaba el estadio de Miami del hospital porque, probablemente, tendría que ir allí al final del primer asalto (se referían a Clay). Así lo hizo Lipsyte y, luego, se marchó al gimnasio de Angelo, el 5th Street Gym, para ver a Clay. Cuatro jóvenes de pelo largo intentaban salir de allí, pero había alguien en la puerta que se lo impedía, mientras un publicista les gritaba.

Así es que los metieron, junto a Lipsyte, en una habitación hasta que llegara Clay, quien se encontraba corriendo por la carretera como parte de su entrenamiento. Clay llegó finalmente diez o quince minutos más tarde. Abrió la puerta y se encontró apiñados a los cuatro chicos y a Lipsyte. Los cuatro chicos se subieron al cuadrilátero y formaron una fila para posar ante la cámara. Ali golpeó al primero, Ringo, que golpeó al segundo, Paul, que golpeó al tercero, John, etc. Los cuatro cayeron al suelo y ¡bum! Al cabo de un rato se fueron y Clay se volvió hacia Lipsyte y le dijo: «¿Quiénes eran esos maricas?», sin saber que eran los Beatles.

Usted fue el director de Boxing Illustrated, *¿visitó alguna vez Muhammad Ali las oficinas?*

También lo era de las revistas *Ring* y *Fight Game*. En las de la revista *Ring*, sí. Se paseó por allí mirando los objetos expuestos. Entonces, era Cassius Clay. Me contó que iba a ser el próximo campeón de peso pesado. Era un chaval, una persona muy refrescante. Luego, salió y se detuvo en la esquina para ver si alguien lo reconocía.

¿Asistió usted a la rueda de prensa del primer combate contra Floyd Patterson?

Sí, estuve en la rueda de prensa. Ali llamaba a Patterson conejo porque corría. «Va a correr, es un conejo.» Patterson le seguía llamando Clay, aunque ya se llamara Muhammad Ali. Esto no le sentaba bien a Ali; decía que Cassius Clay era su nombre de esclavo.

¿Cómo resumiría la pelea?

Bueno, pienso que a Patterson se le hizo cuesta arriba, y así fue. Además, fue un combate feo porque todo lo que hizo Ali fue seguir provocándolo con preguntas como «¿¡Cómo me llamo!?» Y Patterson repetía lo dicho en la rueda de prensa. Aunque no pudiera escucharlo bien, de lo que sí estoy seguro era que le decía algo parecido a: «Tu mamá te llama Clay, tu nombre es Clay». Fue horrible porque Ali intentaba burlarse de él repetidamente en lugar de ganar el combate, cosa que hizo.

Segundo combate contra Paterson...

Fue una continuación del primero. Patterson no podía golpearle. No sabía cómo golpearle. Ali era demasiado rápido y disparaba su izquierda continuamente. La espalda de Patterson no pudo resistirlo. El árbitro siguió enviándolos a la esquina después de cada asalto, pero aquel no fue un gran combate.

¿Cuál es, en su opinión, el combate que definió a Muhammad Ali a lo largo de su larga e ilustre carrera?

Hubo varios. El combate contra Foreman, el *Rumble in the Jungle*, porque, al regresar después de tres años y medio, había perdido su rapidez y tuvo que jugar a marear contra las cuerdas. Logró desconcentrar a Foreman. Tuvo a Foreman balanceándose hasta que cayó como una manguera de agua cuando pierde presión y lo noqueó. Pero le pegaba al final de cada asalto. Golpeaba a Foreman para que se supiera que era capaz. Y, luego, desequilibró a Foreman. Le pegaba una y otra vez, y cayó, aunque nunca escuché al árbitro Zack Clayton contar hasta diez. Sin embargo, uno de sus mayores combates fue contra Cleveland Williams. Aquella noche, lo tiró al suelo y lo noqueó, me parece que cuatro veces. Fue su combate más potente. Cleveland Williams era un boxeador poderoso. Llevaba en el cuerpo una bala de una Magnum 357 que nunca le habían extraído. Fue un disparo de la policía. Y no sabías con seguridad si resultó herido atacando, pero se llevaba todos los golpes y, sin embargo, resistía. Una de las mejores noches de Ali, en su mejor momento, fue contra Zora Folley. A continuación, le despojaron de su título, no de forma voluntaria, sino porque lo reclutaron.

Durante los tres años y medio en los que no estuvo activo, ¿cómo pasaba el tiempo? ¿Trató de ganarse la vida dando charlas?

Dio un montón de charlas. Yo me ponía en contacto con él para algunas: universidades para negros, pequeñas reuniones o cualquier lugar para conseguir que las cosas cambiaran. Participó incluso en una obra de teatro titulada *Buck White*. Hizo de todo, y la gente lo apoyaba. Joe Frazier le dio dinero. Su administrador comercial, Gene Kilroy, le conseguía dinero. Él se había alejado. Había hecho algo que probablemente nadie más haría. Había renunciado a su medio de vida por sus creencias.

En este punto de su carrera, le gustaba aparte del público, mientras que la aversión de otras personas era un tanto visible. Más tarde, su condición de mito lo elevó al nivel de culto al héroe.

Bueno, era una nación dividida. Era «divididos, venceremos». Los jóvenes, contrarios a la guerra de Vietnam, lo adoraban, sobre todo los negros. Los que llevaban casco lo odiaban. Incluso Joe Louis dijo que debió haberse presentado voluntario. Jackie Robinson se presentó voluntario a filas. Sin embargo, aquellos tres años y medio fueron sus años cumbre; cuando regresó, había pasado su mejor momento.

Dada su posición y condición de periodista, ¿alguna vez lo invitaron a una reunión de famosos?

Fui a alguna. Estuve en la inauguración del museo de Ali en Louisville con el presidente Clinton. Había también otras personas como BB King y otros. Estuvimos hablando. Yo fui con Angelo Dundee. Su objetivo era honrar al hijo predilecto más eminente de Louisville. Es un museo muy bonito. Era la inauguración y se celebró un grandioso concierto.

En su opinión, ¿quizá se ha sobrevalorado a Muhammad Ali como boxeador? ¿O siente que tuvo su propio estilo distintivo que lo hizo destacar sobre otros, elevándolo en una liga propia?

Probablemente, ambos. Aquellos que lo adoraban, que crecieron con él, los jóvenes que lo abrazaron, sí, lo sobrevaloraron. ¡Pero también fue grande! Puede que no haya sido el más grande, como se refería a sí mismo. Ray Robinson lo fue, igual que algún otro, como Joe Louis. Pero fue grande. Y no me refiero al dinero, hablamos únicamente de rango. Al fin y al cabo, debo decir que cada día ganaba más, podríamos decir que era un buen un mito con el que asociarse, como las películas que se han hecho de él. De este modo, su leyenda crece después de producirse los hechos, aunque cuando sucedían esos hechos... Fue un gran boxeador. Por eso, la respuesta a su pregunta es: ¡ambas cosas! Fue grande, pero no fue el más grande, aunque se llamase a sí mismo el más grande. A menudo, lo hacía dándose golpecitos en el hombro con sus propios guantes, y la gente lo compró.

¿Cree que su personalidad e imagen únicas desempeñaron un papel esencial que elevó su estatus?

Sí, claro. Fue el primero. Hasta entonces, los afroamericanos habían estado en silencio. Al igual que Joe Louis, eran humildes. La década de 1960 fue una nueva era que básicamente estuvo personificada por Muhammad Ali, quien hablaba sobre todo y en todo momento. Como lo de: «No busco peleas con los del Vietcong». Era un boxeador único, con ayuda de Angelo Dundee, como nunca lo habíamos visto en otra persona ni en ningún ámbito. Era refrescante y novedoso, y su personalidad formaba parte de él.

¿Siente que debió salir del cuadrilátero antes de cuando lo hizo? El último par de combates en los que peleó pareció habérsele hecho cuesta arriba.

Sí. Verá, el boxeo es distinto a cualquier otro deporte. En otros deportes, debes ser parte del equipo y, si no lo eres, simplemente no puedes salir a jugar al fútbol, al beisbol, al fútbol americano, al baloncesto, o a cualquier otro deporte de equipo, y decir: «Estoy aquí porque ellos dicen, vale, sal ahí». En el boxeo, sin embargo, eres un individuo y ese es uno de sus atributos básicos, creo. Y si dices que quieres boxear, habrá algún promotor que te representará o alguna comisión atlética estatal que te respaldará porque ven dinero. Ali, como muchos otros boxeadores, permaneció en activo durante demasiado tiempo. Pienso que, en particular, los dos últimos combates, contra Larry Holmes y Trevor Berbick, fueron demasiado largos.

Su estado se iba deteriorando. Ferdie Pacheco, su médico, lo había dejado por entonces…

Aquel médico no era más que un miembro de su séquito. Pero, sí, boxeó durante demasiado tiempo. No sé si su estado pudo deberse directamente al boxeo. Sé que hay dos millones de personas que padecen la enfermedad de Parkinson, que es lo que él tenía. Pero recibir golpes en la cabeza no iba a ayudarle. No lo hizo, pero probablemente lo empeoró.

¿Cuánto dinero ganaba Muhammad Ali a comienzos de la década de 1960 cuando se hizo profesional? ¿Y hasta qué punto cambió su situación económica a mediados de la década de 1970 cuando boxeó con gente como Joe Frazier?

El combate con Joe Frazier, el primero, en marzo de 1971, fue la primera vez que un deportista de cualquier ámbito ganaba lo que él y ambos ganaron 2,5 millones de dólares cada uno. Cambiaron la cara económica del deporte. Al principio, había boxeado para el sindicato de Louisville a cambio de un honorario. Lo financiaban dándole dinero, y se quedaban con el dinero recaudado para pagarse a sí mismos. Pero todo cambió con el combate de 1971. Cambió todo para todos aquellos que alguna vez practicaron un deporte.

¿Qué hay de la gente que rodeaba a Muhammad Ali? Es evidente que alguno se aprovechó de él. Tenía un gran grupo a su alrededor. ¿Era una persona despreocupada?

Se unieron al séquito y él los financió. Sí, no sé si se aprovecharon. Puede que él se aprovechara de ellos. Le gustaba la gente y, cuanta más gente hubiera, más feliz se sentía. Adoptaba a gente como Drew Bundini Brown que, sin más, se lo llevó al campo de entrenamiento. Había sido anteriormente la sombra de Sugar Ray Robinson y, después, lo fue de Ali. Se convirtió en el payaso del campo, y ¡a Ali le encantaba! Así que pudo haberlos utilizado tanto como ellos a él.

¿Cómo definiría la relación entre Angelo Dundee y Muhammad Ali?

Oh, era excelente. Dundee hizo algo maravilloso y le dejó ser él mismo. Dejó que Ali fuese Ali. No intentó cambiarlo. Simplemente maximizó sus esfuerzos y minimizó sus defectos. Pero Ali era Ali, y siempre lo fue. Angelo lo expresaba todo de manera que Ali pensase que era idea suya, aunque fuera de Angelo. Angelo era psiquiatra y psicólogo, y era una persona maravillosa con la que estar. De hecho, cuando Ali se cambió de nombre, le preguntaron a Angelo: «¿Qué le parece, Angelo?» Él dijo: «No me importa. Dundee no es mi nombre original». Así funcionaba. Le decía a Ali, por ejemplo, que menudo gancho ascendente había lanzado, cuando, en realidad, no había lanzado ningún *uppercut*, pero así Ali pensaba que era idea suya. Dundee era la pareja perfecta. El yin del yang. Terminaba sus poemas y rimas. Formaban una pareja, un dúo.

¿Qué papel desempeñó Chris Dundee en la creación de Muhammad Ali?
¿Puede hablarme del gimnasio 5th Street Gym?

Promocionó un par de combates, pero era Angelo quien se encargaba. Es decir, Chris puso el dinero para el 5th Street Gym, pero Angelo mandaba. Chris organizó su combate. Lo están resucitando, por cierto. Van a empezar de nuevo. En el 5th Street Gym había muchos boxeadores cubanos. Y como tenía a Pastrano, fue la primera elección después de que Clay dejara a Archie Moore, y el sindicato de Louisville. Clay encajó perfectamente. Angelo hizo un gran trabajo en el 5th Street Gym de Miami. El sitio se hizo famoso por todos los grandes boxeadores —muchos de ellos cubanos— que Dundee formó allí. Pero con Clay, se hizo aún más famoso.

¿Con qué frecuencia cubrió a Muhammad Ali en sus revistas y cuál fue la mejor anécdota que publicó? ¿Piensa que la base de fans supera los confines de los aficionados al boxeo?

Bueno, cada vez que salía en portada, lo vendíamos todo. Así que lo cubríamos mucho. Tenía tantos admiradores y seguidores que vendíamos todo solo con sacarlo en portada, aunque no dijésemos nada en las páginas interiores. Por eso, aparecía mucho en la portada. Todo el mundo lo quería en ese sitio. De todos modos, quienes no lo amaban no compraban revistas de boxeo.

73

¿Cuál era la popularidad del boxeo en aquella época en comparación con otros deportes, como el béisbol?

Aparte de la época de Jack Dempsey y Joe Louis, el béisbol siempre fue el deporte más popular de Estados Unidos. Sin embargo, el boxeo era un deporte individual y seguía existiendo la creencia, al menos en Estados Unidos, de que el campeón de peso pesado era el hombre más fuerte del mundo. Por eso, existía ese cliché individual que tenía Ali, el de ser el hombre más fuerte del mundo y su búsqueda constante de publicidad. Quiero decir que nunca se reunió con un cámara, reportero, fotógrafo o cronista que no le gustase porque sabía que podían escribir sobre él. Así que teníamos artículos y más artículos sobre él que cubrían los combates y la preparación de los mismos.

El primer combate con Frazier se convirtió en la mayor venta de todas las revistas que he editado y que se publicó en *Boxing Illustrated*, antes de encargarme de *Ring*. Vendimos cientos de miles de ejemplares. Siempre he pensado que mi relación con él fue magnífica, no solo como cronista: yo soy sociable y él también lo era. Así que me buscaba. Pasamos buenos ratos juntos. Siempre me identifiqué con él. Me encantaba su constancia, por así decirlo, su vida y el modo en el que rebosaba vida, así como su personaje. Me proporcionó muchos ejemplares y era un gran amigo.

JERRY IZENBERG

Jerry Izenberg ha escrito sobre algunos de los acontecimientos deportivos más importantes de la historia y es uno de los tres únicos cronistas que ha cubierto todas las Super Bowl. Posee una larga y distinguida carrera como columnista del periódico *The Star-Ledger*, lo que le ha valido recientemente un puesto en el Salón Nacional de la Fama de Cronistas y Comentaristas Deportivos, así como en el Salón de la Fama del Boxeo. Izenberg conoció a Ali por primera vez en 1960 en los Juegos Olímpicos de Roma, tras lo cual se convirtieron en grandes amigos y viajaron por todo el mundo. Ha sido nominado en quince ocasiones al

Premio Pulitzer y ha escrito nueve libros. En el año 2000, recibió el Premio Red Smith.

¿Podría hablarnos de su primer encuentro con Muhammad Ali en los Juegos Olímpicos de 1960?

Era un tipo muy distinto en aquella época. Yo solía cubrir mucho boxeo y me encontraba en la villa olímpica. Él estaba sentado en los escalones con la medalla puesta. Le gritaba a todo el mundo: «¡Soy el más grande! ¡Voy a ser el campeón mundial de peso pesado!» La mayoría de la gente no sabía qué diablos decía. Pero observé que todas las chicas se paraban a echar otro vistazo. Eso nunca cambió a lo largo de los años.

¿Cómo evaluaría la actuación de Muhammad Ali en los Juegos Olímpicos?

Bueno, hubo también otros chicos que ganaron allí. No era un peso pesado. Comparado con otros chavales, él estaba bien. Pensábamos para nosotros mismos: «Es joven, ya veremos lo que hace». No era algo como estar viendo al futuro campeón mundial de peso pesado. Ni siquiera era un peso pesado, era un semipesado. Vaya, que no era algo espectacular. Hasta que no empezó [más tarde] a convertirse en Muhammad Ali, no te fijabas en él. Lo que marcó la diferencia, no obstante, fue su actuación fuera del cuadrilátero olímpico, sentado en los escalones, saludando con la mano a la gente, que no sabía qué diablos le estaba contando. La mitad de ellos no hablaban inglés. Pero todos se reían cuando él los saludaba diciéndoles: «Seré el mejor boxeador que jamás haya existido». En aquella época, observé que todas las chicas se daban la vuelta para echarle otro vistazo. Aquello me indicaba que tenía algo de carisma.

¿Lo entrevistó o conversó con él durante su estancia en Roma? ¿Cómo resumiría el ambiente en los Juegos Olímpicos?

No, solo le dije hola. Sostenía la medalla y gritaba. Como dije antes, era muy extrovertido. Los chicos no entendían lo que hacía, pero las chicas se volvían a mirarlo, algo que le sucedió toda su vida. Bueno, realmente no había un gran ambiente. Estamos hablando de 1960. Hacía mucho mucho calor. Verdadero calor. De hecho, me parece que tuvieron que retrasar el maratón a última hora de la tarde. Fue así durante toda la Olimpiada. En realidad, no hubo grandes héroes, que yo recuerde. Quizá hubo un cierto ambiente cuando el etíope Abebe Bikila ganó el maratón. Corría descalzo, algo que entusiasmó a todo el mundo. En realidad, no fue más que otros Juegos Olímpicos. Todo lo grande que surgió de allí vino después. Ali no fue más que otro tipo que ganó una medalla olímpica. Hubo muchos así y muy pocos continuaron boxeando como profesionales de manera significativa en aquel momento. El boxeo no era productivo. Teníamos a Floyd Patterson, que entonces no era todavía peso pesado. No pensó que se convertiría en campeón hasta que se hizo profesional. Creo que los Juegos Olímpicos fueron muy mediocres.

¿Cuándo comenzó a comunicarse regularmente con él al regresar a Estados Unidos?

Conocí a un tipo llamado Bill King —no Don King— que entonces era promotor. Me contó cómo debió sentirse Ali al boxear con su primer adversario. Empezaba a llamar mucho la atención. Años más tarde, recuerdo al primer tipo que boxeó con Ali a quien fui a ver. El chico me dijo que se había lesionado la pierna jugando al fútbol americano. Fue un chico blanco el que boxeó contra Ali. En realidad, empecé a acercarme a Ali cuando peleó contra Charlie Powell. Angelo Dundee me llamó a la oficina y me dijo: «Tienes que venir. Va a ser un gran combate». Le contesté: «No voy a ir. Charlie Powell no es más que un exjugador de fútbol americano que intenta ganar unos pavos boxeando. No voy a ir a Pittsburg. ¡No me gusta tener que parar a repostar en Pittsburg! No voy a ir a Pittsburg para ver un combate». Ali recitó un poema. No sé cuál era, pero era la primera vez que lo oía leer poesía. Me reí, y ahí se quedó la cosa. Entonces, dijo que lo iba a noquear en el asalto que fuera. Pero no lo noqueó en ese asalto.

Luego, empezamos a estar en contacto. Él fue a Nueva York durante unos días y fui a verlo boxear. Nunca imaginé que pudiera batir al campeón del mundo. Fue una gran historia. Resultaba fácil escribir sobre él. Era fácil entrevistarlo. Así es como empezó la relación. Llegué a conocerlo poco a poco. Su manera de llamar la atención era fantástica. Boxeó con un tipo llamado Doug Jones, que era un boxeador muy importante. Me parece que Dough ganó el combate, que fue muy reñido. Dough Jones era un peso semipesado, pero había ganado algo de peso, convirtiéndose en un peso pesado. Dijeron que sería una victoria fácil para él [Ali] y que podría ascender, pero no fue nada sencillo. Era un asunto de vida o muerte. Mirando las tarjetas de puntuación, creo que Jones perdió por un punto.

Ali no destacó realmente hasta después de aquel combate. Cuando boxeó contra Henry Cooper, le hizo un corte. Cooper estaba realmente herido, aunque demostró tener agallas. Me desconcertó cuando Ali le dijo a su asistente que no podía ver. Lo de Angelo Dundee cegándolo con una toalla fue una tontería. Corrió durante todo el asalto. Boxeó un poco. Cooper fue uno de los pesos pesados más infravalorados de todos los tiempos. La única razón por la que Cooper nunca se convirtió en campeón mundial es porque Dios lo estafó con la estructura ósea que le dio. Siempre quise ver un combate entre Cooper y Wepner.

No iba a permitir dócilmente que el gobierno lo machacara. ¿Se produjo algún incidente extraño durante el juicio por el reclutamiento?

Lo que pasó con Ali es que, cuando iba a regresar, le hicieron algo terrible. No tenía dinero. Voy a contar una historia que no conoce todo el mundo. Como sabe, hay formas de saber si una persona miente o dice la verdad. El FBI entró en su habitación para verificar algo [cuando lo estaban siguiendo]. Y llegaron a una conclusión. El tribunal nombró a un examinador, y los examinadores casi siempre tienen razón. Escogieron a un juez retirado de Louisville, que se llamaba Lawrence Grauman. Pensaron que lo pondrían allí, que no escucharía a Ali y que todo iría bien. Lo que sucedió fue que, al cabo de una hora aproximadamente, salió y le dijo algo a la junta de reclutamiento. Lo que sucedió fue que la junta de reclutamiento lo invalidó, y esto no había sucedido nunca. Cambiaron las reglas. Es la única vez —como pude averiguar tras investigar— que invalidaban al examinador y se basaban en el informe del FBI. Y, al final, se utilizó el informe del FBI.

Más tarde, cuando ganó el pleito, un tipo llamado Chuck Morgan, que era abogado de derechos civiles en Atlanta, pidió ver las cintas. Pero el gobierno dijo: «No vamos a permitir que las vea. Aunque, por otro lado, no las necesitamos porque es evidente que él es culpable». Chuck Morgan dijo que allí había un juicio nulo y un tremendo proceso que recurrir. En mi opinión —nunca lo he probado, pero es mi opinión— es que alguien de una embajada africana llamó a Ali o él les llamó. No con un propósito específico, pero a Ali le gustaba hablar con todo tipo de personas. Él no iba a abandonar el país. No iba a huir. Esto ciertamente se demostró más adelante. Pero pienso que el gobierno había pinchado el teléfono de una embajada africana. En aquella época todos interceptaban a todos. Nadie me ha confirmado nunca esto. Su nombre y sus palabras aparecieron en la cinta y es lo que estaban utilizando [como prueba].

Sin embargo, no tuvieron que admitir el haber pinchado una embajada. La única razón que yo conozco de por qué él nunca intentó abandonar el país es, tal vez lo recuerde, cuando prohibieron su combate con Ernie Terrell en Chicago. Se fue a Toronto a boxear contra George Chuvalo. Tres días antes del combate, me acerqué al gimnasio y lo encontré en la parte de atrás. Estaba solo. Le estaban dando un masaje sobre la mesa. Me dijo: «¿Qué haces aquí?» Le contesté: «Va a haber un combate». Él contestó: «Sabes que no va a haber ningún combate. ¿Por qué estás aquí?» Le dije: «Muhammad, vine a ver cuándo vas a pedir refugio o asilo. Yo no voy a volver a casa». Saltó de la mesa y se plantó frente a mí. Me dijo: «¿Qué pasa contigo? Sabes de sobra que no va a ser así. Eso sería una deshonra. Nadie me va a echar de mi país natal. Hay reglas. Si las reglas dicen que debo ir a la cárcel, iré a la cárcel. Pero me vuelvo a casa después del combate, ¡no lo olvides!» Estaba visiblemente molesto conmigo. Aquello me confirmó que nunca huiría.

Fui a un programa de televisión, *The Dick Cavett Show*, para promocionar un libro que había escrito. Dick Cavett era un presentador de un programa nocturno de entrevistas de éxito al estilo de Johnny Carson y Jay Leno. Durante la entrevista, hablamos de los Juegos Olímpicos, algo que también aparecía en mi libro. Mencioné la historia del juez Grauman, de quien solo sabía el nombre y todo aquel incidente de la invalidación. Uno de los productores agitaba las manos frenéticamente. Cuando hubo una pausa, vino corriendo hacia mí y me dijo que el hijo de Grauman estaba al teléfono. Le había dicho al productor que yo estaba en lo cierto y quería hablar conmigo. Así que nos pusieron en comunicación durante el programa. Contó que no solo habían invalidado a su padre, sino que la gente de la alta sociedad le dio la espalda. Después de aquello, dejaron de asociarse con él. Lo que le sucedió a aquel juez es que todos los de Louisville lo pulverizaron.

¿Viajó mucho con Muhammad Ali? ¿Podría contarme algo de sus viajes por Asia y del combate Ali-Inoki?

Sí. Estuve en África. Fui a Zaire, Malasia y Filipinas. En África, la gente empezaba a cantar «Ali bombayi, Ali bombayi». Todos hacían esto. George se había herido en un ojo durante el entrenamiento con *sparring*, por lo que se tuvo que posponer el combate. Foreman nunca se había visto desafiado antes. Nunca había tenido una pelea dura. Me gustaba George. Se convirtió en una persona totalmente distinta. George acudió al control de peso. Le contaré la anécdota sobre Ali. Estábamos en el gimnasio que habían montado en un recinto militar. Pues bien, entramos en el gimnasio. Allí estaba Gene Kilroy, quien se ocupaba de gestionar el talonario de cheques para Ali, entre otras cosas. Era una especie de mediador. Ali confiaba mucho en él. Ali le preguntó quiénes eran aquellas personas y él se lo contó. Ali tomó el micrófono y dijo: «Tengo que contarles algo acerca de George Foreman. ¿Quieren oírlo?» Todos dijeron sí, sí, sí. Continuó diciendo:

«Tengo entendido que, en tiempos difíciles, las autoridades utilizaban perros para manteneros a raya». Todos dijeron sí, sí, sí. Y dijo: «¿Habéis visto el perro de George Foreman cuando entró? ¿Ese perro grande?» [Ali hizo que la multitud se pusiera en contra de Foreman.]

¿Cuál fue la conversación más apasionante que mantuvo con Muhammad Ali?

Le contaré lo que más me impresionó. No lo descubrí hasta más tarde. Descolgué el teléfono y llamé a Ali para preguntarle si asistiría a un acto. Me contestó su secretaria, Kim. Le conté el motivo de mi llamada y que quería hablar con Ali. Me contestó que Ali estaba en el hospital porque había sufrido un accidente. Me estaba mintiendo. Ali había firmado un acuerdo de confidencialidad para no contar nada de su aparición en los Juegos Olímpicos. «De acuerdo», le dije. Más tarde, lo descubrí. Miré hacia arriba y allí estaba él, encendiendo la antorcha olímpica. Todo el mundo lo miraba. Cuando se acercaba al cuadrilátero, normalmente metía las manos en los bolsillos porque le temblaban, pero en aquel momento no llevaba bolsillos en la sudadera. Yo miraba la pantalla. Él encendió la antorcha. Miraba su cara, estaba sudando. Le habían pedido a uno de los suyos si Ali podía encender la antorcha olímpica. Fue un momento conmovedor.

Al acabar aquel emotivo momento —es una larga historia— sonó el teléfono. Era él. «¿Quién es?», respondí. «Muhammad», dijo él. «¿Qué Muhammad?», contesté. «¿Qué Muhammad? Muhammad Ali, el mejor boxeador de todos los tiempos. ¿A qué te refieres?», dijo. «¿Te refieres al Muhammad Ali que me contó que los musulmanes no pueden mentir? ¿Te refieres a ese Muhammad Ali?», le dije. «¿De qué estás hablando?», me respondió. «Kim me contó que estabas en el hospital y que no podías asistir a ningún acto en este momento», le conté. «No pasa nada. Kim no es musulmana», afirmó. Es una larga historia. Lo siguiente que me dijo es que fuera a verlo enseguida. Le dije que no sabía si podría, pero fui. Subí a su habitación y me senté a hablar con él. Al final, nos quedamos solos en la habitación. Él abrió el armario, y allí estaba: su antorcha olímpica. Entonces, agarró la antorcha y me la puso en las manos. Aquella antorcha significaba mucho para él, pero me la dio. Me sentí muy muy conmovido.

¿Recuerda el sitio de la embajada estadounidense en Irán? ¿Llevó el gobierno de Estados Unidos a Muhammad Ali para que mediara en las negociaciones? Asimismo, ¿puede contarnos si lo enviaron a África y Rusia en misiones políticas?

Jimmy Carter era el presidente. Lo que sucedió fue que, cuando se produjo el boicot a los Juegos Olímpicos de 1980, lo enviaron a África para intentar hablar con los líderes de los estados sobre el motivo del boicot impulsado por Estados Unidos, con la intención de sumar apoyos. Tuvo una acogida mixta; muy mala en Nigeria. Creo que también en Ghana.

¿Asistió en Japón al combate de Antonio Inoki? ¿Fue un combate amañado?

No. Me negué a ir. Me pareció un mal combate y, además, peligroso. Él tuvo que ir al hospital después. No sé si fue un combate amañado, pero lo que sí sé es que el concepto era malo, no había reglas. Quizá habían acordado lo que iban a hacer. No estoy diciendo que lo hicieran, no lo sé. Pero diré que no tenía ningún interés para mí.

¿Se topaba a menudo con él en las fiestas de la farándula o en encuentros sociales?

Pasábamos tanto tiempo juntos que probablemente lo viera, aunque eso no significa nada porque había muchas otras personas alrededor. En realidad, lo conocía desde principios de la década de 1960 y estaba muy unido a él.

¿Cuál fue uno de los momentos más apasionantes que presenció en el cuadrilátero?

Puedo contarle uno. Cleveland Williams tenía una bala en el cerebro, ¿lo sabía? Él [Ali] se mostró preocupado. Dijo que aquel era un gran boxeador y que no sabía hasta dónde podía llegar él, que no quería lastimarlo si podía evitarlo. Le conté una historia que se remontaba tiempo atrás y que podía ayudarlo. Había un boxeador llamado..., no recuerdo su nombre, pero era un antiguo campeón de peso semipesado que boxeaba contra Joe Louis. El tipo le dijo: «Necesito el dinero. Tienes que pelear conmigo». Louis le dijo: «De acuerdo, pelearé contigo». Luego, le dijo a su gente que lo noquearía en el primer asalto y que no lo iba a castigar para que no resultara herido. Eso fue lo que le pasó al tipo. Creo que compartía el mismo apellido que Louis. Pero no estoy seguro. En cualquier caso, eso es lo que hizo. Le dije a Ali que, si quería ayudar a aquel chico, que no boxeara como lo hacía habitualmente, que simplemente lo noqueara. Y eso es lo que hizo en el tercer asalto.

¿Piensa que Muhammad Ali debió haber colgado los guantes mucho antes de cuando lo hizo?

Sí. Pienso que los signos eran evidentes. No creo que se tratara de si estaba o no enfermo. Se trataba de lo que le sucede a un boxeador, y de que sus reflejos no eran los mismos. Le gustaban los guantes. Tenía que estar con gente y era algo muy importante para él, por eso seguía regresando. Le diré cuándo pienso que debió retirarse. Creo que debió retirarse justo después del combate con Frazier: el Ali-Frazier III. Fue el combate más feroz que jamás he visto en toda mi vida, y llevo más de setenta años viendo boxeo.

NEIL LEIFER

Neil Leifer es considerado, por la mayoría, como el mejor fotógrafo deportivo de la historia. Se convirtió en profesional cuando aún era un adolescente después de recibir clases en la Henry Street Settlement House, junto a un joven Stanley Kubrick, antes de trabajar para las revistas *Sports Illustrated* y *Time*. A menudo, señaló que los mejores deportistas eran los boxeadores y los jugadores de hockey, y siguió la carrera profesional de Muhammad

Ali de principio a fin. Su imagen de Ali de pie sobre un caído Liston se ha convertido en una de las fotografías deportivas más célebres y memorables de todos los tiempos. Leifer cultivó una estrecha amistad con Ali, que mantuvo durante décadas después de que el campeón dejase de boxear.

¿Cómo y cuándo conoció por primera vez a Muhammad Ali? ¿Cuál fue su primera impresión de él?

Recuerdo muy bien la primera vez que vi a Ali. En *Sports Illustrated* me habían asignado fotografiar el primer combate entre Floyd Patterson y Sonny Liston. Creo que era en 1961. El combate fue en Chicago. Por entonces, Muhammad Ali era Cassius Clay. Había ganado una medalla de oro en las Olimpiadas de Roma y acababa de convertirse en profesional; estaba recibiendo mucha publicidad porque era muy diferente. Era un bocazas y siempre iba contándole a la gente lo bueno que era y que algún día sería el campeón. Angelo Dundee ya lo entrenaba y acababa de empezar su carrera profesional. Llevaba aproximadamente un año como profesional. Acudí al control de peso del combate Patterson-Liston en un céntrico hotel de Chicago. Yo subía por la escalera mecánica y allí estaba Cassius Clay. Nos separaban tres o cuatro personas delante de mí —o detrás, no lo recuerdo— en la escalera mecánica. Iba gritando, para que todos le escucharan, que sería el próximo campeón de peso pesado y que podría vencer a ese par de vagabundos, y cosas por el estilo. Lo cual era muy divertido, aunque desde luego muy diferente al tipo de boxeadores que estaba habituado a ver.

Sin embargo, cuando llegamos al final de la escalera mecánica, fue la primera vez que vi al joven Cassius Clay. Me di cuenta de lo grande que era. No tenía ni idea de que aquel tipo fuera tan grande. Era mucho más grande que Floyd Patterson. Pero mucho más grande. Y bastante más que Sonny Liston, algo que la mayoría no sabía. Sonny Liston era conocido como *Big Bad* Sonny Liston (*el grande y malo*, Sonny Liston), aunque era mucho más bajo. Ni de lejos se acercaba a la figura de Ali. Liston, probablemente, podía haber pesado unos ochenta y ocho kilos y medio si

83

hubiera adelgazado, y sus más de noventa kilos eran legítimos. Sin embargo, Muhammad, entonces Cassius Clay, medía un metro y noventa y dos centímetros y pesaba unos noventa y siete o noventa y nueve kilos sin un gramo de grasa. Recuerdo haber pensado lo grande que era aquel deportista. Nunca había visto un peso pesado de aquel tamaño.

¿Podemos hablar del primer combate entre Liston y Ali? Usted fotografió ambos combates.

Sí, así fue. El primer encuentro con Liston en Miami lo cubrí para *Sports Illustrated*. Me encontraba en el control de peso. Se montó una magnífica escena. Ya sabe, Muhammad convirtió los controles de peso en algo interesante para los fotógrafos. Antes de que Muhammad llegara, los controles de peso eran procesos aburridos. Los dos boxeadores se subían a la báscula, anunciaban su peso y posaban para una foto. Eso era todo. Con Muhammad, el pesaje se convirtió en un acontecimiento. Hubo cronistas deportivos que pensaron que Muhammad se comportaba como un loco porque temía a Sonny Liston y sugirieron cancelar el combate, cuando, en realidad, era justo lo contrario. Lo que Ali hacía era el combate en sí. Vaya, estaba tan emocionado que realmente no puedo contar mucho al respecto. Yo estaba pegado al cuadrilátero tomando fotos para *Sports Illustrated*, y mi imagen del combate se utilizó para la portada de la revista.

Cuando derribó a Sonny Liston, su famosa fotografía, ¿cuál fue su opinión en cuanto a la actuación?

Ninguna. Me han preguntado lo mismo cientos de veces durante años. En primer lugar, recuerde que en 1965 las cámaras no tenían enfoque automático. No había nada. Utilizaba luces estroboscópicas y había que esperar a que las luces se recargaran. Tenía muchas cosas en las que pensar, como enfocar la cámara. Realmente, no..., el combate se ve de manera muy distinta a través de la cámara. Intentas evaluar lo que sucede porque, evidentemente, quieres estar listo para fotografiar un momento que tenga sentido en cuanto a quién gana o pierde. Me han preguntado si llegó a golpearlo. No tengo ni idea. Quiero decir, creo que sí lo hizo, pero no lo sé. Conozco más cosas del combate después de ver la grabación con los años. En ese momento, no me di cuenta. Por ejemplo, lo más interesante que puedo contarle de mi famosa fotografía de Muhammad de pie sobre Sonny Liston, en Lewiston, lo mejor que puedo contarle es que, hasta que no vi la grabación años después, no me di cuenta de que pasó muy rápidamente. Si ve la grabación, simplemente lanza el brazo por encima del pecho en una décima de segundo. Durante cinco o seis años, hasta que vi la película un día, supuse que se paró de pie por encima de Liston durante un par de segundos, burlándose de él con el brazo cruzado sobre el pecho. Pero, en realidad, no fue esto lo que sucedió. Me preocupaba enfocar la cámara y conseguir el encuadre correcto, nada más.

En el segundo combate entre Liston y Ali, ¿cuál era el ambiente de la revancha?

Una vez más, era un fotógrafo joven. Me encontraba fotografiando en primera fila, pegado al cuadrilátero, y todo el ambiente se desarrollaba detrás de mí. Era un lugar extraño, ¿sabe? El combate se programó originalmente en Boston. Muhammad tuvo que ser operado de urgencia y tuvieron que cancelar el combate unos diez días antes del encuentro. Así que fue reprogramado. Aparte del hecho de que el combate se celebrara en esta pequeña ciudad —me refiero a que los grandes acontecimientos, los grandes combates de boxeo tenían lugar en el Madison Square Garden de Nueva York, en Chicago, Miami o Los Ángeles, no era normal que se celebrasen en una ciudad pequeña—, aparte de eso, no me parece que sucediera nada inusual.

¿Puede hablarnos de las sesiones fotográficas que realizó con Muhammad Ali? ¿Cómo era trabajar con él?

Realicé treinta y cinco sesiones, quizá más, en las que posó para mí. Lo he dicho en muchas ocasiones: hay personas a las que le gusta la cámara. Enciendes la cámara y se iluminan. Siempre lo llamo una especie de «carisma visual». Con Muhammad era un verdadero placer. Esto era motivador para un periodista. Yo tenía poco más de veinte años cuando empecé mi carrera. Muhammad me convirtió en héroe. Pero ¡lo hacía con todos! Porque, cuando volvías a ver a tu jefe, este pensaba que eras genial. Vaya, ¡qué grandes fotos! Sin embargo, se conseguían grandes fotos porque él era accesible. Te dedicaba tiempo. Lo hacía con todos. Lo hizo con todos los reporteros.

Si le hubiese telefoneado desde donde fuera, como usted ha hecho conmigo, le prometo que Muhammad le habría contestado y hablado con usted hasta que se quedase sin papel. ¡Es la verdad! Hacía que quedases bien. Su jefe diría: «Vaya, Fiaz, ¡qué gran reportero eres!» La realidad es que era un gran tema, no podías dejarlo pasar. Por eso, hice muchas sesiones, muchas. Hacíamos portadas para anticipar los combates. Muhammad era una delicia porque siempre me hacía quedar bien. Siempre te dedicaba el tiempo suficiente. Una de las luchas constantes de los fotógrafos es la de no tener tiempo suficiente para fotografiar lo que necesitan. Si consigues una sesión con alguien, te dedica diez o veinte minutos. Con Muhammad, siempre obtenías el tiempo que necesitases.

Durante la primera época, ¿resultaba a menudo difícil llegar a él debido a la gente que formaba parte de su séquito?

Recuerde que era miembro de un grupo musulmán llamado Black Muslims (musulmanes negros), dirigido en aquella época por Elijah Muhammad, que predicaba el odio hacia los blancos. Yo soy blanco. Así que sí, naturalmente que había personas a su alrededor que no eran muy agradables. La verdad es que simplemente no les gustaban los blancos. Sin embargo, nunca veías nada de eso en Muhammad. Me refiero a que parecía querer a todo el mundo. Nunca tuve ni un solo problema con Muhammad. Solía guiñar el ojo a la gente —la gente blanca— para que supiera que todo iba bien. Una puntualización importante que quiero hacer es que conocí a Ali durante más de cincuenta años. Nunca vi ni una pizca de prejuicio o intolerancia en él, ¡¡nunca!! Y pasé mucho tiempo cerca de él. Había gente a su alrededor que no era muy amable. Aunque él lo facilitaba porque básicamente tratabas con él.

¿Recuerda alguna situación memorable durante alguna de las sesiones?
Mi anécdota preferida ocurrió la primera vez que lo fotografié, que fue en 1965, en el estudio. Yo tenía veintidós años, pero aparentaba tener quince, con mi cara de niño. Muhammad era el campeón de peso pesado desde hacía un año. Había posado para todos los fotógrafos de fama mundial, desde Karsh en Canadá hasta Avedon en Nueva York, pasando por Gordon Parks de la revista *Life*. Conocía a todos los fotógrafos famosos, que eran hombres más mayores, claro. Así que, cuando me vio, pensó que no era más que un chaval. Seguía diciendo: «¿Dónde está el fotógrafo?» Cuando le enseñé una polaroid de la primera foto que saqué —se tiene antes una Polaroid que una película en color— la observó. Había algunas personas con él. Siempre estaba entreteniendo a su séquito. Había personas con él que lo acompañaban. Pues, cuando le enseñé la polaroid, la miró detenidamente y me sonrió. Me dijo: «Vaya, es muy buena». Luego, hizo una pausa para causar impresión. A continuación, pronunció una frase que nunca olvidaré. Me miró y me dijo: «¿Cómo podrías fallar con un sujeto como yo?» Esa es mi anécdota personal favorita.

Fuimos buenos amigos durante muchos años. Muhammad y su mujer fueron buenos amigos míos. Cuando fotografiaba, quizá te resulte interesante, cuando fotografiaba a Ali, él se convertía en mi tema. Trabajaba con él y, cuando terminábamos, el trabajo terminaba. Nos convertimos en amigos íntimos en los últimos veinte años, mucho después de que dejase de boxear. Su esposa Lonnie y Muhammad eran muy buenos amigos míos y llegué a conocerlos muy bien. Cenábamos juntos cada vez que coincidíamos en la misma ciudad. Comí con ellos muchas veces. Disfrutaba al estar cerca de ellos, algo que sucedió después de que Ali dejase de boxear.

¿Le llevó alguna vez su trabajo al lugar de residencia de Muhammad Ali cuando aún boxeaba?

Muchas, lo fotografié muchas veces en su residencia. Tenía un par de ellas. Realicé una magnífica portada para *Sports Illustrated* cuando boxeó por primera vez contra Ken Norton, cuando se rompió la mandíbula. Como sabes, cuando te inmovilizan la mandíbula con alambres, no puedes hablar. ¿Te imaginas a Muhammad sin poder hablar? Y conseguimos una noticia de portada. Por eso fui a su casa y lo fotografié junto con su mujer e hijos. Entonces, estaba casado con Belinda.

¿Cómo pasaba el tiempo en casa? Y ¿cuál era el ambiente a su alrededor?

Estaba muy aburrido. Le gustaba ir al gimnasio. Le gustaba estar rodeado por el gentío del boxeo. Me parece que estaba aburrido. Se sentía feliz rodeado de gente. Yo lo pasé bien. Fue una sesión muy divertida, aunque no creo que aquel fuese el momento más feliz de Muhammad con la mandíbula rota. Para empezar, debía de sentirse un poco incómodo. Era un tipo al que le encantaba hablar, y resulta que no podía hacerlo. Pero siempre fue un anfitrión amable. Muhammad era un hombre maravilloso. Era simplemente un buen tipo. Cualquiera que haya estado a su alrededor te dirá lo mismo.

Trataba a todos por igual, incluso a la gente que no era famosa.

Fiaz, yo trabajaba para la revista deportiva más importante de Estados Unidos, y él me trataba maravillosamente. En una ocasión, vi como un chico de un periódico de instituto se le acercaba para fotografiarlo, y él lo trató de la misma manera. Trataba a todos por igual. ¡Le gustaba la gente! Le divertía dar entrevistas. Le divertía posar para las fotos. Le encantaba hacer entrevistas en televisión. Le gustaban los cronistas que cubrían los combates. Era muy bueno con todo el mundo. Y digo esto por mi trabajo en lo más alto del juego. Trabajaba para una revista que probablemente podía hacer más para vender entradas de boxeo. *Sports Illustrated* tenía en aquella época una tirada de tres millones y medio de ejemplares. Por supuesto, era bueno con *Sports Illustrated*, aunque él era amable con todos. Siguió siéndolo después de retirarse, por cierto. He estado con él en restaurantes y, aunque tenía ciertas dificultades por el Parkinson, si alguien se le acercaba en medio de la comida para pedirle una foto (a muchos famosos les habría sentado mal), Muhammad dejaba el tenedor y posaba para la foto. ¡Yo no lo haría! Le diría que volviese cuando hubiese terminado de comer.

¿Cuál fue la conversación más fascinante que mantuvieron?
Pues, nunca. No. En realidad, porque lo fotografié hace más de treinta y cinco años. No mantuvimos realmente una conversación profunda. He contado que te dedicaba todo el tiempo que necesitases, aunque no era para sentarte y charlar con él; era para posar ante la cámara. Por eso, cuando Muhammad venía al estudio, si disponía de una hora con Muhammad, pasaba la hora fotografiándolo. Nunca mantuve una conversación apasionante con él hasta muchos años después. Y, entonces, nunca hablé de política, nunca hablamos de religión. No recuerdo haber tenido nunca una conversación por el estilo con él. En una ocasión, me senté con él a ver imágenes de boxeo. Fue fascinante escucharlo hablar de los combates y de cómo era cuando era un boxeador joven. Sin embargo, no puedo contarte que me sentara una vez con él a conversar. Nunca hablé de política con él. Tampoco de religión. No lo hice, no. Siendo periodista deportivo, no lo hacías. Era otro mundo aquel en el que trabajaba.

¿Asistió a algún acto en el que estuvieran presentes Muhammad Ali y otros muchos deportistas?
Muchos a lo largo de los años. A finales de siglo pasado, *Sports Illustrated* organizó un enorme acto en honor de uno de los mejores deportistas del siglo, pero yo no frecuentaba a Ali en aquellas celebraciones. Daba vueltas por allí. Michael Jordan acudió, y un montón de gente más. De nuevo, no puedo decirte que me prestaran mucha atención. Muhammad se convirtió en mi amigo

después de retirarse, pero mientras estuvo boxeando, era un asunto de trabajo para mí.

Después de retirarse...

Diría que Muhammad dedicó buena parte de su tiempo a las obras benéficas. Era un campeón. Desde luego, también viajó. Me parece que, debido a la enfermedad de Parkinson, le resultaba difícil cada vez que lo invitaban. Sin embargo, si el rey de Arabia Saudí invitaba a Muhammad, este iba. Si el presidente de China invitaba a Muhammad, iba. Viajó mucho, aunque luego lo hizo menos cuando su salud empeoró.

¿Cómo era fotografiarlo en las ruedas de prensa?

Ali dio muchas, aunque la más interesante de todas fue aquella en la que no dio un paso al frente cuando lo reclutaron en el ejército. Tampoco lo recuerdo mucho. De nuevo es como me preguntaste antes sobre lo que pensaba durante los combates. Como fotógrafo, no estaba ahí para escribir un artículo, no prestaba atención a lo que se decía. Miraba hacia donde miraba la luz. ¿La foto será mejor con luz lateral, luz frontal o contraluz? No le presté toda la atención a lo que se decía. Si tú hubieses estado allí, habrías escuchado las palabras que dijo. Yo trataba de ver cómo tomar la mejor fotografía de él.

¿Puede comentar la película de 1977 Yo, el mejor?

No la recuerdo muy bien como para comentarla. La he visto, aunque estoy seguro de no acordarme lo bastante bien. La que sí recuerdo es la peli en la que Will Smith lo interpretaba. Me gustó. Me parece que a Muhammad le gustó, por lo que recuerdo, y a su mujer también. Estaban muy contentos.

Usted pasó un tiempo considerable con Muhammad Ali en el ámbito social. ¿Qué elementos de su personalidad detectó usted? ¿Cuáles destacaban?

Cené con él tres o cuatro veces en restaurantes, en ciudades acostumbradas a ver famosos como Nueva York. Una noche, cené con él en Nueva Orleans. Cuando entrabas con Muhammad en un restaurante, nada más entrar, una o dos personas empezaban a aplaudir. En Estados Unidos somos de aplaudir. Para cuando Muhammad llegaba a la mitad de la sala, todo el restaurante le aplaudía. Era muy querido. Cuando llegaba a un aeropuerto, firmaba todos los autógrafos que le pedían. Hablaba con todo el mundo. Diría que era una persona con don de gentes. Era un tipo al que le gustaba la gente. A muchos famosos no les sucede lo mismo; quieren que los dejen solos. A Muhammad parecía gustarle la gente hasta tal punto que no necesitaba que lo dejaran solo.

Contaré una anécdota muy buena. En una ocasión acompañé a Howard Bingham, que era su mejor amigo. Howard y yo exponíamos juntos en la Quinta Avenida de Nueva York, y Muhammad era un invitado de honor. Cuando aquello terminó, fuimos todos a cenar a un restaurante del East Side neoyorquino. Al terminar la cena, Muhammad quiso que todos nos metiéramos en una de las limusinas. Éramos un grupo de unas ocho personas. Había dos limusinas, porque sus hijas ya eran mayores, las gemelas. Tuvo dos hijas gemelas con una de sus esposas. Al mudarse con la nueva esposa, no las vio crecer. Pero en aquel momento eran adultas. En fin, le indicó al conductor de la limusina que nos llevara a Times Square. Paró el coche en medio de Times Square y nos bajamos. Al principio, se acercaron dos personas. Luego, seis; después, diez; al final, había una multitud de cien personas pidiendo autógrafos. La policía tuvo que movernos a una calle lateral porque interrumpíamos el tráfico. Al volver al coche, dijo que quería mostrarles a sus hijas que aún podía atraer a una multitud, aunque estuviera retirado.

Tuve otra experiencia muy buena, realmente interesante. En Estados Unidos, Muhammad fue el oponente más conocido de la guerra de Vietnam. Se enfrentó al gobierno en los tribunales durante tres años y medio al no querer alistarse en el ejército. Yo lo fotografié cuando lo traicionaron. En *Sports Illustrated* hicimos una portada de él con Howard Bingham. Muhammad recogía un premio en Washington D. C., y le pregunté si iría al monumento en memoria de los veteranos de Vietnam que hay en esta ciudad. Uno pensaría que en este lugar de Estados Unidos se odiaría a Muhammad, puesto que en él se recuerda a las personas que se alistaron en el ejército y murieron.

Pues bien, llegamos al lugar y saqué una foto. Nadie sabía que íbamos a ir, por supuesto, simplemente nos acercamos hasta allí. Salimos del coche y caminamos hasta el muro y empecé a fotografiarlo junto con Howard Bingham. La gente lo reconoció muy pronto. En lugar de odio, se produjo la misma escena que en Times Square. Primero, dos personas; luego, seis personas y, al final, llegó un grupo de *girl scouts* que rodeó a Muhammad. Eran demasiado jóvenes para saber quién era. Sin embargo, él estuvo firmando autógrafos y posando para las fotos. Teníamos que ponernos en camino ya hacia el aeropuerto, y su mujer tuvo que sacarlo finalmente del grupo porque, de lo contrario, podríamos haber perdido el vuelo. Me sorprendió mucho ver la reacción que se produjo hacia él en el Memorial de Vietnam.

Creo que, cuando Muhammad encendió la antorcha olímpica en Atlanta mientras su cuerpo temblaba, los estadounidenses cambiaron de opinión. A todos los que no les gustaba Muhammad tuvieron que cambiar de opinión. Allí estaba, con el presidente de Estados Unidos Fue un hombre muy popular en este país durante los últimos veinte años, desde luego, desde los Juegos Olímpicos de 1996. Creo que cambió la percepción que tenían los estadounidenses a los que no les gustaba. Quiero decir, yo siempre he amado a este tipo, eso no me afecta, pero había muchos compatriotas que pensaban que Ali era un bocazas. Los aficionados al boxeo no estaban acostumbrados a que alguien alardeara. Los deportistas, supuestamente, nunca alardean; se supone que deben ser modestos. Él era muy distinto.

¿Viajó con él al extranjero?

Muchas veces, muchas veces. Cubrí todos y cada uno de los combates. Lo fotografié boxeando en Londres. Lo fotografié boxeando en Zaire. Lo fotografié boxeando en Manila. Acudí a la Feria del Libro de Fráncfort cuando salió el libro de gran formato *GOAT*. Volé con él, además de Howard Bingham y Leon Gast, que dirigió el documental *When We Were Kings* (*Cuando éramos reyes*). Volamos con Lufthansa en primera clase. Tan pronto como el avión estuvo en el aire, Muhammad se levantó y empezó a recorrer el pasillo. Tenía dificultades para hablar y para caminar. Sin embargo, le gustaba hacer trucos de magia. Se paraba cada tres o cuatro filas y hacía sus trucos.

Se escuchaba una salva de aplausos en el avión. Al final, la azafata tuvo que pedirle que volviera a su asiento porque Muhammad bloqueaba el pasillo y no podían pasar con los carritos de servicio.

Usted ha fotografiado a muchos deportistas de élite. ¿Se puede comparar a Muhammad Ali con alguno de ellos?

No soy ningún experto. Nunca vi a Ali practicar otro deporte aunque, si nos fijamos en su aspecto físico, era un atleta espectacular. Creo que, si Muhammad hubiese crecido en Europa, habría sido un gran jugador de fútbol. Si hubiese jugado al fútbol americano en Estados Unidos, habría sido un gran jugador en ese deporte. Desde luego, creo que habría sido un decatleta brillante si se hubiese dedicado al decatlón. Era una maravilla física. Estaba en muy buena forma y era un gran atleta. No practicó otros deportes que yo sepa. Ni siquiera me parece que jugase al fútbol americano o, al menos, no lo hizo en serio. Solo había que mirarlo y creer que habría sido bueno en cualquier cosa que hubiera intentado hacer.

¿Lo fotografió en la Casa Blanca?

Estuve y no estuve con él en la Casa Blanca. Quiero decir que nunca llegamos a hablar más que en la línea de recepción. Yo estaba allí para cubrir el acto de homenaje a Muhammad y a otros deportistas. Lo vi con Clinton. Estuve allí, pero no puedo contar mucho. Es probable que Howard Bingham estuviese en el Despacho Oval cada vez que Muhammad visitara a un presidente, Jimmy Carter y, sin duda, con Clinton. No tuve esa experiencia más que la única vez que estuve en la Casa Blanca con él, y no estuve tan cerca.

DAVE KINDRED

Nacido en Atlanta, Kindred conoció a Ali cuando era redactor y columnista del periódico *Louisville Courier-Journal*, donde trabajó desde 1965 hasta que se unió al *Washington Post* en 1977. Ha cautivado a los lectores al acercarlos a muchos de los mejores deportistas y personalidades del mundo deportivo, entre los que se encuentran varias entrevistas a Ali. Dave Kindred fue galardonado con el Premio 2010 PGA Lifetime Achivement de periodismo, así como con el Premio Red Smith, el máximo reconocimiento del periodismo deportivo. Ha escrito once libros, entre ellos, una biografía doble de Muhammad Ali y Howard Cosell: *Sound and Fury*.

¿Recuerda su primer encuentro con Muhammad Ali?

Conocí a Muhammad Ali en 1966. Yo era un joven reportero deportivo que trabajaba en el periódico de Louisville, el *Courier-Journal*. Era la ciudad natal de Ali. Él regresaba a Louisville de vez en cuando para ver a sus padres. Uno de aquellos días en los que visitaba la ciudad, me encargaron seguirlo. Era 1966. Era campeón del mundo. En aquel momento, ya había vencido a Sonny Liston dos veces y había regresado a Louisville para ver a sus padres —el señor y la señora Clay vivían todavía— y a sus amigos. No iba a boxear ni había ninguna exhibición. Estaba allí porque era su ciudad natal y había ido para visitar a su familia y a sus amigos.

¿Cómo definiría su personalidad?

Era dinámico; era divertido; era encantador; era discreto; no era fanfarrón ni jactancioso, pero actuar así claramente le divertía. Mi hijo nos acompañó aquel día. En aquel momento, mi hijo tenía cuatro años y Ali cargó con él la mayor parte del día porque le gustaban mucho los niños. Estaba feliz y, dondequiera que fuera, la gente que lo conocía desde que era un niño lo saludaba como a un héroe. Era famoso en Louisville desde los doce años porque había aparecido en un programa de la televisión local llamado *Tomorrow's Champions*, un programa televisivo de boxeo *amateur* de aquella época. Apareció en él por primera vez cuando tenía quizá trece años. Así es que todos en Louisville conocían a Cassius Clay cuando era joven y, sin duda, le prestaron siempre atención como Muhammad Ali.

¿Cómo avanzó aquel día?

Nos dirigimos a su barrio, en el extremo occidental de Louisville. No era un niño pobre. Su padre era pintor —pintor de brocha gorda— y su madre era empleada del hogar y limpiaba casas. Por lo que tenían dinero. Diría que eran como una familia de clase media. Recuerdo que fuimos a una barbería y a un limpiabotas. Simplemente dimos vueltas con el coche, todos lo reconocían, incluso dentro del vehículo. Siempre se mostraba ansioso por ver a la gente; obtenía energía de la gente. De repente, detenía el coche y se bajaba, y no pasaban más de diez minutos que una multitud lo rodeaba para verlo.

¿Cómo lo trataban los que no eran negros en su ciudad natal en 1966? ¿Había actitudes ambivalentes entre la gente?

No era popular. Kentucky era lo que llamamos un «estado fronterizo». No era realmente el sur, ni tampoco el norte. Era algo intermedio. Predominaba la mentalidad sureña, por lo que había una gran división racial. Los negros, por supuesto, casi todos los negros lo amaban. Casi todos los blancos tuvieron grandes problemas con él desde que rechazó el reclutamiento y se unió a la Nación del Islam. No creo que nadie de la parte blanca de Louisville entendiera realmente a Ali, así que había una gran división. O amabas a Ali o lo odiabas. Buena parte de esa división se produjo por criterios raciales.

¿Cómo era su padre y cómo describiría la relación entre ambos?

Su padre, también Cassius Clay, era muy parecido al propio Ali: era muy teatrero. Un hombre bajito, por cierto. Ali, en su mejor momento, mediría un metro noventa y dos centímetros, mientras que su padre debió de medir entre metro cincuenta y metro sesenta, en absoluto un hombre alto. Era un hombre muy fanfarrón y bravucón. Se veía a sí mismo como un gran pintor. No me refiero a de brocha gorda, sino a un gran pintor de retratos. He visto muchas de sus obras repartidas por las iglesias de Louisville. Eran muy toscas, obras de aficionado, pero él pensaba que era muy bueno. Gran parte de esa habilidad teatral de Ali procedía de su padre, en el sentido de llamar la atención sobre sí mismo.

Su madre era una dama muy agradable...

Es posible que fuera más alta que Cassius Clay padre. Tenía muy buenos modales y un temperamento dulce. Pertenecía a la iglesia baptista que había cerca de su casa. Era una persona callada. Resulta casi demasiado simplista decir que en el propio Ali se encontraba esa gran división que se veía en sus padres. Quiero decir que la teatralidad salvaje, loca y grandilocuente le venía por parte de padre, se podía ver en su padre. Mientras que el lado dulce y encantador —aparte de que podía estar callado— procedía de la madre. Era una especie de asombrosa combinación de estas dos personas en Ali. Y él era ambas personas.

Su hermano Rahaman lo acompañaba a los combates. ¿Cómo era su relación?

Rahaman Ali había sido antes boxeador y ambos llegaron a coincidir en alguna ocasión en la misma velada. De hecho, Rahaman peleó antes del primer combate con Liston. Incluso Muhammad salió de su vestuario para ver boxear a su hermano. Rahaman fue un profesional sin pulir. Me parece que boxeó quizá en ocho o diez combates. No era muy bueno. Cuando dejó el boxeo, Rahaman se integró en el séquito de Ali y allí permaneció siempre. Se nombró a sí mismo poco más o menos que guardaespaldas y hombre de seguridad. Se encontraba siempre dispuesto a ayudar a Ali en lo que le pidiese. Desempeñó ese papel durante mucho tiempo.

¿Puede hablarme de alguna de las conferencias de prensa a las que asistió usted y cómo se comportaba Muhammad Ali?

Fue el mayor promotor de todos los tiempos. No solo promocionaba sus combates, no solo se promocionaba a sí mismo, sino que promocionaba a sus boxeadores. Debería haber recibido la parte de dinero correspondiente al promotor. Difundía sus combates a través de las conferencias de prensa y las entrevistas. Hacía un drama de cada combate y era siempre muy divertido. Contaba las mismas anécdotas una y otra vez, repetía las mismas cosas: yo soy el más grande. Sin embargo, cada vez que lo hacía, era como si fuera la primera vez que lo decía. Fue un gran actor. Un gran hombre del mundo del espectáculo. Fue un gran intérprete. Y no importaba cuántas veces hubieses estado cerca de él o cuántas veces lo hubieses escuchado, siempre era divertido escucharlo de nuevo.

Cuando rechazó el reclutamiento, ¿en qué grado disminuyó su relación con los estadounidenses y su gobierno?

Bueno, cuando rechazó el reclutamiento, fue vilipendiado. Fue despreciado por la mayoría de los estadounidenses. Creo que —entre la mayoría de los estadounidenses blancos, desde luego— hubo una gran resistencia al reclutamiento. Hubo resistencia al reclutamiento entre la gente blanca que pensaba que la guerra era injusta y que no teníamos nada que hacer allí. Pienso que Ali se convirtió en un héroe para esa porción de estadounidenses, aunque una gran parte de sus conciudadanos lo despreciasen. No creo que nadie creyese en sus razones para rechazar el reclutamiento. El motivo que le llevó a rechazar el reclutamiento fue que dijo ser ministro religioso. No creo que mucha gente comprara eso.

¿Siente que la razón de que rechazara el reclutamiento fue política o de otro tipo?

Me parece que Ali fue un pararrayos de controversia sobre todas las cosas de las que aprendimos a no hablar: raza, política y religión. Fue una figura controvertida en esas tres áreas. Asimismo, la década de 1960 fue una época muy agitada en Estados Unidos por las fascinaciones, la guerra, los jóvenes que protestaban en las calles. Ali se encontraba en medio de todo esto. Le alcanzó mucha de aquella tensión política, religiosa y racial en todos los sentidos, y lo superó. En definitiva, se las arregló para sobrevivir. Ahora, la gente ha llegado a admirarlo por tener fortaleza y principios. La fortaleza y los principios para no vacilar nunca de sus creencias. Estaba dispuesto a ir a la cárcel. Estaba dispuesto a aceptar la sanción. Estaba dispuesto a perder el campeonato de peso pesado para defender sus creencias y principios. Y pienso que la gente ahora respeta eso.

El FBI estuvo vigilando a Muhammad Ali y a la Nación del Islam.

Lo hicieron, efectivamente. Existen pruebas documentales de aquello. El FBI vigilaba a todo el mundo. El FBI vigilaba a todo tipo de grupos de protesta o de grupos raciales desde Martin Luther King. Hay cintas de audio en las que se escucha a Ali hablar con Martin Luther King, incluso a principios de la década de 1960. Por eso, sí, estuvo bajo vigilancia constante del FBI.

No es ningún secreto que Howard Cosell apoyó a Muhammad Ali durante esa época.

Fue un tipo de apoyo sofisticado. Cosell respaldó el derecho de Ali a tener sus opiniones, no apoyó necesariamente aquellas opiniones. Nunca se grabó a Cosell diciendo que estaba en contra de la guerra de Vietnam. Nunca se grabó a Cosell diciendo que Ali tenía razón. Lo que dijo fue que Ali tenía derecho a tener esa opinión y que no se debería castigar a Ali por tener ese derecho. Cosell se mantuvo firme y siguió apareciendo en televisión con Ali. El mero hecho de aparecer en televisión con un poderoso mensaje como era el de salir junto a un locutor de televisión blanco, famoso en Estados Unidos, dispuesto a ponerse del lado de Ali y darle una tribuna, le dio a Ali la oportunidad de expresar sus creencias. Esa fue la mayor contribución de Cosell a Muhammad Ali: seguir entrevistándolo.

La relación de Muhammad Ali con los medios de comunicación, en general, fue excelente. Evidentemente, obtuvo mucha cobertura...

Ali fue el más accesible de los grandes deportistas de todos los tiempos. Quiero decir que todos los periodistas, autores, redactores de revistas admiraban y respetaban a Ali porque les dedicaba tiempo. Siempre fue accesible. Hubo gente que no estaba de acuerdo con las opiniones de Ali y así lo expresaban en la prensa o en los programas de radio y televisión. Ali, sin embargo, nunca se sintió ofendido. No creo que Ali se haya mostrado nunca airado. Me parece que Ali nunca discutió con los medios. Los medios eran importantes para Ali porque le servían de espejo. Le gustaba verse. Le gustaba escucharse a sí mismo, y la prensa lo hacía posible. Por eso, no creo que nadie de la prensa tuviera nunca un problema con Ali. Sin duda, tenían un problema con alguna de sus creencias, pero no con él personalmente.

De las entrevistas que le hizo en la década de 1960, ¿hay algún recuerdo significativo que surja por encima del resto?

Fue a mediados de la década de 1970. Ali me contó el motivo de que siguiera perteneciendo a la Nación del Islam. Tenía miedo de dejarlos porque había visto lo que le había sucedido a Malcolm X. Malcolm X, que había roto con la Nación del Islam y había roto con su líder —Elijah Muhammad—, y fue asesinado. Así que Ali, aunque no dijo que esperara que algo así le sucediese, entendió con claridad lo que había pasado y se quedó en la Nación del Islam hasta después de la muerte de Elijah Muhammad. Luego, la Nación, que era una organización muy sofisticada, se convirtió en un grupo distinto. Se volvió mucho más moderada, más conservadora, mucho menos colérica, y eso se reflejó en Ali. El Ali de la década de 1970 fue una persona muy distinta, más amable y discreta, que el Ali de la década de 1960.

¿Cómo le cambió la vida a Muhammad Ali después de perder su licencia de boxeo?

Durante aquella época, lo vi en raras ocasiones. Daba charlas en campus universitarios. Apareció en una obra de Broadway titulada *Buck White*. Me parece que hizo una o dos películas. Básicamente no sabía qué hacer. No le permitían boxear en Estados Unidos. Le habían quitado el pasaporte, por lo que tampoco podía salir del país para pelear en otro sitio. Se esforzaba por ganar dinero. Fue una mala racha en su vida que duró tres años y medio. Fue una época muy dura para él. No tenía forma de ganar dinero y se encontraba solo. Joe Frazier aceptó boxear contra él y esto le dio la posibilidad de volver. Perdió los mejores tres años y medio de vida profesional de cualquier deportista. Sin embargo, regresó y volvió a ser un gran boxeador. De igual modo que era una persona distinta, también era un boxeador diferente.

¿Por qué cree que le devolvieron la licencia?
Al final, la gente comprendió que nunca debieron habérsela quitado. Para empezar, fue una injusticia, una injusticia que se corrigió —una de las que identificó Cosell. Además, muchas personas ganaban dinero con él. Así es que eso fue un incentivo para que ellos, Nueva York, por ejemplo, le devolviesen la licencia. Los ánimos se habían calmado. Ali había ganado un recurso y estaba en camino de ganar un recurso de su condena en el Tribunal Supremo. Estaba claro, pues, que las cosas estaban cambiando a su favor, y por eso le devolvieron la licencia.

¿Es cierto que el Louisville Group, que lo patrocinó inicialmente, tuvo algo que ver en que lo alistaran de nuevo en el proceso de reclutamiento?
No lo sé, pero lo animaron a alistarse. No sé si querían que se alistara. Aunque pensaron que podría servir en algún tipo de función de animación, haciendo exhibiciones de boxeo y cumpliendo con el reclutamiento gubernamental sin tener que ir siquiera a la guerra, sin tener que ir a Vietnam. Sin embargo, él lo rechazó porque iba en contra de su religión servir a un país en una guerra. Esa era su postura y se mantuvo firme.

Herbert Muhammad se convirtió en su mánager, ¿qué clase de persona era?
No conocía a Herbert muy bien. Estuve cerca de él a veces, pero

se convirtió pronto en su mánager porque era hijo de Elijah Muhammad. Él lo puso a cargo de Cassius Clay, como se llamaba entonces, cuando este se unió a la Nación del Islam. Elijah Muhammad y su hijo fueron los responsables de guiar la carrera de boxeo de Cassius Clay. Por lo tanto, aquello debió de producirse hacia 1964, ya que el boxeador no anunció que se había cambiado de nombre hasta después del primer combate contra Liston. Para entonces, Herbert Muhammad manejaba los asuntos comerciales de Ali. Yo realmente no lo conocía en absoluto. Estaba a mi alrededor, un tipo callado, pero Ali lo quería. Ali trabajó con él durante veinte años probablemente, y ganaron mucho dinero juntos.

¿Cree que la Nación del Islam le sacaba dinero a Muhammad Ali?
Me parece que todo el mundo lo cree, y Ali nunca lo negó. A Ali tampoco pareció molestarle nunca. Sentía que era su obligación ayudar a la Nación del Islam. Sin embargo, es cierto que Herbert Muhammad, como mánager, se llevaba, creo, el treinta y tres por ciento del dinero y es probable que desviase más dinero. No lo sé. Todo lo que sé es que Muhammad Ali nunca se quejó por cómo lo trataba Herbert Muhammad o la Nación.

¿Cree que Muhammad Ali tenía un lado bastante amable del que la gente se aprovechaba?
Era un buenazo sin parangón. Todo el que acudía a él con una historia triste, todo el que fuera a pedirle ayuda encontraba a un Ali ansioso por ayudar. Nunca tenía dinero para él. En más de una ocasión, me pidió prestados diez dólares. El dinero no significaba nada para él. Solo necesitaba estar contento, nada de casas grandes y cosas por el estilo. No era derrochador. Le habría dado casi todo a cualquiera que se lo hubiera pedido. Era muy generoso.

¿Cubrió el combate de George Foreman?
Cubrí un combate de George Foreman. No fui a Zaire. No vi ese combate. Cubrí a George Foreman en su combate de vuelta contra Evander Holyfield.

Usted cubrió el primer combate con su archirrival Joe Frazier. ¿Cuánto hubo realmente de bombo publicitario?

Fue el celebrado en el Madison Square Garden. ¿Cuántas veces habremos escuchado que aquella fue la pelea del siglo? Bueno, creo que en la clasificación de combates del siglo ese tendría que estar entre los cinco primeros. Fue una locura. Frank Sinatra estaba sentado junto al cuadrilátero sacando fotos, tal fue su repercusión. Fue el mayor acontecimiento deportivo al que jamás he asistido y el evento deportivo más publicitado. Se enfrentaban dos de los mayores boxeadores de aquella época, que básicamente se hallaban en la cima de su juego. Fue un gran acontecimiento. Ambos boxeadores estuvieron muy bien aquella noche. Frazier estaba obsesionado esa noche, Ali estuvo bien. Fue uno de los mayores acontecimientos deportivos de todos los tiempos.

¿Entrevistó a los boxeadores antes o después del combate?

Sí, en las ruedas de prensa previa y posterior. No los entrevisté personalmente. El comportamiento de Ali hacia Joe Frazier fue censurable. Frazier había sido su amigo en la época en la que Ali no tenía licencia. Frazier le ofreció dinero, se ofreció a boxear con él y trató de ayudarlo. Sin embargo, cuando llegó el momento de pelear, Ali lo convirtió en una guerra racial intentando convertir a Frazier nada menos que en el tipo blanco. Fue increíble, de verdad. Creo, no obstante, que Ali actuaba de la manera más despreciable y cruel cuando tenía más miedo, y me parece que Joe Frazier le asustaba. En aquel momento, Joe Frazier era un gran boxeador, irresistible e imparable, y Ali lo sabía. Ali sabía que aquel iba a ser el combate de su vida, por lo que dijo cosas crueles sobre Frazier. Su relación solo pudo ir a peor. Fue una verdadera lástima, ya que ambos eran grandes boxeadores que entendían y respetaban lo que exigía ser un gran boxeador. Es una lástima que nunca llegaran a ser amigos.

¿Cómo definiría la personalidad de Joe Frazier? ¿Estaría en lo cierto al decir que era un hombre tranquilo que hablaba con los puños?

Pienso que, probablemente, eso sea cierto. Habló un poco y esa fue una de las veces en las que Ali lo llamó estúpido al decirle: «No sabes hablar». Ali se comparó a sí mismo como física y mentalmente superior a Frazier. Por supuesto, Frazier se ofendió como le hubiera pasado a cualquiera. Y realmente nunca se recuperó de aquellos insultos. Frazier era un tipo agradable, un tío normal que creció en una granja en una zona pobre del estado de Carolina del Sur. Pasó de la nada a ser uno de los grandes boxeadores de la historia. Ali nunca le mostró el respeto que merecía.

¿Cuál fue su opinión sobre el resultado final del combate?

Yo era un gran admirador. Escribía para el periódico de la ciudad natal de Ali. Además, siempre me ha costado mucho fijarme en los dos boxeadores durante un combate. Veo a un boxeador y lo que está haciendo. No veo lo que el otro hace. Es un fallo en mi capacidad para informar. Por eso, básicamente miraba a Ali. Pensé que Ali ganó la pelea. Quiero decir que Ali golpeó la cara de Frazier hasta dejarle con aquellos enormes bultos por todo el rostro. Sentí que Ali ganó el combate, pero hubo una decisión unánime a favor de Frazier. Cuando vi la grabación del combate, no pude discutirlo. Frazier fue imparable. Ali desperdició los primeros asaltos. Recuerdo que Ali, mientras Frazier lo golpeaba, se apoyó una vez en las cuerdas y, mirando a alguno de nosotros, sentados abajo en primera fila, dijo: «¡Sin decisión! ¡Sin decisión!» Mientras tanto, Frazier, sacando lo mejor de sí mismo, seguía golpeándolo, por lo que el combate no podía ser declarado sin decisión. Cuando Frazier lo noqueó en el decimoquinto asalto, fue decisivo para mucha gente. No recuerdo ahora si Frazier necesitaba ganar ese asalto. No. No necesitaba ganar aquel asalto para ganar el combate. Sin embargo, ganó el asalto y el combate por un amplio margen.

¿Cuáles fueron los comentarios de Ali a la prensa tras el combate?

Después del combate, no hizo ninguna declaración a la prensa porque estaba tan malherido que se lo llevaron al hospital. Así es que no dijo nada esa noche. No apareció en rueda de prensa. Fue correcto en la derrota. En algún momento, dijo que Frazier había ganado el combate. También dijo: «Volveré». Al día siguiente, Ali supo que él no podía ponerse de pie y comenzó a decir que le habían robado, que había ganado el combate, y que todos lo sabían. Ali, en un arranque único de sinceridad, comprendió que Frazier había ganado el combate, pero luego empezó a promocionar el siguiente combate.

Muhammad Ali le había dicho a Joe Frazier que, si perdía contra él, se arrastraría por el cuadrilátero. Después del combate, Frazier le pidió a un miembro de su equipo que le dijese a Muhammad Ali que fuese a su vestuario para arrastrarse.

Eso dijo. Lo leí en un libro en el que Frazier había colaborado. Yo no lo escuché por mí mismo, pero es una de las historias que circulan sobre el combate. Ali, naturalmente, no lo hizo.

Muhammad Ali, a menudo, predecía en qué asalto iba a noquear a su adversario. ¿Cree que la confianza que desprendía era real o simplemente formaba parte de su actuación?

Ali siempre fue muy arrogante y seguro de sí mismo. Al principio de su carrera, cuando boxeaba con contrincantes que no eran tan buenos, podía hacerlo. Y lo hizo en varias ocasiones. Así que tanto su confianza como la seguridad absoluta que tenía en su habilidad le permitían hacer eso contra boxeadores muy malos. Esto no lo intentó con boxeadores buenos. Tampoco lo intentó mucho después de sus diez o quince combates.

¿Cuál es el incidente más curioso que recuerda?

En 1973, me metí en la cama con Muhammad Ali. La situación se produjo en Las Vegas, donde él tenía una *suite* de dos dormitorios. La sala central era donde se reunían todos. Y su habitación siempre estaba llena de parásitos, asiduos a las fiestas y gente que quería conocerlo. Así que entré para ver a Ali. Pude verlo a través de la puerta en el dormitorio. Estaba en la cama. Me vio y me hizo señas con la mano para que entrara. No creo que ni siquiera supiera mi nombre, pero sabía que era de Louisville. Siempre me llamaba «Louisville». Dijo: «Pasa, Louisville». Fui hacia él para entrevistarlo sobre su entorno. Pero no podía escucharme debido a la cantidad de ruido que había. Así que levantó la esquina de la sábana y me dijo que me metiera allí. ¡Así fue como me metí en la cama con Ali!

Los dos estábamos bajo las sábanas como niños pequeños escondiéndose de sus padres, y entrevisté a Ali mientras estábamos en la cama. Yo llevaba la ropa puesta. Él no. Tomó mi cuaderno. Yo quería saber el nombre de las personas de su séquito y lo que hacían. Tomó mi cuaderno y empezó a escribir sosteniéndolo por encima de su cabeza. Escribió los nombres de quienes le rodeaban y cuánto les pagaba por semana. Luego, seguí entrevistándolo durante diez o quince minutos más y salí de la cama. Cuando salía, me di cuenta de que había olvidado el cuaderno, así que tuve que volver a pedírselo a Ali.

¿Puede mencionar a alguna de las personas de su séquito que estuviese muy unida a él?

El que siempre estuvo cerca de él fue Bundini Brown. Era su *alter ego*. Estuvo con Ali en todo momento y en todo lugar. Era tan grandilocuente y divertido como él y juntos parecían hermanos. Sin Bundini, no creo que Ali hubiese sido el personaje carismático que fue. Bundini Brown —creo que era un entrenador auxiliar— era básicamente la clase de chico alegre que le encantaba a Ali. Era siempre divertido. Bundini trabajó con Sugar Ray Robinson antes de que Robinson le sugiriese a Ali, cuando era un joven boxeador, que necesitaba a su lado a alguien como Brown. Así es que Bundini viajó con él siempre. También había un par más a su lado. Angelo Dundee, por supuesto, era el entrenador que lo acompañaba en cada combate. Howard Bingham era el fotógrafo. Eran muy amigos. Me parece que Bingham lo conoció en 1962. Es la persona que más cerca ha estado de Ali. Es un gran tipo. Fotografió a Ali, Bill Cosby y es un gran fotógrafo, además de ser un gran amigo de Ali.

¿Alguna parte de su séquito desconfiaba de la prensa?

No cuando estuve cerca. Por otro lado, no cubrí a Ali como campeón de peso pesado hasta su regreso en 1970. Para entonces, la multitud que lo rodeaba era diferente. Durante la década de 1960, la Nación del Islam tenía unos guardaespaldas, llamados Fruto del Islam, que acompañaban a Ali todo el tiempo. Creo que ellos desconfiaban de los medios. Sin embargo, yo no lo vi en mi época. Por entonces, todo el mundo era bien recibido alrededor de Ali.

¿Piensa que Muhammad Ali no debería haber boxeado contra Larry Holmes porque, sin duda, ya había pasado su mejor momento? Usted se encontraba sentado junto a Herbert Muhammad, quien mantuvo agachada la cabeza durante todo el combate mientras Holmes castigaba sin descanso a su rival.

Fue un combate terrible de presenciar. Me parece que, en algún momento, le dije a alguien que, si te preocupabas por Ali, aquello era como ver a un ser amado en un accidente de coche. Ali no tenía nada que hacer esa noche. Nos había convencido, a la prensa, que era capaz de boxear, pero no tenía nada que hacer. Debería haber abandonado. Si eres Muhammad Ali y has luchado toda la vida contra viento y marea, piensas que aún puedes luchar contra viento y marea.

Larry Holmes tampoco ha recibido nunca el respeto que se merece. Holmes fue un magnífico boxeador. Lo vi por primera vez cuando Holmes tenía veinte o veintiún años, cuando era el compañero de entrenamiento de Ali antes del combate con Foreman. Era un chaval tan corpulento como Ali y era muy bueno. Modeló sus movimientos basándose en Ali. No tanto su personalidad pero, desde luego, sí sus movimientos. Holmes fue un gran boxeador. Fue un gran boxeador aquella noche. Se encontraba en el apogeo de sus facultades, mientras que Ali estaba de capa caída. Ali ya no estaba en su mejor momento y no debería haber participado en ese combate. Ali debió abandonar después del combate de Zaire cuando volvió a ganar. Tenía todo lo que quería, pero ¿cómo vas a abandonar si eres Muhammad Ali? Imposible.

Fue horrible. Fue espantoso. No había nada. Ali no podía lanzar un puñetazo, ni podía esquivarlo. Recuerdo perfectamente a Holmes pidiéndole al árbitro que parase el combate. El árbitro no lo detuvo, y Holmes volvía y atacaba de nuevo a Ali. Me senté al lado de Herbert Muhammad, quien no miró el combate ni una sola vez y mantuvo la cabeza agachada. Al final, en algún momento —esto me lo perdí—, alguien se dirigió a Herbert Muhammad, y sé que Herbert Muhammad asintió finalmente con la cabeza, y eso significó el final del combate.

Ha dicho que este fue el peor evento deportivo que tuvo que cubrir en toda su carrera. ¿Es cierto?

Había sido un gran boxeador. Desde luego, tenía que gustarte. Había tenido que superar cosas en la vida. Sin embargo, en el fondo, era un encanto. Dolía ver a alguien que te importaba, que había sido un gran boxeador, reducido a esa nada en un deporte. Ha sido lo peor que jamás he visto. Quiero decir que no era un equipo de baloncesto perdiendo un partido. Aquello no fue un equipo de béisbol perdiendo un partido. Se trataba de un hombre al que le estaban rompiendo la crisma. Odié verlo.

Antes de retirarse del boxeo para siempre, Muhammad Ali se enfrentó en otro encuentro a Trevor Berbick. ¿Puede hablarme de ese combate?

El combate con Berbick fue un absurdo. Ali volvió a intentar convencerse a sí mismo de que aún podía boxear. Salió con la excusa de que en el combate con Holmes había tomado demasiados medicamentos, que había tenido un problema de enfriamiento; por eso había tomado demasiados medicamentos que lo habían dejado seco y deshidratado. Sentía que podía ponerse en forma. Aunque el único lugar que le permitiría boxear sería Bahamas. Trevor Berbick estaba aprendiendo a boxear. No era un gran boxeador, pero tampoco malo. Se encontraba entre los diez mejores del mundo, y Ali —no sé si ya tenía cuarenta años o estaba a punto de cumplirlos— boxeó mejor en este encuentro que en el de Holmes.

Sin embargo, fue un consuelo pequeño porque siguió sin salir bien, ya que Trevor Berbick estuvo toda la noche encima de Ali, que aún no se encontraba lo bastante fuerte como para mantenerlo alejado. Lo tonto de todo el asunto es que boxearon en un cuadrilátero improvisado en un campo de béisbol infantil en las Bahamas. Y no tenían campana. Tuvieron que quitarle el cencerro a una vaca para colocarlo en un lateral del ring. Creo que en aquella ocasión escribí que la carrera de Ali terminó con el toque de un cencerro. Aquella noche, Ali acudió a una breve rueda de prensa en un hotel donde apenas podíamos respirar debido a la cantidad de gente allí apiñada. «No pude detener el tiempo», dijo. Aquel fue su final.

¿Anunció su retirada en aquel momento y lugar?
Creo que fue a la mañana siguiente. Sí, estoy seguro de que fue a la mañana siguiente. Dijo que no volvería a boxear, aunque en la rueda de prensa dijo: «¡Reapareceré en Los Ángeles!»

¿Alguna vez estuvo presente en los encuentros con famosos o cuando visitó a los presidentes?
No. Desde luego, no cuando estuvo con los presidentes. Estuve cerca de él cuando estaba con famosos. Recuerdo cuando reapareció para boxear contra Jerry Quarry, el primer combate tras su regreso. Diana Ross, de las Supremes, era una gran estrella en aquella época y se encontraba en el vestuario. Ali flirteaba con ella. Aunque no recuerdo mucho sobre ese tipo de cosas.

¿Se mantuvieron en contacto después de que Ali se retirara?
Lo vi en ocasiones, pero no a menudo. Él asistía a combates. Cubrí uno de los encuentros de Evander Holyfield, y Ali estaba allí, aunque no pasé mucho tiempo con él.

¿En algún acto benéfico?
Me parece que la última vez que lo vi en uno de aquellos actos se encontraba recorriendo el mundo celebrando actos benéficos.

Cuando lo vi en Bloomington, en Indiana, apareció con el Dalái Lama. El Dalái Lama bromeó con él poniendo el puño como si fuera a boxear con Muhammad Ali. Y Ali movió el dedo sobre su sien como diciendo, ¡estás loco! Nunca estuve muy cerca de él en aquel tipo de ocasiones, pero sé que hizo un gran trabajo a lo largo de los años.

¿Cómo definiría a Muhammad Ali como boxeador de extraordinario talento?

Una de las cosas que he dicho es que puede que dos de los mejores boxeadores de todos los tiempos fueron Cassius Clay y Muhammad Ali, ya que fue un boxeador distinto bajo aquellos dos nombres. Como Cassius Clay, no podías golpearlo. Como Muhammad Ali, podías golpearlo las veces que quisieras y no le hacías daño. Como Cassius Clay, era un bailarín. Como Muhammad Ali, un bateador. Era dos boxeadores diferentes. Buena parte de ello se debió a los tres años y medio que dividieron su carrera antes de perder la licencia. Era tan rápido que no podías verlo. El combate definitivo de aquel periodo fue contra Cleveland Williams. Cleveland Williams debió de pensar que estaba peleando contra diez tipos. Ali era tan rápido que Williams no podía encontrarlo y mucho menos golpearlo. Después, cuando regresó en 1971, en el periodo Frazier, a lo largo de la década de 1970, fue un boxeador que recibió muchos golpes y también dio muchos. Ya no era el tipo al que no se le podía pegar, podías encontrarlo, aunque aún no podías vencerlo.

¿Algo que añadir sobre Muhammad Ali, la leyenda deportiva que ha recibido la profunda adoración de millones de personas en todo el mundo?

Fue el mayor deportista que jamás vi, el mayor deportista que jamás veré y el deportista más importante desde el punto de vista social que jamás veremos. Influyó en Estados Unidos. Influyó en el mundo de un modo que seguiremos recordando dentro de cien años. Cuando la gente ya no sepa quién fue Michael Jordan, sabrán todavía quién fue Muhammad Ali.

GEORGE KALINSKY

George Kalinsky fue el fotógrafo oficial del neoyorquino Madison Square Garden, uno de los estadios más famosos del mundo, desde mediados de la década de 1960. Es un fotógrafo galardonado y de prestigio mundial, cuyo trabajo ha aparecido en los principales medios de comunicación como, por ejemplo, *Newsweek, People, The New York Times* y *Sports Illustrated*. Kalinsky es uno de los pocos fotógrafos de élite que trabajó estrechamente con Ali, que asistió tanto a la pelea del siglo entre Ali y Frazier en 1971 como a su revancha en 1974. En noviembre de 2010, el National Arts Club le otorgó la Medalla de Honor en la categoría de fotografía.

¿Cuál fue su primera tarea fotografiando a Muhammad Ali? ¿Fue en rueda de prensa o en un estudio?

La primera vez que conocí a Ali fue cuando boxeaba en 1967. Fue un combate en el que le daba la oportunidad a otro boxeador de pelear por el campeonato. No recuerdo su nombre, pero, sin duda, fue en 1967. Conocí a Ali en un hotel que no estaba muy lejos del Garden. Así que la primera vez que conocí a Ali ya era campeón de peso pesado. En realidad, ahora recuerdo que no fue esa la primera vez. La primera vez que lo conocí fue en 1966, un año antes, en el gimnasio donde hacía ejercicio, el 5th Street Gym. Justo en aquella ocasión empezó mi carrera con Ali. Aunque la primera tarea que me asignaron fue realmente en 1967. Empezamos a hablar y le saqué unas fotos. Quería que entrenara y hablamos de lo que pretendía hacer yo en la siguiente hora, más o menos.

Le hice algunas fotos al natural. Básicamente, fotos de él riendo, con la mano en la barbilla y peinándose frente al espejo. Intentaba que hiciera algo que la gente hace normalmente en vez de solo boxear. Quería que la gente lo viera como realmente era. Al ser nuestra primera reunión, quería ver cómo era él realmente. Quisiera retroceder un poco. Un año antes de que empezase mi carrera, desconocía que existiera el 5th Street Gym. Dio la casualidad de que andaba por allí. Muhammad Ali, que por entonces aún se llamaba Cassius Clay, saludó a Howard Cosell, que se encontraba justo delante de mí. Yo no era más que un transeúnte con una cámara, que entonces solo utilizaba para fotografiar a mi familia y algunos de mis diseños.

Así que seguí a Cosell y a Ali, y entré en el gimnasio. Angelo Dundee me paró y me dijo: «No puedes entrar a menos que pagues un dólar». De algún modo, la respuesta que pronuncié fue: «Soy fotógrafo del Madison Square Garden». Esto fue lo que salió de mi boca, sin más. Dijo: «De acuerdo, entra». Allí dentro estaban, básicamente, un par de compañeros de entrenamiento, Angelo Dundee, Howard Cosell y yo. Saqué algunas fotos y me encantó fotografiar al campeón mundial de peso pesado.

Para resumir, cuando salí del gimnasio, Ali era noticia porque el combate para el que se estaba entrenando iba a cancelarse. Así que llevé el carrete al *Miami Herald*, donde revelaron las fotos y me preguntaron si podían utilizar una para enviarla a la agencia de noticias. Acepté, por supuesto. Así fue como, un par de horas después de haber fotografiado por primera vez a alguien famoso o algo relevante para las noticias, mi foto recorrería el mundo al día siguiente. A la semana siguiente, regresé a Nueva York y llevé un par de mis fotos al Madison Square Garden para enseñarlas. Una semana después, el responsable de boxeo del Madison Square Garden me dijo: «Si tienes el carrete completo, ven a verme con un rollo de película. Tengo que contratarte». Así fue como me convertí en fotógrafo del Madison Square Garden. Por eso, la siguiente vez que me encontré con Ali fue en 1967.

¿Puede contar algún momento de convivencia que hayan compartido a lo largo de su relación de trabajo?

Puedo recordar alguno. Sería en el periodo de tiempo entre 1967 y 1977; una década. En 1974, Muhammad Ali me llamó y me dijo que le gustaría reunirse conmigo. Con el tiempo, nos hicimos buenos amigos. «Ali, ¿qué tal?», le dije cuando nos vimos. Me contestó: «Tengo el combate en un mes, pero el problema es que Foreman es demasiado rápido. Demasiado grande. Demasiado fuerte. Demasiado ágil. No creo que pueda ganar el combate». Fue entonces cuando se me ocurrió la idea de marear contra las cuerdas. Le dije: «Llevas toda la vida entrenando para este combate. En general, cuando entrenas en el gimnasio, pones siempre la espalda contra las cuerdas y dejas que tus compañeros de entrenamiento te golpeen. Lo que has estado haciendo todos estos años, entrenar para este combate, ha sido actuar como un bobo contra las cuerdas». Al final, en cuestión de minutos, el bobo contra las cuerdas pasó a marear contra las cuerdas.

En 1976, hacia el final de la carrera de Ali, recuerdo estar levantado a las cuatro de la madrugada para fotografiarlo mientras se ejercitaba corriendo por la carretera. Yo iba delante de él en una furgoneta. Él corría mientras yo le sacaba fotos de noche con un flash para iluminarlo. Cuando regresamos al hotel, le dije: «¿Estás seguro de que quieres seguir boxeando?» Me preocupaba que resultara herido. Solo hablaba en susurros cuando estabas con él en privado y me dijo: «Cuanto más boxeo, más gente me reconoce porque probablemente sea la persona más reconocible. Puede que tenga la cara más famosa del mundo. Así que, si dejo de boxear, perderé a mi público. El escenario es el cuadrilátero. Ese es mi escenario. Temo que, si dejo de boxear, ya nadie me reconocerá». No podía creer la honestidad que había detrás de aquello; el miedo y las emociones que había detrás de sus palabras. Además, lo decía con una voz muy baja y susurrante.

Cuando Ali te hablaba en privado, se comportaba de manera opuesta a como lo hacía en público. En público, montaba siempre un espectáculo y se pasaba horas planeando lo que iba a decir. Sin embargo, en privado, hablaba casi en un susurro. Así era el Ali real. Cuando me contaba aquello, en aquel momento de su vida, tenía el rostro más famoso del mundo, sin contar quizá al Papa. Tenía miedo de que la gente dejara de saber quién era él. Le dije que había otras cosas en la vida que podría hacer cuando supiera que ya no podía boxear, y que tenía que haber algo más. Me contó que estaba leyendo todo lo que podía sobre política, pero que nada se le podía comparar a estar en el cuadrilátero y la sensación de seguridad al estar dentro. Se sentía más seguro dentro del cuadrilátero que en cualquier otro lugar.

¿Algo interesante que pueda aclararnos más?

Una ocasión, a principios de la década de 1980, cuando se celebró el primer WrestleMania, que fue en el Madison Square Garden con Hulk Hogan, antes de que se desarrollase el WrestleMania en el que había muchos famosos como árbitros honorarios. Tenían a gente como Pete Rose, un grupo variado de gente, y Ali era uno de los árbitros. Yo lo miraba y me di cuenta, por primera vez —fue un par de años después de su último combate—, de que ya no era el Ali que yo estaba acostumbrado a ver y me entristecí. Me sentí muy mal. Recordé cuando, tiempo atrás, Ali me contó que el cuadrilátero era su vida, lo era todo, su oportunidad de ser famoso. Allí estaba, en el ring, aunque no era necesariamente la estrella. Hulk Hogan era la estrella aquel día, y Ali era solo uno de los deportistas de refuerzo.

Como fotógrafo profesional, ¿cómo describiría la imagen de Muhammad Ali en su apogeo en la década de 1960, en lo que respecta a su gusto para vestir y otras cosas que le gustaban, como pasatiempos, coches, etcétera?

Ali era muy conservador en su forma de vestir. Le gustaba llevar pantalones holgados y una camisa de color oscuro que le cubriera el cinturón. Así era como vestía básicamente la mayor parte del tiempo, salvo cuando tenía que aparecer en público. Las apariciones en público eran aquellas en las que iba a hablar, fuese cual fuese el lugar. Entonces, solía ponerse un traje clásico. No le gustaba. Quería ser más conservador en una parte de su vida privada. En una ocasión, lo llevé a un campo de golf solo para fotografiarlo. Le costaba golpear la bola de golf. Comentó que no le gustaban los demás deportes. El boxeo era el único deporte que realmente le importaba.

Una vez, Dick Gregory, de nuevo allá por 1967, estaba interesado por los alimentos saludables y estuvo hablando con Ali durante un rato. Recuerdo a Gregory hablando con Ali durante horas en la habitación de su hotel, los tres solos. Le hablaba sobre todo a Ali sobre los beneficios de la alimentación saludable y de la importancia del zumo de zanahorias, las calorías, etc., algo que hoy en día nos puede parecer normal, pero que entonces era una novedad. Hablaba de la vitamina C, la vitamina D, la vitamina E, y de todas las distintas vitaminas. Metes las zanahorias en la licuadora y haces un zumo. Le dije a Ali que aquello era interesante.

En lo referente a aficiones, no se me ocurre ninguna. Estaba siempre muy ocupado. Por ejemplo, recuerdo que, mientras íbamos en su Cadillac blanco hacia un combate contra Joe Frazier, él iba aprendiéndose lo que iba a decir. Me parece que íbamos en coche desde Miami hasta Fort Lauderdale, un trayecto de una media hora o cuarenta minutos. Ali y yo íbamos en el asiento trasero. Drew Bundini conducía y otra persona se sentaba en el asiento del copiloto.

Yo estaba solo en el asiento trasero con Ali. Antes que nada, la misión era ir a ver a unos niños en una escuela a la que él quería ir. Sentía que presentarse en una escuela sería muy importante para los chicos. No había prensa ni fotógrafos. Simplemente, era algo que quería hacer por un colegio del que le habían hablado, por los niños de una de las zonas más pobres de Fort Lauderdale. Sentía que podía ser muy útil. No había muchos niños. Creo que serían unos treinta chavales en total. Esta es otra cara pública de Ali: sentía que quería llegar personalmente a tantas personas como pudiera y no necesariamente derrotando a Joe.

En cuanto a aficiones, la bondad de Ali lo era. El Ali que se preocupaba de la gente, sobre todo, de los niños. Por ejemplo, hacía muchos dibujos en distintas ocasiones cuando firmaba autógrafos. Si era la persona adecuada, le dibujaba un avión o lo que fuera y firmaba debajo con su nombre. De hecho, me hizo dos dibujos en dos ocasiones distintas. Si dibujaba algo para ti es que te consideraba dentro de su círculo íntimo, tenías su confianza. Eso era muy importante para mí. Los dibujos eran muy primitivos, pero yo los valoraba mucho por el significado que había detrás. Le salían del corazón. En el trayecto al colegio de Fort Lauderdale, Drew Bundini le soplaba las frases, como, me parece, lo de «vuela como una mariposa y pica como una abeja». Luego, necesitaba dos frases más. La forma en la que las practicaba, por si se le olvidaban, consistía en practicar sus frases durante quince o veinte minutos cada una, aunque solo fueran dos frases. A continuación, pasaba a las dos siguientes: «Vuela como una mariposa, pica como una abeja», dale, dale, dale y dale, estudiaba y estudiaba.

Así se preparaba y por eso era tan bueno. No era algo que se le viniera a la cabeza de repente; todo lo que hacía estaba muy bien planeado y ensayado. No es que fuera deshonesto, porque Ali era una de las personas más honestas que jamás haya conocido en mi vida. Era totalmente honesto y siempre fue humilde. Él sabía de dónde procedía y siempre me recordaba que él fue un niño pobre. A pesar de todo lo que poseía y de todo el éxito que había logrado, siempre decía que no podía olvidar de dónde venía. Decía que nunca olvidaría sus raíces, que siempre recordaría que había sido muy muy pobre y que nunca lo olvidaría.

Es interesante que decidiera ayudar a la gente y que sus sentimientos fueran sinceros. Era muy muy sincero. Siempre estuvo bien preparado. Nada de lo que decía tenía que ser falso. Creo que, en todo caso, fue muy honesto y humilde. Trataba siempre de ser sincero. Pero cuando decía algo, quería estar bien preparado, y siempre se preparó bien de cara al público.

En fin, yo iba con él en el asiento de atrás. En una de las veces que nos detuvimos por un semáforo en rojo, vimos a cuatro obreros que trabajaban en una esquina arreglando la carretera. Aquellos tipos era muy grandotes. Mientras esperábamos con el semáforo en rojo, Ali se levantó en la parte trasera del descapotable y dijo: «He oído que Joe Frazier anda por aquí. ¡¿Dónde está Joe Frazier?! ¡Vosotros sabéis dónde está!» Uno de los tipos tenía una pala, otro, un pico. Intentaban romper la carretera, así que llevaban equipo pesado, sobre todo el tipo grande que vestía un mono. Le dijo a Bundini, quien conducía: «¡Arranca el coche!» Luego, en la siguiente parada, decía: «¿Dónde está Joe Frazier? ¡Vosotros sabéis dónde está Joe Frazier, chicos! ¡Bundini, arranca el coche!» Estaba actuando y se protegía al mismo tiempo, ya que el coche se marchaba cuando los obreros estaban a punto de alcanzarnos.

Muhammad Ali cultivó una estrecha amistad con Howard Bingham, que era su fotógrafo. ¿Alguna vez trabajó usted con los dos juntos?

Howard Bingham fue su mejor amigo. Coincidí con Ali y con Howard en alguna ocasión, pero muy pocas. En realidad, vi más a Howard sin Ali que con él. Cuando iba a Florida, lo que hice muchas veces para fotografiar a Ali entrenando en el 5th Street Gym, no coincidía necesariamente con Howard. Además, Howard era una persona muy tímida. Normalmente, se quedaba en segundo plano. Aunque estuviera presente, se quedaba en silencio. Howard y Ali mantenían una maravillosa relación. Howard fue una persona muy agradable. Ali y él tuvieron suerte de tenerse el uno al otro.

¿Cubrió usted los combates con Ken Norton? ¿El combate en el estadio de los Yankees en Nueva York?

Sí, así fue. En general, comienzo las sesiones fotográficas de antemano haciendo fotos previas al combate para completar las del encuentro. Por ejemplo, Ken Norton acababa de llegar de rodar una película en 1976. Llegó directamente del rodaje a mi casa en Long Island. El motivo de que viniera a mi casa era que aquel era un lugar muy bueno para hacer retratos. Además, podíamos ir al bosque a sacar fotos partiendo leña o cualquier cosa que se nos ocurriese. Cualquier cosa que simulase que se estaba entrenando para Ali, preparándose para Ali. Paró delante de mi casa a bordo de una limusina. Ken Norton era más que un boxeador, era una estrella de cine. Aquella fue también una película muy importante. En fin, la cuestión es que llegué a conocer a Ken muy bien en poco tiempo y, sinceramente, pienso que aquella noche Ken Norton ganó el combate.

Todo el mundo corrió al vestuario de Ali después del combate. Yo fui primero al de Ken Norton. El propio Norton estaba en la puerta. Parecía tremendamente abatido y dolido. Él mismo estaba en la puerta y solo dejaba entrar a una o dos personas en su vestuario, aunque prácticamente no había nadie dentro. Me miró y lo abracé. Me sentí mal porque aquel combate podría haberse decantado en cualquier sentido. Muchos piensan que, en realidad, ganó Ken Norton, pero Ali ganó el encuentro, y los dos se enfrentaron un par de veces. Sin embargo, Ali sabía cómo montar el espectáculo. Es, sin duda, el mayor animador que jamás haya fotografiado. Poseía un gran carisma, un carisma reservado a personas como Ali o el Papa. En los últimos años, el presidente Clinton tuvo carisma. Frank Sinatra y Elvis Presley también lo tuvieron. Esta gente tuvo carisma, y Ali más que nadie.

¿Cree que, en aquel momento, Muhammad Ali estaba llegando al final de su carrera?

La historia del combate con Ken Norton sucedió en 1976. Fui a ver a Ali en el hotel Concorde. Estaba metido en la cama cuando me habló de lo del escenario, de cómo su vida tenía sentido sobre el escenario y de no querer perderlo. Si dejaba de boxear, perdería su escenario para siempre, y la gente le olvidaría. Temía aquello: temía que la gente se olvidase de él.

¿Cuál fue la experiencia más emocionante que vivió usted durante la época que estuvo con Muhammad Ali?

Uno de los mejores días que he vivido sacando fotografías de boxeo en un estudio fue cuando fotografié a Ali y a Joe Frazier en el gimnasio de Frazier en 1971. Quizá dos meses antes de la pelea del siglo en el Madison Square Garden. Fue todo un privilegio tener a Ali y a Frazier solos en el gimnasio. Por ejemplo, los fotografié cabeza contra cabeza, nariz con nariz. Nadie más lo había logrado antes. Esas fotografías previas al combate, entrenando, tampoco las había hecho nadie antes. Antes de que yo llegase, la única forma en la que se fotografiaba a un boxeador antes de un combate era, simplemente, que se detuviera un momento, una pausa de pie, eso era todo. A veces, podías ver a alguien cortando leña, pero yo empecé a fotografiar a los boxeadores haciendo lo que hacían. Así que, cuando reuní a los dos hombres en el gimnasio, una de las cosas que quería hacer era seguir a cada boxeador con la cámara.

De este modo, cuando seguía a Ali, en lugar de llevar guantes, llevaba la cámara. Ali me miraba y yo le decía: «Ali, imagínate que soy Joe Frazier». Él seguía intentando darme un puñetazo, sin llegar a darle a la cámara por milímetros. Enseguida, me di cuenta de que si Ali alcanzaba a Frazier con el puño... No podía creer que tuviera tanto control y que fuera tan rápido. Si hubiese golpeado un clavo, aquel clavo no se le habría escapado. Evitaba mi cámara por apenas unos milímetros, y yo confiaba en que nunca la golpearía. A continuación, traté de fotografiar a Joe Frazier. Al cabo de veinte minutos, tuve que pararlo porque Joe carecía de precisión. Sin embargo, en aquel momento, me di cuenta sobre todo de que, si alguien iba a ganar este combate en ese momento, sería Frazier porque, para mí, era como dos boxeadores en aquel único asalto en el gimnasio.

¿Puede contarme si fue a su casa para alguna sesión de fotos?
Fui a su casa, sí. Le hice una bonita foto recostado en el sofá después de que hubiera entrenado un poco. Al parecer, Ali aprovechaba cualquier momento que podía para echar un sueñecito, ya estuviera trabajando o entrenando. Él hacía todo lo posible por mantenerse en buena forma. Era una persona honesta. Comía bien. Le interesaba la alimentación saludable y le gustaba echarse tantas siestas como podía. En realidad, nunca había pensado en ello antes, pero ahora que lo recuerdo, se sumergía en un modo tranquilo y pensativo. Sus aficiones fueron algo más como planear y pensar, más que como tocar un instrumento. Creo que sentía una gran inclinación por ser artista. Hacía aquellos dibujos de los que hablé antes. También le gustaba hacer trucos de magia, hacer felices a los demás y hacer reír a la gente. Los trucos de magia quizá eran un poco toscos, pero para Ali era importante hacer que la gente sonriera, en especial, los niños.

¿Recuerda algún incidente inusual que ocurriera mientras trabajaba con él?

Por mucho que Ali fuese un parlanchín delante del público, no era una persona extrovertida. En privado, no hablaba en voz alta; no era un conversador. Era más un pensador que un conversador. Se guardaba sus palabras y frases bien aprendidas para usarlas delante del público, lo que practicaba mucho. De hecho, volviendo un tanto hacia atrás en relación con una de sus tretas, recuerdo estar con él en las montañas antes de un combate, no recuerdo cuál. Uno de los trucos publicitarios fue que nos reunieron a unas cuarenta personas de la prensa para que Ali nos llevase a dar una vuelta en autobús. Así que todos subimos al bus y Ali se sentó en el asiento delantero. Lo siguiente que recuerdo es que Ali iba conduciendo y que acabó en la cuneta. Al día siguiente, se podía leer en todos los titulares de los periódicos locales del área neoyorquina: ALI CONDUCE UN BUS HACIA UNA CUNETA. La prensa intentó relacionarlo con el entrenamiento. Pues bien, todo estaba planeado. Ali sabía de antemano que iba a conducir el bus hacia la cuneta.

¿Algo más que añadir sobre su relación de amistad y de trabajo con el mejor deportista del siglo?

Una de las últimas veces que vi a Ali fue hace unos pocos años en un combate, en el que Ali estaba sentado al lado de Dustin Hoffman en primera fila. No recuerdo qué combate era. Me dirigí hacia él para saludarlo, y su aspecto entonces era, por así decirlo, una de esas cosas que despiertan ternura. Te sentías mal por su enfermedad de Parkinson. En fin, yo quería ir y saludarlo.

No sabía cuál iba a ser su reacción, ya que hacía tiempo que no lo veía, y había fotografiado a Dustin Hoffman. En realidad, conozco a Dustin Hoffman muy bien. Los dos estaban sentados el uno junto al otro, y yo llevaba la cámara colgada al cuello. Aunque la cámara no importaba mucho en aquel momento. Tan solo quería acercarme, estrecharle la mano y hablar con Ali. Él me reconoció. Sus ojos se iluminaron al acercarme, indicándome que me había reconocido. Fue el momento adecuado para poder estrecharle la mano y darle las gracias por todos los años que nos conocimos. Fui el fotógrafo oficial del Madison Square Garden desde que conocí a Ali y durante mucho tiempo.

Gracias a ello, tuve la fortuna y el privilegio de fotografiar a los mejores artistas y deportistas del mundo. A Ali hay que ponerlo el primero de la lista. En ella, irían Ali, el Papa, Sinatra, Elvis y Michael Jordan. Es el icono de nuestro tiempo. Muhammad Ali, desde luego, influyó de manera importante en mi vida. Fue muy importante haber tenido el privilegio de fotografiarlo. Cuando la gente me presenta a otras personas y dicen que soy el fotógrafo que fotografió a Ali, el Papa, Sinatra o Michael Jordan, siempre va Ali el primero. Además, al ser el fotógrafo del Garden, tuve el privilegio de fotografiar a los nombres más célebres del mundo. No solo de hacerles su foto favorita, sino de un momento que perdurará siempre. Sin duda, Ali tiene que iniciar la lista de los iconos estadounidenses, pero no solo los de Estados Unidos, sino a nivel mundial.

GARY SMITH

Gary Smith trabajó como cronista deportivo para *Sports Illustrated*, donde escribía varios artículos extensos a lo largo del año. Antes de unirse a *Sports Illustrated*, trabajó para diversos medios impresos: *Wilmington News-Journal, New York Daily, Philadelphia News* e *Inside Sports*. Smith pasó tiempo cubriendo a Ali, sobre todo, después de que se retirara del cuadrilátero. Recibió el Premio National Magazine Award, el equivalente más cercano al Premio Pulitzer en el ámbito de las revistas, en la categoría de no ficción.

¿Cuál fue el primer combate de Muhammad Ali que cubrió?
Solo cubrí un par de sus combates. Vi varios de sus combates por circuito cerrado de televisión, que en aquella época ponían en grandes pantallas. Sin embargo, por lo que respecta a cubrir com-

bates reales, me parece recordar haber cubierto el de Leon Spinks en Nueva Orleans. Escribí acerca de él. Pasé más tiempo con él cuando dejó el boxeo. Aunque pasé mucho tiempo con él y lo entrevisté durante su carrera, la mayoría de mis entrevistas las realicé después.

¿Podemos hablar de la época que pasó con él durante su carrera?
La primera vez, yo tenía veinticinco años, fue cuando fui a verlo al campo de entrenamiento, hacia donde se dirigían muchos otros reporteros. Iba a boxear contra Larry Holmes, por lo que era hacia el final de su carrera. Yo iba pensando: «¿Qué voy a hacer en medio de esa horda de periodistas?» Me presenté en Deer Lake, en su cabaña. Se entrenaba en las montañas. Yo era el único que estaba allí. Su masajista le estaba dando un buen masaje. Tenía los ojos cerrados. Se notaba que ya se había entrenado aquel día y que estaba cansado, pues se estaba quedando dormido sobre la camilla. Ese día me enseñó mucho sobre él, puesto que yo era el único por allí. Yo no era más que un crío. Me dedicó un par de horas. Pensaba que me encontraría oculto detrás de los grandes reporteros, garabateando tan solo alguna cosilla y quizá planteándole alguna pregunta. Sin embargo, nada de esto sucedió. Me prestó atención durante un par de horas. Yo era alguien a quien nunca había visto. No era más que un chaval y aquello me demostró que él poseía una cualidad especial como ser humano.

¿Qué impresión producía Muhammad Ali?
Lo que llamaba la atención de Ali eran su vitalidad y sentido del humor. Comenzó haciendo trucos de cartas y de magia para mí. Quería que pasaras un buen rato y entretenerte. Era como si apenas acabase de salir del sueño, básicamente, se hubiese despertado, encendido las luces, montado un espectáculo y a divertirse. Eso siempre llamó la atención. Y sería así a lo largo de los años. Cuando era más mayor y se había retirado, fui a visitarlo a su granja de Michigan. Fui al baño y, cuando fui a salir para continuar la entrevista, no podía abrir la puerta. Probé de todo con la puerta. Me

encontraba encerrado en la casa de Ali, tirando de la puerta de su cuarto de baño. Al final, después de cinco minutos, él abrió la puerta y yo salí dando un traspiés. Resultó que él había estado sujetándola todo el tiempo. Hacía truquillos como ese y cosas por el estilo solo por jugar.

Larry Holmes fue compañero de entrenamiento de Muhammad Ali durante un par de años antes de enfrentarse en el cuadrilátero. ¿Qué opinión le merece el combate, teniendo en cuenta que tuvo lugar en el ocaso de su carrera?

Más tarde, resultó que había estado tomando unas pastillas recetadas por un médico para reducir su peso. Estaba todo tembloroso; no fue nada bueno para él. La medicación que recibió en aquel momento fue muy mala. El doctor Ferdie Pacheco lo había dejado por aquel entonces porque sentía que no debía formar parte de aquello. Pensaba que Ali debía retirarse, que seguir boxeando era peligroso para él. Ali encontró otro médico para que le recetase unas pastillas para perder peso, lo que fue una mala idea. Ali llegó al cuadrilátero con menos peso, pero le perjudicó. Holmes le dio una paliza. Fue muy doloroso de ver. Yo lo vi desde el Madison Square Garden por circuito cerrado de televisión.

¿Qué cree usted que lo impulsó a seguir boxeando? ¿Fue la gente que lo rodeaba quienes influían en sus decisiones?

Seguía atrapado por tener que ser algo, por estar delante de todos y entretener a la multitud, por estar en el centro del espectáculo y cuidar de todos. Había muchas razones. En cierto punto de su carrera, tuvo que luchar por el mundo de muchas maneras. Ayudaba a tantos que, de algún modo, se convirtió en un mascarón de proa y en un símbolo, y eso le ayudó; esa motivación le ayudó. Contra Frazier, en Manila, fue el espíritu de la percepción. Bundini Brown confiaba en él y le dijo que, si batía a Joe Frazier, ganaría por el mundo. Aquella fue una motivación increíble para Ali, aunque creo que al final también fue el mundo en su contra.

Al final de su carrera, no podía darse por vencido. Luchaba por el mundo. Así lo pensaba él. Eso hacía que siguiera sintiendo que debía continuar y que no podía dejarlo. Al igual que le sucede a mucha gente, le resultaba muy difícil abandonar. No podía dejar pasar ese estatus y posición, aquella cruzada, aquella posición en la que la gente y otros le habían situado. Sentía como si tuviera que satisfacer las necesidades de los demás, y eso se volvió contra él de manera muy dolorosa.

Usted ha entrevistado e interactuado con algunos de los principales deportistas y personalidades de Estados Unidos ¿Puede compararlos con Muhammad Ali?

Creo que él solo ya constituye una categoría. Poseía una visión muy amplia de sí mismo en cuanto al papel que podía desempeñar en el mundo y lo aceptó. La mayoría de los atletas descubren que eso puede interponerse en su camino y convertirse en un obstáculo para lograr sus metas dentro de su deporte, por lo que se concentran en su deporte. Ali, en cambio, se abrió, hizo todo lo contrario. Dejó que el mundo entero se convirtiera en una ola gigantesca y lo empujara. Resulta muy difícil hacerlo, asumir todo eso. Sin embargo, también supo utilizar toda esa energía y fue capaz de manejarla, algo que la mayoría no logra. De este modo, surcó la energía del mundo y acabó agotado. Era una relación complicada de mantener. Al final, es parte de la razón por la que se mantuvo tanto tiempo y no pudo abandonar, como mencioné antes. Fue el último gran atleta que se convirtió en una figura social importante, que cambió al mundo, a la cultura y a la sociedad, además de ser un gran deportista. Es muy raro que la gente esté dispuesta a preocuparse por ser ambas cosas. Se ve a muchas superestrellas importantes que realmente no quieren desempeñar ese papel.

¿Viajó con él por carretera?

Estaba con él en 1984. Para entonces, obviamente, ya se había retirado. Íbamos de regreso por la autovía de Santa Mónica. Me había llevado a ver un entrenamiento de boxeo para los Juegos Olímpicos en Los Ángeles. El Parkinson ya le estaba atacando en ese momento, y la medicación que tomaba le daba mucho sueño. Yo iba en el asiento del copiloto y él conducía. El coche comenzó a moverse de un lado a otro a noventa y seis kilómetros por hora por la autovía. Veía cómo se cerraban sus párpados. Yo empezaba a ponerme nervioso, pero no quería alargar la mano para agarrar el volante que llevaba el mejor campeón de peso pesado de todos los tiempos.

Mi parte de escritor quería dejarlo ir y ver qué pasaba, pero una cierta parte de mí, como ser humano, activó el miedo. No estaba seguro de cómo actuar. Estaba al límite. Sus ojos estaban totalmente cerrados y las manos habían soltado el volante. En ese momento, otros coches tocaron el claxon, y yo estaba a punto de alargar la mano para agarrar el volante. De repente, un bracito se posa sobre su hombro. Creo que tenía nueve años, era un niño, extiende la mano sobre el hombro de su padre y agarra el hombro y el volante. No conducía el coche en el asiento trasero. Eso duró un momento. Al final, Ali abrió los ojos y volvió a sujetar el volante. Era tan guasón y bromista. No sé si aquello era algo que ya había hecho antes e instaurado. Le gustaba gastarle bromas a la gente. Si se quedó dormido un momento o no es algo que no sé. Espero que fuera una broma. En fin, fue un momento muy gracioso, aunque muy inusual.

¿Cree que la película sobre Muhammad Ali protagonizada por Will Smith le hizo justicia o podía haber sido mejor? Mucha gente piensa que no dio en el clavo.

No, creo que realmente no logró captar todo el espíritu. Resulta muy difícil cuando la persona sigue viva para interpretar su papel y hacer una película que sea verdaderamente efectiva.

¿Lo vio a menudo en las últimas décadas después de su retirada? ¿Cree que se volvió más complaciente?

Más a finales de la década de 1980 y a principios de la de 1990. En 1984, seguía viviendo en Los Ángeles con Veronica Porche.

Entonces, su matrimonio estaba llegando a su fin. Luego, se volvió a casar con una mujer de Louisville, con la que había crecido en su misma calle. Era más joven que él. Se casaron y se fueron a vivir a la granja de Michigan. Ella era muy callada. Era mucho más amorosa, y existía una mayor relación entre ellos. La casa estaba en silencio. Allí había un granero donde colgaban todas las fotos de su carrera. Muhammad me llevó allí y me las enseñó. Por el tejado, que estaba abierto y necesitaba repararse, se colaban las palomas. Los excrementos de las palomas recorrían la sala y habían alcanzado las fotografías, manchándolas. Él se limitó a recorrer la estancia y darle la vuelta a las fotografías de todos sus momentos de gloria, las fue girando una por una, de cara a la pared para que las palomas no pudieran seguir defecando sobre ellas.

Después de haber conocido a Muhammad Ali y haber pasado tiempo con él, ¿cómo lo describiría como persona?

Muy religioso. Se tomaba su tiempo cinco veces al día para rezar sobre su alfombra de oración. Eso lo era todo para él. A cualquiera a quien le firmara un autógrafo o incluso a mí mismo como reportero le entregaba una cosita que contuviera algunas palabras sobre la paz en el islam. Muy importante, estaba muy claro que su relación con Dios era lo que más le importaba y él se encontraba en un estado muy espiritual. Había sido el centro del mundo y, en aquel momento, se encontraba en una apacible granja de Michigan donde vivía tranquilo. Estaba adaptándose a su nueva situación, y Dios formaba parte importante del proceso.

¿Cree que evolucionó en lo que respecta a la religión? Porque, al principio, se sintió atraído por la Nación del Islam, que no era la corriente principal del islam.

Creo que se moderó. Sin duda, se moderó con los años. Se moderó como hombre y en su religión.

¿Mantuvo con él alguna conversación profunda que llegara a conmoverle?

Hablábamos de muchas cosas, y yo procuraba profundizar tanto como podía, por lo que estoy seguro de que hubo conversaciones muy profundas. En este momento, no puedo recordar la naturaleza de estas. Charlábamos sobre la vida y cómo se habían calmado las cosas y cómo lidiaba él con todo esto. Yo no estaba en medio de los años de gloria. Estuve al final de su carrera y después de retirarse.

¿Hay algo que realmente le conmoviera de Muhammad Ali?

Algo que recuerdo sucedió el día del incidente con el coche en la autovía. Después del suceso, empezó a hacerle señas a la gente para que formaran una fila detrás de él. La gente se sorprendía al ver a Muhammad Ali saludándolos y diciéndoles que pusieran los coches detrás de él y lo siguieran. Al final, conseguimos un gran convoy de coches y los condujo hasta la gran casa en la que vivía entonces, y allí les obsequió con trucos de magia, a todas aquellas personas totalmente desconocidas. Seguía necesitando tener público. Aquel fue también un momento revelador.

¿Qué diferencia a Muhammad Ali de Joe Frazier, Joe Louis, Jack Dempsey y Mike Tyson? ¿Cree usted que, si hubiera sido un simple boxeador carente de la personalidad que cultivó, nunca habría alcanzado el icónico estatus que tuvo?

No cabe ninguna duda al respecto. Fue mucho más, formó parte del mundo como líder, alguien que significó mucho para tanta gente, y el dedicarse a eso lo hizo diferente. Para el resto se trataba más de la búsqueda individual o, para algunos, la búsqueda de la supervivencia, mientras que Ali surcaba la energía del mundo, él era todo. Eso es lo que lo diferencia de los demás.

CAPÍTULO TRES

LOS OPONENTES

Antes de convertirse en profesional, Muhammad Ali desarrolló un impresionante récord como *amateur*. Sumó no menos de ciento ocho combates de aficionados, de los cuales dominó en cien ocasiones. Asimismo, ganó dos torneos National Golden Gloves, seis campeonatos Kentucky Golden Gloves y se hizo dos veces con el título nacional AAU. Se convirtió en profesional el mismo año en el que ganó la medalla de oro olímpica, en la categoría de peso semipesado, en los Juegos Olímpicos de Roma de 1960. Ganó su primer combate profesional contra Tunney Hunsaker, jefe de policía de Fayetteville (Virginia Occidental). El 25 de febrero de 1964, en Miami, el bocazas e impetuoso con menos posibilidades, llamado entonces Cassius Clay, destronó a Sonny Liston, conquistando la prestigiosa corona mundial de peso pesado. Tan solo tenía veintidós años.

Después de su victoria sobre Liston, el joven e impetuoso boxeador empezó a producir un flujo constante de titulares. No tardó mucho en que todos lo conocieran por su encanto lírico y su bravuconería. Su chanza verbal era tan aguda y rápida como su característico directo de izquierda relámpago. Sin embargo, fue capaz de respaldar sus escandalosas reivindicaciones de ser el más grande con su rendimiento en el cuadrilátero. Ali fue un boxeador de excepcional habilidad, extraordinaria velocidad y astucia que remodeló con su estilo único el noble arte. Bailaba alrededor de su oponente, lanzando rápidos directos de izquierda y combinaciones cegadoras, inclinándose hacia atrás para defenderse de un modo que dejaba al público atónito. El «bocazas de Louisville», como empezó a conocérsele, era un luchador extravagante. Desarrolló la costumbre de dejar caer las manos a los lados, a diferencia de casi todos los demás boxeadores de la época. No es de extrañar que las hazañas de Ali dentro del cuadrilátero se hicieran legendarias.

En 1967, le revocaron el título y lo condenaron a cinco años de cárcel por evasión del servicio militar. Recurrió la sentencia y, aunque tuvieron que pasar casi cuatro años antes de que su apelación tuviera éxito, nunca fue a prisión. No obstante, las autoridades le prohibieron boxear, una decisión revocada en 1971 por el Tribunal Supremo de Estados Unidos, pero no antes de que el gobierno estadounidense le robase a Ali sus mejores años para boxear.

Tras su regreso al cuadrilátero, Ali comenzó a utilizar un estilo radicalmente distinto, moviéndose menos y llevando a sus oponentes hacia guerras de desgaste, en las que tanto el ganador como el perdedor sufrían, normalmente, un tremendo castigo. Se enfrentó y venció a los mejores pesos pesados de su época —una edad de oro del boxeo—, y sus legendarios combates contra Joe Frazier y George Foreman están considerados ampliamente por seguidores y críticos como los mejores combates del siglo. La verdadera Pelea del siglo, entre Frazier y Ali, dio lugar a una trilogía de combates que se encuentran entre algunos de los mejores que se han filmado y que, sin duda, acortaron las carreras de ambos hombres. Por desgracia, Frazier nunca pudo perdonar los improperios que le lanzó Ali durante la preparación de los combates. Más tarde, Ali declaró que su actitud hacia su oponente fue simplemente para darle bombo a las peleas. Sin embargo, Frazier nunca aceptó de verdad la disculpa.

Por el contrario, muchos de los púgiles que tuvieron el privilegio de compartir el cuadrilátero con «the Greatest» dicen que fue un honor boxear con él. Estos antiguos adversarios confiesan que Ali les cambió la vida para siempre, tanto por modificar la importancia del boxeo como por darles la oportunidad de ponerse entre las cuerdas con el boxeador más admirado de todos los tiempos.

Es inevitable que muchos comparen a Ali con los campeones boxísticos pasados y presentes. Nada despierta más controversia e interés que debatir sobre quién es el mejor púgil de la historia. Tanto los aficionados a este deporte como los expertos utilizan constantemente a Ali, más que a cualquier otro boxeador que haya existido, como vara de medir. Jack Dempsey, Sugar Ray Robinson y Joe Louis se mencionan como merecidos contendientes de la corona kilo por kilo; mientras que, si se quiere incluir a un boxeador más contemporáneo, Mike Tyson es el nombre que se le viene enseguida a la mente a la mayor parte de la gente. Las verdaderas comparaciones son imposibles, por supuesto, pero aun así son un interesante incentivo. La potencia de pegada de Dempsey y su agresivo estilo lo convirtieron en uno de los boxeadores más populares que jamás subieran a un cuadrilátero, mientras que los logros de Sugar Ray Robinson como técnico son absolutamente innegables. Joe Louis, muy respetado entre los historiadores de este deporte, fue nombrado el mejor campeón de boxeo de peso pesado de todos los tiempos en 2005 por la International Boxing Research Organization (Organización Internacional de Investigación de Boxeo). Tenía algunas de las mejores combinaciones trepidantes de la historia del boxeo. Además, Louis está considerado por muchos como el mejor pegador de todos los tiempos; sus golpes de potencia eran absolutamente devastadores.

Algo que también debería tenerse en cuenta es que la historia de los deportes muestra una mejora lineal entre los deportistas. Con este fin, comparar boxeadores de épocas totalmente distintas resulta algo complicado. No obstante, dentro del boxeo, los grandes deportistas actuales, normalmente, se sienten felices de rendir homenaje al campeón. Cuando Mike Tyson, considerado casi imparable en la cima de su fama, apareció en un programa de televisión junto a Sugar Ray Robinson y a Ali a principios de 1990, él mismo admitió: «Sé que soy grande, pero ¿puedo decirle algo? En este momento, todas las cabezas deben inclinarse, todas las lenguas deben profesar que este [Ali] es el más grande de todos los tiempos».

Lo que sí es cierto es que la grandeza atlética se compone de una miríada de cualidades y atributos, algunos técnicos, algunos físicos y otros mentales. Lo que está claro es que, aparte de la velocidad, los reflejos y el estilo poco ortodoxo que le sirvieron tan bien al comienzo de su carrera, Ali tenía una mandíbula de granito y podía absorber un castigo infinito, al mismo tiempo que era un boxeador científico e inteligente con un inmenso corazón. De sesenta y un combates profesionales solo perdió cinco, entre ellos, tres entre 1978 y 1981, cuando perdió sus mejores días de boxeo.

Ali se retiró en 1981, justo después de perder en su combate de regreso contra Trevor Berbick. Su retirada no disminuyó su estatus como personalidad internacional. Las legendarias hazañas de Ali dentro del cuadrilátero inspiraron a los aficionados a este deporte de generaciones posteriores. En este capítulo, descubrirás entrevistas exclusivas con algunos de los campeones de peso pesado e importantes boxeadores que compartieron el cuadrilátero con el tricampeón de peso pesado. Ofrecen anécdotas y opiniones de primera mano, compartiendo sus recuerdos de esos momentos de la historia deportiva reservados normalmente a aquellos lo bastante valientes como para enfrentarse a «the Greatest».

GEORGE FOREMAN

George Foreman es indiscutiblemente uno de los mejores pesos pesados que jamás haya pisado un cuadrilátero. Ganó una medalla de oro en los Juegos Olímpicos de México de 1968 y se hizo profesional al año siguiente. Foreman derrotó a Joe Frazier el 23 de enero de 1973, alzándose con el título de peso pesado después de que Frazier se lo arrebatase a Ali. Su batalla contra Ali en Zaire al año siguiente —el *Rumble in the Jungle*— se convirtió en uno de los mayores combates de boxeo del siglo. Más tarde, se convirtió en el hombre con más edad en conquistar el campeonato mundial de peso pesado con cuarenta y cinco años. En la actualidad, Foreman vive en Texas y es un empresario de éxito.

George, ¿cómo se convirtió, en realidad, el combate con Muhammad Ali?
Para el combate, Muhammad Ali era mi siguiente contrincante disponible. Por supuesto, yo era el campeón y él, el contendiente número dos. Yo había vencido a Ken Norton y a Joe Frazier. Nadie más quería enfrentarse a mí.

¿Puedes explicarme los acontecimientos que se produjeron en tu rueda de prensa?
En realidad, hubo varias ruedas de prensa. La mayoría estaban separadas. Yo di una en California. Muhammad Ali concedió otra en Nueva York. Nos juntamos en Salt Lake City, aunque hablamos por separado. La razón era que intentábamos darle publicidad tanto como pudiéramos alejados el uno del otro, pero las ruedas de prensa se celebraron en todo el país.

¿Qué publicidad se le dio al combate antes de las ruedas de prensa? Fue una de las peleas más importantes de la historia del boxeo.
Creo que se debió a que hubo mucha publicidad. Yo me había establecido como un genuino pegador. Por supuesto, Muhammad Ali me aseguró cuando firmamos el contrato que iba a hacerlo a lo grande, que iba a hablar de él tanto como pudiera. Y lo hizo, llevó el combate de África a un nivel superior porque la prensa internacional se interesó por ese país, Zaire, tanto como nosotros.

¿Cómo te aclimataste al entorno al llegar allí? ¿Era un ambiente completamente distinto al que estabas acostumbrado?
La cuestión es que ya había boxeado por todo el mundo. De hecho, gané el título en México. Había boxeado en el Caribe, en Venezuela y también en Japón. Además, mi carrera como aficionado me había llevado a Europa. Por lo tanto, el ambiente no

influyó en nada. Estaba muy acostumbrado a boxear en cualquier parte, no me preocupaba. Tan solo era una hora distinta del día, pero eso no me preocupaba.

¿Qué entrenamiento seguiste para preparar este combate? ¿Hubo algo que el equipo quisiera que tuvieras en cuenta?

No entrené de manera distinta a como lo hacía para otros combates. Siempre dedico mucho tiempo a correr por carretera. Le sacudo a la pera o al saco. También corto leña y trabajo mucho con mi *sparring*. En esa ocasión, por supuesto, me encontré con un hombre que era más hábil y escondía más trucos debajo de la manga. Cuando luché contra Muhammad Ali, mis entrenadores y la gente de mi esquina me decían todo el rato que dejase salir a George de la jaula, que el animal destruiría a Muhammad Ali. Mi única estrategia era ir a por él.

¿Estaría en lo cierto al decir que, antes de la pelea, pensabas que fácilmente podrías boxear mejor que él y que también dijiste que Muhammad Ali te dejó asombrado?

Lo que más me asombró de Muhammad Ali es que aguantara mis golpes más duros. Era capaz de absorber los puñetazos con los que normalmente noqueaba a otros. Con un par de puñetazos lo dejaba tambaleante, pero se recuperaba mejor que nadie con quien hubiera boxeado antes. Estaba seguro de poder noquearlo en uno o dos asaltos. Esa es la razón por la que no ahorré energía. Estaba seguro de que caería en dos o tres asaltos. Cuando vi que aún seguía allí en el cuarto y en el quinto asalto, fue cuando me quedé asombrado.

¿Es cierto que le golpeaste con el golpe al cuerpo más fuerte que jamás le habías lanzado a nadie?

Le golpeé en el cuerpo tan fuerte una vez que pensé que iba a caer. Parecía como si quisiera luchar cuerpo a cuerpo conmigo, pero luego cambió de opinión y se cubrió. Al cubrirse y sobrevivir, ni él ni yo podíamos creerlo. Fue entonces cuando intenté derrotarlo, pero se mantuvo de pie. Pensé que Ali estaba por todo el cuadrilátero. Recibió el golpe y se mantuvo sobre sus pies. Me sorprende que pudiera recibir aquel puñetazo en el cuerpo.

¿Cómo definirías su estilo de boxeo? Era un boxeador rápido. Tú eras, con diferencia, el pegador más duro de la categoría de peso pesado. ¿Qué diferenciaba ambos estilos?

Lo curioso es que, cuando boxeé contra él, no demostró mucha velocidad porque lo arrinconé y pude golpearlo bastante bien. Sin embargo, cuando hizo la combinación uno-dos, el puñetazo que me tumbó, nunca me habían lanzado un derechazo tan rápido, tan veloz como el que me propinó esa noche. Lo vi venir, pero no me pude apartar. Cuando me volví, fue como pap, pap, rápido como un rayo. Ali fue, probablemente, el peso pesado más rápido al que me he enfrentado en el cuadrilátero.

¿Cuál fue tu estrategia al entrar en combate? ¿Te dio algún consejo tu esquina?

Creo que mi esquina se vino abajo. Me ponían la bata y tan solo esperaban que noquease a todo el mundo. No estaban preparados para aquel adversario porque, cuando el combate empezó a avanzar hacia el quinto y sexto asaltos, entraron en pánico. No estaban preparados para darme instrucciones. No sabían qué hacer porque estaban tan sorprendidos como yo.

Háblame de la famosa estrategia de marear contra las cuerdas que implementó Muhammad Ali. Lanzaste muchos puñetazos y gastaste energía en el proceso, ¿fue esto al parecer lo que finalmente funcionó en tu contra?

Bueno, soy boxeador y siempre busco huecos. En ese combate, tener al contrincante contra las cuerdas del cuadrilátero era un hueco para derrotarlo. Por eso, cada vez que lo golpeaba, intentaba derrotarlo. Primer asalto..., lo atraparé en el segundo. Cada asalto era una oportunidad para derrotarlo. No sabía que iba a seguir de pie asalto tras asalto. Estaba sorprendido, pasmado. Lo de marear contra las cuerdas no creo que fuera una estrategia, fue más una cuestión de supervivencia de Muhammad Ali, que le vino bien.

La multitud que apoyaba a Muhammad Ali se sentía llena de júbilo y, después del combate, gritaban: «¡Ali bombayi!» ¿Qué recuerdas después de que ganara?

No lo recuerdo. Cuando subo al cuadrilátero, estoy totalmente concentrado. Intentaba ganar. Había mucha gente que me apoyaba y una gran cantidad de gente que apoyaba a Muhammad Ali. Él quería que la gente lo quisiera. Quería que la gente lo apoyara. No era eso lo que yo quería. Yo no buscaba eso. Así que ni siquiera prestaba atención. Solo quería noquearlo, que me pagasen e irme a casa.

Muhammad Ali se burlaba de sus oponentes dentro y fuera del cuadrilátero. En tu caso, ¿qué te dijo? ¿Aplicó el juego psicológico?

Me hablaba, pero no fue el primer contrincante que me hablaba mientras estaba en el cuadrilátero. Eso no me molestaba en absoluto. Por supuesto, siguió hablando y me imagino que lo hacía porque estaba asustado con lo fuerte que lo golpeaba. Pero no tuvo ninguna ventaja psicológica sobre mí. Me pegaba con el puño.

Muhammad Ali fue uno de los boxeadores más defensivos, y esa era la estrategia que utilizaba normalmente en lugar de entrar a matar.

Creo que Muhammad Ali fue un gran boxeador. Te pillaba con la guardia baja y te machacaba con un gran golpe. Fue realmente un gran boxeador. El mejor de todos los tiempos.

¿Puedes expresar tus pensamientos cuando te derribó?

Cuando me alcanzó con la combinación uno-dos, intenté frenar la caída. Toqué el suelo y pude haberme levantado, pero mi esquina me dijo que esperara la cuenta de ocho. Esperé a que contaran ocho y me levanté de un brinco, pero el combate se había terminado. Todo lo que se me pasó por la mente cuando aterricé en la lona fue: «Ha estado cubriéndose toda la noche, pero ahora intentará terminar y voy a noquearlo». Eso era todo lo que pensaba. Pero cuando me levanté, el combate había terminado.

Cuando terminó el combate, ¿estabas resentido? ¿Qué pensabas?

Cuando terminó el combate, naturalmente que estaba resentido, triste y herido. Había perdido la corona deportiva más preciada que se pudiera recibir: el campeonato mundial de peso pesado. Me sentí herido, realmente devastado, durante mucho tiempo. Cuando puse mis ideas en orden, lo primero que deseaba ante todo era la revancha. Nunca logré la revancha. Por alguna razón, Ali nunca quiso volver a boxear conmigo. Dejé el ring en 1977, claro, y él siguió con su carrera. Cuando regresé al boxeo, hacía tiempo que él lo había dejado.

Ali, fuera del cuadrilátero y lejos de la prensa, era un tío muy simpático.

Las pocas veces que coincidí con él fuera del cuadrilátero siempre fue un tipo divertido. Bromeaba mucho. Fuimos muy buenos amigos después del combate.

Después de que los dos os retirarais, ¿coincidisteis en algún acto benéfico?

Muhammad y yo nos hicimos grandes amigos después de que él se retirara. Él venía a Houston a presentar premios para mí y, naturalmente, viajé con él para promocionar el vídeo *Champions Forever*. Nos hicimos grandes amigos.

Mike Tyson contra Muhammad Ali en su mejor momento, ¿qué opinas?

El propio Muhammad Ali me lo contó. Le pregunté: «¿Crees que Tyson podría vencer a cualquiera?» Él respondió: «Tío, Tyson pega muy fuerte». Sentía que Tyson golpeaba más fuerte que nadie a quien se hubiese enfrentado. Una vez me contó que no tenía la seguridad de haber podido vencer a Mike Tyson.

¿Crees que Muhammad Ali elevó el boxeo y lo llevó a otro nivel?

En mi opinión, creo que fue más allá, porque no solo elevó el boxeo, sino que elevó la humanidad. Me parece que esta tierra es mejor porque Muhammad Ali enseñó a muchos hombres y mujeres a ser mejores seres humanos. Muhammad Ali fue el mayor motivador de los seres humanos que jamás haya conocido. He tenido una buena vida. He tenido una gran carrera como boxeador y también me he convertido en empresario. La parrilla George Foreman se ha convertido en un producto muy popular. Me encanta reunirme y charlar con la gente y hablarles de mi carrera y, sobre todo, de mi labor pastoral. Soy predicador de la Iglesia del Señor Jesucristo, a eso me dedico ahora. Difundo la palabra sobre las buenas noticias de Dios y sobre cómo murió Jesús. Me hace feliz y creo que todo el mundo también descubre que eso les hace ser mejores personas.

LARRY HOLMES

Larry Holmes, que creció en Easton (Pensilvania), fue uno de los mejores boxeadores de peso pesado de su época, con una carrera que abarca victorias sobre Muhammad Ali, Ken Norton y Tim Witherspoon. Entre 1978 y 1983, fue campeón de peso pesado del WBC, antes de llevarse el campeonato de peso pesado de la IBF entre 1983 y 1985. Desde 1980 hasta 1987, fue el campeón de peso pesado para *The Ring*. Holmes defendió con éxito el título en veinte ocasiones, solo por detrás de las veinticinco que logró Joe Louis, «the Brown Bomber». Holmes fue también durante algunos años el compañero de entrenamiento de Ali.

¿Cómo llegó a convertirse en el compañero de entrenamiento de Muhammad Ali?
Mi entrenador me llevó a su campo de entrenamiento. Él conocía a Angelo Dundee, que fue quien me puso ahí.

¿Cómo era hacer de sparring *para él?*
Estuvo bien. No sé en qué trabajaba él, pero yo trabajaba para ponerme en forma. No me importaba lo que él hacía. Yo estaba allí para ponerme en forma a mí mismo y hacer un buen trabajo con él.

¿Cómo era Muhammad Ali como persona?
Sin problemas. Ali siempre fue un buen tipo.

¿Cómo acabó boxeando contra él en 1981?
Quería boxear con alguien para salir de su retiro, y yo era el campeón en ese momento. Yo me encontraba viajando por el mundo. Ali dijo que quería ganar mi título.

En la rueda de prensa previa al combate, ¿hubo algún incidente importante que quiera compartir?
La rueda de prensa fue como cualquier otra. Entrabas allí, él decía lo que iba a hacer y yo decía lo que iba a hacer. Y ahí se acababa la rueda de prensa.

¿De qué cualidades de Ali estaba usted pendiente?
Yo estaba atento a todo. No tenía que preocuparme por una sola cosa porque estaba pendiente de todo lo que él hacía. No me concentré en nada en particular. La cuestión era salir a hacer lo que tenía que hacer y no preocuparme por lo que él iba a hacer.

¿Entrenó de algún modo especial para ese combate en concreto?
No. Seguí haciendo lo que hacía normalmente.

¿Podemos hablar del entrenamiento que llevó a cabo para preparar ese combate con Muhammad Ali?
Hice lo que tenía que hacer todos y cada uno de los días, ponerme en condiciones óptimas para poder ganar. Trabajo muy duro, eso es lo que hago. No hice nada especial para entrenarme para el combate con Ali. Entrené como solía hacerlo normalmente.

Algunas personas dijeron que Muhammad Ali estaba viejo y que ya no estaba en la cima de su carrera. ¿Cuál es su opinión al respecto?
La gente puede decir lo que quiera, pero sé lo que tenía que hacer y fui allí y lo hice. Si quieren decir que él no estaba en forma,

viejo, gordo o lo que fuera, no es algo que me importe. Fui e hice lo que tenía que hacer, y gané.

Antes de conocer a Muhammad Ali, ¿qué consideración le merecía como boxeador?

Ali fue un gran boxeador. Fue uno de los grandes, aunque no fue el más grande del mundo. Para mí, Joe Louis y todos los demás también lo eran. Pero era un buen tipo. En realidad, no me paraba a pensar demasiado en nada. Tan solo quería salir, hacer lo que tenía que hacer, prepararme para el combate y ganar el combate, eso es todo.

¿Qué opina de su personalidad?

¡Una gran personalidad! Ali tenía una gran personalidad.

Al entrar en el combate, Ali solía insultar a sus oponentes. ¿Se burló de usted o empleó su estrategia psicológica?

Me habló un poco aquí y allá, pero no le dimos importancia. Estábamos concentrados en lo que teníamos que hacer.

¿Cuál fue el punto culminante del combate?

Después de que levantaran mis manos: ese fue mi punto culminante. Ali era un buen hombre. No podía tumbar a Ali. No estaba listo para mí. Yo era mejor que él en aquel momento. Eso es lo que importa.

¿Estoy en lo cierto al decir que usted dijo que ganaba a Ali en el gimnasio cuando era su compañero de entrenamiento?

No dije que lo ganaba en el gimnasio. Entrenaba con él. Íbamos y veníamos. No intentaba vencer a Ali. Tan solo hacíamos lo que teníamos que hacer, eso es todo.

¿Tenía usted confianza al entrar en el combate?

Sí, siempre tuve confianza. No me preocupé por nada.

¿Hablaron los periodistas con usted después del combate? ¿Qué dijo Muhammad Ali?

Los periodistas se te acercan y te dicen lo que hiciste, lo que piensas y todo. Hice lo que tenía que hacer, ganar el combate.

¿Cuál fue el combate más duro de su carrera?
Cuando le gané el campeonato de peso pesado a Kenny Norton.

Usted ha boxeado contra Mike Tyson y Muhammad Ali. ¿Cómo los compararía a ambos?
No sé por qué se menciona su nombre [el de Tyson]. No sabía boxear. Solo demostró que no podía mantener el título. ¿Lo vas a comparar como un gran boxeador? ¡No sabía boxear!

¿Se hizo amigo de Muhammad Ali?
Éramos amigos. Lo éramos antes de boxear contra él. Éramos amigos ya en 1971 cuando lo conocí por primera vez. Siempre hemos sido amigos.

¿Qué fue lo más interesante que le dijo?
No sé nada interesante. ¿Qué voy a hacer? ¿Retroceder el reloj más de treinta años? No puedo recordar lo que pasó hace treinta años. ¿Cómo decirlo? Todo lo que sé es que boxeé contra él y le gané. Me puse en forma para vencerlo y trabajé con él como compañero de entrenamiento. Era un gran tipo. Yo no guardaba rencor. Él no guardaba rencor. Salí y le vencí. Él no me daba consejos ni yo seguía consejos suyos. No lo hice. No le dejé que me diera consejos porque hice lo que quería hacer, porque él intentaba vencerme todos los días en el gimnasio. Eso es lo que él intentaba hacer: ganar cada día.

¿Cree que Ali dejó un punto de referencia cuando se retiró?
No lo sé. Eso depende de todos vosotros, los que escribís. Si vosotros queréis decir que él es el más grande, entonces, es el más grande. Si queréis decir que es el peor, lo es. ¡Lo que digáis vosotros! Yo digo que fue un gran boxeador. Pero yo fui mejor que él. Soy el boxeador más grande que jamás ha pisado la tierra y sigo aquí. Sigo vivo. Sigo hablando con usted.

Después de boxear contra Muhammad Ali, ¿qué rumbo tomó su carrera?
No hice nada. Tan solo seguí el camino que llevaba. Seguí ganando. Eso es todo lo que quería hacer.

¿Cree que Muhammad Ali debió haberse retirado antes?
No puedo decírselo. Hizo lo que quiso. No puedo decir si Ali debió haberse retirado. Estuve boxeando hasta los cincuenta y dos años. Él tenía treinta y ocho cuando se enfrentó a mí. Entonces ¿cómo me pregunta si debería haberse retirado? Yo no puedo decirlo. Tenía cincuenta y dos años cuando lo dejé. Él tenía treinta y ocho. Hizo lo que tenía que hacer. ¿Cuál es la diferencia?

¿Hay algo que quiera añadir sobre su amistad con Muhammad Ali?
Lo único que quiero que todo el mundo sepa es que boxeé contra él y le vencí de manera justa. No lo lamento ni me arrepiento. Hice lo que tenía que hacer. Si hay seguidores de Larry Holmes por ahí a los que les guste Larry Holmes y respeten lo que hizo, eso sería genial.

JOE BUGNER

Nacido en Hungría en 1950, Joe Bugner se trasladó al Reino Unido a finales de la década de 1950. Después de entrenar de joven en el club Bedford Boys, peleó dieciséis veces como aficionado antes de convertirse en profesional en 1967. Se enfrentó a Ali en dos combates hasta el último asalto, después de lo cual Ali y Angelo Dundee lo proclamaron capaz de convertirse en campeón mundial. También ostentaba los títulos británico, de la Commonwealth y europeo. En la década de 1970, estuvo entre los diez primeros pesos pesados. A principios de la década de 1980 se mudó a Australia. Se hizo amigo de Ali y siguieron viéndose mucho después de sus dos históricos combates.

En realidad, antes de boxear contra Muhammad Ali, usted viajó a Estados Unidos en 1969 para entrenar con él. ¿Podría hablarme de la experiencia?

Claro que sí. En aquel momento, Ali intentaba regresar al boxeo. Como sabe, era objetor de conciencia. Se negó a luchar en Vietnam, por lo que los tribunales le impidieron boxear. Cuando llegué a América en 1969, él estaba ansioso por volver al cuadrilátero. Aún no tenía ningún combate, pero yo fui uno de los primeros boxeadores internacionales que se enfrentaron a él delante de la prensa británica y de la estadounidense. Fue un momento muy emocionante.

¿Dónde se encontraron por primera vez?

Fue en el gimnasio de Gil Clancy, quien era célebre por entrenar a algunos de los boxeadores más famosos y a campeones mundiales. Era tan famoso como Angelo Dundee en esa época. El primer encuentro real con Muhammad Ali tuvo lugar en un hotel de Nueva York. Ese fue uno de los momentos más emocionantes de mi vida. Ahí estaba yo, con diecinueve años, conociendo a la leyenda. Para entonces, se había convertido en leyenda por su negativa a luchar por Estados Unidos Fue uno de los mayores campeones del mundo y, para mí, aquello fue genial.

Le pondré un ejemplo. Mi entrenador y yo estábamos desayunando el día de su llegada. Pensábamos que llegaría sin decirnos nada, se iría a su habitación y nos veríamos en el gimnasio. ¡Pues no! Hizo una entrada triunfal en el restaurante del hotel, y debo decirle algo: fue fascinante. Entró en la sala, miró alrededor y me vio sentado con un grupo de británicos. Al cabo de tres o cuatro minutos, cientos de personas se habían apiñado en el restaurante. Los propietarios estaban absolutamente desconcertados. Estoy seguro de que pensaban: «¡Dios mío! ¿Qué hacemos?»

En fin, Muhammad miró alrededor y me vio. Me puse de pie, él miró al otro lado y gritó: «Eres el chico blanco que quiere hacerse un nombre a mis expensas. Deja que te diga algo, chico blanco, cuando acabe contigo, tu madre no te va a reconocer». En realidad, mientras hablaba, se iba acercando cada vez más, lanzando puñetazos. Lanzaba combinaciones, empezando con esos rápidos *jabs* directos tan suyos. Cuando llegó hasta mí, faltó medio centímetro para que me tocara la nariz. «¿Ves lo rápido que soy?», dijo. «Soy tan rápido que me asusto. ¡Soy tan rápido que podría apagar la luz y meterme en la cama antes de que la luz se apagase!» Yo pensaba para mí: «Dios mío, tengo diecinueve años y estoy escuchando a este gran boxeador y orador». Fue genial, absolutamente magnífico.

¿Llegó a trabajar con él como compañero de entrenamiento en el gimnasio?

Bueno, cuando llegamos al gimnasio de Gil Clancy, ya me había dado la charla, el típico enfrentamiento de Muhammad Ali. La novatada verbal nunca se acababa. Aquel día, cuando entramos en el gimnasio, él estuvo simplemente fascinante. Habló con la prensa y les ofreció toda aquella palabrería que se le daba tan bien. Hicimos con él seis buenos asaltos, y todo el mundo quería saber si yo era bueno, así que le preguntaron: «¿Qué tal es el chico, Muhammad? ¿Es bueno? ¿Crees que lo logrará?» Las típicas preguntas de siempre. Muhammad Ali se volvió y dijo: «Os lo digo ahora mismo. Nadie, nadie me ha puesto nunca el ojo blanco». En lugar de decir un ojo morado, lo llamó un ojo blanco.

No nos hicimos amigos entonces, pero nos convertimos en algo así como conocidos que charlan dentro del mundo del boxeo. Cuatro años después de aquel encuentro, me enfrenté con él en la eliminatoria por el título mundial, celebrada en el Caesars Palace de Las Vegas. Así que, después de conocerlo y entrenar con él durante seis asaltos en el gimnasio, cuatro años más tarde estaba boxeando con él en la eliminatoria del título mundial. Fue fantástico.

¿Cómo se materializó el primer combate? ¿Qué pensó usted del talento de Ali al sentirlo de primera mano?

Lo que pasó, obviamente, es que mi carrera iba muy bien en Inglaterra. Quiero decir, que ahí estaba yo, había boxeado con muchos boxeadores británicos. Creo que llevaba treinta y cinco combates y había boxeado con Henry Cooper el día que cumplí veintiún años. En fin, derroté a Henry Cooper. Luego, gané los campeonatos de peso pesado británico, de la Commonwealth y europeo. Después, volví a boxear para defender mi título europeo. Al final, en 1973, después de conservar los campeonatos europeo y de la Commonwealth, me dijeron que era digno de luchar por un título mundial de peso pesado. Era la eliminatoria del título mundial entre Ali y yo. Creo que estuvo muy muy cerca. Fue muy emocionante para mí porque allí estaba yo y no como compañero de entrenamiento, sino en un combate real. Muhammad Ali fue metódico al decir: «Voy a machacar a este chico blanco. Lo voy a arreglar tan mal que se retirará del boxeo». Y todas aquellas tonterías que salían de su boca.

En aquellos días, por fortuna, tenía un magnífico *cutman* llamado Danny Holland, que solía ocuparse de Henry Cooper. En fin, en el primer asalto del encuentro, no lo creerá, recibí un derechazo en la parte superior del labio que provocó un corte inmediato bastante serio. Pues bien, cuando fui a mi esquina, Danny lo miró y dijo: «Joe, no te preocupes, hijo, todo va bien. Me aseguraré de que no vuelva a abrirse». De hecho, lo fijó y el combate llegó a su último asalto. Entre asaltos, entre el primero y el duodécimo —porque era la eliminatoria del título mundial—, Muhammad Ali me hablaba entre un puñetazo y otro. Me hablaba durante el combate. «¿Cómo te sientes, chico?», me preguntaba con sarcasmo. «¿Crees que eres lo bastante bueno para derrotarme?»

Lo bueno fue que, en el octavo asalto, le lancé un hermoso derechazo y pude ver cómo se estremecía. Pude ver a Muhammad Ali estremecerse. Me miró y dijo: «¡Hazlo de nuevo, chico blanco!» Y como un idiota —tenía veintitrés años— lo intenté de nuevo y se deshizo por completo de mí. Pensé: «Dios mío. Jamás volveré a hacerlo: escuchar a un oponente solo porque dijo que lo había golpeado bien». En cualquier caso, el combate se prolongó hasta los doce asaltos. Creo que lo ganó por dos asaltos, fue muy emocionante. Había gente como Frank Sinatra, Elvis Presley, Sammy Davis Jr., ese tipo de gente, que estaba allí viendo el combate y estar allí era simplemente increíble. Eran leyendas de la música y de todo lo que pudieras imaginar en aquella época. No me sentí decepcionado. Pensé que había ofrecido una buena resistencia y me sentía muy feliz.

¿Puede expresar cuáles eran sus pensamientos en el vestuario antes de enfrentarse a esta leyenda? ¿Qué le pasó por la cabeza?

Lo principal cuando subes al cuadrilátero es estar mentalmente preparado. No importa quién sea el oponente. La cuestión es que él era el mejor boxeador del mundo en aquel momento. Por aquel entonces, Muhammad Ali rondaba tan solo la treintena y ya había sido un gran campeón que había defendido su título muchas veces. Respondiendo a su pregunta, yo tenía veintitrés años y aún estaba verde. Me encontraba ante mi héroe, en mi opinión, el mejor deportista que había pisado la tierra. ¡Estaba absolutamente petrificado! Sin embargo, tengo algo que muchos boxeadores no tienen y es la capacidad para apagar ese miedo, la tremenda ansiedad que te hace bombear adrenalina a cien por hora y te deja sin fuerza. Soy capaz de desconectar.

Hablé con mi mánager de entonces, Andy Smith. Le dije: «Mira, necesito quedarme solo al menos cinco o diez minutos antes de subir al cuadrilátero; de este modo, puedo concentrarme en el trabajo que tengo por delante». Me encantaba quedarme virtualmente quieto y concentrarme para eliminar esa adrenalina. Porque he visto boxeadores que, de hecho, se han cagado u orinado encima. Los he visto ir al baño siete u ocho veces antes de subir al ring debido a la adrenalina, la energía nerviosa que intenta hacerles todo tipo de cosas. Yo podía desconectarla unos diez minutos antes de empezar el combate. Lo fantástico fue que, al entrar en el cuadrilátero, estaba casi como aturdido. Estaba viendo al gran deportista Muhammad Ali, aunque para mí entonces no era más que otra persona.

Muhammad Ali declaró en una ocasión que usted era capaz de ser campeón mundial.

Cuando boxeé contra él aquella vez en particular, él estaba decidido a presentar un gran rendimiento. Era la segunda fase de su carrera después de que el gobierno le quitase su licencia. Quería demostrarle al mundo que había aplastado a todos antes de mí y que estaba preparado para regresar, recuperar su título mundial y mantenerlo. No creo que se sintiera muy contento con su rendimiento porque se dio cuenta de que el tipo que tenía delante mostraba potencial. Si de algo me siento orgulloso es de no haber sido nunca un idiota cuando entré en aquel cuadrilátero. Nunca entré con la cabeza gacha, limitándome a lanzar puñetazos. Cuando entré, actué por instinto. Lo que quiero decir es que podía entrar allí y practicar ciertas combinaciones, practicar un *jab* de izquierda, practicar un cruzado de derecha y calculaba bien. Con Ali no podías hacer eso porque era el mejor previendo los movimientos de su oponente con el que jamás hubiera compartido el ring. Él te pillaba tan rápido que ni siquiera tenía gracia.

Pero entonces pensé para mí: «No voy a dejar que me domine o que vaya a su aire. Si lo hago, acabaré como Henry Cooper: aplastado». Es increíble que Cooper boxeara dos veces con Ali y acabara aplastado las dos veces. La gente dice: «Sí, solo porque se cortó». A esos idiotas les digo: «La única puñetera razón de que Cooper se cortara es porque el idiota se dejó golpear». Si no te golpean, no te cortan. «Sí, ya, ya...», dice la gente. «¿De qué estáis hablando?», les digo, «¿Qué tenía que fuera brutal?» Hoy en día, todos tienen el mismo problema: si reciben un puñetazo en la cabeza, se cortarán, sobre todo, si es más de una o dos veces. Digo que Cooper nunca tuvo una buena defensa. No hacía más que recibir puñetazos en la cabeza, por eso le llamaban «Bleeder» («Sangrador»).

Se parecía mucho a Chuck Wepner, el tipo que boxeó contra Liston y Ali. Yo aplasté a Chuck Wepner porque me permitió golpearlo. Ali golpeó a Cooper tantas veces que ni siquiera tenía gracia. Hay quien dice: «Bueno, Henry no pudo haberlo hecho mejor porque se cortó». Claro, porque dejó que lo golpearan. No soy precisamente un gran admirador de ciertos periodistas que escribieron historias sobre esa época.

En julio de 1975, desafió a Muhammad Ali por el campeonato mundial. El combate se celebró en Kuala Lumpur (Malasia). ¿Puede explicarnos el ambiente que encontró al llegar a Kuala Lumpur?

Fue increíble. Después de haber boxeado contra Muhammad Ali por la eliminatoria del título mundial, seguí conservando y ganando todos los combates que me daban, con el choque final contra Muhammad Ali. Yo conservaba mis títulos europeos y de la Commonwealth de peso pesado. En fin, aquel fue un enfrentamiento fantástico entre Bugner y Ali en un lugar neutral. Yo tenía entonces solo veinticinco años y Muhammad, treinta y dos. Yo estaba en mi mejor momento y Ali, absolutamente en su apogeo. Una vez se negoció el combate y se organizó todo, volé a Malasia sin saber a lo que me enfrentaba y sin saber qué esperar. Era un país neutral, un país musulmán dirigido por musulmanes, en el que vivía una gran cantidad de población china.

Pues bien, allí estaba yo, en un país gobernado por musulmanes donde Muhammad Ali era casi un dios para ellos. Al llegar a Malasia, tuve mucho contacto con la prensa, puesto que aterricé tres semanas antes que Ali. Quería acostumbrarme a aquel clima, que está siempre por encima del cien por cien de humedad. Era horrible. Pasé un periodo, durante los primeros diez a catorce días, en el que estuve muy enfermo. Tuve diarrea. Tuve todos los problemas que sufre el noventa por ciento de las personas procedentes de otros países del mundo. En cualquier caso, en la tercera semana, logré estar completamente preparado después de haber pasado por el periodo necesario para acostumbrarme al agua, la comida, el clima y el calor. Me llevé conmigo dos compañeros de entrenamiento que fueron fantásticos porque habría estado completamente perdido sin ellos. Venían conmigo un joven de Manchester y otro muchacho de Noruega —no recuerdo sus nombres. Estos chicos vinieron conmigo y estuvieron entrenando conmigo todo el tiempo. Hacíamos una media de unos ocho o diez asaltos al día.

La cuestión es que la gente de Malasia era muy muy amable, sin embargo, estaba el lado radical que, obviamente, no quería que Muhammad Ali perdiese. Por eso, intentaron hacérmelo pasar mal. Al final, una semana antes del combate, alguien llamó a la policía diciendo que era una vergüenza que un cristiano luchase contra un musulmán, que estaba mal. Dijeron que había que tomar medidas contra ese combate porque no debería celebrarse. En realidad, había mucha tontería, pero había que tomárselo en serio. A continuación, el jefe de policía llegó al hotel donde nos alojábamos y dijo que iban a cerrar el hotel y situar hombres en cada piso. Creo que el hotel tenía doce plantas.

En cada piso había policía armada con ametralladoras. Yo pensaba que aquello era totalmente absurdo. Había desafiado a Muhammad Ali por el mayor título del mundo y aquella gente puñetera intentaba amenazarme y correr la voz. No se lo va a creer, pero tres días antes, llegaron los Boinas Verdes y se apoderaron del hotel. Se apoderaron de todo. De hecho, me llevaron al combate en la parte trasera de un vehículo blindado. No podía creerlo. En fin, se celebró la rueda de prensa, todo estaba preparado y teníamos a aquellos puñeteros radicales, fueran quienes fuesen, diciéndole a la gente: «Si Joe Bugner gana el combate, no saldrá vivo del ring». La gente de Malasia es absolutamente fabulosa, de verdad que lo es, pero los fanáticos, en cambio, son idiotas absolutos. ¿Qué demonios iba a hacer? ¿Derrotar a Muhammad Ali o no derrotarlo para no ofenderlos?

No era mi intención ofenderlos. Era un encuentro deportivo. No tenía nada que ver con musulmanes o cristianos. Los chinos también andaban por allí, por cierto, y fueron fantásticos porque todos estaban de mi lado. No tenía ni idea de por qué, puesto que ni siquiera sabía qué religión practicaba el pueblo chino. Allí estaba yo protegido de algún modo por la fraternidad china, que suponía serían cristianos o como lo llamaran ellos. Ignoraba todo aquello, tenía veinticinco años. Era un crío con ambiciones y sueños.

El caso es que el combate empezó a las diez de la mañana para poder conectarnos al circuito por satélite y mandar la señal a Estados Unidos y al Reino Unido. De este modo, los estadounidenses y los británicos podían verlo en los teatros. Creo que en Inglaterra fueron unos mil quinientos cines los que proyectaron el combate, que estaban de bote en bote. Me lo contaron después. En Estados Unidos fue un éxito enorme. El combate tuvo lugar a las diez de la mañana. Dentro del estadio, que era un estadio abierto, había doscientos o trescientos boinas verdes. Pensé: «Jesús, esto es un estadio abierto y hay gente con ametralladoras. Si alguien deja caer un petardo y estalla, esto va a ser una masacre absoluta».

147

Creo sinceramente que el combate estuvo muchísimo más reñido de lo que dijeron todos. Lo cierto es que, cuando terminó al cabo de quince asaltos, me dijeron que no me había esforzado lo suficiente. No hice esto, no hice aquello. Sin embargo, pensé: «Espera un minuto, si no me hubiera esforzado bastante, no habría aguantado quince asaltos con el mejor boxeador del planeta. ¿Tan malo es él? ¿Por qué no me ha noqueado Muhammad Ali? ¿Por qué no me ha parado? ¿Por qué no me ha cortado? ¡Porque he sido endemoniadamente bueno!» Lo alucinante, es que la prensa británica me masacró porque fui capaz de engañar a Ali en su propio juego. Su juego consistía en asegurarse de no recibir golpes, cuando no es necesario que te golpeen.

El hecho de que el combate llegase hasta el final se debió, según dijeron, a que nunca lo intenté. Vale, espera, si lo hubiera intentado y cometido errores, me habrían tildado de estúpido. Algo propio de Muhammad Ali era que podía aplastar a gente corta, corta de cuello hacia arriba. Además, nunca dejé que me engañara. Podría haberme derrotado en velocidad. Podría haberme engañado con algunos movimientos, pero me sentí orgulloso de no haber sido aplastado por un hombre que era brillante aplastando idiotas. Por cierto, Ali aplastó a muchos idiotas.

El combate fue defensivo, ¿fueron ambos cautelosos?
Lo increíble es que Muhammad Ali era una de las personas más inteligentes del mundo. Cuando empezó a boxear, fue muy listo al trabajar sus *jabs* y tratar de engañar al adversario. Intentaba atraerte hacia su cruzado de derecha. Algo de lo que me siento muy orgulloso es de no haber caído en su trampa. Lo recuerdo boxeando contra gente como Liston. Lo recuerdo boxeando contra Cooper, Jerry Quarry, todos esos grandes boxeadores. El noventa por ciento de las veces, los noqueaba utilizando un gran derechazo, aunque su *jab* de izquierda ejercía de domador. En otras palabras, parecía un domador de leones. Un domador de leones no golpea a sus animales, tan solo los retiene. Colocas una silla delante del león, y el león retrocede. Muhammad Ali hacía lo mismo con el *jab* delantero. Lo lanzaba constantemente, bang,

bang, bang, bang, y sacaba de la nada aquel cruzado de derecha increíblemente repentino que los detenía en seco.

Yo lo había estudiado y, cada vez que lanzaba aquel hermoso *jab*, yo retrocedía para que no pudiera alcanzarme su mano derecha. Ninguno de los idiotas que escribieron sobre ello pudieron verlo porque Ali los tenía hipnotizados. Decían: «¿Por qué no entra Bugner y es aplastado? ¿Por qué no entra y queda noqueado?» ¡Porque tuve cuidado! Los medios nunca me lo perdonaron y esos bastardos me destruyeron. Tuve que dejar Inglaterra en 1975 y mudarme a Estados Unidos porque no podía soportar a los idiotas que escribían para la prensa. Son las personas más horribles. Hablo de los cronistas. Me refiero a los periódicos. Por otro lado, la revista *Boxing News*, por lo que sé y como lo recuerdo, fue bastante justa el noventa por ciento de las veces.

Algo que jamás en la vida le perdonaré a la prensa es cuando recuperé el título en 1998, cuando tenía cuarenta y ocho años. Me aplastaron por aquello porque derroté a James «Bonecrusher» Smith por *knockout* técnico en el primer asalto. Lo golpeé tan fuerte que no le di en la barbilla por medio centímetro. Lo alcancé en el hombro, que se le desarticuló. Enseguida, gritó de dolor. Me quedé mirando a aquel tío pensando: «¿Qué demonios ha pasado?» El hombro se le había salido literalmente de su sitio. El árbitro lo miró, lo arrastró hasta la esquina, llamó al médico e intentaron volver a colocarle el hombro. Aunque tenía tantas posibilidades como las que tenía yo de volar a la luna. Derroté a este tipo, James «Bonecrusher» Smith, por el título, pero nunca me concedieron ni una pizca de mérito por ello. ¡Ni una pizca de mérito por parte de la prensa inglesa!

Después de que terminase el combate contra Muhammad Ali, ¿tuvo miedo de los fanáticos?

Sí. Al terminar el combate en Kuala Lumpur, literalmente me metieron en la parte trasera del vehículo blindado y me devolvieron al hotel. Hasta que salimos del país, tuve a aquellos soldados armados, que nos llevaron al aeropuerto y nos metieron en el avión. Todo salió bien. Creo que lo peor de todo eso es que, lamentablemente, al hacerse público, algo que podía suceder, se dispararon todo tipo de intereses de todo tipo de lunáticos que hubiera en el mundo. Existía una gran preocupación de que este problema pudiera aparecer en otras áreas, en otros deportes, etcétera. La verdad es que fue un alivio para mí cuando estuve dentro del avión con mi mánager y mis compañeros de entrenamiento. Por lo que respecta a Malasia, el país es hermoso y la gente, adorable. Pero, por desgracia, hay fanáticos en todas partes.

Me sucedió también algo parecido en Irlanda, cuando Muhammad Ali y Alvin Lewis se disputaban el título mundial en 1972, justo antes de enfrentarme a Ali en 1973. Yo participaba en el programa y boxeaba contra un joven americano de origen irlandés. El IRA amenazó también con matarme. Fue algo verdaderamente patético. Un hombre me llamó a la habitación del hotel y me dijo: «Joe Bugner, será mejor que salgas del país porque, si no lo haces, pagarás las consecuencias». Le dije: «¿De qué vas, tío? Estoy boxeando. Soy el campeón de Europa». «¡No! En Gran Bretaña eres reconocido por ser un deportista famoso», me dijo. «¿Qué tiene que ver eso conmigo?», le contesté. Intentaba quitármelo de encima. Le dije que ni siquiera era inglés, sino húngaro. Me mandó callar, para ellos yo era el boxeador más famoso de Gran Bretaña. Le dije que el mundo se había vuelto estúpido.

En cualquier caso, las amenazas eran reales. Una vez más, tuve que ir en British Airways. Esto fue en 1972. Cuando terminó el combate en Dublín, tuve que subirme a un furgón que me llevó directamente al aeropuerto y me subí al avión sin demora y con la ropa de boxeo puesta. Tuve que marcharme con todo el equipo de boxeo puesto y cambiarme dentro del avión cuando despegamos. Este incidente no sucedió en Malasia porque tenía a un par de cientos de boinas verdes con ametralladoras cuidando de mí. Pero sigue siendo preocupante porque algunos dicen que esa es la razón de que Joe nunca ganara. Esa no es la razón porque aplasté al tío en Dublín. Lo noqueé en el sexto asalto. No fue eso, es solo que alguien podría haberme alcanzado con una bala y hacerme daño. Así es que sí, efectivamente estaba muy preocupado. Nunca se sabe.

Cuando eres objeto de interés público como Ali, no estoy seguro, pero puede que Muhammad haya tenido a un montón de idiotas que hayan querido dispararle o matarle o lo que fuera. Puede que lo encubriese, no hablase de ello o simplemente se desentendiese. Sin embargo, en aquellos días, el IRA era muy activo en Irlanda. Y creo que los fanáticos de Malasia, que admiraban a Muhammad Ali, eran igual de activos porque no querían que su ídolo perdiese ante un hombre blanco que no era musulmán.

Se ha dicho que resultó difícil vender el combate porque todos pensaban que usted no tenía ninguna posibilidad de derrotar a Muhammad Ali. Él estaba considerado como el más técnico de los dos. ¿Es cierto que a la gente de Muhammad Ali se le ocurrió la idea de que anunciara que aquel iba a ser su último combate y que él aceptó seguirles el juego?

Eso es nuevo para mí. El combate fue la mayor fuente de ganancias que jamás había visto Gran Bretaña. Deje que le cuente algo: mil quinientas salas de toda Inglaterra vendieron el combate. Pongamos entre setecientos y mil espectadores por cine, más de un millón de personas [seguidores que pagaron] me vieron boxear con Ali tan solo en Gran Bretaña. Si eso no se considera una buena venta, no sé qué puede serlo. Es un hecho. Los idiotas que dicen eso eran gente que evidentemente habían apostado por la persona equivocada. Habrían apostado porque Ali detendría a Bugner. Ya lo intentaron en el primer combate en 1973. Dijeron que Bugner no tenía ninguna posibilidad.

¿Sabe cuántos aviones volaron a Las Vegas? Fue increíble. Un gran porcentaje de la gente era británica. Y cuando fui capaz de boxear con el mejor del mundo hasta el final, todos se sintieron decepcionados; me refiero a la prensa. Como decía, volví en 1975, dos años más tarde, y peleé por el título mundial de peso pesado. Y como le he contado, ciento cincuenta mil personas vieron el combate en los cines de todo el Reino Unido. Si eso no es una buena venta, entonces debo ser un idiota porque nunca había visto en ninguna parte del mundo —en un solo país— que un único combate tuviera ciento cincuenta mil espectadores en 1975.

Podía ir a Estados Unidos y que la gente me reconociera sin problemas. Lo principal era que, cuando entraba en un restaurante, la gente me paraba y me preguntaba: «¿Qué tal, campeón?» En ese país, aquello era un reconocimiento porque los estadounidenses adoran a sus héroes deportivos. Frank Sinatra era uno de mis mayores héroes. Fui a verlo en 1981, justo antes del combate con Larry Holmes en Las Vegas. Frank Sinatra se volvió hacia sus compatriotas del público y dijo: «Señoras y señores, quiero presentarles a uno de los mejores boxeadores de Inglaterra. Es un buen amigo mío. Su nombre es Joe Bugner. Voy a dedicarle a él y a su bella esposa Marlene toda esta velada». Vale, si yo no hubiese sido muy conocido, ¿qué superestrella como Sinatra habría parado su actuación para presentarme ante sus admiradores en el Caesars Palace? A mí me deja pasmado. Esta envidia mezquina y todas estas tonterías siempre han existido en Inglaterra.

¿Cuál es la conversación más profunda y edificante que haya mantenido con Muhammad Ali?

Muhammad Ali y yo volábamos desde Los Ángeles a Miami. Estábamos dando una rueda de prensa y él quería anunciar algo. Yo estaba sentado justo a su lado y él no paraba de hablar. Me giré hacia él y le dije: «Muhammad, sigo loco por ti porque me parece que tienes una actitud increíble y un poder de pensamiento extraordinario cuando se trata de boxeo». Él dijo: «Escúchame, Joe Bugner, antes de entrar en el cuadrilátero, estoy muy asustado. El único modo de librarme de ese miedo es insultar a los boxeadores. Antes, solía llamarte "chico blanco" esto y "chico blanco" aquello. Tengo que hacerlo porque, de ese modo, puedo ocultar mi miedo. Sé lo que es entrar en un cuadrilátero para boxear con alguien que tiene el mismo nivel de condición física, de fuerza y de potencia que yo. Si los destruyo antes de entrar en el cuadrilátero, tengo hecho las tres cuartas partes del camino». «Entro en el cuadrilátero con el miedo de no poder conseguir lo que he prometido hacer», siguió contando.

Yo escuchaba a este hombre tan inteligente en su forma de pensar. Nunca dijo que no tuviera miedo. Ni una sola vez se volvió hacia los medios para decir que no tenía miedo, que podía salir ahí y hacer esto y aquello. No, no lo hizo. La valentía que observé en Muhammad Ali cuando estuve en su compañía muchas muchas veces es que en privado era absolutamente realista. No era más que otro ser humano que vivía su vida al máximo. En cuanto alguien de la prensa llegaba o aparecía de la nada, se giraba hacia mí y empezaba a gritar: «¿Por qué me llamas negrata, chico blanco?» Yo le decía: «Muhammad, estamos comiendo».

Esto es lo que hacía: se colocaba una fachada. Para entendernos, a Muhammad no le avergonzaba ser un puñetero racista. Desde luego, no tenía vergüenza de abrir la boca y acusarte de decir cosas que jamás habrías soñado decir. Pero Ali era así para asegurarse de tener el control. En privado, como decía, era un auténtico caballero. Yo tenía una bonita casa en Beverly Hills que compré en 1976. Luego, él se compró otra en Hancock Park, que es la zona residencial contigua. Estamos hablando de unos cientos de metros de distancia.

Él venía a mi casa y yo iba a la suya. Muchas veces, le dije: «Muhammad, por qué dejas que cualquiera entre en tu casa?» Me dijo: «Si necesitan dinero, se lo doy. Si no tengo dinero, no puedo dárselo. No necesito dinero. No necesito nada. Soy lo que soy. No me gusta eso de ser mejor que otro hombre». Añadió: «En el cuadrilátero, sí porque así me gano la vida. Si alguien llama a mi puerta y necesita cien dólares, se los doy». Para mí, nunca, jamás, fue la persona arrogante que los medios veían porque, entre bastidores, era un tío genuino, fantástico y magnífico. Absolutamente.

¡Qué interesante que viviera cerca de él alguna vez!
Viví en Estados Unidos, en Beverly Hills, durante diez años. Allí es donde conocí a mi bella esposa Marlene. Ella trabajaba para el magnate Rupert Murdoch. La conocí en Estados Unidos. Mis hijos fueron allí al colegio, al Beverly Hills High, que es una es-

cuela de élite en Beverly Hills, ya que muchos famosos llevan allí a sus hijos. Mi hijo fue a la escuela con Laila. Era la década de 1970. A veces, iba a casa de Ali, aunque no regularmente porque no tengo mucho don de gentes. No me gusta ir a casa de los demás. Soy muy reservado en ese sentido. Mi esposa y yo hemos vivido nuestra propia vida. No tenemos que depender de nadie.

¿Asistió a alguna fiesta de famosos?

No. Oh, Dios mío, no. Eso es para gilipollas. Me hice profesional con diecisiete años. Con catorce años, estaba ya en el *Libro Guinness de los récords*. Lancé un disco a 64,5 metros, algo que se me quedó grabado en la memoria y que nunca olvidaré. Me convertí en boxeador profesional con diecisiete años, el más joven de la historia. Fui el más viejo en retirarme con cuarenta y nueve años. Invicto en Australia.

He tenido mucho éxito en mi carrera, con más altos que bajos. Aunque he disfrutado de la compañía de Muhammad Ali desde 1969, la primera vez que nos conocimos en persona, una de las últimas veces que lo vi personalmente fue en el año 2000 en los Juegos Olímpicos. Volé a Sídney porque trabajaba para Channel Seven en las olimpiadas. Muhammad y yo pasamos tres días juntos. Lo vi en la habitación de su hotel, que era el mismo hotel en el que me alojaba mientras estuve trabajando allí como comentarista para Channel Seven, una empresa australiana de televisión.

Así es que la última vez que vi a Muhammad en persona fue en los Juegos Olímpicos de Sídney en el año 2000. Las luces del estadio se apagaron, todo estaba completamente a oscuras y la gente pensaba: «Dios mío, ¿qué pasa? ¿Un corte de corriente?» De repente, un haz de luz se acercó y enfocó a Muhammad Ali que entró en el estadio. Según entró, todo el lugar rugió con aplausos. No dejaban de sonar mientras él saludaba a la gente con la mano muy muy despacio a causa del Parkinson. Yo estaba sentado junto al cuadrilátero con mi auricular puesto, y él miró hacia el ring y me vio. Pude ver esa magnífica sonrisa burlona tan suya. Las dos jóvenes que lo guiaban lo condujeron hasta el cuadrilátero. Cuando llegó a mi lado, lo rodeé con los brazos y le di un gran abrazo y un beso en la mejilla. ¿Sabe lo que me dijo? Apenas fueron treinta segundos. Me dijo: «Joe Bugner, ¿cuántos hijos tienes?» Me pareció una pregunta extraña. «Cinco», le dije. «¿Cuántos tienes tú, Muhammad?» Él me contestó: «Tengo nueve. Te gano de nuevo».

Ahí tiene a un hombre querido con un grave problema físico, pero capaz aún de gastarle una broma a un amigo sin preocuparse de si me pudiera molestar. ¿Sabe lo que fue increíble? Me miró a los ojos, no había lágrimas ni nada, y me dijo: «Joe Bugner, si alguna vez pronuncias las palabras "siento pena por Alí" o me dices "siento mucho cómo te ha ido", nunca más volveré a ser tu amigo». Lo miré y le dije: «Muhammad, ¿cómo voy a sentir pena por ti? ¡Me has derrotado dos veces!» Su rostro se iluminó con una bonita sonrisa y dijo: «De acuerdo, lo dejaremos así». Nos mantuvimos en contacto. Me parece que Lonnie, su bella esposa, me escribió una carta firmada por Alí solo para agradecerme mi amistad.

En fin, para mí, recordar a Alí como el gran atleta va más allá de toda explicación porque es imposible. A menudo, la gente dice que fue un momento mágico. Para mí, fue mágico porque, como he dicho, lo conocí en 1969. Yo lo recuerdo como el danzante rey del cuadrilátero. Me refiero a que podía bailar durante quince asaltos. Al final del día, cuando terminaba el combate, si estabas molesto o disgustado porque te había derrotado, entonces, eras tonto. Porque sería tu amigo para siempre. Cuando nos conocimos por primera vez, le dije a Muhammad: «Siento el mayor respeto hacia ti, ¿sabes por qué? Muy poca gente puede vencerme». Él respondió: «Lo sé. Lo sé. Le he dicho a esta gente que algún día tú serás el campeón». El único problema es que tuvieron que pasar treinta años desde que hizo aquel comentario.

En Sídney, ¿tuvieron tiempo de socializar?
Estuve con Alí durante tres días porque se alojaba en un hotel en Sídney y yo también. Nos poníamos al día a diario. Me parece que solo asistió a un combate. Sin embargo, yo seguía volviendo a su hotel porque su mánager o entrenador, o quienquiera que

fuese, me llamaba para preguntarme si quería acercarme. Naturalmente que quería. Así es que cenaba con él y charlábamos. Tengo algunas fotos muy preciadas de los dos juntos en su *suite*, rodeándome con sus brazos y yo a él con los míos. Son momentos que nunca se pueden reemplazar, puesto que aquel hombre, lamentablemente, ya no era quien solía ser.

Mis recuerdos de él, no obstante, siempre estarán grabados en mi mente porque, de nuevo, es increíble que procediera de una familia extensa con muchos hijos y que fuera el único en lograr un gran éxito. Sus hijos nunca lo lograron. Laila intentó boxear, pero no se puede caminar a la sombra de tu padre. Laila es una mujer hermosa y, gracias a Dios, felizmente casada con unos hijos hermosos. Lo que quiero decir es que Ali, en mi opinión, pasará a la historia como Hércules. Este fue un héroe imaginario, pero Ali fue uno real. Fue simplemente formidable. No hay más que ver alguno de sus grandes combates grabados.

RON LYLE

Ron Lyle, nacido en Ohio, aprendió a boxear en la cárcel después de que fuera condenado por homicidio en segundo grado y sentenciado a una pena de entre quince y veinticinco años de prisión. Después de que otro recluso lo apuñalase, emprendió un régimen de calistenia mientras estuvo en aislamiento y boxeó en veinticinco encuentros no registrados estando aún entre rejas antes de salir de prisión y convertirse en uno de los pegadores más temidos de la categoría de peso pesado a comienzos de la década de 1970. Lyle se hizo profesional a la edad de treinta años y se enfrentó a Ali en 1975, quien defendía su título por segunda vez durante su segundo reinado como campeón.

Usted boxeó contra Muhammad Ali el 16 de mayo de 1975, en la que fue la segunda defensa del título de Muhammad Ali durante su segundo reinado como campeón. ¿Cómo se produjo el combate?

Me estuve preparando para subir de escalafón y, cuando llegué, me enfrenté a Jerry Quarry, Larry Middleton y Vicente Rondón. Boxeé con todos ellos. Por lo tanto, era candidato para intentar alcanzar el título y Ali me dio la oportunidad.

¿Conocía usted sus fuerzas y debilidades?
Ali fue un gran boxeador en todos los aspectos. Era muy científico. Poseía todas las habilidades y conocía el deporte. Cuando regresó de las Olimpiadas, un tipo llamado Sugar Ray Robinson le dio su apoyo y aumentó todas sus habilidades y le enseñó mucho sobre este deporte. Ali supo ejecutar muy bien estos conocimientos.

¿Hubo alguna broma verbal en la rueda de prensa? ¿Cuál era su estado de ánimo antes de entrar en el cuadrilátero?
En realidad, Ali y yo nunca nos vimos mezclados en ese tipo de cosas. Los dos nos respetábamos mucho. Ali era un buen deportista y yo no era malo. Practiqué todos los deportes, así que tenía una buena percepción e idea. Por eso, el boxeo me resultó muy fácil. En aquella época, fue el combate más importante de mi vida. Fue el mayor combate de mi vida, el mayor combate de mi carrera en ese momento. Mis entrenadores me dijeron que lo hiciera bien, que controlara a Ali y que mantuviera las cosas a mi alcance. Eso fue más o menos lo que hice durante todo el combate. Me sentí bastante satisfecho de cómo boxeé. No estuve satisfecho con el resultado, pero así fue. Así es la vida y hay que seguir adelante.

¿Su esquina le dio instrucciones específicas? ¿Su estrategia fue la de ser cauteloso?
No, nada de ser cauteloso. Un boxeador no puede ser cauteloso. Un boxeador tiene que arriesgarse o conocer su oficio. Yo comprendí que Ali era un gran boxeador, contragolpeador y poseía todas las herramientas del juego. Así que ya sabía que debía seguir adelante. La cuestión era ver si podía controlarlo y mantenerlo a raya, mantener-

lo en mi espacio en lugar de en el suyo. Él estaba en mi espacio, pero yo estaba fuera de su alcance. Me dijeron [mi esquina] que lo mantuviera dentro de mi alcance y me mantuviera fuera del suyo, que lo mantuviera delante de mí y que no le dejara ponerse a mi lado. También que, cuando llegase a las cuerdas, me preparase para defenderme y salir de ellas, que no golpease las cuerdas más tarde. En cualquier caso, nunca fui de boxear contra las cuerdas, aunque podía zafarme de ellas. Prefiero quedarme en el centro del cuadrilátero; ni boxear sobre las cuerdas ni estar contra ellas.

¿Podría hablarme de su entrenamiento y de su campo de entrenamiento cuando se preparó para este combate?

Lo típico: trajeron a un montón de gente que, en su opinión, podían ayudarme con mi ataque y mi defensa, así como con mi forma física. Tuve un montón de compañeros de entrenamiento y trabajamos cosas que creíamos que haría Ali. Mis compañeros de entrenamiento lo imitaban. Algunos de ellos hicieron un buen trabajo. Me prepararon muy bien.

¿Cuál era la importancia del boxeo y de Muhammad Ali en aquella época? ¿Recibió el combate una buena cobertura?

No importaba contra quién boxeara o dónde lo hiciera, ellos le seguían. Era como si Ali no tuviera que ir a la montaña, sino que la montaña iba a Ali. Así le seguía la prensa: a dónde fuera él, la prensa lo seguía. Hicieron un buen trabajo.

¿Cuál fue el momento culminante del combate?

Fue un buen combate, aunque creo que mantuve bastante el control hasta que me alcanzó con un derechazo. Fui a la esquina y el árbitro lo detuvo. Sin embargo, hasta ese momento, creo que lo tenía todo controlado.

Después de que Muhammad Ali le lanzase un derechazo, siguió con una ráfaga de golpes, y el árbitro detuvo el combate. A usted no le pareció bien que lo detuviera, ¿qué sintió?

No podía creerlo. Una vez más, así es la vida. No siempre termina como quieres, pero lo hace y no tienes más remedio que aceptarlo tal cual es y seguir adelante.

¿Protestó ante el árbitro? Él no iba a cambiar de opinión, ¿verdad?

No. Así son las cosas, una vez que toman una decisión, no hay vuelta atrás. No importa lo que digas o cómo lo digas. Las cosas son como son. Hay que aceptarlo y seguir adelante. No se puede vivir en el pasado.

Tras el combate, Muhammad Ali le dijo a un comentarista que usted era un boxeador científico y bueno. Usted le dijo al comentarista que el combate no debió haberse detenido. ¿Cuál fue la reacción del público?

No hablamos demasiado después del combate. Creo que cada uno de nosotros reconoció las habilidades del contrario. Nos respetamos mutuamente como personas. Creo que me reconoció como una buena persona. En mi opinión, lo más importante hoy en día es que él llegó a conocerme y yo a él. Lo respeto por lo que hizo por el deporte. También soy boxeador, y existe un sentido de respeto mutuo. Eran palabras que no pueden expresarse; es algo entre dos personas. Creo que el público respetó lo que había hecho y que apreció mi esfuerzo. Creo que vieron mi habilidad y lo que era capaz de hacer. Creo que todo se debe a la decisión de ganar, a una victoria o una derrota, a toda la gente que muchas veces está alrededor del cuadrilátero, a los boxeadores que están involucrados. Es una cuestión de opinión, y todos tenemos una. Unas veces, lo vemos a nuestra manera; otras, lo vemos a su manera. Para mí, haber tenido la oportunidad de boxear con uno de los mejores púgiles de la historia de este deporte, poder competir en la categoría de esos boxeadores, me hace sentir muy bien.

Su entrenador o su esquina no se sintieron muy felices, ¿creyeron que había algo más?

No lo sé. Tuve una esquina muy profesional. No nos gustó la decisión, pero la aceptamos. Porque la gente que tomó la decisión controlaba el juego. En realidad, no había mucho más que pudiéramos hacer, pero nos comportamos muy bien. Mi esquina se sintió enseguida insatisfecha con la decisión, pero así salieron las cosas y teníamos que seguir adelante.

Muhammad Ali era un boxeador defensivo y con talento, además de ser extremadamente rápido. ¿Le sorprendió?

Ali tenía unas manos muy rápidas y era muy veloz. En realidad, yo había practicado todos los deportes, desde el fútbol americano hasta el baloncesto, pasando por el béisbol, así que también era un buen deportista. Era cuestión de habilidades. A eso se reduce todo.

¿Coincidió con él o habló con él después del combate?

Lo veía muy a menudo. A veces, en alguna fiesta cuando iba al Salón de la Fama o a Las Vegas. En una ocasión, fue en la fiesta de su cincuenta cumpleaños en Las Vegas, en el MGM Grand. Se juntaron los boxeadores y hablaban de cómo boxeaban, contaban algunas cosas cómicas. Una reunión típica de antiguos boxeadores, todo diversión.

¿Se convirtió usted en mejor persona tras salir de la cárcel?

Diría que sí. Antes era joven y, ya se sabe, los jóvenes cometen errores. Los jóvenes están normalmente influenciados, y yo no era distinto. Cometí errores. Recuperarse después de los errores es más difícil que el propio error porque luchas constantemente contra viento y marea para tirar hacia arriba. Si lo logras, es gracias a la presencia de Dios.

Si hubiera ganado el combate contra Muhammad Ali, ¿habría sido el punto culminante de su carrera?

Cuando eres boxeador, el hecho de ganar, perder o empatar ya es una batalla en sí misma porque, incluso para entrar ahí, se requiere un nivel. Tienes que animarte a ti mismo porque se necesita mucha energía para llegar hasta ahí, no solo para ganar, sino sim-

LOS OPONENTES

plemente para hacerlo. Ganar o perder, eso dice mucho de los boxeadores. Si ganas, eres valiente. Si no lo haces y pierdes, significa que has errado el blanco y eso es duro. Lo di todo. No me contuve. Lo arriesgué todo. Ganar, perder o empatar. Estoy satisfecho con el desarrollo de mi carrera. No tengo ningún reparo en cómo se ha desarrollado mi carrera. Me siento muy satisfecho y feliz. Además, he conocido a mucha gente. He vivido una buena vida.

CHUCK WEPNER

Cuando Chuck Wepner boxeó contra Muhammad Ali, nadie sabía que el combate influiría después en un entonces desconocido Sylvester Stallone, creador de Rocky, el luchador que parte como no favorito y llega hasta el final frente a un campeón presuntuoso y bocazas. Wepner se convirtió en profesional en 1964 y acumuló un total de cincuenta y un combates. Después de aguantar quince duros asaltos con el boxeador más grande de todos los tiempos, Wepner fue catapultado a la fama. Fue el tema de la película de 2019 *The Brawler*.

Chuck, ¿cuándo empezaste a dedicarte al boxeo?
En realidad, empecé cuando tenía ocho o nueve años. De niño, solíamos hacer pequeños combates de aficionados que duraban normalmente tres asaltos de un minuto. Hice un poco de esto cuando era niño porque la PAL [Liga Atlética de la Policía] estaba ubicada en la calle 23 y yo vivía en la 28. Mi madre nos crio a mi hermano y a mí. No teníamos mucho dinero, así es que lo que hacían era darte de alta como miembro de una entidad para renunciar a la PAL de la ciudad. Por eso, fui tres veces cuando tenía nueve años y luego lo dejé. En realidad, no comencé a boxear de nuevo hasta que estuve en la Infantería de Marina. Tenía dieciocho años y jugaba en el equipo de los marines. Era un buen jugador de baloncesto. Anotaba muchos puntos y me pidieron que jugara en el equipo base, el grande. Era lo bastante bueno como

para ser una estrella local, pero no lo suficiente como para jugar con aquellos tipos de la Infantería de Marina. Todos los del equipo eran jugadores de clase internacional. Así es que no entré en ese equipo.

Sin embargo, encontré a un tipo en el programa deportivo que me preguntó, a raíz de una pelea que tuve en Fort Bragg, si había boxeado alguna vez. Me preguntó: «¿Te has planteado alguna vez boxear?» Yo le conté que había practicado un poco de boxeo siendo niño. En fin, salí a boxear por el equipo y gané el campeonato de peso pesado en Carolina del Norte. Hice tres combates. Dos los gané por *knockout* y uno por decisión. No eran más que *smokers*, así los llamaban por no ser profesionales. Eran combates entre secciones militares. Luego, dejé de boxear. Solo tuve tres combates en un intervalo de dos meses. Me dieron de baja del ejército en 1959. Volví a casa y empecé a trabajar en la puerta de un par de clubes como gorila. Un día, el entrenador de la PAL, un tipo llamado Joe, me vio y vino al club. En realidad, era un club de gogós, el único que había en la ciudad. Me dijo: «He oído que te has peleado con Tommy Mullin», que era uno de los tipos importantes. En fin, que le había dado una buena paliza. Me dijo: «He oído que tienes muy buenas manos. Tenemos un equipo de boxeo, pero ningún peso pesado. Tenemos tipos más pequeños, pero no pesos pesados. ¿Te gustaría venir y probar en el equipo de los guantes dorados? Vamos a entrar en el torneo de los Golden Gloves de Nueva York».

En aquel momento, tenían los Golden Gloves de Jersey, que no puede compararse con... sus vecinos; los Golden Gloves de Nueva York es el mayor de todos los torneos de la costa Este. Además, para ser sincero, soy un tipo bastante duro, y nunca había hecho nada de boxeo realmente serio, pero él dijo: «Quiero que vengas y veamos qué puedes hacer». Fui y entrené durante dos meses y medio. Había otro entrenador asistente, llamado Ralph, que realmente no creía demasiado en mi estilo. En realidad, no me conocían como boxeador clásico, era más un peleador. Joe quería meterme en los Golden Gloves de Nueva York, pero Ralph decía que aún no estaba preparado. En fin, les dije:

«Mirad, tengo ya veinticinco años. Dejadme ir». Así que cambiaron de idea y me metieron en 1965. Gané cinco combates consecutivos, dos por *knockout* y tres por decisión. Le pedí que me metieran en los campeonatos de peso pesado de los Golden Gloves de Nueva York. Quería pelear contra otro tipo que había ganado los campeonatos juveniles ese año. Lo derroté, un púgil que se llamaba Bert Whitehurst.

En fin, gané un par de campeonatos de aficionados y, luego, me hicieron profesional. Me preguntaron qué quería hacer. Les dije que quería convertirme en profesional y ver si ganaba algo de dinero. Jamás soñé que un día boxearía por el campeonato mundial de peso pesado. Me convertí en profesional en 1965. Estuve invicto hasta que boxeé contra Sonny Liston en el Armory. Sonny Liston era un antiguo campeón mundial de peso pesado. Acababa de perder dos veces contra Muhammad Ali. Perdió el título ante él en el primer combate y Ali lo noqueó en el primer asalto del segundo, celebrado en Lewiston, en Maine. En cualquier caso, pensamos que sería un atajo para triunfar en las clasificaciones, ya que Liston estaba clasificado como el segundo o tercero del mundo, además de haber sido campeón. Nos enfrentamos en el Armory, el centro de entrenamiento de la Guardia Nacional en Jersey City. No sé, supongo que no estaba listo para él.

En los primeros cinco o seis asaltos, estuve peleando y él empezó a cortarme, me cerró ambos ojos y me rompió la nariz. Tuvieron que darme setenta y dos puntos de sutura, pero aguanté diez asaltos con él. Detuvieron el combate al minuto y veintiún segundos después de haber comenzado el décimo asalto debido a los cortes. Ahí es donde recibí el apodo de «the Bayonne Bleeder» («El sangrador de Bayonne»). Un tipo llamado Rosie Rosenberg, que era editor del periódico *Bayonne Times*, estaba sentado junto al ring. Cada vez que Liston me golpeaba, yo sangraba mucho. Iba rociando con sangre todo a mi alrededor y le cayó a Rosie, que dijo: «Dios, a este tipo deberían llamarle el sangrador de Bayonne». Al día siguiente, el titular decía: LISTON DETIENE AL «SANGRADOR DE BAYONNE» EN EL DÉCIMO ASALTO.

¿Cómo se materializó el combate memorable contra Muhammad Ali?
En aquel momento, ocupaba el séptimo puesto de la clasificación mundial. Estaba entre los diez primeros del mundo. Llevaba una racha ganadora de ocho combates, y mi mánager Al Braverman, quien había conocido a Don King muchos años antes en Las Vegas, tenía una gran experiencia. King era entonces un tipo en auge. Ali acababa de enfrentarse a Foreman en aquel duro combate donde lo noqueó en el octavo asalto. Barajaban la idea de organizarme una pelea con Foreman, que había sido el campeón del mundo hasta que lo perdió ante Ali. Don King, era promotor y empezó a promocionarme. Me dijo: «Te voy a enviar a Salt Lake City (Utah) para boxear con un tipo llamado Terry Hinke», que era un enorme pegador con el que nadie quería boxear.

De todos modos, me mandó a Salt Lake City. Un par de años antes había ganado el campeonato de América del Norte al ganar en Atlantic City a Ernie Terrell, que era un antiguo campeón mundial de peso pesado del WBC. Rosie Rosenberg fue el promotor de aquel combate. Era para un nuevo título mundial llamado National American Heavyweight Championship (Campeonato Nacional Estadounidense de Peso Pesado). Iba a ser para dos títulos: Ernie para el campeonato de América del Norte, y mi nuevo título, el cual iban a presentar. Tenían entonces todos esos títulos, aunque antes solo había dos o tres. Derroté por decisión a Terrell en el asalto doce, pero protestaron la decisión. La comisionada en aquel momento, Althea Gibson, que era tenista profesional, y no sabía nada de boxeo, suspendió el reconocimiento del título mundial. Iban a presentármelo en el cuadrilátero después del combate si lo ganaba. Lo gané. En cualquier caso, ella lo suspendió y nunca se reconoció el título mundial, aunque sí reconoció el título de América del Norte porque Terrell lo tenía y yo lo había derrotado a él.

Por resumir la historia, yo estaba en aquel momento entre los diez primeros del mundo. Un par de años más tarde, Ali boxeó con Foreman, y todos pensaban que Foreman lo noquearía porque era invencible, ya que había noqueado a todos sus oponentes. King me dijo que, si aceptaba el combate con Hinke en Salt Lake City y lo ganaba, intentaría conseguirme una oportunidad con Foreman por el título. Fui a Salt Lake City y gané el combate en el undécimo asalto. Retuve el campeonato de América del Norte y se suponía que tendría una oportunidad con Foreman. Tres semanas después, Foreman se enfrentó a Ali en Zaire, Ali ofendió a Foreman y lo noqueó.

Entonces, Don King me dijo: «Te prometo una oportunidad. Algún día, boxearás con Ali». «Sí, claro», pensaba yo. No lo creí. Tres meses y un día más tarde, estaba sentado en mi casa viendo en la tele una serie llamada *Kojak*, con Telly Savalas. Había conocido a Telly un par de años antes y nos habíamos hecho amigos. Sonó el teléfono. Era mi madre. Le dije: «Creí haberte dicho que no me llamaras mientras está *Kojak*». ¡Me encanta *Kojak*! Le dije: «Oye, mamá, ni siquiera respondo al teléfono cuando me llama Telly. ¿Qué pasa? ¿Qué pasa?» Ella dijo: «Madre mía, tienes que ver el periódico. La última página entera de las noticias de esta noche dice: "Ali defenderá contra Wepner el 24 de marzo en Richfield, Ohio"».

No podía creerlo. Don King había estado en Cleveland con Ali en el Salón de la Fama y puso en marcha el combate propuesto entre nosotros. Le dijo a Ali: «Mira, has tenido un duro combate con Foreman. Este Wepner es un tipo muy duro, pero se corta con facilidad, es probable que lo cortes y que sea un combate fácil». Ali aceptó el combate. De este modo, Don King, tan inteligente como es, lo comunicó de inmediato a las agencias de noticias AP y UPI de todo el mundo y apareció en las noticias de aquella noche. Me fui corriendo a buscar un lugar que vendiera periódicos. Salí corriendo y pillé al tipo a punto de cerrar. Le quedaban cuatro ejemplares del *Daily News*. La última página al completo llevaba una fotografía mía y de Ali con el titular. El resto es historia. Tuve la oportunidad y fui al campo de entrenamiento. Ese fue el único combate de mi vida para el que me estuve entrenando a tiempo completo porque, en realidad, era un boxeador a tiempo parcial. Solía correr por la mañana, trabajar durante el día y entrenar por la noche. Aguanté quince asaltos, llegué a tumbarlo, y Stallone vio mi combate y rodó la película *Rocky*. El resto es historia.

Volviendo al combate, ¿qué se te pasaba por la mente en el vestuario antes de enfrentarte a la leyenda?

Antes de nada, como dije antes, Don King me mandó al campo de entrenamiento. Mucha gente dice cosas de Don King, pero te diré algo, nunca me quitó nada. Pagó todo por adelantado y nunca intentó estafarme. Teníamos un contrato y se ciñó a este al cien por cien. Incluso, ayudó a alguno de mis compañeros de entrenamiento, a uno que tuvo que marcharse antes porque su mujer estaba muy enferma. Me envió al hotel Granite en el norte de Nueva York y estuve siete semanas entrenando allí. Nunca en mi vida había estado en mejor forma, ya que no hacía más que entrenar y no tenía que preocuparme por el trabajo u otra cosa. Estaba preparado para el combate. Estaba sentado en el vestuario y no podía esperar. Estaba un poco nervioso, aunque nunca me ponía nervioso perder en un combate. Sabía que no era un gran boxeador. Lo que sí sabía era que estaba en plena forma y que era un tipo duro. Me ponía quizá más nervioso no quedar bien. Quiero decir, seamos sinceros, era Muhammad Ali. Me enfrentaba al boxeador y peso pesado más grande que jamás haya existido. Sabía que saldría en la televisión nacional y en todo el mundo, y no quería quedar mal. Quería salir y darlo todo, cosa que intenté. Quería sentirme orgulloso de lo que hiciera. Si aguanté quince asaltos, lo logré, sin duda.

Una breve anécdota; en realidad, un par de breves anécdotas. La noche antes del combate por el campeonato, le compré a mi mujer, Phyllis, un picardías de color azul pálido. Me sentía con confianza. Llevaba una racha de nueve victorias. Le compré el picardías y se lo di en Cleveland la noche antes del combate. Le dije: «Quiero que mañana por la noche te lo pongas en la cama porque mañana por la noche vas a dormir con el campeón mundial de peso pesado». Ella contestó: «Vale, no hay problema». Después del combate, regresé al hotel —había perdido— y entré en la habitación. Allí estaba ella, sentada al borde de la cama con el picardías azul pálido, y me dijo: «¿Voy a la habitación de Ali o viene él a la mía?» Tenía un gran sentido del humor.

Volviendo al combate. Cuando tumbé a Ali, lo creas o no, solo estaba calentando. No podía creer la tremenda forma física que había conseguido con el entrenamiento. Fue un gran puñetazo. Ali se apartó bruscamente del *jab*, y le lancé un derechazo, alcanzándolo debajo del corazón, y cayó. Volví a mi esquina y le dije a mi mánager. «Para el coche, nos vamos al banco». Él contestó: «Chuck, será mejor que te des la vuelta. Ali se está levantando y parece cabreado». «Vaya», pensé. Después de aquello, se puso las pilas. Bundini Brown empezó a gritarle al final del asalto: «¿¡Qué diablos te pasa!? ¡Ese tío te está pateando el culo! ¡No seas vago, sal ahí!». En los siguientes seis asaltos, realmente se vino arriba, y el combate se endureció mucho más que en los primeros nueve. Durante los primeros nueve asaltos, hizo mucho lo de marear contra las cuerdas, bailar, dar puñetazos y presionar. Con Ali, sabía que tendría que noquearlo o golpearlo de manera tajante para lograr la victoria. Así que aguanté la presión. Porque estaba en una gran forma. Valió la pena.

La única vez que estuve cansado fue en el decimoquinto asalto. Al final del decimocuarto asalto, volví a la esquina y les dije que tocaran mis piernas. Empecé a temblar. Las piernas empezaron a molestarme al cabo de una hora de persecución dentro del cuadrilátero. El puñetazo que me lanzó, que realmente me golpeó el hombro, me dio en un lado de la cabeza y caí. Recuerdo cómo caía, todo estaba claro. El árbitro se acercó y empecé a levantarme. Me levanté a la de ocho. El árbitro me miró y esperó, diecinueve segundos para el final, dijo que mis ojos tenían mal aspecto y no quería que resultara herido. Yo estaba de pie mirándolo a los ojos. Aquella fue la única vez en toda mi carrera que caí y me detuve de ese modo.

Antes del combate, un periodista te preguntó si sobrevivirías en el cuadrilátero con el campeón, ¿qué le dijiste?

Le dije: «Si sobreviví en la Infantería de Marina, sobreviviré a Muhammad Ali». Me refiero a que trece semanas en un campo de entrenamiento es lo más difícil que he tenido que hacer en mi vida. Lo sigue siendo. Trece semanas de maltrato físico y psicológico. Eso fue en 1956, cuando me uní al cuerpo. Así es como te endurecen para ir a la guerra, ser un marine y estar listo. Mientras estás allí, todo es duro y parece injusto. Sin embargo, cuando se acaba, te sientes orgulloso de lo que has hecho durante las trece semanas, y estás listo para casi todo.

En el último asalto del combate, Muhammad Ali te cortó la cara, ¿te rompió también la nariz?

No estoy seguro de haberme roto la nariz, aunque tuve fracturas graves y leves. Me sangraba la nariz, pero solo me dieron siete puntos adhesivos de sutura en el combate con Ali. No llegaron a hacerme una auténtica sutura. Al Braverman era un maestro con los cortes, los cortes de mariposa, que eran cortes leves. No hubo cortes serios, salvo las abrasiones y lo que él llamaba «puntos de mariposa». Para ser sincero, realicé muchos combates donde fue mucho peor. Por lo tanto, no pasó nada.

¿Cuáles eran las cualidades más fuertes de Muhammad Ali, las que encontraras excepcionales? ¿De qué modo te sorprendió?

¡Todo era excepcional! Ya era un gran admirador suyo antes del combate. Los primeros cuatro años, con veinticinco años, cuando le arrebataron cuatro años por no ir al servicio militar, perdió cuatro de sus mejores años. Era tan grande al principio que nadie podía derrotarlo. Cuando regresó al cabo de esos cuatro años, ya no era el mismo boxeador. Era tan grande que recuperó el título un par de veces.

Sin embargo, lo que me impresionaba de Ali era su capacidad para recibir un puñetazo. Me refiero a que le lancé muchos golpes de cerca y le presioné. Su condición física también. Después del combate con Foreman, pensamos que se tomaría nuestro combate con más suavidad. Pensé que cortaría a este tipo muy pronto. Pensamos que quizá en el décimo o undécimo asalto lo alcanzaríamos porque se habría quedado sin fuerzas y tendríamos una oportunidad para noquearlo. Sin embargo, su condición física y su capacidad para recibir un puñetazo eran dos de sus mayores cualidades. Tal vez sea esa la razón de su enfermedad, el que recibiera puñetazos y marear contra las cuerdas y todos los golpes que recibió. Era terrible. Hace algunos años, lo vi en el estadio de los Yankees y era terrible [su estado físico], pero fue un magnífico boxeador. Me impresionaba todo de él: la rapidez de manos, la capacidad de recibir un puñetazo y su estado físico.

¿Qué pensaste después del combate?

Después del combate, me fui a casa. En realidad, habían preparado una gran fiesta para mí la noche de la pelea en el Holiday Inn, el hotel donde me alojaba. Estaba cansado, muy cansado. El caso es que había más de trescientas personas de Bayonne y sus alrededores que habían llegado en avión para el combate. Sentí que les debía, al menos, el bajar y saludar. Así que me duché, me vestí y bajé para ir a aquella gran fiesta. Me quedé cerca de una hora porque estaba físicamente exhausto. Aguanté quince asaltos, fue un montón. Me quedé una hora, les agradecía a todos el haber venido y, luego, regresé a Bayonne. Casi trescientas personas me esperaban en el aeropuerto de Nueva York.

A pesar de todos estos años que han pasado, parece como si hubiera sucedido ayer. Es posible que ahora sea más famoso que entonces por *Rocky*, la película que Stallone escribió sobre mí un año después, en 1976. He hecho muchas cosas en televisión y radio. Hace no mucho se estrenó una película titulada *The Bayonne Bleeder* protagonizada por Liev Schreiber, coprotagonista con Hugh Jackman en *X-Men Orígenes: Lobezno*. Liev interpretó mi papel. Ha hecho cincuenta y una películas distintas y, de hecho, hace algún tiempo me pasé por el teatro donde él estaba actuando.

Es un actor serio y participó en una obra de teatro titulada *Panorama desde el puente* junto a Scarlett Johansson. Fuimos allí y estuvimos entre bambalinas. Debía de tener unas veinte personas esperando en fila en el exterior. Pidió que le dieran unos minutos con Chuck y me llevó dentro, donde nos sentamos a charlar. Me contó que estaba deseando hacer esa película porque siempre quiso hacer una peli de un personaje vivo. Y le encanta el boxeo. Fue muy amable conmigo. Es un tipo muy bien parecido, un tipo alto, mide más de metro noventa y pesa unos noventa y nueve o ciento diez kilos, muy parecido a lo que yo pesaba cuando

luché por el título. Yo mido un metro noventa y cinco centímetros, él es un poco más bajo, pero es un gran actor y un tipo genial. Fue una experiencia agradable estar allí sentado, hablando
con él y que me dijera lo emocionado que estaba por hacer esa
película. Era mi apodo cuando boxeaba.

*Después del combate, Muhammad Ali apareció en el programa de la ABC
Worldwide of Sport comentando que el árbitro Pérez te había permitido
utilizar tácticas rudas. ¿Es cierto?*

Sabes qué, ese es mi estilo. Como dije, no era un gran boxeador.
Era un tipo duro que podía recibir un buen puñetazo y siempre
estaba en forma. Para ese combate, estaba en excelente forma física. Tony Pérez entró en el vestuario antes del combate. Me dijo
que no iba a permitir tácticas de reyerta y que, si yo las hacía, me
quitaría puntos. Sin embargo, si miras el combate, en el segundo
asalto, Ali me golpeó en la nuca dieciséis veces consecutivas, en
la parte posterior de la cabeza. Fue para mostrar más o menos lo
que él decía que le estaba haciendo. Yo podría haber descargado
algunos puñetazos, pero Ali tenía la costumbre de agacharse cuando le lanzabas un puñetazo, reteniendo y agachándose.

Por eso, algunos de mis puñetazos, puedes creerme y verlo si
observas atentamente ese combate, lancé cinco o seis puñetazos
ilegales en quince asaltos. Lo que no puede compararse con los
dieciséis puñetazos consecutivos que él me lanzó a la nuca. Fuimos
al combate intentando enfurecer a Ali, intentando sacarlo de su
juego. No quería que Ali boxeara contra mí. Yo sabía que no podía boxear contra él. Era uno de los boxeadores más grandes que
han existido nunca. Quería que acabase peleando y convertir aquello en una reyerta. Eso es lo que intentaba hacer. Ese es mi estilo.

¿Puedes contarme cómo se inspiró Sylvester Stallone para hacer la película
Rocky?

Stallone estaba realmente en la miseria. Llevaba varios años trabajando como actor, pero nunca tuvo su gran oportunidad. Simplemente, no le daban un papel principal o importante en una gran

película. Según el propio Stallone, con sus propias palabras, no tenía más que cuarenta dólares y vivía en un pequeño apartamento. Fue a ver el combate. Pagó una entrada para verlo en Filadelfia. Se sentó allí y vio cómo la multitud pasaba de animar a Ali a animar a Chuck gritando «¡Chuck! ¡Chuck! ¡Chuck!» después de la caída. Sabían que yo combatía para ganar. No había ido solo para que me pagasen. Simplemente se le ocurrió la idea: «¿Sabes qué? Una idea genial para una película: un no favorito de cuarenta a uno que aguanta hasta el final un combate con Ali y lo derriba». Entonces, después del combate, Stallone se encerró en su apartamento durante tres días seguidos y escribió todo el guion de *Rocky*.

¿Cuándo conociste a Sylvester Stallone, en realidad? ¿Te pusiste en contacto y colaboraste con él?

Recibí una llamada de uno de sus productores diciéndome que él estaba escribiendo una película. Se iba a titular *Rocky* y yo era su inspiración, que había visto el combate. Él quería que yo supiera que estaba escribiendo la película. Asistí al estreno y vi *Rocky*. Me enviaron las entradas por correo para el estreno en Nueva York y allí fui. Estaba impresionado. Pensé que iba a ser como todos los demás. Pensé que no sería más que otra película de boxeo y mal hecha porque Stallone nunca había sido famoso como escritor o productor. Me senté en el teatro aquella noche y fue alucinante. Se vendieron todas las entradas. También había algún famoso de primer nivel. Me sorprendió, la gente pegaba botes y gritaba. La película fue verdaderamente inspiradora. Cuando terminó, la gente se acercó a donde estaba yo sentado para estrecharme la mano y abrazarme.

Según todos los artículos, yo había inspirado la película. Me sorprendió. Después de aquello, unos meses más tarde, como cinco meses después, recibí una llamada del propio Stallone para pedirme que fuera a Nueva York, que quería hacerme una prueba para un papel para *Rocky II*. Iba a interpretar a un tipo llamado King Weather —Chuck Wepner, King Weather— uno de los *sparring*. Me envió el guion. Me estudié el papel, fui a Nueva York e hice la prueba. En realidad, la hice dos veces. Me pidió que volviera una segunda vez para ver si lo podía hacer mejor. Entre tú y yo, nunca tuve experiencia actuando ni nada parecido. Tendría que haber buscado a alguien que la tuviese para que me enseñase algo, pero no lo hice. No conseguí el papel, pero Stallone y yo mantuvimos la amistad durante todos esos años. Luego, muchos años después, lo demandé. Sin embargo, ¿sabes qué?, seguimos siendo amigos. Creo que Sylvester Stallone es un actor y un escritor estupendo y ¡quiero a ese tío! Me convirtió en Rocky, ¡cómo no lo voy a querer!

¿Alguna anécdota interesante relacionada con Sylvester Stallone?
He estado con Stallone cinco o seis veces desde entonces. De hecho, cuando se estrenó *Rocky*, organizó una gran fiesta en Atlantic City, en el Caesars. Cuando abrió esos clubes llamados Planet Hollywood, me invitó a pasarme y me alojé en el hotel contiguo, The Claridge, ese fin de semana. Fuimos unas cuatro o cinco parejas. En aquellos días, nos gustaba jugar —a mi mujer y a mí— y aún nos gusta, así que íbamos todos a los hoteles para apostar. Asistí a la inauguración del Planet Hollywood. Tenían a mil personas entrando en el Planet Hollywood delante del Caesars Palace. Cuando bajé, los focos me iluminaron. La gente empezó a gritar y los porteros salieron y me escoltaron hasta el Planet Hollywood junto a Stallone, que estaba con su novia de entonces, una bella pelirroja que ahora es una gran modelo. En fin, me dio un abrazo y le dijo a la multitud: «Eh, chicos, este es el auténtico Rocky. El tipo que inspiró la película». Estuvimos juntos un par de veces después de eso. La última vez que nos juntamos fue en un programa de televisión. Yo estaba entre el público. Fue una pequeña sorpresa.

Hablaron primero con Stallone de la película y el presentador dijo que entendía que Chuck Wepner la había inspirado. En aquel momento, sin embargo, la demanda estaba en marcha. Stallone dijo que sí, que Wepner la había inspirado, pero que había una demanda en marcha y no podía hablar de ello. En cualquier caso, la demanda se resolvió. Era un tribunal federal y en pocos meses lo gané fácilmente. Demandé a Stallone a través de mis abogados porque ganó más de dos mil millones de dólares utilizando mi nombre como inspiración de las películas *Rocky*. En todas las películas siguió diciendo que Chuck Wepner le había inspirado, Chuck Wepner esto, Chuck Wepner aquello, y usó mi nombre sin darme nada a cambio durante todos esos años. Esa fue la razón de que lo demandásemos, y lo ganamos en el tribunal federal. Fue pan comido, en realidad. Pero no creo que a Stallone le preocupase. Se resolvió muy rápidamente. Lo resolvimos entre los dos y seguimos adelante.

¿Qué pensaba Sylvester Stallone de Muhammad Ali?

Quería a Muhammad Ali. Todo el mundo quería a Muhammad Ali. Soy afortunado porque pasé cuatro meses promocionando nuestro combate [con Ali]. Hicimos cosas juntos, aparecimos juntos. Hicimos algunas apariciones juntos después. Era muy divertido y listo. Era un hombre inteligente a pesar de no tener mucha formación. Era un hombre inteligente y me contó grandes historias. Estuvimos juntos cinco o seis veces. Durante ese tiempo cara a cara hicimos algunas apariciones juntos. Era un placer estar con él. Lo quiero. Haber sido su amigo es una de las grandes cosas de mi vida. Cada vez que me veía, me abrazaba y me daba un beso. He conocido a un par de presidentes de Estados Unidos. He estado en compañía de ellos y de muchos gobernadores. Aquí, en Nueva Jersey, he conocido a todos los gobernadores desde 1976. Sin embargo, aún guardo los guantes de boxeo que Ali me regaló. Él es, sin duda, la mayor celebridad con la que he estado.

Como en todos los combates, tú y Muhammad Ali os esforzasteis en promocionar vuestro combate. ¿Qué plataformas utilizasteis?

Antes del combate, estuvimos en el programa *Mike Douglas Show*. Él quería que yo dijera ciertas cosas para darle bombo al combate. Quería que empleara la palabra que empieza por «n», cosa que no hice. Para él no era más que otra palabra de su vocabulario. Si eres negro y utilizas esa palabra, no pasa nada. Lo entiendo. Pero yo nunca la he usado. No creo que sea una palabra bonita y no la usaría. En fin, le pareció bien y me dijo que se pondría bravucón durante el programa. La historia fue que me dijo que, si acaso soñaba con poder derrotarlo, que me despertase y le pidiera disculpas. Esa fue una de las cosas que dijo en el programa. Él solía escribir poemas, y todo el mundo los leía durante la promoción de un combate.

Yo escribí dos poemas. El primero fue «Goodby Ali, Hello Chuck» (Adiós, Ali; hola, Chuck) y el otro era «What's in a Word» (¿Qué hay en una palabra?). Uno de los versos de los poemas decía que el 24 de marzo habría un nuevo rey y su nombre sería Big Chuck. Ali dijo en televisión: «Ya saben por qué me gusta este hombre. Este hombre es inteligente. También escribe poesía». Muchos de los tipos contra los que boxeó eran tipos duros, pero, entre tú y yo, no eran intelectuales. Así es el boxeo, no encontrarás muchos púgiles con estudios universitarios en el boxeo. Los tipos que boxean, normalmente, proceden de los guetos y la pobreza. Boxear es su manera de luchar para salir de ahí. Sin embargo, siempre le caí bien a Ali, siempre nos llevamos genial. Conocí a sus hijas y a dos de sus esposas en alguna cena. Siempre fue muy amable conmigo y esto lo considero una gran cualidad suya. Para mí es un gran honor que fuera amable conmigo.

¿Es cierto que él recibió un millón y medio de dólares y que tú recibiste cien mil dólares por el combate?

Totalmente cierto. Yo recibí cien mil dólares y Ali, millón y medio. En cualquier caso, tuve la oportunidad de ir al campo de entrenamiento y entrenar a tiempo completo. Para mí, eso valió la pena. Tuve la oportunidad de demostrar lo que podía hacer con el entrenamiento adecuado.

Don King financió este combate. Se dice que lo financió con el dinero de la mafia de Cleveland. ¿Es cierto?

Hay una película titulada *Only in America* que habla del combate y ahí se dice eso. Don King, en esa época, no tenía mucho dinero. No sé de dónde sacó el dinero para financiarlo, pero lo hizo.

Como dije, Don King fue muy bueno conmigo, seguimos siendo amigos y nunca me estafó ni un céntimo. Todos esos boxeadores que no hacen otra cosa que boxear le piden dinero prestado a Don King antes del combate —tal vez ciento cincuenta o doscientos mil dólares— para poder mantener un nivel de vida alto y demás, y poder entrenar. Cuando termina el combate, le deben ese dinero a Don King, pero no quieren devolvérselo. Por eso, Don King se lo descuenta de sus bolsas, que es lo que debe hacer.

Es absurdo que todos estos tipos digan que Don King les estafó. ¿Qué pasa con el dinero que le pedisteis prestado a Don King? Es probable que conozca a diez tíos que boxearon por el campeonato con Don King como promotor. Y es probable que sea el único que haya dicho que Don King nunca me estafó porque nunca le pedí dinero prestado. Siempre tuve un puesto de trabajo. Trabajaba para una empresa de licores y sigo teniendo el mismo trabajo. Llevo cuarenta años en la misma compañía.

Después de boxear con Muhammad Ali, volviste a tu trabajo diario. ¿Es cierto?

Es cierto. Volví. Boxeé contra Ali, regresé a casa y cuatro días después estaba en la carretera vendiendo licores. Sigo haciendo lo mismo hoy en día.

Cuando regresaste a casa después de enfrentarte a la leyenda, ¿puedes describir cuál era el ambiente en tu ciudad natal?

Había trescientas personas en el aeropuerto. Me recogieron en una limusina y me llevaron a Bayonne. Aquel día fue el día de Chuck Wepner en el condado de Hudson. Fue algo nunca visto. Fue una gran experiencia en mi vida.

¿Cuál fue el mejor y más duro combate de Muhammad Ali que hayas visto?

Thrilla in Manila con Joe Frazier. Un combate magnifico. Fue un combate increíble. Lo habré visto diez veces. Lo recuerdo como un gran combate, se enfrentaron cara a cara. Las tres peleas con

Frazier fueron geniales. Joe tenía estilo para entrar, y Ali sabía cómo boxear. No se caían bien el uno al otro. A Joe no le gustaba Ali por las cosas que este iba diciendo de él. Ali no quería decir nada con aquello. Era solo para intentar darle bombo al combate.

¿Cómo compararías a Muhammad Ali con pesos pesados de una nueva era como, por ejemplo, Mike Tyson?

Mike Tyson en su momento álgido es uno de los mejores, pero pondría a Ali en primer lugar tanto como pienso en Jack Dempsey y otros como Rocky Marciano. Rocky medía metro ochenta y pesaba unos ochenta y seis kilos. Ali medía metro noventa y pesaba ciento dos kilos. Supongo que Ali habría sido un poco demasiado alto y un poco demasiado rápido. Creo que Marciano fue un gran peso pesado, pero no ganó la competición cuando boxeó con tipos del tamaño que tenían aquellos a los que se enfrentó Ali en su carrera.

Después de que Muhammad Ali se retirase, ¿volviste a verlo o interactuaste con él?

Lo vi en una ocasión en la que ambos íbamos a firmar autógrafos en Nueva York. Recuerdo una anécdota, yo estaba sentado en una sala con Sandy Koufax, el lanzador de los Dodgers, que era una estrella muy importante. Sandy tenía unas diez personas en su fila y yo unas pocas en la mía. Ali entró en la habitación y todo el mundo desapareció de nuestras filas y se fue hacia él. Sandy me miró y me dijo: «Supongo que ya he terminado de firmar autógrafos. Ha llegado el campeón». Recogió su bolsa y salió. Así de famoso era Ali. Incluso el gran Sandy Koufax, cuyo autógrafo quería la gente, en cuanto Ali entró, todos corrieron hacia él, incluido yo mismo. Allí estábamos los dos sentados, Sandy y yo, sin nadie en nuestras filas porque todos se fueron corriendo a que Ali les firmase un autógrafo.

Aparecimos juntos en alguna ocasión más e hicimos lo mismo en Washington D. C. Don King también lo promocionaba. Yo interpretaba el papel del señor Caries, que iba a pelear contra Ali. Fue un proyecto que hicimos en Washington D. C. para hacer que los niños se cepillasen los dientes. Yo era el señor Caries y llevaba un atuendo blanco con capucha y las letras TD[1] en el pecho. Ali salía y yo corría por la habitación, le lanzaba mi puñetazo y él se caía. Entonces, saltaba dentro del cuadrilátero, se cepillaba los dientes y volvía a saltar fuera. En otras palabras, les decía a los niños que, si se cepillaban los dientes, serían como Superman. Por último, me derribaba un par de veces. Lo pasamos muy bien durante el fin de semana. Les enseñaba a todos cosas de magia y otras por el estilo. No era el mismo Ali contra el que había boxeado, pero seguía siendo lo bastante grande como para atraer a un enorme gentío allí donde fuera.

¿Cómo definirías su personalidad? ¿Trataba a todos por igual, ya fueras un famoso importante o una persona normal y corriente?

Sí, trataba a todos por igual y amaba a los niños. Le encantaban los críos. Cada vez que veías a Muhammad Ali haciendo algo, veías a una gran multitud de niños alrededor. Le gustaba hacer trucos de magia para ellos. Esa era su afición, la magia. Le gustaban los niños y a ellos les gustaba Muhammad Ali.

¿Algo que añadir sobre cómo impactó Muhammad Ali en tu vida?

La experiencia más extraordinaria de mi vida es la de haber boxeado contra Muhammad Ali. Después de todos estos años, sigo aquí, sigo siendo Chuck Wepner. Todos me llaman campeón porque conseguí varios campeonatos. Todo se lo debo a Muhammad Ali porque, si hubiera boxeado contra cualquier otro que no fuera él, nunca habría recibido la publicidad y la adulación que tengo ahora mismo. Puedo darle las gracias a Ali por esto. Amo a este tipo. Creo que es uno de los mejores seres humanos que jamás haya nacido.

---

1. Las letras TD corresponden en inglés a «Tooth Decay», que significa «caries». *(N. del T.)*

RICHARD DUNN

Richard Dunn tenía en su haber los títulos británicos, de la Commonwealth y europeo antes de luchar por su mayor reto: enfrentarse en 1976 en Alemania al boxeador más fascinante de nuestra época. El boxeador británico llegó como el peso pesado no favorito, aunque lo dio todo en una actuación valiente muy apreciada por los admiradores británicos. Después de todos estos años, cree que haber boxeado con Ali fue el momento más memorable y de mayor orgullo de su vida.

¿Puede contarme cómo logró cerrar un acuerdo de boxeo con Muhammad Ali en 1976?

El 30 de septiembre de 1975 gané los campeonatos británicos y de la Commonwealth y pasé a defenderlos. A continuación, en 1976, gané el campeonato europeo de peso pesado que estaba vacante, lo que me dio derecho a luchar por el campeonato mundial de peso pesado. Solo había un boxeador que fuera el campeón mundial de peso pesado, ¿no es así? El gran Muhammad. Gané el campeonato europeo vacante el 6 de abril de 1976, y el combate con Muhammad Ali fue el 24 de mayo de ese mismo año. Fueron, por lo tanto, solo siete semanas después. Ya estaba preparado después de haber boxeado por el título europeo. Solo era cuestión de mantenerme en forma.

¿Puede expresar sus pensamientos antes del combate? Ali se había enfrentado a Henry Cooper dos veces y lo había derrotado.

Ni siquiera boxeaba cuando Henry Cooper se enfrentó a él. No empecé a boxear hasta cumplidos los veinte años. Cooper boxeó con Ali en 1963 y 1966. Yo era *amateur* en 1965. Nunca se me pasó por la cabeza boxear con Muhammad Ali. De hecho, nunca pensé en hacerme profesional hasta 1969. Por lo tanto, no tenía eso en mente. Todos los boxeadores, obviamente, quieren pelear con Muhammad Ali, pero ni en un millón de años me habría imaginado que sería yo. Ganar los títulos británicos, de la Commonwealth y europeo era el objetivo, pero aquello era el título mundial.

¿Puede hablarme de la vez que conoció a Muhammad Ali en un gimnasio londinense?

No estábamos entrenando, pero yo estaba allí porque él iba a ir. Esa fue la única razón de mi presencia. Allí estaba entrenando John H. Stracey. Él iba a defender su título de campeón de peso wélter en Alemania. Entré y dimos una conferencia. Como era habitual, dimos una rueda de prensa en Alemania, en Múnich, donde iba a tener lugar el combate. Yo estaba sentado en un lado y Ali, en otro. En realidad, nunca nos gritamos o nos lanzamos los trastos a la cabeza porque a él lo entrevistaba una persona y a mí me entrevistaba otra distinta. Estuvimos mirándonos el uno al otro y sacudiendo los puños, cosas así. Estuvo muy bien.

¿Cómo era el ambiente en Alemania?

Fue muy bueno. Ali boxeó con Karl Mildenberger en Alemania, que era un boxeador zurdo como yo. Así es que intentaron compararnos, pero no había punto de comparación porque éramos dos boxeadores diferentes.

Antes de enfrentarse a Muhammad Ali, ¿qué pensaba mientras estaba en el vestuario?

Estaba, naturalmente, nervioso como siempre. Todo el mundo se pone nervioso antes de un combate como ese. Mis pensamientos eran: «Esta es mi oportunidad. Probablemente, la única oportunidad que tendré jamás de ganar el campeonato mundial de peso pesado. Debo salir y dar el doscientos cincuenta por ciento, incluso el quinientos por ciento». Lo intenté con todas mis fuerzas, eso es exactamente lo que hice. Quedé segundo, pero esa no es la cuestión. Estaba allí y me esforcé al máximo.

¿Le dio su entrenador algún consejo específico antes del combate?

Tan solo que saliera y lo hiciera lo mejor posible, y que lo disfrutara, que fue lo que hice. Me esforcé todo lo posible. Solo me dijeron que me mantuviera así. Durante los tres primeros asaltos, lo estuve haciendo realmente bien. Estuve trabajando, golpeando continuamente. Me dijeron que siguiera haciendo lo que estaba haciendo. Así es que eso es lo que intentaba hacer. En el cuarto asalto, cometí un error y Ali me alcanzó con aquel magnífico derechazo. Después de eso, todo se vino abajo. No obstante, disfruté de cada minuto.

¿Es cierto que, aunque lo derribó cinco veces, usted se levantó cinco veces y le dijo algo racista?
Sí. Me derribó cinco veces, y me levanté cinco veces. Su velocidad era lo importante, era extremadamente rápido. No le puedo decir lo que dije porque es racista. Nos gastamos algunas buenas bromas, digámoslo así.

Él dijo: «¡Chico, tienes que esforzarte más si quieres mi título!»
Eso es exactamente lo que dijo. No puedo repetir lo que le dije después. Me encontré con él cuando volvió a Inglaterra y seguimos siendo amigos.

¿Cree que las provocaciones de Muhammad Ali afectaban a sus oponentes?
Depende del boxeador. A mí no me sacó de quicio. Todo formaba parte de los preámbulos del combate. Porque cuanto más se mofaba, más gente iba a verlo.

¿Recuerda algún momento específico del combate?
Los tres primeros asaltos. En el primero, el segundo y el tercero, estuve en la lucha todo el tiempo. Estuve realmente encima de él. Sin embargo, en el cuarto asalto, me alcanzó con un magnífico derechazo y, después de eso, creo que ya...

¿Le parece que su juego de pies era distinto al de la mayoría de los boxeadores?
Era extremadamente rápido con sus pies. Era muy bueno. Era magnífico moviéndose. Creo que habría sido un buen bailarín, porque era muy rápido con los pies.

¿Diría usted que este combate fue su recuerdo más preciado de boxeo?

Sí, claro. No se puede subir más alto, ¿verdad? Luchar por el campeonato mundial de peso pesado contra el boxeador más grande de todos los tiempos fue la cúspide de mi carrera. Como dije antes, no empecé a boxear hasta que tuve veinte años. Creo que lo hice bien.

Después del combate, Muhammad Ali le dedicó algunos cumplidos. El entrevistador le hacía preguntas y usted estaba de pie a su lado.

No lo recuerdo demasiado bien porque después del combate había mucha confusión. Había mucha prensa y gente y fotógrafos que subían al cuadrilátero. En realidad, no se podía escuchar lo que él decía la mitad de las veces. Sin embargo, estaba muy agradecido de que dijera cosas agradables sobre mí. Dijo que lo había herido, probablemente en el tercer asalto, con un magnífico izquierdazo. Supongo que ese fue mi salto a la fama en aquellos días.

¿Hubo alguien que pensara que fue un combate desequilibrado?

Es cierto. Todos lo dicen. Pero ¡y qué! Ellos no estuvieron allí. Yo sí estuve allí. Me había ganado el derecho a estar allí. Había ganado los campeonatos de peso pesado británico, de la Commonwealth y europeo. Por lo tanto, el único paso que podía dar después era ir a por el campeonato del mundo. ¡Me había ganado mi puesto! Y me importa poco lo que digan los demás. Me había ganado mi puesto, lo aproveché y quedé segundo. Me da totalmente igual lo que digan.

Cuando regresó usted a Bradford, recibió una acogida increíble...

Fue fantástico. Para ser sincero, no había visto nada parecido. Esperaba ver a unas cuantas personas, pero estaban esperándome en todas las calles del recorrido desde la carretera M606 hasta el Ayuntamiento. Había diez mil personas allí. Fue extraordinario. Nunca me había pasado nada igual en toda mi vida. Me siento sumamente orgulloso de ello.

¿Alguna vez estuvo en contacto con Muhammad Ali después del combate?
Sí, fui a verlo a Birmingham en 1985, cuando inauguró el Muhammad Ali Center. Estaba invitado. Fue un fin de semana. Lo vi también hace menos tiempo. Habría preferido no volverlo a ver en aquel estado, fue horrible. Fue en Old Trafford. Era una gira para promocionar el Muhammad Ali Center de Kentucky, en su ciudad natal. Estaba recaudando fondos. Yo estaba sentado aquella noche con Brian London, John H. Stracey y algunos otros boxeadores. Era una cena de gala. Ver a Muhammad en aquel estado realmente me afectó. Para ser sincero, no quería quedarme. Quería irme a casa porque me daba mucha pena. Presido en nuestra zona la sociedad para la enfermedad de Parkinson. No quería verlo así. No me parece que fuera agradable. Lo arrastraban por todo el mundo. A decir verdad, no creo que supiera dónde se encontraba. Ojalá encuentren cuanto antes una cura para esa enfermedad.

¿Alguna última palabra sobre Muhammad Ali?
Nunca olvidaré aquel combate. Fue una de las mejores noches de mi vida. Conocí a una leyenda y disfruté cada minuto.

CAPÍTULO CUATRO

AMIGOS Y ASOCIADOS

A Ali le encantaba tener personas a su alrededor, especialmente tras su retirada del deporte del boxeo: le proporcionaba una grata sensación de alegría y le cargaba las pilas. En algunas ocasiones, se veía explotado despiadadamente: muchos de sus supuestos amigos se tomaban libertades abusando de su generosidad y su actitud benevolente, pero su naturaleza generosa y conciliadora también le supuso dejar una impronta positiva en la vida de muchas personas que perdura hasta nuestros días. La relación de Ali con su entrenador Angelo Dundee fue excepcionalmente profesional. Dundee tenía una clara predisposición a concentrarse en el trabajo en cuestión, evitando abordar los temas de religión o política con su boxeador.

Ali era una persona amable que hablaba con cualquiera. Aunque se codeaba con famosos y personalidades prominentes, aplicaba una política de puertas abiertas en su hogar. Cuando cualquier perfecto desconocido o admirador aparecía por su puerta, rara vez lo rechazaba. Si Ali tenía una debilidad, era la de confiar enormemente en las personas, y si alguien, incluidos los amigos, se aprovechaba de él, no le daba demasiada importancia.

En el mundo del deporte actual, la cantidad de dinero que mueven los deportistas de alto nivel es increíble. Las posibilidades que tienen a su alcance los atletas para ayudar a las personas y sus causas son potencialmente enormes. Sin embargo, a pesar de sus crecientes riquezas y su amplia influencia, se niegan a usar su poder como estrellas para convertirlo en ayuda. Muchas de estas personalidades hacen la vista gorda, especialmente si se trata de cuestiones políticas, dada la posibilidad de dañar su propia imagen, lo que podría afectarlos financieramente. Los que conocían bien a Ali saben que el dinero no significaba prácticamente nada para él. Por supuesto que ganó mucho dinero durante su brillante carrera, pero no solía gastar mucho. Gran parte del dinero iba a parar al recaudador de impuestos, a su administración y a una organización de ciudadanos negros a la que él apoyaba. Por otro lado, Ali entregó una gran cantidad de dinero a amigos, familiares y extraños, y les facilitó la entrada en negocios, algunos de los cuales fueron buenos, aunque la mayoría de ellos fueron completamente desastrosos y provocaron graves dificultades financieras. Dada su procedencia de un entorno de clase media baja, Ali siempre prometió recordar sus raíces y fue humilde. Por mucho que ansiara acrecentar su fama, ni esta ni el dinero se le subieron a la cabeza, ni consiguieron cambiarle como persona. El presidente Obama expresó esto mismo en un artículo de *USA Today*:

«Admiramos al hombre [Muhammad Ali] que nunca ha dejado de emplear su fama para buenas causas: el hombre que ayudó a conseguir la liberación de catorce rehenes de Irak en 1990; que viajó a Sudáfrica tras la excarcelación de Nelson Mandela; que viajó a Afganistán para ayudar a las escuelas en dificultades como Mensajero de la Paz de las Naciones Unidas; y que visita habitualmente a niños enfermos con discapacidad en todo el mundo, proporcionándoles el placer de su compañía y la inspiración con su ejemplo.»

Sin duda, millones de personas lo idolatraron y lo continúan haciendo, no solo como deportista genial, sino como un gran hombre. A quienes no les gusta el deporte del boxeo admiran al hombre por su condición de estrella unida a su labor humanitaria. Ali también era un famoso entre los famosos. En este capítulo, muchos personajes relevantes asociados con la leyenda nos cuentan su visión de la historia: desde promotores de boxeo y famosos, hasta el personal. Todos ellos reflexionan sobre el Muhammad Ali que han conocido, con sus relatos de primera mano y sus opiniones sobre el hombre con el que comieron, viajaron, hicieron negocios y se relacionaron en privado. El resultado es el retrato de un hombre que muchas veces difiere en gran medida de aquel que tenía en mente el gran público.

ANGELO DUNDEE

Angelo Dundee posiblemente sea el mejor entrenador de boxeo de todos los tiempos. Tras trabajar con Ali durante gran parte de su carrera, entrenó también a Sugar Ray Leonard y George Foreman, aparte de otros cuantos conocidos boxeadores. Después de su retiro, Dundee fue contratado para entrenar al actor de Hollywood Russell Crowe para su intervención en la película *Cinderella Man*. Él mismo aparecía en la película. La relación de Dundee y Ali era extremadamente intensa, ambos hombres mostraban respeto mutuo: Dundee era ampliamente reconocido como hombre íntegro y honorable en un deporte a menudo corrupto. Howard Cosell afirmó: «Si tuviera un hijo que quisiera ser boxeador y no consiguiera disuadirlo, el único hombre al que dejaría que lo entrenase sería Angelo Dundee». Durante su ilustre carrera, Dundee preparó a un total de quince campeones del mundo.

Angelo, ¿desde cuándo te dedicas a entrenar en boxeo?
Empecé en 1948 cuando regresé del ejército. Estaba en el extranjero, en Europa, y conocí a Joe Louis en 1944. Asistí a muchos combates de boxeo en Estados Unidos.

Cuéntame cómo conociste a Muhammad Ali, quien por aquel entonces era conocido como Cassius Clay, y cómo os embarcasteis juntos en este proyecto.
Conocí a Muhammad Ali cuando tenía dieciséis años. Él estaba en Louisville (Kentucky). Yo estaba con el combate de Willie Pastrano contra Alonzo Johnson, y vino a verme. Era tan solo un joven que tenía mucha curiosidad sobre la forma de entrenar a

185

mis boxeadores. Tenía bastantes luchadores que combatían en la televisión nacional todo el tiempo. Quería conocerme y también conoció a Willie Pastrano. Lo que sucedió después es que ganó los Juegos Olímpicos, regresó y estuvo entrenando junto con el boxeador Archie Moore durante un tiempo. La relación no fue demasiado buena porque no se puede tener a dos estrellas trabajando a la vez: debes tener una estrella y debes tener a alguien que entrene. Así que no pasó mucho tiempo antes de que el Louisville Group lo enviara a Archie Moore, quien le hizo barrer la cocina. Entonces dijo: «No he barrido la cocina ni para mi madre». Quería pelear, pero Archie estaba demasiado ocupado con su propia carrera: era un campeón. No puedes tener a dos estrellas trabajando entre sí.

¿Cómo era el joven Muhammad Ali al empezar a entrenar contigo?
Descubrí una cosa: cuando trabajas con una superestrella como Cassius, Muhammad Ali, solo «trabajas con él»; no intentas forzar cosas en él. Le hice sentir que era el innovador y que todo aquello que le enseñaba lo percibiese como algo que realizaba por sí mismo.

¿Cuál fue el primer combate al que lo llevaste?
El primer combate que tuvo fue en 1960. No trabajé en la primera pelea porque Cassius entrenaba en Louisville. El Louisville Group quería que yo fuera allí y trabajara con él, pero les dije que había alguien más que lo estaba entrenando. Les dije que me lo enviaran después de aquel combate. El caso es que estábamos en octubre y el Louisville Group quería mandármelo. Les dije que lo hicieran después de las vacaciones. Pero recibí una llamada a la mañana siguiente diciéndome que Cassius vendría en el plazo de un día porque quería boxear. No le preocupaban las vacaciones.

Cuando ganó el campeonato de peso pesado a Sonny Liston, ¿qué nivel de confianza tenías tú y tu púgil antes de enfrentarse a él?
Hay una cosa que debes tener clara: cada combate es una situación diferente. En el caso de Ali, se trataba de una situación especial. En

la primera pelea con Liston nadie veía a Muhammad con posibilidades de ganar. Era patente el hecho de que creyeran que Muhammad le tenía miedo a Liston, pero ese no era el caso. Solo los estaba aterrorizando. Luego, cuando llegó la pelea, venció a Liston y se convirtió en el campeón mundial. Trabajábamos muy bien juntos. Nunca chocamos entre nosotros. Después de cada combate, él pensaba que venía de una fiesta de cumpleaños o algo parecido. Siempre estaba en perfecto estado de forma, le encantaba entrenar. En el gimnasio, se sentía feliz. Muhammad era un ser humano muy especial y disfrutaba con lo que hacía. Trabajaba con la misma dureza que hablaba. Siempre estaba en muy buen estado, por lo que me resultaba fácil trabajar con Muhammad. Nunca tuvimos una discusión, simplemente nos llevábamos bien. Estábamos destinados a formar un dúo. Y seguimos siendo amigos hasta el final.

¿Es cierto que Sonny Liston trató de hacerle trampa deslumbrándolo?
Liston no se dio cuenta de la calidad que tenía Muhammad: pensó que no tendría problemas con Muhammad. Pero lo que sucedió fue que descubrió que Muhammad era real. Muhammad era un atleta talentoso y lleno de energía. Era más alto que Liston, medía metro ochenta y ocho e iba bien erguido. Liston medía metro ochenta y tres e intentó parecer grande, pero Muhammad tenía demasiada velocidad y demasiado talento para Sonny Liston.

Al ganar el campeonato de peso pesado por primera vez, ¿cómo se sintió?
Para Muhammad no fue nada. En cierto modo, fue como tomarse un helado o algo así. No fumaba y no bebía. Era un hombre muy especial. Estaba destinado a ser campeón mundial.

¿Puedes explicarme la rutina de entrenamiento que aplicaste para conseguirlo?
Mucha gente no sabía que en el gimnasio donde se entrenaba, el cuadrilátero no tenía el formato real. Trabajaba muy duro a puerta cerrada y hacía mucha gimnasia. Yo tenía la suerte de disponer de un gran entrenador trabajando conmigo llamado Luis Sierra,

que era cubano. Reconocí el talento de Luis Sierra, un gran entrenador, quien sometió a Muhammad a una disciplina de calistenia para que pudiera tener su cuerpo en una perfecta condición física durante mucho tiempo. Ali adoraba trabajar, le encantaba hacer los ejercicios, no levantaba pesos, pero corría. Yo le decía la distancia a correr. No corría más de unos cinco kilómetros. Luego, iba al gimnasio y hacía ejercicio durante unas horas y finalmente descansaba: era un atleta con talento.

Si hay algo en lo que te habría gustado que Muhammad Ali mejorara, ¿qué habría sido?

Lo que pasó con Muhammad fue que, en sus comienzos, los críticos pensaron que sería de golpe fácil porque se movía demasiado y se cansaría. Sin embargo, fue moviéndose menos con la edad y era más eficaz. No tuve ningún problema con Muhammad y fue muy fácil enseñarle. Le hice sentir que innovaba con cada golpe. Nos llevamos muy bien y jamás tuvimos un problema.

Lo de correr por carretera...

Para trabajar bien sus músculos y afinar sus piernas. Se procuró no excedernos.

Tu relación con él fue muy cohesionada. ¿Cómo era Muhammad Ali recibiendo instrucciones de su entrenador?

Era un gran alumno. La marca de un gran púgil se ve en medio de una pelea: puede cambiar sus tácticas y ganar la pelea. Los grandes luchadores hacen eso. Hay que tener un gran talento para hacerlo.

Segundo combate de Sonny Liston...

Lo que sucedió en la segunda pelea de Liston fue que le pedí a Muhammad que en el primer asalto golpease a Liston con un uno-dos para recordarle la paliza que había recibido en la primera pelea. Liston fue un gran boxeador. Sin embargo, en el boxeo un gran boxeador le puede dar problemas a otro. Y Muhammad era capaz vencer a Liston cada día de la semana.

¿Recuerdas algún incidente extraño en el gimnasio?

El gimnasio era el teatro de Muhammad. Se lo pasaba en grande. Hablaba con los fans y bromeaba con la gente mientras entrenaba. Muhammad se lo pasaba bien y disfrutaba de lo que hacía: nos lo pasábamos genial. Al principio, la gente creía que se trataba de un crío charlatán y que no se lo tomaba en serio. Pero sí que lo hacía. Muhammad siempre estaba gastándome bromas. Una vez que estábamos en Los Ángeles, salí con un periodista y cuando entré, Muhammad saltó del armario con un escudo sobre la cabeza y gritó «¡bum!» Me dio un susto tremendo. Muhammad solía gastarme bromas todo el rato y siempre nos divertíamos juntos. Toda mi experiencia con Muhammad resultó muy divertida.

Cuando estabas de gira con él, ¿le resultaba duro estar fuera de casa?

Era fácil. Todo lo que hacíamos era entrenar. Dábamos una vuelta y conocíamos a toda la gente y, de paso, hacíamos toda la publicidad. Muhammad era un hombre de talento, ya que hacía feliz a mucha gente. Siempre tenía mucha gente a su alrededor, cosa que a él encantaba.

¿Es cierto que a Rocky Marciano no le gustaba Muhammad Ali?

Oh, llegaron a ser amigos. Fui muy amigo de Rocky Marciano. Vino a vivir a Miami Beach e hicimos ese montaje de pelea por ordenador. Rocky no hablaba mucho y me dijo: «Tío, tu chico habla demasiado». Le dije: «Bueno, escucha, no es lo mismo. Los admiradores quieren escuchar a su estrella». Pero Rocky y Muhammad llegaron a ser buenos amigos después de la pelea por ordenador. Les contaré una gran historia sobre Muhammad y Rocky Marciano: tras la pelea por ordenador, Rocky dijo: «Tienes razón, Angelo, Muhammad es un buen tipo». Porque siempre le había dicho a Rocky que Muhammad era un buen tipo. Muhammad era ese tipo de ser humano al que le gustaba la gente, y siempre se mantuvo de la misma manera. No cambió. Muhammad era un ser humano enorme: tuvimos una gran suerte de contar con una superestrella como él.

¿Puedes hablarme sobre la preparación para la primera pelea con Joe Frazier? Era muy buen boxeador, ¿tuviste algún tipo de conversación con tu púgil sobre Joe Frazier antes de la pelea? ¿Alguna historia entre bastidores que te gustaría compartir?

Las historias fueron tales que todo se convirtió en el mayor acontecimiento de su tiempo. Joe Frazier atrajo a todas las grandes estrellas y famosos. Sinatra estaba allí tomando fotos para una revista. Todas las grandes estrellas del país entero estaban en aquel combate. Estaba sucediendo. Era la pelea que la gente quería ver. El combate fue muy reñido. Llevé a Muhammad al hospital al finalizar porque temía una rotura de mandíbula: tenía un bulto en la mandíbula. El médico dijo que quería ingresarlo para tenerlo en observación durante la noche. Muhammad dijo que no, que tenía que volver a hablar con la prensa. Así que no nos quedamos. Sin embargo, Joe fue al hospital y se quedó allí unos días: fue una lucha tremenda.

Él sabía cómo hablar con la gente y todos esos trucos poéticos publicitarios. Este tipo de cosas se utilizaban para dar a conocer los combates. Fue algo que ayudó a llenar los estadios. Muhammad siempre se divirtió dentro y fuera del cuadrilátero. Honestamente, pensaba que Muhammad vencería al Parkinson, pero evidentemente un tipo mayor tiene muchos problemas para tumbar al Parkinson. He observado que mucha gente joven que padece esa enfermedad puede superarla. Había un actor con Parkinson, pero lo lleva mejor, era un tío más joven. Pero es evidente que un tipo ya mayor como Muhammad tiene más dificultades para noquear los síntomas.

¿Por qué hubo un tercer combate con Joe Frazier?

En el primer combate con Joe Frazier, la gente no se dio cuenta de que la noche anterior a la pelea, Muhammad Ali estaba haciendo una sesión fotográfica para una de las revistas hasta la medianoche. Además, la gente no sabe que tuvimos que pesarnos en el Madison Square Garden y no se podía salir del Garden por la gente que había alrededor: nos quedamos en el Madison Square

Garden desde el pesaje hasta la pelea. Nunca nos fuimos, ni Muhammad ni yo. Mandé a todos los demás que se marcharan y les dije que trajeran su equipo de boxeo esa noche. Nos quedamos en el Madison Square Garden desde el pesaje, que fue al mediodía, hasta el combate, que no empezó hasta las once de la noche.

Joe Frazier lo llevó hasta el borde del abismo antes de triunfar. ¿Qué opinas de la tercera pelea de Joe Frazier?

Joe Frazier y Muhammad podrían haber peleado cien veces y todos habrían sido magníficos combates, con sus estilos mezclados: cada vez que se enfrentaban era emocionante. La última pelea en Manila fue fantástica. No sé cómo dos tipos pueden boxear tanto tiempo. Verá, el combate fue en el interior del Coliseo Araneta, donde había una carpa con el techo lleno de luces de las cámaras de televisión. No sé cómo los dos muchachos pudieron hacer un combate tan grande en esas condiciones. En el *Thrilla in Manila*, había dos personas extraordinarias y para Muhammad se trataba de la ley del más fuerte. Fue el más fuerte y sobrevivió. No sé cómo lo hicieron porque me quedé extremadamente agotado con solo subir las escaleras.

¿Alguna historia interesante fuera del cuadrilátero?

Nos divertíamos mucho a dondequiera que fuésemos, como cuando fuimos a Zaire, donde la gente nos adoptó. Cuando fuimos a Manila, la gente nos adoptó. Cuando fuimos a Inglaterra, igual. Muhammad era un tipo que podía ser adoptado en cualquier lugar porque siempre ha sido un individuo cálido. Consigue más con la mirada que lo que tú y yo obtendríamos en toda una conversación. Era simplemente un chaval genial y fue un honor para mí trabajar con Muhammad Ali.

En el 5th Street Gym, ¿a qué otros boxeadores entrenabas?

Debes tener en cuenta que tuve quince campeones mundiales. Mientras que Muhammad entrenaba en el gimnasio, también llevaba a Luis Rodríguez, Luis Pastrano, Fortino Hernández y Sugar Ramos. Tuve muchos boxeadores geniales, pero Muhammad estaba muy por encima de todos ellos porque era realmente especial. Todos se hicieron amigos. Todos esos púgiles eran amigos de Muhammad.

¿Pusiste en práctica algún método psicológico para que Muhammad Ali fuera más allá de los límites?
Con Muhammad, todo era psicología. Le hice sentir que él innovaba en todo. Angelo Dundee solo estaba allí para ofrecerle compañía. Fue una etapa genial.

¿Puedes aclarar algo del primer combate con Henry Cooper?
Pues verás, en la primera pelea de Henry Cooper, el público inglés desconocía la personalidad de Muhammad. A ellos les gustan los tipos tranquilos. Yo había estado antes en Inglaterra con Luis Pastrano y a ellos les encantaba Luis porque era un tipo agradable y gentil y no era tan hablador. Cuanto más callado eres más te respetan en Inglaterra. Pero, ya ves, Muhammad era la primera superestrella que hablaba y no sabían cómo manejar eso. Cuando fuimos allí por primera vez, pudimos pasear por la calle, ir a restaurantes y hacer de todo. Sin embargo, la segunda vez no pudimos caminar por las calles, ya que el ambiente era diferente. La gente era tremenda. Los ingleses son grandes aficionados al boxeo. Estuve allí durante la guerra. Estuve allí en los años 1943, 1944 y 1945, fue entonces cuando conocí a Joe Louis, que estaba entreteniendo a las tropas. Yo no tenía ni idea de que acabaría metiéndome en la profesión del boxeo. De hecho, era inspector de aviación en la fábrica de aviones navales de Filadelfia.

Cuando llegué a Inglaterra fueron muy muy amables. Aterricé en Manchester para acabar en Newbury, que estaba fuera de Londres. Como te digo, fui muy respetuoso con los ingleses porque fueron muy amables con nosotros, las tropas estadounidenses. En el combate, todos pensaron que yo había cortado el guante cuando cayó a la lona. Realmente no corté el guante; el guante estaba partido desde el principio. Muhammad estaba ganando

Ali –entonces Cassius Clay– y su hermano Rahaman en una mezquita rezando en el Cairo, Egipto, en junio de 1964. Getty Images

Ali dando un discurso en un mitin de Nación del Islam en febrero de 1968. © Bettman/Getty Images

Sesión de fotos de promoción, octubre de 1970.

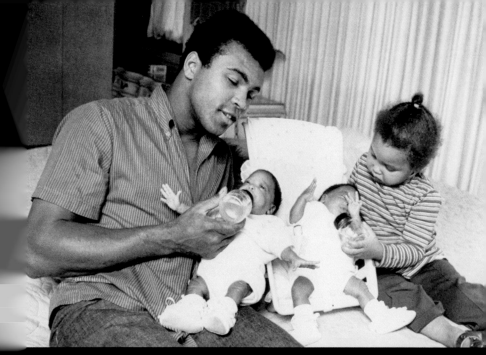

...en casa dando de comer a sus dos hijas gemelas, Rasheda y Jamillah, con la ayuda de su hija mayor Maryum, ...en noviembre de 1970. Getty Images

Ali y George Dillman en el campo de entrenamiento del lago Deer en la década de 1970. Cortesía de George Dillman

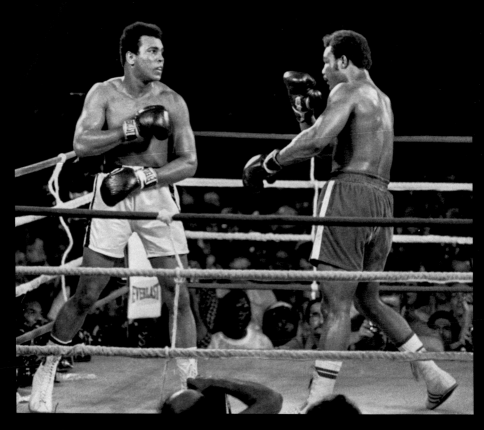

El épico enfrentamiento entre Ali y George Foreman, Rumble in Jungle, en octubre de 1974, se considera uno de los mejores combates de boxeo de todos los tiempos. © Alamy/ACI

Ali en el gimnasio de karate de George Dillman en la década de 1970. Cortesía de George Dillman

Ali en el examen médico previo al duelo con Joe Frazier para el Super Fight II, en enero de 1974. Alamy

Combate entre Ali y Joe Frazier en las Filipinas, en septiembre de 1975. Getty Images

En la rueda de prensa posterior al Thrilla in Manila en las Filipinas, su hermano Rahaman y Don King observan atentamente cómo Ali habla con la prensa, en octubre de 1975. Getty Images

Agosto de 1980, Ali en su casa de Los Ángeles antes de su combate con Larry Holmes. Getty Images

Ali con su amigo y expresidente Bill Clinton, Lonnie Ali y Angelo Dundee, en diciembre de 2003. Getty Images

Ali bromeando con Will Smith en la presentación de un libro, al lado de Puff Daddy, en diciembre de 2003.
Getty Images

Ali y su hija Rasheda en 2005. Getty Images

con facilidad, así que no dije nada, pero cuando llegó esa caída todavía quedaba tiempo. Le dije al árbitro que el guante estaba cortado y roto. El árbitro se lo dijo al comisario, el comisario fue al vestuario a buscar un guante, pero no encontró ninguno. Regresó y el árbitro me dijo que no había ningún guante. Yo dije: «De acuerdo, usaremos el mismo guante».

Henry Cooper era realmente conocido en Inglaterra, ¿qué dimensión alcanzó este combate?

Henry Cooper habría sido una gran estrella en cualquier momento. Era muy buen competidor, era un gran pegador. Veía a Henry en el Salón de la Fama todos los años, seguimos siendo amigos.

Ken Norton y Muhammad Ali se enfrentaron en tres combates míticos. Muhammad Ali ganó dos y Ken Norton ganó uno. ¿Puedes hablarme del primer combate en el que a Muhammad Ali le rompieron la mandíbula?

En la primera pelea, no pude motivar emocionalmente a Muhammad porque no sabía quién era Ken Norton. Ken Norton era un boxeador muy bueno con un estilo muy difícil. Era un hombre grande, que se flexionaba y se agachaba bien, lo que daría problemas a Ali en todos los combates. Ninguna de las peleas fue fácil, pero en el primer combate le rompió la mandíbula a Muhammad en el primer asalto, y aguantó todo el combate. Yo quería detenerlo, pero Muhammad no me dejaba. Me dijo: «No, no, puedo continuar, me puedo cuidar de este tipo». Sin embargo, fue una pelea muy difícil. De hecho, todos estos combates fueron difíciles porque ese estilo le daba problemas a Muhammad. Le dije: «Muhammad, creo que voy a detener esto, es malo». Contestó: «No, no vas a detener esto o te noqueo». Le dije: «No te preocupes por eso, Muhammad, no me vas a noquear». Tuve que llevarlo al hospital y tuvieron que ponerle un alambre en la mandíbula. Cuando entré a verlo en el hospital y lo vi en la camilla, se me saltaron las lágrimas. Me sentía fatal. Muhammad dijo: «Esto ya está cosido. ¡No te preocupes, Ange, volveremos!» Y así lo hicimos.

Si Mike Tyson y Muhammad Ali peleasen en el momento álgido de sus carreras, ¿cuál habría sido, en su opinión, el resultado del hipotético combate?

Tyson no habría vencido a Muhammad porque es más bajo y lento. Muhammad lo habría superado. Muhammad superaría ese estilo. Joe Frazier tenía un estilo más correoso porque se desplazaba mejor, se desplazaba por los lados, y Tyson no lo hacía. Por lo tanto, Muhammad habría vencido a Tyson.

Te he visto en una foto con Muhammad Ali y con Stallone.

Te diré algo, siempre he pensado que los actores se sentían atraídos por el boxeo gracias a la madera de estrella de Ali. He participado en varias películas, como en *Ali*, donde entrené a Will Smith. También entrené a Russell Crowe para *Cinderella Man*. Los actores trabajan tan duro como los boxeadores. Por eso se sienten atraídos por el boxeo. Estoy feliz de haber conocido a todas estas personas agradables y participar en las películas. He conocido a toda esa gente estupenda.

¿Cómo le sentó a Muhammad Ali la fama?

Muhammad era una persona sociable que amaba a la gente. La fama jamás se le subió a la cabeza. Le gustaba la gente y si la gente era amable con él, él era siempre amable con todos. Ya desde joven era así y nunca cambió en ningún momento. Sabía manejar la fama; sencillamente se sentía como cualquier otro ser humano. Muhammad fue un regalo fabuloso para la raza humana. Te lo puedo asegurar, ya que estuve con Muhammad durante diecinueve años y jamás discutimos. Nos llevábamos bien y jamás tuvimos problema alguno. Todo lo que puedo decirles es que lo pasé de maravilla con Muhammad Ali.

BOBBY GOODMAN

Bobby Goodman, miembro del Salón de la Fama Internacional del Boxeo, nació y se crio en el Bronx, un distrito de la ciudad de Nueva York. En su labor de relaciones públicas, pasó mucho tiempo en la carretera trabajando con Ali y otros grandes campeones de boxeo. En la década de 1970, Don King lo ascendió a los puestos de director de boxeo e intermediario. En 1996, se reincorporó a Don King Productions, ocupando el cargo de vicepresidente de operaciones de boxeo y relaciones públicas. Luego, se convirtió en director de operaciones de Square Ring Promotions, la compañía de Roy Jones Jr.

Bobby, Muhammad Ali hacía todo lo posible para colaborar en la promoción de sus peleas, ¿puedes explicar esto?

Cuando estábamos fuera, solía compartir conmigo la habitación del hotel. Yo preparaba siempre una agenda para el día siguiente con las entrevistas, las comparecencias y las cosas que íbamos a hacer. Estuve con él durante meses y meses cuando entrenaba en el campo de entrenamiento de Deer Lake. A veces, él pensaba que no estábamos haciendo lo suficiente, por lo que él mismo sugería cosas. Puede que alguna vez cambiara una cita a una hora anterior o posterior, pero jamás rechazaba entrevistas, nunca rechazó comparecencias que tuvieran sentido. En cierta ocasión, estábamos en Houston (Texas) para un combate contra Buster Mathis. Cada vez que estaba en presencia de Ali, comenzaba a reír y sonreír porque Ali se partía de risa. No lográbamos hacer creíble la pelea y no vendíamos entradas porque Buster se reía con su ídolo todos los días.

No era precisamente la feroz competición que andábamos buscando. Al finalizar un día de entrenamiento, le dije: «Muhammad, esto no es bueno, no estamos vendiendo entradas. La gente no cree que haya ninguna hostilidad. Buster se ríe y te sonríe cada vez que te ve». Le dije que teníamos que pensar en algo que pudiera ayudar a vender entradas, y sus ojos se abrieron como platos. Dijo: «¡Lo tengo! Será noticia en todo el mundo». Contesté: «¿De qué se trata?» No podía esperar a que saliera la respuesta de su boca. Le dije: «¿De qué se trata, Muhammad?»

Me dijo: «Puedes hacer que me secuestran. Puedes llevarme al bosque y ponerme en la cabaña, y traer un par de compañeros de entrenamiento y preparar un cuadrilátero. Puedo entrenar allí y llegar uno o dos días antes del combate. Le dije: «Sí, pero la gente no te verá y creerán que no vas a pelear. Nunca venderemos entradas porque pensarán que no habrá combate». Él dijo: «Está bien, tienes razón. Ya se nos ocurrirá algo más». Era solo algo que se le ocurrió de repente.

Más tarde, en Filipinas, nos iba muy bien con los medios locales, pero no lográbamos repercusión en todo el mundo. Así que hablé con Ali y ambos hablamos con su mánager Herbert. A Ali se le ocurrió que podía decir que esta iba a ser su última pelea. Dije: «¡Está bien! Bueno, escucha, vamos a convocar una conferencia de prensa en la *suite* de este hotel. Tienes que estar casi al borde de las lágrimas. Has conseguido una gran carrera y ahora quieres pasar tiempo con tu familia y has tomado una decisión. Has boxeado durante mucho tiempo». Él dijo: «OK, genial».

Así que nos pusimos a ello, y Ali lo consiguió con brillantez. La sala estaba llena de periodistas, Ali tenía la cabeza agachada y dijo: «Ya no puedo seguir con esto. Tengo que pasar más tiempo con mi familia en casa. Mis hijos están creciendo y llevo tanto tiempo...; esto no está bien. He dedicado mi vida entera al deporte». Estábamos en Malasia, no en Filipinas. Entonces alguien preguntó: «¿Qué pasaría si consiguiera un tercer combate con Joe Frazier?» Sus ojos se iluminaron de nuevo: «¡Joe Frazier! ¡Dónde está Frazier!» Todo se fue al traste después de aquello. Estaba inflado como un globo. Fue duro.

¿Buster Mathis visitó a Muhammad Ali en su vestuario tras el combate agradeciéndole la oportunidad de boxear con él y le expresó la adulación que sentía por él?

Le dio las gracias. El pobre Buster ya se nos fue. Recuerdo que estábamos en Alemania. Creo que Ali estaba boxeando contra Richard Dunn en Múnich (Alemania). Él aceptó subir al escenario, y el escenario se derrumbó. Fue una caída de algo más de dos metros. Ali se quedó sentado en el borde de la madera astillada, con las piernas colgando, pero estaba bien. Yo aún seguía allí de pie junto a la báscula, todo lo que estaba más allá de eso se vino abajo. Ali dijo: «Al menos, alcancé mi peso».

¿Cómo se negociaba con Muhammad Ali desde una perspectiva empresarial? ¿Era difícil negociar con él, pedía más dinero?

No, Ali era un tipo realmente justo. Sin duda, era único en su clase. Ten en cuenta que en la época en la que llegaron Ali, Frazier y Foreman, no se movían unas cantidades locas de dinero. Teníamos canales de televisión de circuito cerrado, pero no canales de televisión a la carta como tenemos hoy día donde se pueden generar cien millones de dólares. No se sacaban esas cantidades de dinero. Él tenía un gran séquito por el que siempre pagaba. A veces, trataba de ser riguroso. Podría tener cincuenta personas a su cargo. Él decía: «Estamos aquí, en Alemania, no me importa que llaméis a casa de vez en cuando, pero no os colguéis al teléfono acumulando facturas enormes de teléfono». Pagaba todo y no se veía en su corazón a ese tipo duro y frío. Te decía: «Si tienes hambre y quieres comer un bistec, cómete un bistec, pero no pidas dos bistecs». Era un tipo realmente maravilloso. A Angelo, a Gene Kilroy (que dirigía su campo de entrenamiento) y a mí, nos dedicó toda su bondad y amor a lo largo de los años. Nunca mostró la más mínima tendencia racial hacia mí.

¿Crees que alguna parte del séquito se aprovechaba de él?

Para Ali eran bienvenidos, disfrutaba de tener gente a su lado, de tener una cuadrilla a su alrededor. Todo eso formaba parte de su negociación, lo que a veces le costaba mucho. Fue realista con eso, sabía lo que suponía. Amaba de verdad a las personas que lo rodeaban, eso le mantenía vivo y con interés.

¿Cuál es la historia más memorable que recuerdas de cuando estabas de gira con él?

La anécdota más notable fue cómo Ali pudo estar fuera aquellos años y, luego, regresar finalmente, de todos los lugares posibles, a Atlanta (Georgia), que tenía un gobernador racista llamado George Wallace. Cuando fuimos a Atlanta para boxear con Jerry Quarry, recibió amenazas de muerte e incluso se acercó la gente del Ku Klux Klan. Muhammad se ganó a todos con su gran sonrisa y su

197

brillo en los ojos. Se convirtieron en sus admiradores. Era un individuo muy especial.

¿Cómo llevaba Muhammad Ali el asunto del racismo en los primeros años?
En aquel momento, estaba el movimiento musulmán negro, y él se lo tomó muy en serio. Se suponía que esa era su postura, y la postura de Elijah Muhammad era hablar de los diablos blancos, etcétera. Sin embargo, Ali nunca nos mostró ese lado. Recuerdo un día, después de que Elijah falleciera y su hijo Wallace se hiciera cargo del movimiento musulmán. Hacía mucho tiempo que no veía a Ali. Decidí acercarme en coche hasta el campo de entrenamiento que estaba empezando a montar.

Estaba solo en la cocina, que era una gran cocina de cabaña. Cuando me detuve y entré, él se emocionó, corrió hacia mí y nos abrazamos. Me dijo: «¿Te has enterado? ¿Te has enterado?» Estaba muy emocionado. «¿Qué pasa, Muhammad?», le dije. Me contestó: «¿Sabes que ahora Wallace se ha hecho cargo? Puedes convertirte en musulmán». Le dije: «Muhammad, nos queremos, ¿verdad?» «Sí, sí», me respondió. «Bueno, entonces sigue creyendo en lo que crees, cosa que yo respeto, y déjame creer en lo que yo creo y respétalo. Y seguiremos queriéndonos», le contesté. Le pareció bien, nos abrazamos de nuevo y así se zanjó el asunto. Ali creía en lo que hacía y fue totalmente sincero. Siempre estuvo en paz consigo mismo y supo lo que sucedía a su alrededor. Un tipo maravilloso.

¿Es cierto que adoptó la idea de los comentarios hirientes del luchador de lucha libre Gorgeous George?
Siempre le gustó Gorgeous George y la forma en la que se promocionaba y hacía que a la gente le desagradara aquel que quisiera pegarle. Copió mucho de eso de Gorgeous George. De hecho, tenía una de sus batas, también tenía una bata de Elvis Presley. Siempre estuvo muy interesado en ese aspecto de animador y le encantaba el espectáculo. Era un tipo asombroso. Es algo que podía encender y apagar. Muchos deportistas no pueden hacerlo.

Muchos de los boxeadores nunca podrían hacerlo. Cuando se meten en esa confrontación, no saben cómo dejarlo. Sabía en qué punto se encontraba en cada momento para comenzar los ataques. Creo que a veces intentaba presionar todos los botones hasta que daba con el botón correcto sorprendiendo a todos. Utilizaba mucho este recurso, lo hizo mucho con Joe Frazier. Sabía qué botón presionar para molestar a Joe: era un estratega brillante.

A lo largo de tu carrera con Muhammad Ali, ¿cuáles fueron los puntos altos y los bajos?
El primer combate de Ali en el que trabajé fue contra Doug Jones en 1963. En ese combate en particular, aunque estaba alrededor de Ali, me asignaron a Doug Jones. Así que me encargué de ello. Fue una pelea genial, y Doug Jones lo hizo muy bien. Se celebró en el Madison Square Garden. Aunque lo más destacado para mí, sin duda, fue cuando recuperó su corona de manos de George Foreman. En ese momento de la carrera de George, no fue precisamente la persona más cooperadora con la que trabajar. Desde entonces, se ha convertido en un tipo maravilloso. Sin embargo, George Foreman en aquella época era muy difícil.

¿Cómo definiría la relación de Muhammad Ali con la prensa?
Era genial. No había nadie mejor que Ali con la prensa y los conocía. Conocía a Colin Hart, conocía a estos tipos, a todos, los conocía por su nombre: conocía a Dave Anderson, conocía a Smith, y conocía sus inclinaciones. Una de las cosas que solía hacer, cuando estábamos en el campo de entrenamiento, era invitar a la gente de la prensa, si alguno se encontraba por allí, a su vestuario.

Un día estaba por allí Milton Richman, de la agencia de prensa UPI, y algunos otros. Cuando los periodistas acudían a su vestuario, Ali les soltaba esos largos discursos concienzudamente escritos a mano en blocs de notas amarillos. Probaba sus discursos con ellos: en ocasiones eran muy largos. Una vez, después de un discurso de media hora sin parar, Ali soltó un «hemos estado encadenados, hemos estado encadenados». Entonces, Milton Richman dijo: «Muhammad, me importa una mierda, hemos estado en el horno». Ali se echó a reír como un loco y dejó la libreta. Era genial con la prensa, nunca le parecía suficiente lo que hacía por ellos y siempre intentaba encontrar formas de estimularlos y de hacerles reír, con la misma naturalidad.

¿Le acompañaba a programas de entrevistas? ¿Tiene algún recuerdo entre bastidores?

Asistimos muchas veces a los programas The Tonight Show y The Mery Griffin Show. Johnny Carson presentaba The Tonight Show. Ali era siempre un invitado bienvenido porque siempre aportaba muchas cosas diferentes a la emisión. Una vez, estaba gestionando una campaña de promoción con mi padre, y mi padre decidió que llevaría al programa a Ernie Terrell (con quien Ali estaba boxeando) mientras que yo llevaría a Ali. Procuramos estar seguros de no encontrarnos porque realmente no se caían bien. Terrell todavía le llamaba Clay. Entonces, mientras íbamos de camino a The Today Show, en el peor lugar, en medio de la Sexta Avenida de Nueva York, nos encontramos de bruces: en el mismo momento exacto en la misma esquina, Ernie salía del coche y Ali iba andando. Le gustaba salir de la limusina o del coche para ver si podía congregar a una multitud, lo que siempre ocurría. Trescientas o cuatrocientas personas caminaban con él por la calle. Causó una conmoción y paró el tráfico justo en la esquina del Rockefeller Center junto a la NBC, a donde íbamos para el programa.

¿Qué respaldo obtuvo Muhammad Ali en la cumbre de su carrera en la década de 1960 y, en particular, en la década de 1970, momento en el que el boxeo se empezaba a convertir en un gran negocio?

Durante ese tiempo, cuando regresó a finales de la década de 1960, la gente se mantenía alejada de Ali debido a su postura contra el reclutamiento de 1967. No regresó hasta 1970 o 1971. En ese momento, los patrocinadores procuraban alejarse de él, pero manteniéndose a una distancia corta. Algunos le apoyaron con fuerza. Uno de ellos fue Howard Cosell, que estaba en la ABC en ese momento. Fue un momento difícil. Consiguió algún contrato para dar charlas, pero no había precisamente una larga fila de patrocinadores esperándole en ese momento.

¿Cuánto de la personalidad real de Muhammad Ali se filtraba para promocionar los combates, o era todo una ficción, o era una mezcla de ambos?

Él era el verdadero negocio. Si podía encontrar una manera, realmente lo pensaría. Él fue quien nombró aquellos combates. A veces, debatíamos sobre esto, y Angelo Dundee siempre estaba presente en estas discusiones. Sin embargo, al propio Ali se le ocurrían las cosas. Fue él quien acuñó las palabras *Thrilla in Manila* —cuando tenga al gorila en Manila— y, luego, *Rumble in the Jungle* con George Foreman. Les ponía motes a sus contrincantes. George Foreman era la momia. Imitaba a una momia a la caza. Floyd Patterson era el conejo. George Chuvalo era la lavandera.

El boxeo es grande, sin duda, ¿crees que podría volver a darse una personalidad como la de Muhammad Ali?

Era único en su clase. Otros han tratado de imitarle, pero el original era él. Nadie ha podido hacerlo como él desde entonces.

¿Le considerabas una persona inteligente a pesar de que en la escuela no tenía especiales aptitudes para el estudio y para obtener buenas notas?

Quizá no quería permanecer sentado y leer libros o estudiar, o lo que sea. Pero, como sabes, este hombre tenía algo de genio. Él era natural y muy brillante.

¿Te reunías con él a menudo en su casa?

Lo hacíamos de vez en cuando y, por supuesto, estábamos juntos en el campo de entrenamiento. Sí, lo visité de vez en cuando y ciertamente pasé mucho tiempo conviviendo con él, en su entorno, en varios campos de entrenamiento. Llegué a conocerlo muy bien. Era muy singular.

¿Qué incidente, de la década de 1960, llegó a los titulares por ser uno de los más fascinantes y controvertidos?

Cuando se negó a dar un paso al frente para el reclutamiento. Fue una historia fascinante y también una actitud sólida y valiente de un chaval que creía en lo que estaba haciendo.

¿Cómo impactó esto en él y en su carrera?

Tuvo un impacto enorme. Gran impacto en el aspecto deportivo y gran impacto en su persona. Fue una posición muy valiente por su parte: demostró que realmente creía en lo que estaba haciendo y sus razones. Al afirmar que no tenía ningún problema con el Vietcong, eso era algo en lo que creía. ¡Fue una postura tremenda con un enorme impacto en el aspecto deportivo! Luego, vimos a Joe Frazier continuar y alcanzar cierto reconocimiento del campeonato. Creo que Jimmy Ellis también obtuvo el reconocimiento del campeonato. Joe Frazier, por supuesto, fue reconocido por el estado de Nueva York como el campeón. Tuvo bastante impacto en aquellos días. Cuando Ali regresó, boxeó contra Jerry Quarry y, luego, se enfrentó a Joe Frazier por el campeonato. Sin embargo, para muchas personas, Muhammad seguía siendo el campeón, el campeón sin título.

¿Puedes recordar la rueda de prensa del combate con Cleveland Williams?

En aquellos tiempos, Cleveland Williams acababa de sufrir algunas heridas de bala, a las que había sobrevivido. Era un espécimen físicamente asombroso. Hugh Benbow era su mánager. Cleveland Williams estaba arrasando con todos. Había regresado después de recuperarse notablemente de no sé cuántos disparos. Sin embargo, la velocidad de Ali era demasiado grande para Cleveland, aunque la gente próxima a Cleveland Big Cat Williams creía que este tenía posibilidades.

¿Cómo promocionaste este combate?

Bueno, la verdad es que no recuerdo esa rueda de prensa en particular porque en ese momento no creo que me desplazase a una rueda de prensa en Texas (el combate se celebraba allí). No lo recuerdo. Quiero decir, recuerdo haber hecho el combate, hacer los kits de prensa, hacer las preguntas, las fotos y todo eso. Pero no recuerdo esa rueda de prensa en particular.

¿Por qué fascinaba a gente de todo el mundo?
Porque trascendió lo deportivo. Era una figura internacional, probablemente la figura más reconocida en ese instante en todo el mundo. Tal vez tuvo algo que ver con su postura con el llamamiento a filas. Quizá el hecho de regresar mostró al mundo que tenía esa capacidad. Para mucha gente, especialmente para los jóvenes, que no estaban a favor de la guerra de Vietnam, fue una especie de héroe por haber adoptado una postura tan grandiosa. Por supuesto, los estadounidenses de mayor edad, hasta que se los ganó de nuevo, estaban en contra de él porque no dio un paso al frente. Nadie en todo el mundo en aquel instante tuvo el reconocimiento de Ali. Le reconozco a Ali lo que ha hecho por el mundo del boxeo. En algunos lugares nunca habían oído hablar del boxeo y no les importaba este deporte, pero luego hubo muchos seguidores de Ali a los que atrajo al mundo del boxeo. Eso se lo debemos a Ali, un gran agradecimiento.

Volviendo a la década de 1960, ¿cuán imperativo era para ti captar la atención de los principales medios de comunicación y qué medios de comunicación promocionaban los combates?
Trascendió el deporte como he dicho. Él fue quien nos reubicó desde las páginas de deportes a las de noticias. Nos llevó de las páginas de deportes hacia las principales revistas. Ali todavía conserva el récord de más portadas de *Sports Illustrated*. También lo es en *Time*, *Newsweek* y *Life*. Ali nos llevó a nuevos lugares y realmente consiguió una gran cantidad de seguidores, aficionados ocasionales que se interesaron mucho por el deporte hasta el punto de convertirse en fanáticos de toda la vida. Y todo ello fue gracias a Muhammad Ali.

¿Cómo hizo Don King para promocionar a Ali en la década de 1970?
Con ingenio y coraje. Era una persona muy brillante que descubrió cómo ganarse a Ali y a su mánager en ese momento, Herbert

Muhammad. Ali fue a hacer una exhibición para un hospital en Cleveland que estaba pasando por momentos difíciles. Ali se presentó allí y vendieron todas las entradas: lo hicieron realmente bien. Esa fue su primera relación real a tiempo completo con Muhammad. Esto se trasladó a más combates y se convirtió en un gran promotor. Siempre fue inteligente y creativo. No tenía miedo de apostar. No tenía miedo de asumir el riesgo de salir y garantizar el dinero, y averiguar luego cómo diablos lo iba a conseguir.

Cuando Muhammad Ali se retiró, ¿mantuvisteis el contacto?
En ciertas ocasiones. Por ejemplo, cuando yo dirigía el boxeo del Madison Square Garden, me llamaron desde arriba, de la central, que en ese momento era la Paramount. Estaban tratando de montar un Salón de la Fama para el Garden y querían que Ali formara parte de él. Cuando contactaron con su representante directamente, Ali lo rechazó porque tenía otro compromiso y no podía asistir. Entonces me llamaron a mí y me dijeron: «Hola, Bob, van a organizar una cena de gala en la pista del Madison Square Garden. Es una organización benéfica y nos gustaría contar con Ali aquí, pero ha dicho que no puede asistir». Yo respondí: «¿Por qué no lo has hablado conmigo? Trabajé con él durante muchos años». Dijeron: «Bueno, ¿podrías intentarlo?» Les dije que haría todo lo que pudiera. Llamé y me respondieron bastante rápido. Me dijeron que sí, que lo harían por mí, y vino. Mi esposa y yo nos sentamos a su mesa. Era entonces cuando empezaba a tener problemas para hablar. Estuve en el Madison Square Garden de 1985 a 1993. Probablemente fue a finales de los ochenta.

También nos reunimos cuando regresamos y visitamos el campo de entrenamiento. Llamaron a un grupito de personas y dijeron que íbamos a hacer una visita, a pasar una tarde agradable en el campo de entrenamiento, solo un puñado de nosotros, seis o siete. Fue un día maravilloso. Un par de veces alguien me llamó y me dijo que Ali iba a venir a Nueva York y que íbamos a tener una pequeña reunión privada en mi casa. Así que quedamos y nos vimos allí.

En las ruedas de prensa se daban situaciones acaloradas, ¿tenía Muhammad Ali cierta tendencia a provocar a sus contrincantes?

¡Totalmente! Antes del segundo combate entre Joe Frazier y Ali en el Madison Square Garden, yo había ido para estar un tiempo con Joe Frazier. Llamaron a Howard Cosell, que iba a tener en el estudio a Joe Frazier y a Ali para comentar su primer combate. Joe no quería ir, dijo que no. Eddie Futch, que entrenaba a Joe, tampoco pensó que fuera una buena idea. Dijo que Joe se sentía muy disgustado. Sentía que Muhammad le faltaba al respeto: fue contundente.

Howard habló con todos nosotros por teléfono e insistió en que los controlaría y se aseguraría de que aquello no se le fuese de las manos. Mira por donde, nos presentamos en el estudio en Nueva York, y Howard ni siquiera se había sentado en medio, ¡sentó a Joe y a Ali uno al lado del otro! Cuando se estaba visionando la repetición del primer combate, Ali le daba golpecitos y le decía cosas. Le dijo: «Eres un ignorante, Joe. Esto no lo entenderías». Le salía humo de las orejas. Le llamó ignorante demasiadas veces. Joe se puso de pie, agarró a Ali y cayeron al suelo. Joe tenía agarrado a Ali por el pie e intentaba retorcérselo. Entré corriendo e intenté quitarle a Joe las manos del pie de Ali. Le dije: «Joe, si le rompes el tobillo, no habrá combate». Entonces, se detuvieron y salimos del estudio tras este incidente. Fue un momento espeluznante, el suelo era de cemento.

¿Joe Frazier era un tipo serio?

¡Joe era muy serio! Te podía gastar una broma, pero su nivel para considerarse insultado no era muy alto, y Ali solía atacarle. No le gustaba que le pusieran motes. No le importaba que le pusieran apodos relacionados con el boxeo, pero insultarlo personalmente diciendo que era un ignorante, eso es algo que Joe jamás toleraría.

¿Hay algo que le gustaría añadir?

Solo resaltar el hecho de haber estado con alguno de los grandes púgiles a lo largo de los años y muy cercano a ellos. Estuve en el entorno de Joe Frazier y cerca de George Foreman desde aquel acontecimiento, aunque nunca habrá otro Ali. En cuanto a su composición general, su talento, su ingenio, su comprensión de la publicidad: nunca habrá otro igual. Es triste para el deporte porque ese tipo de personas se ven una vez en la vida.

DON KING

Don King es el promotor más influyente y destacado en el deporte del boxeo, además de ser quizá el más controvertido. Su personalidad extravagante, característico peinado y su presencia como promotor de combates como *Rumble in the Jungle* y *Thrilla in Manila* lo hicieron famoso en la década de 1970 y, de algún modo, aún sigue presente en los medios de comunicación.

Antes de conocer a Muhammad Ali, ¿qué impresión tenía de él?

Muhammad Ali era un tipo muy especial. Era un gran deportista. Solía venir a mi club. Yo tenía un club nocturno llamado New Corner Tavern. Iba allí, cantaba en el escenario y me ayudaba. Estaba desterrado y defendía sus derechos como objetor de conciencia. Sin embargo, lo conocía de mucho antes porque era un héroe de nuestra comunidad. No teníamos demasiados héroes con los que te pudieras identificar. Muhammad Ali estaba allí, era el luchador del pueblo, el campeón del pueblo. Es una actitud notable de lucha por la humanidad, un ejemplo del versículo doce de san Mateo: haz con los demás lo mismo que quieres que te hagan a ti. Él defendía aquello en lo que creía, y eso suponía estar dispuesto a soportar las consecuencias de sus acciones, así como las recompensas.

Cuando empezó a trabajar con él y a gestionar su promoción, ¿qué percepción tenía de él y de su personalidad?

Ali era el sueño de todo promotor. Era un tipo que movía a la gente, emocionaba a la gente. Él hacía los combates. Y una cosa, nunca censuró a otros púgiles. Siempre hacía que los boxeadores parecieran importantes, aunque fueran inferiores, aquellos a los que mucha gente del mundo del boxeo apoda como «botes de tomate» u «holgazanes». Ali los hacía parecer muy importantes y me enseñó a no menospreciar a nadie. Porque si su boxeador principal era derrotado por un contrincante supuestamente menor, eso significaba que no había logrado lo que se había propuesto.

De vez en cuando, el supuesto oponente inferior provocaba una gran sorpresa, esa es la palabra: una gran sorpresa. En el cuadrilátero, cuando llega una sorpresa, lo que tienes es un tipo duro y no un holgazán. Siempre mostraba una hermosa sonrisa y era joven. Al mismo tiempo, tenía sabiduría y entendimiento porque no consentiría menospreciar a nadie para defenderse. Estaba con las masas y no con las clases. Él podría rodearse de reyes y aun así pedirte que hablases con él. Era el hombre del pueblo, era un gran amigo mío antes de que yo me metiera en el boxeo. Venía a mi club, siempre nos juntábamos y nos saludábamos dondequiera que fuéramos a ver sus combates. Cuando estuvo desterrado, rondaba por allí todo el tiempo.

¿Cuál fue la conversación más convincente que mantuvieron?

Bueno, Muhammad Ali era muy progresista. Era un tipo que percibió la realidad de nuestra situación en Estados Unidos Si bien los dos amamos nuestro país, intentó ser aprobado en Estados Unidos y salió ganando: el Tribunal Supremo lo ratificó y se ocupó de él. Pero definitivamente fue una fase que se puede entender dado que estaba boxeando. Podía movilizar y motivar a las masas en relación con su lucha. Fue objetor de conciencia y lo criticaron. Le llamaban de todo. Señaló que uno va a la guerra y vuelve, pero que lo suyo era Dios y su religión. Dijo que el Vietcong nunca lo llamó negrata. Lo simplificó para que todos pudieran entenderlo porque la gente estaba eclipsada por la mentalidad racial que prevalecía en nuestra comunidad y las diferentes cosas que sucedieron debido al adoctrinamiento de nuestros compatriotas estadounidenses.

Traía a colación declaraciones que pudieran tener alguna relación con su tez para obtener protección. Tienes que ser capaz de centrarte en el fondo en vez de basarte en exclamaciones hechas por este o aquel tipo. Siempre lo moldeaba de forma que realmente se pudiese relacionar, que se viera claro dónde estaban los obstáculos, así como todas las circunstancias que había que superar, aunque fueran insuperables. Salía con aquella bonita sonrisa y mientras tanto estaba listo para resistir una pelea. Esto es algo que aprendí de él y continuaré haciéndolo. Es mucho más fácil morir por Estados Unidos que vivir por Estados Unidos Cuando te quemas, quedas atrapado en una red de hipocresía, prejuicio y racismo. Aun siendo un hombre de color, él sabía que este era el país más grande del mundo. Sabía que era el mejor país del mundo, pero había que despertar. Se veía el movimiento de derechos civiles a medida que avanzaba. Todo el mundo empezó a progresar: el pueblo estadounidense. Esto es lo que él estaba motivando y conseguía que la gente lo hiciera en los estadios deportivos en defensa de sus derechos.

Recuerdo a Muhammad como deportista. Dejó cuatro años de su carrera —el apogeo de su carrera— y sacrificó millones de dólares para defender sus principios. El Tribunal Supremo de Estados Unidos ratificó sus principios, lo que significaba que aquello estuvo muy lejos de ser un delito. Hay que entender los detalles de esto. En 1886, el presidente del Tribunal Supremo, Roger Brooke Taney, dijo que el hombre negro no tenía derechos que un hombre blanco estuviese obligado a respetar. Para el Tribunal Supremo, defender los derechos de un hombre negro en una de las más nobles causas por las que se te puede condenar era ser antipatriótico. Ellos lo ratificaron. Quiero decir, era una situación simplemente dramática y notable para aquellos que estaban realmente preocupados por Estados Unidos Querían ir al origen de la causa.

¿Qué importancia tuvieron los combates Frazier-Ali para el deporte del boxeo en un sentido histórico?

Lo más significativo de este combate es que Muhammad Ali conmocionó a todo el mundo. Salió y luchó. Fue el combate más agotador. Dijo que había sido la pelea más reñida que jamás había tenido. Joe Frazier quiso continuar, pero la esquina lo paró. Fue una notable hazaña de coraje, perseverancia, de la actitud de no rendirse nunca. Mi frase en ese momento era: estás en esto para ganar, no puedes rendirte, no puedes ceder y no puedes abandonar. Victoria. Y eso es lo que hizo Muhammad Ali y fue una declaración profunda, así como un gran clásico al entrar y vencer a Joe Frazier de esa manera. Cada acto de su vida, con Muhammad Ali siempre llevaba mensaje. Era una persona sociable. Se sentaba en el vestíbulo de un hotel y, en vez de huir de la gente, les firmaba autógrafos.

Estaba muy preocupado por las personas mayores y siempre prestó atención a los más jóvenes. Actuaba como un niño. Por eso fue un ejemplo para los niños. Tenía una sonrisa y una actitud infantiles. No veía el color, veía gente. Reconocía lo que suponía, sobre todo, viniendo de Kentucky, del sur, entender que todos tenían que sufrir con el racismo a raíz de la esclavitud. Muhammad Ali se mantenía fuerte, y para superar las barreras hablaba de lo difícil que era y de lo difícil que debió haber sido para quienes lo precedieron. Y defendió a los musulmanes. En ese momento, el honorable Elijah Muhammad estaba allí con la Nación del Islam y se hablaba de controversia. Había controversia dentro de la controversia. Te divertías mucho con él fuera del cuadrilátero. Su personalidad era genial. Las cosas como son: Muhammad Ali fue la personificación de la personalidad.

Promocionó a Muhammad Ali y también a Mike Tyson, ¿cuál sería la comparación?

Ambos eran grandes pesos pesados. Muhammad Ali tenía una velocidad deslumbrante y era un bailarín en el ring. Era un boxeador. Era una combinación de cosas. Copiaba e imitaba a Sugar Ray Robinson, que era uno de sus ídolos. Ray Robinson, en mi opinión, fue el mejor boxeador de todos los tiempos. Muhammad Ali hizo que un peso pesado pareciera un peso mediano por la forma en la que boxeaba. Luego, acuñaría todas sus frases y predicciones. Incluso la cuenta atrás resultaba emocionante. La gente lo odiaba o lo amaba.

Mike Tyson tenía un poder aterrador y devastador. No era un boxeador que pudieras ver boxeando y sonriendo: era amenazante. Era un tipo que entraba y daba miedo. Te temblaban los huesos. Salía, buscaba y destruía. Ali iba por otro camino. Ganaba con su habilidad, encanto e ingenio. Estos dos muchachos fueron grandes luchadores. Mike Tyson, lo mismo: amarlo u odiarlo. Sin embargo, él era el tipo amenazante y devastador que quiere golpearte con tanta fuerza como para meterte la nariz en el cerebro. Era el tipo de hombre que no acabaría siendo tan querido como llegó a serlo Muhammad Ali. No es que Ali no lo fuera al principio, porque fue calumniado y vilipendiado, pero aún se encontraba en un momento en el que se movía para ser reconocido por la gente.

¿Considera que el espectáculo de la lucha extrema (UFC) es una amenaza para el negocio del boxeo?

A mí me gusta. Es algo natural, como las peleas callejeras. La lucha extrema es salvaje, por eso tiene una gran cantidad de seguidores. Tengo intención de promocionarlo también. La única persona realmente exitosa en la lucha extrema es Dana White. Tienen jaula y todo eso. Era un tipo crudo de barbarie que se ha convertido ahora en una versión sofisticada de barbarie que al público le encanta. Cuando tienes este tipo de cosas, puedes juntar a la gente. Creo que es sensacional y no tengo más que elogios para aquellos que han tenido éxito y se han hecho un sitio. Solía ser como cuando Clint Eastwood se paseaba con su mono en las películas de boxeo que hizo, en las que iba por ahí peleando [a puño limpio].

Fíjate en los campeones del pasado, que solían boxear de cuarenta a cincuenta asaltos. Luego, cuando empezó a sofisticarse, el marqués de Queensberry, un tipo del Reino Unido, empezó a llevarlo hacia las reglas, a los reglamentos. Más adelante, ya en esta época el Consejo Mundial del Boxeo, bajo el liderazgo del dinámico José Sulaimán, ha proporcionado mucha seguridad a los boxeadores, estableciendo los asaltos, reduciéndolos a doce y disponiendo de un médico en el cuadrilátero. Creo que la lucha extrema es algo realmente bueno: tienes una mezcla de artes y boxeo. Nada se sale del noble arte porque sigue habiendo balanceo, estás en un deporte de combate. El boxeo es diferente porque es específicamente boxeo.

Ambos pueden sobrevivir y pueden unir personas. Hay una multitud más joven que se acerca ahora y que no tuvo la oportunidad de oro de presenciar a Muhammad Ali, George Foreman, Ken Norton, Roberto Durán, Sugar Ray Leonard, Sugar Ray Robinson, Joe Louis, todos aquellos que realmente llevaron la bandera de aquellos deportes que no entraban en el programa como hoy. Así que creo que ahora, con la lucha extrema, hay nuevos tipos de fans, no como seguidores en sí del boxeo, sino como seguidores de un deporte de combate brutal con codazos, patadas y mordiscos.

Esto les encanta a los jóvenes. Creo que uno puede ayudar al otro y, como sabes, lo pusimos en práctica con Antonio Inoki y Muhammad Ali. Yo metí la lucha extrema en uno de mis programas con Muhammad Ali. Ali luchó contra el luchador japonés, Inoki. Inoki era un campeón de lucha extrema y Ali era un campeón de boxeo. Juntaron a ambos e Inoki le pateó las piernas. Aunque estas cosas se están regulando. Así que creo que es genial. No tengo nada en contra de la lucha extrema porque es un deporte popular. Mucha gente en general y muchos jóvenes vienen a verlo. Es emocionante. Eso une a la gente y a eso me dedico: a organizar gente.

JIM BROWN

Jim Brown ha sido el mejor jugador de fútbol americano profesional de la historia y uno de los mejores deportistas que jamás haya dado Estados Unidos De 1957 a 1965, jugó para los Cleveland Browns y fue reconocido en tres ocasiones como jugador más valioso de la liga de fútbol americano. Ganó un campeonato de la NFL con los Browns en 1964 y estableció varios récords. Después de retirarse del fútbol, Brown hizo su transición a Hollywood y apareció en películas como *Los doce del patíbulo* y *Estación Polar Cebra*, al tiempo que trabajaba con el movimiento de derechos civiles.

Fue incluido en el Salón de la Fama del Fútbol Americano Profesional en 1971. Brown y Muhammad Ali fueron amigos íntimos desde mediados de la década de 1960 hasta la muerte de Ali.

Jim, ¿cuándo conociste por primera vez a Muhammad Ali?
Fue en la década de 1960. Durante el movimiento por los derechos civiles, lo conocí y nos hicimos íntimos. Sentía una gran admiración por la postura que él había adoptado. Fue un activista social. Luchó por la justicia de ser un ciudadano de primera clase en este país. Sentí una gran admiración por su postura y su coraje. Además, fue un gran boxeador, por supuesto. Seguí sus peleas y transmití un par de ellas. Apoyé su posición.

¿Puedes darme detalles del histórico encuentro que tú y algunos de los deportistas afroamericanos de élite organizaron con Muhammad Ali durante la época del gran alboroto tras su negativa a unirse al ejército?
Yo me encontraba en Inglaterra terminando una película, había mucha publicidad sobre Muhammad Ali y pensé que era realmente propaganda. Me pareció que estaban desorientando al público. Por aquel entonces yo dirigía una organización llamada The Negro Industrial and Economic Union. Llamé al director ejecutivo, John Wooten, y le dije que nosotros, los mejores deportistas negros del país, deberíamos reunirnos con Ali y tener una conversación con él para determinar cuál era su verdadera postura y cuáles eran las circunstancias. Luego, cuando regresase al país, acordaríamos una fecha para dicha reunión, y así lo hicimos. Regresé y esa noche me reuní con Muhammad Ali en mi casa, donde él y yo discutimos sobre todo el significado de lo que estábamos haciendo.

¿Consideras que hizo mucho para allanar el camino de la comunidad negra y también para los deportistas negros en la década de 1960?
Bueno, ante todo, sí. Hizo un gran trabajo para los deportistas negros, aunque más en favor de la comunidad negra. No se centraba en los atletas; se concentraba en la comunidad negra porque la mayoría de los deportistas llevaban una vida bastante buena en Es-

tados Unidos y estaban obteniendo privilegios que la población negra no disfrutaba. Así que su foco estaba puesto en la llamada gente corriente, la gente común, los ciudadanos de este país. Aunque debo añadir que Muhammad Ali, al luchar por la justicia para los negros, realmente estaba luchando por todas las personas, ya que, si un grupo de personas no disfruta de la democracia, entonces la democracia es una farsa. La democracia no puede estar únicamente dirigida a un grupo de personas, debe ser para todas las personas, de lo contrario no funciona. Por lo tanto, su esfuerzo por ayudar a los negros fue un esfuerzo por ayudar a todas las personas.

¿Mantuviste alguna conversación profunda con Muhammad Ali que te venga a la mente? ¿Fueron amigos íntimos durante muchas décadas?

Sí, así es. Nos divertimos mucho juntos: él siempre estaba bromeando. Aunque tenía su lado serio. Un día dijo: «Vamos a darnos un paseo por la comunidad». Dije: «¿Dar un paseo por la comunidad? ¿Qué vamos a hacer?» Contestó: «Simplemente vamos a caminar por la comunidad y a hablar con la gente. Y facilitar que otras personas hablen con nosotros. Les demostraremos que nos preocupamos por ellos porque damos este paseo». Me pareció algo muy simple y elemental. Pensé que era algo con mucha fuerza que podíamos hacer porque ¿a cuántos famosos se les ocurriría caminar sin más entre la gente saludando, besando a los bebés, estrechando la mano y alentando a la gente a que hay una vida mejor que la que vivía el trabajador, y que nosotros pensábamos en ellos? Lo que hicimos me pareció maravilloso. Así fue como empezó a pasear regularmente entre la gente, simplemente saludando, yendo a peluquerías, cosa que a la gente le encantaba. Era ese tipo de persona que podía hablar con cualquiera y hacer que la gente se sintiera bien. Era humano y muy amable.

En cuanto al combate con el jugador de baloncesto Wilt Chamberlain, ¿Muhammad Ali realmente iba a pelear con él?

Sí. Se planteó la idea de que pudieran pelear juntos Wilt Chamberlain y Muhammad Ali, ya que Wilt era grande y fuerte. Herbert Muhammad era el mánager de Ali en ese momento. Se me planteó esa idea. Me pareció una buena idea que podría resultar interesante. Hablamos con Herbert. La cosa quedó en que yo sería el mánager de Wilt Chamberlain y creo que Cus D'Amato iba a ser el entrenador. Fuimos a Nueva York y nos reunimos en el hotel al otro lado del Madison Square Garden. Yo organicé la reunión, pero cuando Ali y Wilt se juntaron, Ali le llegaba al pecho a Wilt Chamberlain. Herbert se dio cuenta de lo grande que era Wilt y creo que decidió que no sería una buena idea porque habría una posibilidad de que Ali no pudiera alcanzarle en la mandíbula a Wilt Chamberlain. Así que todo se canceló. Pero sí que hubo un verdadero intento de unir a ambos.

¿Puedes hablarnos de tu experiencia como sparring *de Muhammad Ali?*

Ali vino una vez a mi casa con Angelo Dundee y un grupo de personas. Me trajo un par de guantes de boxeo como regalo. Me dijo: «¡Venga, póntelos y pelearemos en el patio!» Tenía una casa en la montaña con una terraza que daba a la ciudad. Me puse los guantes y comenzamos a entrenar. Él me decía: «¡Vamos, pégame!» Yo lo intentaba, pero nunca lo conseguía. Él era demasiado rápido, aunque ni siquiera me golpeaba. Durante unos tres asaltos, seguí intentando golpearlo y nunca pude, así que me cansé. Cuando me cansé, comenzó a golpearme y a demostrarme cómo hacía que su contrincante se cansara. Cuando se cansaban, solía lanzar un directo de izquierda y un cruzado de derecha. Así es como ganaba muchas de sus peleas. Nos reímos mucho porque nunca pensé que podría pelear contra Muhammad Ali. Así que todo quedó en broma y diversión. Siempre tenía un brillo en los ojos, siempre se divertía y dejaba las cosas claras. Una idea quedó muy clara ese día: un futbolista no tendría ninguna posibilidad contra él como luchador.

¿Alguna vez estuvo en el rodaje de alguna de tus películas?

Sí. Cuando estuve en Londres, apareció en el rodaje de la película *Los Doce del Patíbulo*. Conoció a muchas de las estrellas y saludó a muchas de ellas. Hizo el payaso con algunos y se lo pasó en grande. Nosotros rodábamos allí en ese momento, y él estaba entrenando en Inglaterra.

¿Crees que Muhammad Ali se distanció al final de la Nación del Islam e hizo una transición hacia la corriente principal del islam?
En realidad, no conozco en detalle toda la historia, pero sé que Muhammad Ali creía en Elijah Muhammad. Creo que cuando Elijah Muhammad murió, todo cambió para él. Creo que se convirtió en un seguidor más de la corriente principal del islam. No es que realmente le diera la espalda al pueblo de Elijah en la Nación del Islam, simplemente se convirtió en un seguidor mayoritario del islam. Sentía un enorme cariño por Elijah Muhammad. Después del combate contra Sonny Liston en Miami, yo lo acompañé y me confesó que no pensaba seguir a Malcolm X, pero que iba a seguir siendo seguidor del honorable Elijah Muhammad. Y así lo hizo.

¿Qué peleas presenciaste junto al cuadrilátero? ¿Alguna anécdota entre bambalinas?
Cuando Ali luchó contra Henry Cooper, yo estaba en el cuadrilátero. Estuve en Zaire cuando se enfrentó a George Foreman; yo transmití la pelea con David Frost desde Zaire, cuando venció a George Foreman. Bueno, una de las anécdotas es que el combate se pospuso, y la gente apoyaba a Muhammad Ali al cien por cien. Sin embargo, George era uno de los favoritos en ese momento. Creo que se llevó un par de perros policía a África, pero a la gente no le gustaban los perros policía porque la policía los usaba para arrestar a la gente. No fue más que una mala decisión de George que desconocía eso, y Ali lo aprovechó al máximo. Se acuñó esta frase en Zaire: «¡Ali bombayi!», «¡Ali bombayi!» Supongo que significaba algo así como: «Ali, noquea a George Foreman».

Mantuviste la amistad con Muhammad Ali durante mucho tiempo, ¿alguna idea final?
Muhammad Ali fue un gran hombre que creía en las personas. Luchó por los derechos de los negros y profesaba un gran amor

por la gente. Puede considerarse el mejor boxeador de todos los tiempos. Sin embargo, más allá de lo bueno que fuera en el cuadrilátero, fue aún mejor fuera del ring porque defendía aquello en lo que creía. Fue un hombre genial.

WALTER BEACH

Walter Beach III, nacido en Pontiac (Michigan) en el seno de una familia trabajadora, jugó al fútbol americano con los Boston Patriots de la liga regular de la AFL y con los Cleveland Browns de la liga NFL. Fue uno de los deportistas afroamericanos invitados a la histórica reunión en Cleveland, en 1967, por el miembro del Salón de la Fama de la NFL Jim Brown para apoyar la situación del reclutamiento de Muhammad Ali. Actualmente, es el director ejecutivo de Amer-I-Can of New York, Inc., empresa fundada por su compañero de equipo y amigo Jim Brown.

Usted fue uno de los deportistas afroamericanos más conocidos que apoyó la postura del reclutamiento de Muhammad Ali. ¿Cómo influyó su propia formación en su evolución como persona?

En la cultura y en la sociedad de la época, las leyes segregacionistas Jim Crow estaban vigentes y uno desarrollaba estrategias personales para abordarlas. Algunos reflexionaban más que otros al respecto. Había quienes se aclimataban al sistema de segregación de Jim Crow. Era un recorrido personal. Vengo de una familia preocupada por las razas. Mi abuela y mi abuelo eran muy conscientes de la raza. Así que yo siempre me enfrenté a eso. Mi madre, mi padre y mi abuela siempre estaban peleando por esos problemas en particular. Esa fue la esencia de mi desarrollo. Algunos procedían de un entorno diferente, pero yo siempre fui consciente de mi comunidad porque era una comunidad pequeña en Pontiac (Michigan). Teníamos un concepto extenso de situación familiar. Siempre fui muy consciente de cuál era mi raza, mi responsabilidad, deber y compromiso con mi familia. Esa fue básicamente mi formación.

¿Puede hablarnos de la histórica reunión organizada por su amigo y miembro del Salón de la Fama, Jim Brown, para apoyar la postura del reclutamiento de Muhammad Ali?

La primera vez que lo conocí fue en esa reunión. La organizó básicamente Jim Brown. Él formaba parte de los Cleveland Browns, igual que yo. Jim se había puesto en contacto con Lew Alcindor (Kareem Abdul-Jabbar), Bill Russell y algunos otros deportistas. En ese preciso momento, yo era miembro de los Cleveland Browns. Jim nos reunió y debatimos. Ali compartió sus puntos de vista con todos nosotros sobre su compromiso con la religión y la Nación del Islam.

No creo, hasta donde yo sé, que ninguno de nosotros fuera musulmán. Pensaba que la mayoría de las personas del grupo no era musulmana, pero apoyábamos sus principios. Estábamos de acuerdo con sus principios y en que esa era la forma en la que él sentía que debía ejercitar lo que yo llamaría «la inherente autenticidad de lo que él quería hacer». Creo que eso es lo que todos apoyábamos. Era una de esas cosas a las que te enfrentas en ese tipo de situaciones, situaciones que afectan a tus creencias personales y tu fe. Sus creencias y su fe eran que él no debería ir a la guerra. Era un objetor de conciencia, no creía en la participación en la guerra. Sobre todo, no creía en ir a la guerra contra individuos o personas con quienes no tenía nada particular en contra. Basándome en su religión y creencias políticas, estuve de acuerdo con eso. Yo no fui objetor de conciencia. De hecho, serví en el ejército.

¿Muhammad Ali aclaró algo específico?

Ali dejó muy claro que era un objetor de conciencia. No creía en la participación en la guerra. También apoyó a la Nación del Islam en los términos que el pastor estaba articulando. También creía en ser miembro de una comunidad. Había un montón de gente que se oponía a la guerra de Vietnam, no solo Ali. Él fue muy claro respecto al hecho de no querer estar asociado a ese tipo de comportamiento. Creo que nuestro grupo de deportistas en la reunión apoyaba eso: su derecho a expresarse. No hablábamos por nadie más que por nosotros mismos. De eso trataba la Negro Union. Intentamos organizarnos para unir a los deportistas, ya que teníamos una responsabilidad mayor que la de solo hacer deporte. Era una discusión que mantuvimos todos los que nos reunimos en aquella ocasión. Compartimos nuestra filosofía y conversación, y nadie era más importante que el otro. Nos respetábamos y reconocimos el hecho de que se podrían cambiar las cosas.

Sin embargo, en ese grupo en concreto no hubo diferencias particulares. De lo que Ali hablaba era del hombre negro, el hombre afroamericano sometido en este país a algunas de las mismas cosas que los imperializados y los comunistas estaban haciendo en Vietnam. Pero el principio es: ¿por qué has de ir a batallar con alguien, cuando tu bando realmente no te trata bien? Es una relación interesante. Sin embargo, a aquellos que han estado en el terreno personalmente no les entra en la cabeza que alguien pueda estar interesado en unirse a quien viola sus derechos para violar los derechos de otra persona. Yo no era uno de ellos y no creo que Ali fuera uno de ellos. No estoy tratando de equipararme con Muhammad Ali, él probablemente sea uno de los seres humanos más importantes con los que he estado.

¿Hubo algo específico de lo que él proclamaba que llamara su atención?

Ali era muy interesante. Tuve la oportunidad de charlar con él cuando se estaba preparando para un par de combates. Recuerdo que estábamos discutiendo mientras se preparaba para una de sus peleas y alguien le preguntó: «¿Tienes un plan de juego o una estrategia?» Él dijo: «Sí. Siempre hay un plan de juego y una estrategia hasta que te golpean». Añadió que, cuando alguien te golpea, te olvidas de todo. Ali era un tipo muy gracioso, divertido y cómico.

Era muy ingenioso, pero al mismo tiempo, cuando empezaba a hablar en serio, tenía mucha perspicacia. Era muy crítico; pensaba de forma muy crítica. Era un hecho que le preocupaba, la moral social. Él, como muchos de nosotros en ese momento, se preguntaba cómo es que no había una indignación moral ante la injusticia. Es como hoy en día. No se siente indignación por las injusticias que afrontan ciertas personas. Él estaba en un nivel diferente en cuanto a la intensidad de la moralidad a la que estábamos expuestos en aquel momento. Creo que el concepto era que estábamos involucrados en el deporte como entretenimiento. Y el entretenimiento es precisamente eso: para calmar a los individuos, los entretienes.

No obstante, hay algunos puntos críticos reales. El medio ambiente y la cultura son mucho más importantes que el entretenimiento. Una de las personas a las que consideré un héroe, aparte de Jim Brown, Muhammad Ali y Bill Russell, me transformó personalmente en ese aspecto: Paul Robeson. Paul Robeson era un ser humano de calidad. Siempre hablaba de problemas humanos. También era artista, actor, cantante y deportista de talento. Sin embargo, en su vida siempre hubo más cosas aparte del entretenimiento. Creo que eso es algo que les falta a los deportistas actuales. Insisto, esta es mi opinión. No conozco a ningún deportista profesional que se ocupe de algún tipo de problema social y cultural que afecte no solo a los afroamericanos, sino a todos los seres humanos de manera significativa y relevante.

¿Asistía a sus combates?

No vi muchas de sus peleas aparte de las televisadas. Yo era profesional de fútbol americano. No creo que haya ido a un partido de fútbol en mi vida: los Browns me invitaron una vez. No soy ese tipo de persona. Ese no es mi ocio preferido. De hecho, en mi ocio hay una gran cantidad de lectura. Me encanta leer y concentrarme. También juego al ajedrez. Así es como me encuentro cómodo y satisfecho. No asisto a combates, partidos de béisbol, de baloncesto o cosas así.

¿Considera que Ali era un deportista especialmente dotado por la naturaleza y que este era el motivo de su éxito en el boxeo?

Era un atleta excelente. Probablemente sea uno de los maestros del deporte. Estudió, se entrenó y trabajó duro. La gente tiende a sorprenderse, especialmente con superdeportistas actuales como

Michael Jordan, Kobe Bryant..., del trabajo que conlleva. Poseen un talento divino, pero lo trabajan. También Ali lo trabajó, no se dormía en los laureles: pagó su precio. Se levantaba por las mañanas a correr. La habilidad atlética y el talento divino es necesario, pero no son suficientes. Es necesario tener un don, pero luego hay que trabajarlo. Tienes que dedicarle tiempo. Tienes que correr en la carretera, golpear el saco grande y pesado y tienes que repasar los vídeos y analizarlos. Requiere un nivel de compromiso que te haga avanzar más allá de lo normal: desde tu rango promedio hasta el nivel de ser considerado un deportista superior. Y Muhammad Ali era un deportista superior física y espiritualmente. Su desarrollo espiritual es otra cosa que la gente no tiene en cuenta. Tenía que elevar su espiritualidad y su compromiso espiritual para llegar a ser lo mejor posible.

¿Hubo algo que Muhammad Ali dijera que le pareciese edificante?
Bueno, le escuché algunas cosas de esas que se te clavan en la mente. Citaba muchas veces el concepto de opresión. Dijo una vez en mi presencia, que no eran sus palabras, sino que eran las palabras de alguien de Sudáfrica. Dijo: «Una declaración es probablemente el arma más potente en manos del opresor». Muhammad Ali decía que la mente es el arma más importante. Tienes que mantener tu mente clara y enfocada. Tienes que poder luchar. Esto se remonta básicamente a lo que antes comentaba respecto a que lo planificas todo hasta que alguien te golpea. La mente es lo más importante. Ese es uno de los mensajes que recibí de Muhammad Ali: tener una mente clara, brillante y centrada. Creo que de ahí proviene gran parte de su humor e ingenio, porque su mente era brillante y clara.

FRED WILLIAMSON

El jugador profesional de fútbol americano, convertido en actor, Fred Williamson, es famoso por desempeñar un papel fundamental en el auge cinematográfico de películas del género Blaxploitation en la década de 1970, donde se mostraban personajes afroamericanos como héroes de acción. Durante la década de 1960, jugó en los Pittsburgh Steelers de la liga de fútbol NFL, así como en los equipos de la liga AFL Oakland Raiders y Kansas City Chiefs. Se pasó a la faceta de actor en 1967, apareció en películas como *El padrino de Harlem*, *Harlem Sangriento* y *MASH*, y llegó a ser conocido como «the Hammer» («el Martillo») por su estilo basado en el kárate que usaba en sus peleas de ficción. En 1996, Williamson coprotagonizó *Abierto hasta el amanecer* y apareció en la película *Starsky y Hutch*. Sigue actuando, dirigiendo y produciendo.

A finales de la década de 1950 y en la de 1960, ¿qué grado de dificultad supuso para los deportistas y actores afroamericanos triunfar en Estados Unidos y romper la barrera racial?

Es bastante difícil responder esa pregunta combinando esos dos colectivos porque son casos muy diferentes. Los deportistas siempre encuentran una vía de triunfar en cualquier sociedad porque la gente quiere ganar, es un acontecimiento individual. Por lo tanto, obviamente, querían a los mejores deportistas, y los mejores eran negros, esa es la verdad. Así que no fue tan difícil para los deportistas alcanzar el éxito. Es probable que estuviéramos en la parte más baja de la escala salarial, pero al menos había trabajos disponibles para los buenos deportistas negros.

Sin embargo, en lo que respecta a los actores, todo era un reto: si pones algo sobre la mesa y permites que la gente gane dinero con tu talento, entonces hay una posibilidad de superar la barrera. No puedes venir pidiendo algo, debes aportar algo diferente. Si tu aportación es diferente y se vende, entonces tienes más posibilidades de tener éxito porque no depende solo del talento. Hay mucha gente en paro que tiene talento. Tienes que poner sobre la mesa algo con lo que la gente pueda ganar dinero contigo. A todo el mundo le gusta ganar dinero, pero eso no quiere decir que quieran venir a tu casa a cenar, ni que tú quieras que vengan a tu casa a cenar. Lo que quieres es permitirles que ganen algo de dinero, ellos ganan dinero contigo y tú ganas dinero. Es decir, estamos hablando de dólares y centavos.

¿Cuándo llamó su atención Muhammad Ali?

Yo miraba al hombre porque el hombre era un espejo de mi enfoque en el mundo empresarial, de mi enfoque en la sociedad. Muhammad Ali fue un manipulador como yo lo he sido en mi carrera. He manipulado a la gente sin que supieran que estaban siendo manipulados. Han pasado más de cuarenta años desde que dejé el fútbol, desde que colgué los zapatos. Me apodaban «the Hammer». Hoy en día, gente que jamás me vio jugar me conoce aún como «the Hammer», gente que solo había oído hablar de mí. Así es que me he quedado con ese apodo, que se ha quedado grabado en la mente de la gente porque yo he permitido que ocurra. Muhammad Ali tenía la misma idea sobre la apariencia dura, ser el tipo más malo del planeta no es la mejor forma de venderte. Como te decía, tienes que poner algo diferente sobre la mesa. Era un fanfarrón al que todo el mundo quería callar. Todos querían golpearlo y derribarlo.

Al hacerlo, se puso en una posición en la que la gente iba a por él. A pesar de que no era un mal tipo en el cuadrilátero, todos querían boxear contra Muhammad Ali para cerrarle el pico. Él era un maestro en hacer esto. Era un maestro en agrupar a la gente en una esquina, hacer que se enojaran con él y luego retroceder, mostrando una pequeña sonrisa y un poco de su encanto. La gente decía: «Vaya, ¿hablaba en serio? ¿Realmente es así?» En realidad, nadie lo sabía porque nunca te daba esa oportunidad. Él simplemente lo hacía así por ti. Y eso se basaba en tu personalidad, en cómo aceptabas a Muhammad Ali, del mismo modo que como yo jugaba al fútbol. Cuando yo salía al terreno de juego, dada mi fanfarronería, les decía lo que iba a hacer individualmente a los equipos con los que jugaba, cincuenta mil personas me abuchearían en un lado del campo y cincuenta mil personas me vitorearían en el otro lado del campo. Son cien mil personas observándote. No importa porque no van a influir en tu juego. No influirán en tu capacidad para hacer el trabajo. Captas la atención de cien mil personas.

¿Cree que Muhammad Ali hizo algo más que elevar el nivel del boxeo? ¿Diría que es un portavoz de la comunidad negra, cuya admiración hacia él se debía a la defensa que hizo de sus derechos?

Todos los ciudadanos negros lo admiraban porque hizo algo en lo que él creía. Creía en su religión, en sus derechos y sufrió las consecuencias derivadas del hecho de que su religión estuviese en conflicto con el gobierno estadounidense. La gente lo admiraba porque era un hombre que defendía algo. Se defendió a sí mismo y no se vendió. Estaba dispuesto a ir a prisión y a pagar el precio de aquello en lo que creía. Todo hombre que haga eso, obviamente obtendrá muchos seguidores y el respeto de la gente, independientemente de su color.

¿El ciudadano blanco aceptó a los ciudadanos negros tras la aparición en escena de Muhammad Ali o había sentimientos opuestos?

No, no, no. Los blancos nunca nos aceptaron entonces y no nos aceptan hoy. Hablamos de dólares. Una vez más, se trata de dinero. La diferencia entre negros y blancos es la siguiente: si haces ganar dinero a la gente, te aceptan. Hacerles ganar dinero no implica que te acepten socialmente. De nuevo, no es importante. Los negros luchan por su identidad y por ser respetados en un nivel igual, eso es realmente lo que los negros intentan lograr: igualdad económica y respeto.

Entonces ¿los deportistas y los actores no eran tratados de la misma manera que los actores y deportistas blancos en una base profesional durante el periodo del movimiento por los derechos civiles?

No puedes unir esos dos colectivos. No puedes unir deportistas y actores porque no todos los deportistas pueden ser actores. Si te fijas en los deportistas que intentaron entrar en el mundo de la interpretación, ya fueran negros o blancos, no hay muchos que lo lograsen. Jim Brown y yo probablemente seamos los dos mejores ejemplos de deportistas que estuvimos en lo más alto en nuestros deportes y fuimos capaces de trascender en el mundo de la actuación. Fue más una cuestión de oportunidad del momento y no tanto de ser blanco o negro; de comerciabilidad. A Jim Brown, le ponías en una película y la gente quería verlo. Conmigo pasaba lo mismo. Así que pusimos algo sobre la mesa. No pedíamos nada: traíamos notoriedad. Una vez dentro del mundillo, nos correspondía demostrarles que teníamos talento y que manteníamos el talento que teníamos. Jim lo hizo bien y yo todavía lo estoy haciendo bien. Una vez más: la diferencia entre blanco y negro es verde.

¿Veía a Muhammad Ali en la televisión o iba a sus combates?

Es probable que viera el noventa y cinco por ciento de sus peleas. Creo que la experiencia más dramática que tuve fue ver cómo Muhammad Ali recibía un golpe y caía a la lona por primera vez en el combate con Frazier. Todos los que estábamos en la habitación viéndolo nos echamos a llorar. Cayó y perdió el combate. Fue una experiencia realmente dramática para mí y para todos los seguidores de Muhammad Ali.

¿Eran amigos?

Sí, era amigo de Muhammad Ali. Muhammad y yo nos conocíamos bien porque tenemos la misma filosofía sobre el éxito. Por eso, cuando nos juntábamos, solíamos charlar. Yo iba a su casa muchas veces en Chicago, de donde soy yo, en la época en la que él vivía allí. Organizaba cosas los fines de semana en su casa. Ponía grandes carpas y montaba fiestas. Muhammad Ali y yo éramos buenos amigos.

¿Sería correcto afirmar que la Nación del Islam fue una vía para que los negros se reunieran y ayudaran a difundir el «mensaje»?

No creo que sea correcto decir eso. La religión islámica nunca fue aceptada porque pensaban, en primer lugar, que Muhammad Ali la usaba como excusa para no ir al servicio cuando fue llamado a filas. Por eso, mucha gente nunca aceptó realmente el movimiento islámico como religión. Pensaban que podría ser algo que unía a los negros contra los blancos, por lo que era una organización que siempre fue temida. No se trataba de una organización respetada. Era temida porque los blancos tenían este miedo sobre una posible unidad entre los negros, ya que nunca habíamos tenido unidad de forma general. Algunos lo vieron como una organización que trataba de unificar a los negros, por lo que creó más miedo que positivismo.

¿Qué es lo más convincente que le oyó decir?

No hay una cosa sola. Creo que cuando la gente escuchaba hablar a Muhammad Ali, percibían que era sincero en sus creencias y que no usaba su religión como excusa para cambiar las cosas. Trataba de expresar aquello en lo que creía. No se puede despreciar a un hombre por sus creencias, sin importar cuáles sean estas. Si cree firmemente en ello, tienes que aceptarlo o evitarlo, no lo cuestionas. Y eso es lo que le pasó a Muhammad Ali. Fue cuestionado por los tribunales, por el gobierno, por la ley al decir que su religión no era una religión real. Sin embargo, si escuchas hablar a Muhammad Ali, entiendes al hombre y a la religión. Él sentía que estaba haciendo lo correcto según su religión. Por lo tanto, creo que ese fue su mayor activo. Si lo escuchas, sabía bien cómo expresarse.

¿Cómo definiría a Muhammad Ali desde la perspectiva de un gran deportista?

Fue el mejor boxeador de todos los tiempos. Su frase era «flota como una mariposa y pica como una abeja». Probablemente sea el único peso pesado que boxeaba como un peso ligero. Muhammad era rápido, más rápido de lo que puedes percibir. Su juego de pies te demostraba que era un boxeador de escenario, no solo un gran peso pesado torpe y desgarbado, que es lo que tenemos hoy. Hoy, tenemos sobre el cuadrilátero tipos grandes y torpes lanzando golpes salvajes. No tenemos a nadie tan bueno como él. ¡La categoría de peso pesado en el boxeo está caduca! Hoy en día no hay nadie interesante en los pesos pesados. Él consiguió muchas cosas como convertir el boxeo en entretenimiento, todo en uno. Nadie ha podido repetir eso en la categoría de peso pesado desde entonces.

Con respecto al estigma racial, que ha afectado a muchas personas, ¿qué impacto tuvo el Ku Klux Klan en la sociedad estadounidense de aquel entonces?

Bueno, el Ku Klux Klan era una organización abocada al fracaso desde un principio. No se puede mantener una organización en Estados Unidos basada en el conflicto social, que conlleva violencia, crimen y quebrantamiento de la ley. Eso es autodestructivo desde el principio. No tienen una finalidad real, excepto matar y colgar a los negros. La sociedad estadounidense no puede tener como finalidad dañar a otras personas, independientemente del color que sean. Tarde o temprano se incumple una ley. Y si se infringen las leyes, la organización se divide. Había demasiadas cosas que se estaban haciendo mal en el Klan, estaba destinado al fracaso.

¿Cuál era la organización benéfica que apoyaba Muhammad Ali por aquel entonces?

Ali sabía lo que era él. Sabía que era un líder y que la gente lo seguía. Sabía que la gente lo escuchaba. Así que fue muy cauto al apoyar una determinada organización. Había una organización que tenía Jim Brown, que ayudaba a la gente negra en situaciones económicas negativas y les ayudaba a mejorar su situación encontrándoles trabajo. Era una organización que tenía Jim Brown, en la que Muhammad Ali se involucró y a la que dio su apoyo. Así que tuvo mucho cuidado con las organizaciones con las que se alineaba. De hecho, no hubo muchas en las que Muhammad Ali tomara parte.

¿Puede contarme la última vez que usted y su esposa coincidieron con Muhammad Ali en un evento?

Estábamos en Las Vegas para un acto. Nos saludamos con un abrazo. Me conmovió mucho el hecho de que todavía supiera quién era yo. Se acordaba de mí. Fue una experiencia bastante conmovedora que no estuviera tan perdido como parecía físicamente. Su mente seguía funcionando bien, pero su habla era un poco confusa. Estaba un poco lento, pero no estaba del todo ausente. Pensé que todavía quedaba en él algo del Muhammad Ali de antes.

¿Por qué cree que hay personas más allá del mundo del boxeo y del deporte que admiran a Muhammad Ali?
Muhammad Ali representaba ciertas cosas: representaba a un hombre con creencias que estaba dispuesto a asumir la caída por sus creencias, además de ser un boxeador muy bueno, un boxeador de motivación. No ha habido ningún boxeador desde entonces que haya aportado tanto entretenimiento dentro y fuera del cuadrilátero. Hoy en día, no hay ningún luchador que aporte tanta emoción a su deporte. Sin duda alguna, era muy divertido.

¿Diría que presentaba dos personalidades: exterior e interior? Era un buen tipo más allá de las bravuconadas e insultos que pronunciaba antes de un combate.
Ahí radicaba lo mejor de este hombre, ¡nunca se sabía! ¡Nunca te lo decía ni te lo explicaba! Dependía de ti sacar tus propias conclusiones. Esto se traducía en que él ponía la presión en ti, en tu personalidad y en tu carácter para que tú te preguntaras: «¿Esto va en serio o solo está bromeando?» Eso era lo mejor de él. Te permitía decidir a ti sin que él intentara explicarse, ¡cosa que nunca hizo!

DOCTOR HARRY EDWARDS

El doctor Harry Edwards es profesor emérito de Sociología en la Universidad de Berkeley (California). Figura a la vanguardia de la conjunción entre raza y deporte en Estados Unidos desde hace más de cuatro décadas, siendo un portavoz radical de los atletas negros en el mundo deportivo y un defensor de que asuman puestos directivos. Era un deportista prometedor antes de conseguir su licenciatura en Sociología y desarrolló su faceta de consultor de personal del equipo de fútbol americano San Francisco 49ers y del equipo de baloncesto Golden State Warriors. Es autor de varios libros, incluido *The Revolt of the Black Athlete*, publicado originalmente en 1985 y ahora actualizado para incluir aspectos del movimiento Black Lives Matter.

En un principio, ¿cuánto impacto tuvieron los atletas negros, como Jesse Owens y Jackie Robinson, en la sociedad estadounidense antes de que Muhammad Ali se hiciera famoso?

En los años previos e inmediatamente posteriores a la Segunda Guerra Mundial, los atletas negros, los estadounidenses negros en general, lucharon por ganar relevancia. Luchaban por romper los grilletes de la segregación. Esa lucha, por supuesto, destacó en casos como el de Jesse Owens y Joe Louis tras regresar de diferentes eventos deportivos. Jesse Owens de los Juegos Olímpicos de 1936 y Joe Louis de los dos combates que tuvo con el campeón alemán. Eso realmente llevó al atleta negro a un primer plano en el escenario principal, no solo en la sociedad estadounidense, sino en el mundo entero.

Después de la Segunda Guerra Mundial, para muchos estadounidenses negros se trataba de una guerra tanto contra el racismo como contra el imperio. El papel del deportista negro iba realmente en ascenso, tomando un tremendo impulso después de la Segunda Guerra Mundial para integrar el deporte en la sociedad estadounidense. Todos conocemos el gran experimento de Jackie Robinson, pero también tienes ejemplos en el fútbol profesional como el de Kenny Washington y Woody Strode en Los Angeles Rams. Encontrabas jugadores como Bill Willis y Marion Motley, que también llegaron durante esa época al fútbol profesional convencional. Se produjo entonces un tremendo impulso para darles acceso. Esa fue la lucha en esa etapa, en los años inmediatamente anteriores a la Segunda Guerra Mundial.

Luego, al finalizar la gran guerra, se produjo esa tremenda presión surgida de los negros que lucharon en la Segunda Guerra Mundial tanto como cualquier otro, la guerra del racismo, los negros consiguieron avances al llevar la guerra a la calle en igualdad de condiciones con los blancos. Estaban, además, los soldados que regresaron de la guerra, quienes realmente alimentaron la noción de que si la libertad, la justicia y todo eso era bueno para la gente de Europa, y lo suficientemente bueno para la gente de Filipinas, también debería ser lo suficientemente bueno para nosotros aquí mismo. Los atletas negros que surgieron en los tiempos previos a la Segunda Guerra Mundial, dado que la comunidad negra estaba más presente que nadie en el frente, en el escenario principal, dieron un tremendo impulso para seguir adelante después de la Segunda Guerra Mundial. Y así es como se alcanzó esa tremenda presión de integración en el fútbol y el béisbol, en particular Jackie Robinson, Kenny Washington, Woody Strode, Marion Motley, Bill Willis, y todos estos tipos. Era una batalla por dar acceso.

¿Cuándo entró en contacto por primera vez con Muhammad Ali?
Mi primer contacto con Muhammad Ali fue en 1960. Yo era un atleta y jugador de baloncesto principiante en el estado de San José. Yo había salido de la universidad. Había establecido un récord nacional de disco y estaba transferido al estado de San José con una beca de atletismo y baloncesto. Dio la casualidad de que el entrenador de boxeo del equipo olímpico de Estados Unidos en 1960 era Jules Menéndez, que también era de San Luis, el mismo lugar de donde yo había venido a California para jugar. Jules Menéndez también era de San Luis. Entonces, cuando trajo al equipo de boxeo de Estados Unidos a San José para entrenar, tuve la oportunidad de conocer a Muhammad Ali. En ese momento, yo medía dos metros y pesaba ciento trece kilos, era lanzador de disco y jugador de baloncesto. Él parecía un crío flaco de 1,90 de altura y puede que pesara unos ochenta kilos. La cosa es que él era boxeador y hablaba mucho y era muy divertido de ver. Ese fue mi primer contacto con Muhammad Ali.

La segunda vez fue después de que ganara la medalla de oro olímpica en 1960. Acabó boxeando con otro tipo que tenía raíces en San Luis, Sonny Liston, de quien teníamos constancia en San Luis desde hacía varios años, y más todavía después de vencer a

Floyd Patterson. Entonces, de repente, miré hacia arriba y allí estaba Muhammad Ali luchando contra Sonny Liston. Nadie pensaba que pudiera vencer a Liston. Liston era el tipo más grande, mezquino y malo del mundo. Sin embargo, la única persona que realmente creía que podía vencer a Liston era Cassius Clay. Así que ese fue mi segundo contacto realmente intenso con Muhammad Ali.

Luego, en 1967, en el momento de su veto en el mundo del boxeo por su negativa a cumplir con el reclutamiento, vino a la Universidad de Cornell donde yo estaba haciendo el doctorado. De hecho, me pidieron que fuera su acompañante y guía durante el día, así que me senté a su lado. Hablamos bastante en la cena que hubo antes de que él hablara con los estudiantes en Cornell. Así que he tenido contacto directo con Muhammad Ali desde hace años. Por supuesto, hemos hablado varias veces a lo largo de los años en charlas, en diferentes eventos. Uno de ellos fue una exhibición de boxeo en la prisión estatal de San Quentin a principios de la década de 1970 cuando yo asesoraba a los reclusos. Lo vi durante aquella época.

Durante el boicot de los Juegos Olímpicos de 1968, ¿qué papel desempeñó Muhammad Ali?

Ali en 1968, por supuesto, estaba luchando para ser restaurado como campeón mundial de peso pesado, e inmerso en otra lucha más directa y urgente para mantenerse fuera de la cárcel. Una de las cosas que habíamos exigido era justicia para Muhammad Ali, dada su situación como componente del proyecto olímpico por los derechos humanos. Considerábamos que despojar a Muhammad Ali de su campeonato por su negativa a cumplir con el reclutamiento militar por motivos religiosos era una violación de sus derechos humanos. Existía esa conexión. Pero en un nivel más fundamental, Muhammad Ali era el padrino, en muchos sentidos, del movimiento político moderno y más militante de los atletas negros. Jackie Robinson, Joe Louis y Jesse Owens habían luchado por el acceso. La generación que surgió con y después de Muhammad Ali luchó por la dignidad y el respeto, no solo como deportistas, sino como hombres.

No considerábamos suficiente el tener acceso. Para ser gladia-
dores del siglo xx al servicio del entretenimiento de la sociedad
estadounidense, queríamos respeto como hombres. No queríamos ir y participar en eventos deportivos como los del New York
Athletic Club, en el Madison Square Garden, cuando no podíamos ser socios de ese club deportivo neoyorquino debido a nuestra raza. No nos parecía correcto participar en los Juegos Olímpicos cuando no había ni una sola persona negra en el Comité
Olímpico de Estados Unidos en 1967, cuando iniciamos el movimiento. Así que Muhammad Ali fue realmente el primero en
defender de forma más militante la dignidad y el respeto, como
hombres y como deportistas en la era posterior a la Segunda Guerra Mundial. Los atletas que vinieron antes lideraron los desafíos
de esa generación, que radicaba en eliminar el lastre de la segregación. El reto de nuestra generación era eliminar la mentaliza-
ción de los atletas negros en los campos deportivos. Ya que una
vez que abandonábamos los estadios, nos convertíamos simplemente en una persona más de color, más personas confinadas al
estatus de ciudadanos de segunda clase.

Entonces, Muhammad Ali fue el primero en ponerse en pie
para exigir un acceso total y completo, así como una dignidad y
un respeto asociados a dicho acceso. Y también para romper la
imagen del deportista negro resignado, acomodado a su situación,
haciendo lo que se necesitaba hacer en el campo de deportes; que
se mostraba agradecido por tener acceso para luego callarse y regresar a los guetos, regresar al hotel segregado, volver a compor-
tarse como un buen chico una vez que abandonaba el estadio.
Muhammad Ali abrió el camino. A raíz de Muhammad Ali y de
esa dirección que estableció casi en solitario, Bill Russell fue mucho más inflexible y directo, como lo fue a lo largo de su carrera.
Pero Muhammad Ali marcó la dirección y el tono de cómo lo
percibieron Bill Russell y lo mismo en el caso de Jim Brown; y
también igual que Tommie Smith y John Carlos, y que Arthur
Ashe, en cierto modo.

En el momento en el que Muhammad Ali emergió y pasó no
solo de ser franco —«soy negro y estoy orgulloso y soy un tipo

guapo»— cuando estuvo en los Juegos Olímpicos de 1960, sino a ser el Muhammad Ali que se negó a dar un paso al frente y someterse a las exigencias del reclutamiento, surgió una nueva generación de deportistas. Tommie Smith y John Carlos no eran Jesse Owens. Muhammad Ali no era Joe Louis. Y, por supuesto, Curt Flood, quien es el verdadero padre de la agencia libre en los deportes estadounidenses, no era Jackie Robinson. Lo que hizo Muhammad Ali y lo que representó fue una línea divisoria entre los deportistas de la segunda mitad del siglo xx y el atleta negro de la primera mitad del siglo xx. Muhammad Ali abrió el camino para que el deportista negro moderno rompiera con nuestros padres y madres en cuanto a ideología política, social y cultural. Legitimó ser directo, exigir respeto y dignidad. Legitimó que los deportistas negros ocuparan su lugar como hombres y como deportistas del escenario social, político y cultural popular moderno.

¿Considera que la personalidad de Muhammad Ali hizo del boxeo una industria con encanto y un deporte destacado en Estados Unidos?
El boxeo era una industria con cierto nivel de encanto desde los tiempos de Jack Johnson, especialmente en la comunidad afroamericana. Lo que hizo Ali, junto con la televisión y aportaciones, por así decirlo, de personas como Howard Cosell, fue hacer que los boxeadores fueran más accesibles: famosos del boxeo. Lo que la televisión permitió a Howard Cosell y Muhammad Ali fue darle al boxeador más glamour y más trascendencia en la cultura popular. Jack Johnson tenía una posición destacada en la comunidad afroamericana, en la comunidad negra, y una imagen muy negativa dentro de la comunidad blanca. Sugar Ray Robinson tenía una posición destacada. Joe Louis, por supuesto, tenía una posición destacada. Eran figuras de gran relieve, pero estrictamente en el mundo del boxeo, excepto cuando llegaban a representar algo más relevante para la sociedad en general. Joe Louis llegó a representar al brazo fuerte de la democracia contra el nazismo, el noqueo propinado por la democracia al nazismo. Pero más allá de ese tipo de cosas, se podría decir que un boxeador era básicamente algo restringido al ámbito del boxeo.

Muhammad Ali y Howard Cosell consiguieron con la televisión que el deportista negro allanara el camino del deportista negro al convertirse en algo más amplio e importante que ser un gran icono del departamento de asuntos humanos, sobre todo, de los deportes. Muhammad Ali significó mucho más que su estatus como gran boxeador. Thomas Smith y John Carlos llegaron a significar mucho más que su simple estatus como grandes atletas. Arthur Ashe llegó a significar mucho más que su condición de campeón de Wimbledon y gran jugador de tenis. Bill Russell significó mucho más que el mero hecho de ganar el mayor número de campeonatos ganados por cualquier deportista de todas las épocas en cualquier deporte. Jim Brown llegó a significar más que el simple hecho de ser el mejor jugador de fútbol americano que jamás haya jugado. Todos tuvieron un estatus cultural, político y social más amplio como consecuencia del papel desempeñado por Muhammad Ali.

¿Cómo definiría a Muhammad Ali desde la perspectiva de un deportista superdotado?

Desde una perspectiva deportiva, creo que la forma en la que siempre he visto a Muhammad Ali en el boxeo es: tomas a Sugar Ray Robinson y le pones veinticinco kilos más, le añades otros quince o veinte centímetros y entonces tienes a Muhammad Ali. Como atleta, era literalmente una hermosa obra de arte para observar. Se centró en su oficio de boxeo como si fuera un Picasso en la pintura, o un Miguel Ángel con un cincel en la mano. Sabías que de ahí iba a salir algo hermoso y memorable. Te sentías afortunado de estar allí para verlo a él y a su obra, ya sea el *Thrilla in Manila* o el *Rumble in the Jungle* o la primera pelea con Sonny Liston. Sabías que el resultado sería algo grandioso. Había electricidad en el boxeo de Muhammad Ali. Esa fue la forma en que se acercó a su oficio. Cuando ves lo del juego de las cuerdas, te parece brutal.

Luego, cuando echas la vista atrás en retrospectiva, entiendes que eso fue como derribar las esquinas del bloque de granito de George Foreman. Al final, lo derribó todo. Allí estaba de pie ante George Foreman, una obra de arte. Al final, Muhammad Ali fue el artista consumado. Siempre parecía ver algo hermoso en cada combate que quería desencadenar, que quería manifestar. Era como Miguel Ángel mirando un bloque de granito indescriptible y observándole desde el exterior como si fuera transparente. Había algo de eso en cada combate en el que luchó Muhammad Ali.

En algunos casos, solo quiso proporcionar un día de pago a un chico. Le daba a este tipo y a su familia la mejor paga de su carrera. Proporcionó a muchos chicos una paga. Siempre había algo intrigante, algo que llamaba tu atención y la mantenía, en la forma en la que Muhammad Ali llevaba su carrera. Esa combinación definitiva de sentimiento y poder, artesanía, juego de pies, inteligencia y todo lo que era capaz de hacer dieron como resultado algo hermoso de observar.

¿Cuál es la conversación más reflexiva que mantuvo con él?
Fue cenando en Cornell. Recuerdo que le pregunté qué es lo que le llevaba a negarse a dar un paso al frente para el reclutamiento, y su respuesta fue que no tenía otra opción. Es decir, es de aquellos momentos en los que, por primera vez, realmente sentí la seriedad de Muhammad Ali, sobre lo que él veía como su misión en esta tierra. Se vio a sí mismo como un campeón mucho antes de vencer a Sonny Liston. Se veía a sí mismo como una persona seria mucho antes de que el mundo le tomara en serio, incluso con su nombre Muhammad Ali. En cuanto a lo del reclutamiento, se vio a sí mismo sin otra opción. Esa fue la conversación más cautivadora de las pocas directas que mantuve con él.

En la década de 1970, Muhammad Ali luchó en una serie de combates de alto nivel y recibió grandes premios de hasta cinco millones de dólares. ¿Obtuvo patrocinios comerciales? ¿Supuso esto un cambio en el boxeo y el mundo deportivo?
En la década de 1970, Ali no contó con muchos apoyos. Quiero decir, tras el asunto del reclutamiento, muchas empresas pensaron que era tóxico. Ali no era precisamente aceptado y célebre por la posición que asumió sobre el asunto de Vietnam, hasta bien en-

trada la década de 1980. Concretamente, en los Juegos Olímpicos de Los Ángeles y los Juegos Olímpicos de Atlanta y demás, emergió una nueva generación, que eran niños en la década de 1960 y que a principios de la década de 1970 eran jóvenes universitarios. Cuando rápidamente se acercaban a la edad adulta, llevaron consigo la imagen de Ali como heroica e icónica. Fue entonces cuando su estatus comenzó a prosperar, emerger y obtener reconocimiento, llegando incluso a encender la antorcha en los Juegos Olímpicos de Atlanta. La situación de los patrocinios, en las décadas de 1960 y 1970, era mínima para todos los atletas negros. Hubo algunos deportistas negros, como O. J. Simpson, que llegaron a recibir patrocinios, aunque siempre de la mano de alguien blanco. Y eso fue así hasta la década de 1980.

Si vemos el caso de O. J. Simpson, este hizo un anuncio con Arnold Palmer. Había otros atletas negros, incluso en la década de 1980, como Magic Johnson, que hizo anuncios publicitarios con el jinete Willie Shoemaker o con Larry Bird. Hasta finales de la década de 1980, con la aparición de Michael Jordan, no se consiguió realmente que un deportista negro hiciera anuncios publicitarios y obtuviera patrocinios interesantes.

O. J. Simpson finalmente apareció con la marca de alquiler de coches Hertz atravesando aeropuertos. Y para que veas lo racista que todavía era, no había un solo anuncio en solitario de Hertz en el que hubiera gente negra haciendo comentarios sobre O. J. Simpson mientras corría por los aeropuertos. Querían mantenerlos lo más alejados posible de la identidad negra. Tenías a todas las mujeres blancas comentando y niños blancos comentando. Había hombres de negocios blancos comentando, pero ningún negro hablando de O. J. Simpson mientras corría por los aeropuertos en los anuncios de Hertz. Así de racista era todavía, incluso a mediados y finales de la década de 1980.

Sin embargo, en la década de 1970, Ali no tuvo una cantidad sustancial de anuncios. Recuerdo un anuncio que hizo, en la década de 1960, creo que era un anuncio de Roach Motel[1]. Bill

---

1. «Roach Motel» es una marca de cebo insecticida. *(N. del T.)*

Russell nunca consiguió ningún anuncio comercial considerable. Tampoco lo consiguieron Wilt Chamberlain ni Hank Aaron. Esto llegó más adelante como consecuencia de una aceptación más amplia de la dignidad y demás de los deportistas negros fuera de los estadios. Esto se debió a las revueltas de los deportistas negros durante las décadas de 1960 y 1970, y no se materializó realmente hasta la década de 1980. Ali no consiguió mucho trabajo publicitario.

¿Cree que, a medida que la sociedad estadounidense evolucionaba y acogía diferentes culturas y llegaba a aceptar a personas de diversas razas, los deportistas negros llegaban a ser más aceptados que sus predecesores?

Los retos son diferentes. Si comenzamos a hablar de progreso, el progreso se parece mucho al concepto de beneficio. Es un concepto muy difuso. Ha habido un cambio tremendo, sin duda. Pero los desafíos de esta generación son diferentes. En los tiempos de Jesse Owens y Joe Louis, los deportistas negros vivían dentro de la comunidad afroamericana. Había una institución deportiva negra paralela dirigida, por supuesto, por la Liga Negra. Había baloncesto negro, liga de baloncesto profesional, equipos en Nueva York como los Harlem Globetrotters, etc. Había un contexto institucional separado dentro del cual los deportistas negros literalmente desarrollaban y consolidaban sus carreras. De allí salieron Joe Louis y Jackie Robinson. El reto era evidente: necesitábamos librarnos de la segregación.

Luego, vino una segunda ola con Muhammad Ali, Bill Russell y Jim Brown, quienes luchaban por la dignidad y el respeto. Se nos excluía de todos los beneficios de nuestras estrellas deportivas porque no se nos reconocía como hombres en igualdad de condiciones fuera del campo. El desafío, nuevamente, estaba muy claro. Esta generación podía obtener patrocinios. De hecho, muchas veces los deportistas líderes podían obtener patrocinios multimillonarios, ya fuera patrocinio de marcas de calzado, de automóviles o de lo que fuera. El dinero que ganan los deportistas es fenomenal. Un jugador de baloncesto puede obtener un contrato de ciento veinte millones de dólares. Un jugador de béisbol negro puede firmar un contrato de doscientos millones de dólares. Un futbolista negro, uno de sesenta millones de dólares.

Los retos de hoy son mucho más sutiles y el coste de defender y encarar esos desafíos puede ser mucho mayor. Porque, de repente, tus patrocinios se van, o cambia tu posición en la comunidad deportiva. Estados Unidos nunca ha tenido un tremendo problema en perdonar el pecado. Así que Nike no dejó caer a Tiger Woods. Estados Unidos ni siquiera ha tenido mayor problema en perdonar un crimen. El problema difícil de perdonar es la política no convencional.

Por lo tanto, los deportistas de hoy son extremadamente cautelosos ante cualquier participación en políticas no convencionales. Cuando se ponen de pie y se posicionan sobre algunos temas políticos, no lo hacen de la forma en la que lo hicimos en la década de 1960; de la misma manera que tuvimos que romper con nuestros padres en cuanto a la forma en la que abordábamos los desafíos a los que nos enfrentábamos. Esta generación de deportistas negros romperá con nosotros. No se manifestarán desde el podio olímpico. No boicotearán los Juegos en las facultades y universidades. Podrían hacer una declaración, como hicieron los Phoenix Funds sobre el tema de la inmigración, que era una posición y una declaración políticas, pero que luego salieron y jugaron el partido.

Al fin y al cabo, esta generación tendrá que encontrar su propio camino. Tendrá que encontrar la manera de afrontar sus retos con una extraordinaria cantidad de dinero y de poder por medio, cuando hagan una declaración a través de la espectacular saturación mediática durante veinticuatro horas al día y siete días a la semana, que no existía en la década de 1960. No estaba el grupo mediático ESPN; no estaba Fox News; no estaba Sporting News Network; no estaba Fox Sports, etc. Por lo tanto, todo esto influye en esta generación de atletas. Tendrán que hallar su propia voz política dentro de este contexto. Y cuando surjan los problemas reales, en el mismo sentido, todas las generaciones, desde Jack Johnson, tendrán que encontrar su camino político. Todas las generaciones de deportistas negros han encontrado su camino político. Todas las generaciones de deportistas negros han encontrado su voz política. Tengo el convencimiento de que esta generación también lo hará. Pero como nosotros, no se hará de la forma en que la anterior generación hacía las declaraciones. Nosotros, con nuestros padres y madres en la década de 1960, hicimos nuestra propia declaración política única y contribuimos a la participación democrática en la sociedad estadounidense. Esta generación de deportistas negros hará lo mismo.

En 1977, estaba en cartelera la película biográfica y protagonizada por el propio Muhammad Ali, Yo, el mejor. *¿Mantuvo contacto con Muhammad Ali mientras la hacía?*

No, no lo mantuve. Pero pensé que, uno de los grandes secretos de cualquier profesión es que los más grandes de una profesión consiguen que aquello que hacen parezca fácil. Creo que la actuación de Muhammad Ali en esa película reveló que, por encima de cualquier otra cosa, actuar no es fácil. Si bien, por otra parte, creo que la historia que narraba era importante. Por supuesto, el tema musical de esa película, *The Greatest Love of All,* se convirtió en un éxito inmediato, sobre todo, la versión posterior de Whitney Houston. Así que, en resumidas cuentas, más importante que el papel de Ali era aquella historia que todos los miembros de mi generación y su generación conocían sin duda alguna. En cuanto a la calidad artística de su actuación: me alegro de que no dejara su trabajo habitual.

Eso me lleva a la siguiente cuestión: ¿se suponía que Muhammad Ali lucharía contra Wilt Chamberlain?

Creo que básicamente había mucha gente que pensaba que habría algún interés económico en tener un Jim Brown o un Wilt Chamberlain o algún boxeador enfrentándose a Muhammad Ali. Muhammad Ali fue, sin duda, uno de los mejores boxeadores de la era moderna; si no el mejor, el mejor boxeador de la última mitad del siglo xx. Consiguió que se viera lo que hacía como algo tan artísticamente agradable que lo hacía parecer fácil. Además, si alguien con un brazo largo y enorme entrase en el cuadrilátero con él, podría resistirlo. Y tal vez incluso recibir un par de golpes durante seis, siete, ocho, nueve asaltos. Solo sería cuestión de tiempo, si fuese una pelea seria, que Wilt Chamberlain recibiera un golpe. Y en ese momento seguiría la misma suerte que George Foreman y otros muchos de los grandes. Muhammad Ali era un artista profesional consumado. Recuerdo a Jim Brown contando una anécdota suya caminando con Ali. Jim le dijo que él mismo podría ser un buen boxeador y que le gustaría dedicar unos seis o siete meses para ponerse en forma y, tal vez, enfrentarse con Muhammad Ali, lo que le haría ganar mucho dinero. Entonces Ali le dijo: «¿Estás seguro de que quieres hacer eso?» Jim dijo: «¡Sí!» Jim Brown fue un excelente deportista, jugador de lacrosse, máximo anotador de un equipo de baloncesto y el mejor jugador de fútbol americano de la historia del deporte.

Entonces, Ali le dijo: «Está bien. Me quedaré aquí y me golpearás tan fuerte como puedas». Jim Brown dijo: «¿De verdad quieres que te golpee tan fuerte como pueda?» Ali contestó: «Sí. Ve directo a por mi barbilla, a por mi estómago, mi cuerpo, donde puedas». Jim Brown retrocedió, era un gran deportista, le lanzó un *swing* y falló. Para cuando pudo echar atrás la mano para volver a golpear, Ali ya lo había golpeado nueve veces, solo dándole bofetadas y puñetazos en la cara. Jim Brown retrocedió y dijo: «Vale. Ya veo a lo que te refieres. Ese combate no sería una buena idea». Había mucha gente que creía que habría mucho dinero. La cosa entre él y Chamberlain era, básicamente, vamos a ver si podemos ganar algo de dinero con esto. Sería un entretenimiento interesante. Ambos tenemos una base de seguidores, veamos si podemos unirlos y divertirnos.

¿Era Herbert Muhammad el responsable de negociar todos los acuerdos comerciales de Muhammad Ali?

Herbert era su agente. Claro está, después de que Ali rompiera con el Louisville Group que originalmente lo había patrocinado en el boxeo profesional. Cuando se convirtió en musulmán, Herbert Muhammad se convirtió en su mánager y negoció muchos de sus contratos. Herbert Muhammad desempeñaba un papel en su equipo de gestión. Hasta qué punto ese fue un rol gerencial decisivo, no sabría pronunciarme.

¿Presenció algún incidente racista contra Muhammad Ali en los medios de comunicación o en el ámbito social?

Tan solo lo que normalmente se leía en los medios de comunicación, y muchas veces no era necesariamente evidente, era sutil, con todo tipo de descripciones de la actitud de Ali. Que era arrogante, que estaba asociado con una organización nacionalista negra que abogaba por la separación de negros y blancos, que era un racista con respecto a los blancos. Es decir, todo ese tipo de cosas aparecía en los medios de comunicación. Aunque eso era típico en Estados Unidos, no sorprendía a nadie.

Si sobresales y te conviertes en un objetivo, si te alzas y te conviertes en un pararrayos en la sociedad estadounidense, como activista negro, como individuo negro sincero, como persona involucrada en la política no convencional, recibes todo este tipo de comentarios. No había nada inusual en ello. No eran declaraciones que no hubieran hecho ya sobre mí, sobre Smith o Carlos, sobre Jim Brown, sobre Bill Russell. Esa es la sociedad estadounidense y así eran las columnas deportivas: era una constante. No me queda duda de que, al igual que Bill Russell, Smith, Carlos o yo mismo, recibió amenazas de muerte, recibió correos de odio, soportó asaltos racistas en su casa y demás. Eso formaba parte del negocio.

Muhammad Ali es conocido no solo por ser el mejor boxeador del mundo, sino por ser el mejor deportista del siglo. ¿Podría ampliar en sus propias palabras esta declaración?

En cierto momento, Ali era el rostro más reconocible del mundo. Su influencia, su confianza, lo que representaba, lo que había logrado y lo que había sacrificado abarcaba un espectro tal de problemas e influencias, desde el atletismo hasta la política nacional y los problemas globales, que fácilmente era considerado el deportista más significativo e importante del siglo xx. No hay duda de eso.

Ni siquiera sabría decir, aparte de Jackie Robinson —y la gente añade a Jesse Owens o Joe Louis—, cómo ordenaría un segundo grupo en cuanto a quién sería el segundo después de Muhammad Ali. Creo que literalmente él mismo constituye su propia categoría en cuanto a importancia en el siglo xx como deportista y figura icónica. Cambió el deporte y fácilmente fue el deportista más importante, si no la personalidad deportiva, en general, incluidos los escritores y todos los propietarios de equipos y equipos profesionales. Fue la personalidad deportiva más significativa del siglo xx.

¿Siente que la irrupción de atletas negros en el atletismo, el deporte y el boxeo en la década de 1960 influyó mucho en los hombres blancos y cambió su perspectiva a lo largo de los años en cuanto a su aceptación a nivel social?

No creo que quede ninguna duda al respecto. Solo hay que mirar atrás y observar al doctor Martin Luther King y el movimiento de derechos civiles. El movimiento del doctor King y su concepto, las normas y los valores, eran similares a los de Gandhi. Sin embargo, los negros de la sociedad estadounidense no sabían nada de Gandhi. De lo que sí sabían era de Jackie Robinson. Jackie Robinson en 1946, diez años antes de que surgiera el doctor King, había emprendido una acción directa no violenta cuando salía al campo de los Dodgers de Brooklyn y soportaba todos los insultos de las personas deslizándose a la segunda base con las botas de tacos para arriba; pero continuaba haciéndolo. Al mismo tiempo, había literalmente miles de personas negras que escucharon esos insultos, que vieron esas botas de tacos, que vieron a los lanzadores lanzarle a Jackie y que lo vieron correr a las bases y mantener la boca cerrada y conseguirlo. Vieron a Jackie haciendo eso, lo que mantuvo la puerta abierta para que otros negros se unieran a ese juego. Vieron que la acción violenta no directa funcionaba. Entonces, cuando llegó el doctor King, diez años después, y comenzó a hablar sobre la acción directa no violenta y admirar a Gandhi, la gente negra no admiraba a Gandhi. Ellos admiraban a Jackie Robinson, él era nuestro Gandhi. Tenían plena fe en lo que decía el doctor King porque ya había funcionado en el béisbol. Existe una relación directa entre Jackie Robinson, el doctor Martin Luther King y la ley del derecho al voto y todas esas cosas que surgieron del movimiento de derechos civiles, la ley de derechos civiles y Barack Obama. Una línea directa entre Jackie Robinson, el doctor King y Barack Obama. Así que no hay duda de que los deportes han influido enormemente en el desarrollo de la sociedad estadounidense, en particular en cuanto a conformar las bases de la participación democrática en todas las instituciones.

La aparición de Colin Powell se deriva de la contribución de los negros a los deportes estadounidenses. Si vas y observas las facultades y universidades de este país que se han integrado hoy en día, el terreno en el que más se ha producido la integración es en el área de deportes. A menudo, los primeros estudiantes que se llevaron a un campus, o la mayor parte de una primera clase de estudiantes traídos a un campus completamente blanco, fueron atletas negros. En la Universidad de Florida, la Universidad Estatal de Luisiana, la Universidad de Misisipi, la Universidad de Alabama, en todas esas universidades trajeron a atletas negros que luego, debido a su participación en el deporte, facilitaron el camino para que otros deportistas negros, otros estudiantes negros después y, por último, miembros del cuerpo docente negros ingresaran en esos entornos institucionales. Aunque los deportistas negros seguían estando representados en aquellos deportes que generaban ingresos para esos campus. Así que no cabe duda de que el atletismo, los deportes y el papel del atleta negro han sido fundamentales y han conformado la base de la participación democrática en la sociedad estadounidense, incluso hasta la elección de Barack Obama como cuadragésimo cuarto presidente de Estados Unidos

¿Podría concluir con unas palabras finales sobre Muhammad Ali?

Considero que es, sin duda alguna, el mejor deportista y quizá la figura deportiva más grande del siglo xx. Creo que su estatus icónico seguirá creciendo y expandiéndose. En los próximos años se hablará de él en la misma medida que de Jim Thorpe, en cuanto a ser una figura icónica en el deporte estadounidense. Pero incluso en mayor medida que Thorpe, por aquello que quiso transmitir en cuanto a cuestiones más amplias, sociales, culturales y políticas.

JHOON RHEE

Jhoon Rhee, maestro de taekwondo de fama internacional, es una de las pocas personas que trabajó tanto con Bruce Lee como con Muhammad Ali. El maestro Rhee cultivó una amistad con el legendario boxeador a mediados de la década de 1970, desde que lo contrataron para formar parte del equipo en el momento en el que Ali estaba entrenando para pelear contra el legendario luchador profesional Antonio Inoki. Ampliamente reconocido por todos como el padre del taekwondo estadounidense, murió en 2018 a la edad de ochenta y seis años.

¿Cuándo conoció a Muhammad Ali?
Fue en 1975. Lo entrené para su combate contra Antonio Inoki en Japón. Antes de esto, como un año antes, tuvo un combate con Joe Frazier y Richard Dunn, un campeón británico, en Múnich en 1976. Le enseñé cómo bloquear patadas. Además, le transmití algunas buenas prácticas para golpear rápidamente. A eso lo llamé *accu-punch*. Cuando usó este golpe en sus combates, ganó la pelea en ambas ocasiones. Como saben, creé el equipamiento Safe-T de Jhoon Rhee para el entrenamiento de artes marciales. Uno de mis estudiantes, que estaba en Filadelfia, se llamaba Norman. El señor Norman, que era un caballero negro, resultó ser un muy buen amigo de Muhammad Ali. Muhammad Ali estaba buscando un entrenador de artes marciales, así que me preguntó si me gustaría entrenarlo. Por supuesto, respondí que sí, que sería un honor entrenarlo. Así es como contactamos la primera vez. Visité Chicago y visité Harrisonburg (Virginia), donde él tenía un campo de entrenamiento en el que le enseñaba.

¿Cómo se conocieron?

El señor Norman me preguntó si estaba interesado. Sin duda, ¡quién no lo estaría! Así que me invitaron al campo de entrenamiento de Deer Lake, en Pensilvania, y también a Harrisonburg. Así lo conocí. Creo que fue en la primavera de 1975. El combate con el luchador de lucha libre tuvo lugar el 26 de junio de 1976.

¿Cómo diseñó su plan de entrenamiento?

Nos veíamos una vez por semana. Como él estaba muy ocupado, no entrenaba conmigo todo el tiempo. El entrenamiento supone realmente el uno por ciento y la práctica el noventa y nueve por ciento. Así que le di algunas ideas sobre qué practicar. Cualquier técnica que aprendas, en realidad, debes entrenarla. En otras palabras, cuando tienes una buena idea tienes que conseguir que esa idea quede grabada en tu cabeza. Entonces, practica y repite continuamente para transformar esa idea en cada célula muscular de tu cerebro. Cuando esto se convierta en un hábito, tus habilidades mejorarán. Para conseguir realizar algo, debes aprenderlo por repetición. Al desarrollar una memoria muscular, tu cerebro dirige automáticamente los músculos. Esas reglas se aplican a otras áreas de la vida. Creo que todo el mundo debería desarrollar una buena idea, grabarla en la cabeza y practicarla una y otra vez para convertirla en un hábito de vida.

¿Cómo se comportaba Muhammad Ali en el campus de entrenamiento?

Era una persona muy muy inteligente, creo que su cociente intelectual era muy alto. Sin embargo, como todo el mundo sabe, no tenía, en realidad, una educación formal. Pero, a pesar de las circunstancias, era sumamente rápido y espontáneo. Estaba muy interesado en la publicidad y cuando se quedaba solo permanecía muy callado. En cuanto aparecía en la habitación algún personaje de radio, periódico o televisión, no dejaba de hablar. Hacía todo tipo de gestos para entretener a todos los integrantes de los medios. Así es como se hizo tan famoso. Además, era el mejor boxeador del mundo y de la historia.

¿Hubo algún método o técnica de entrenamiento concreto que usted y Mu-
hammad Ali discutieran?

Un *accu-punch* es un puñetazo que ejecutas en el instante en el que
decides golpear. En otras palabras, la ejecución y la decisión son un
único momento, no hay brecha de tiempo entre los dos. Cuando
haces eso, es un golpe mental. Cuando actúas así, desarrollas una
enorme aceleración. La fuerza es igual a la masa multiplicada por la
aceleración. Por eso pretendemos desarrollar la aceleración. Cada
vez que aumenta la velocidad dos veces, la fuerza aumenta dos veces. Si esto es así, digamos que la fuerza es tres veces, por lo que
su potencia se convierte en nueve veces. Entonces, puedes au-
mentar tu fuerza nueve veces. La ciencia demuestra que cada vez
que aumentas la aceleración, la potencia se vuelve realmente explosiva.

¿Qué pensaba él de dar patadas y de su concepto de taekwondo?

Intenté enseñarle a dar patadas, pero él realmente pensaba que
patear a su edad era demasiado difícil. Así que se concentró en sus
puños. Tenía mucho miedo a dar patadas. Pensaba que dar patadas era algo más poderoso que dar puñetazos, ¡pero no es cierto!
Tanto si golpeas como si das patadas, es algo directamente pro-
porcional a tu peso corporal y también depende de cómo los
ejecutes, como en el *accu-punch*. Por lo tanto, no es realmente
cierto que una patada sea mucho más fuerte que un puñetazo.
Consiste en ver cómo te concentras poniendo todo tu peso corporal en el objetivo, eso es todo. Creo que un puñetazo es mucho más efectivo porque es fácil apuntar con precisión al objetivo, mientras que con la patada es mucho más difícil apuntar al
objetivo exacto al que intentas golpear.

Cuando llegaste a Japón para el combate con Antonio Inoki el primer día,
¿quién más formaba parte del grupo?

No me podía creer la cantidad de gente de los medios de comunicación que estaban esperando en el aeropuerto. Al menos un
centenar de personas de los medios esperaban en el aeropuerto.
Por supuesto, Ali y yo íbamos muy juntos. Ali aplicaba tácticas

publicitarias para anunciar que contaba con un golpe especial del maestro Rhee. Y que había aprendido técnicas para bloquear patadas, por lo que aparentaba mucha confianza. Olvidé el nombre, pero también había un luchador profesional [Freddie Blassie] con nosotros: ha pasado mucho tiempo. La lucha libre profesional no es una lucha real, pero ellos son los verdaderos actores. No pretendo criticarlos. Quiero decir que no es fácil ser un luchador profesional, pero él [Ali] reconoció las artes marciales como algo real, mientras que la lucha libre profesional está más dirigida a programas de televisión. Es un negocio.

¿Puedes contarme más cosas acerca del combate?

En Tokio, en la conferencia de prensa, yo estaba sentado junto a Ali todo el tiempo. En ese momento yo ya era conocido en todo el mundo como uno de los mejores maestros y contaba con muchos campeones en Estados Unidos Así que Ali intentaba asustar a Antonio Inoki diciéndole que tenía al maestro Rhee como entrenador y que estaba bien preparado. Él era tan divertido que robó realmente el corazón de todos los medios japoneses y consiguió mucha publicidad. La pelea empezó y resultó ser muy sosa porque Antonio Inoki estaba en el suelo todo el tiempo, le asustaba realmente ponerse de pie. Le daba patadas en el muslo derecho con la pierna izquierda. Ali se hizo daño. Le expliqué algunas cosas entre asalto y asalto, y pudo bloquearlo evitando que le pateara en el mismo sitio. Creo que Antonio Inoki fue muy inteligente al concentrarse en un punto para inmovilizar su pierna. Al día siguiente, estaba muy magullado y nos íbamos a Corea un día después. El médico decía que no debería ir. Muhammad Ali dijo: «No. No puedo romper mi promesa con el maestro Rhee». Era una persona muy respetuosa con todo aquel en el que confiaba.

Una vez que conseguías su respeto, lo mantenía. Inmediatamente después de la pelea del 26 de junio de 1976, nos fuimos a Corea. Había un millón de seguidores alineados en las aceras desde casi treinta kilómetros antes de llegar a Seúl. Fue muy bien recibido por los admiradores coreanos. No había tenido ese tipo de recibimiento en su vida. Estuvimos allí cuatro días y tres noches. Cuando vio tantas mujeres coreanas hermosas saludándolo, dijo: «Maestro Rhee, las damas coreanas son muy hermosas». «Sí, son muy hermosas», le contesté. Luego, añadió: «¿Puedes encontrar una dama para mí?» Fingí no haberlo escuchado. Un minuto después, me lo preguntó de nuevo. Así que le dije: «Campeón, como sabes, haría cualquier cosa por ti. Tú has venido aquí por mí». Había unas veinte personas más del campo de entrenamiento de Muhammad Ali. Añadí: «Eso es algo que nunca haré por nadie». Se quedó en silencio durante un minuto y luego dijo: «Maestro Rhee, te respeto». Esa es una de las conversaciones que mantuve con él. Luego, la noche antes de que estuviéramos listos para partir de Corea, el presidente Park nos invitó a visitarlo en la mansión presidencial. Sin embargo, era muy difícil cambiar los billetes de avión de veinte personas, así que tuvimos que declinar la invitación y volvimos a Estados Unidos

Luego, él regresó a Washington D. C. y me visitó un mes después. Le dije que llamaría a la prensa y hablaríamos sobre nuestras experiencias en Corea y Tokio. Él dijo que adelante. Así que vinieron unos cincuenta miembros de los medios. Alguien le preguntó: «¿Qué vas a hacer cuando te jubiles?» Dijo: «Voy a trabajar para Alá». Solía decirlo a menudo. Luego, buscó mi mirada y tan pronto como me vio, dijo: «Oh, el maestro Rhee ama a Dios más que yo». Luego, dijo: «Cuando le pedí que me buscara una hermosa dama, se negó a hacerlo». ¡No podía creer que lo estuviera declarando delante de toda la prensa! A la prensa le inspiró mucho su ingenuidad. Eso fue muy interesante.

Cinco años más tarde, vino a Washington para algún acto. Yo no sabía que iba a estar allí. También me invitaron al mismo acto. Por supuesto, muchas personas hacían fila para conseguir su firma. Había unas veinte personas en fila y yo me puse a la cola para saludarlo. Entonces, alguien de su personal me reconoció y me llevó ante él. Le dijo que el maestro Rhee estaba allí. Entonces, se puso de pie y me hizo una reverencia. No podía creer que hiciera eso frente a toda aquella gente. Aunque él es ese tipo de persona y es muy serio cuando se trata de asuntos serios.

247

¿Antonio Inoki sabía hablar inglés?

Inoki era muy callado. Era un verdadero caballero. Fue miembro de la Asamblea Nacional. También era un deportista y un hombre de negocios de éxito. De hecho, a partir de esa experiencia, fue él quien inició la organización K-1. Creo que la vendió, pero inicialmente arrancó a partir de ese combate.

La pelea estaba acordada. ¿Lo sabía usted?

No lo sabía. Pensé que era real. Aunque creo que, si hubiera estado arreglada, Inoki no habría estado en el suelo todo el tiempo. Luego, cuando él fue a Corea, declaró a la prensa coreana cuando le preguntaron: «¿Qué piensas de que Inoki estuviera en el suelo todo el rato?» Él respondió: «Sé que muchas mujeres ganan dinero en la cama, pero nunca he visto a ningún hombre tirado en el suelo ganando dinero». Creo que tuvo su gracia. También dijo que los coreanos eran muy conscientes de la división entre Corea del Norte y Corea del Sur. Aquella vez hizo que el público coreano se sintiera bien al decir: «Voy a usar mi puñetazo y golpear la cadena para romper la línea paralela y que todos podáis vivir juntos».

¿Hubo momentos interesantes en Corea?

Estuvimos allí unos tres días. Dado que la pelea fue tan aburrida, todo el mundo estaba muy decepcionado. Insisto que la pelea realmente despertó mucho interés en todo el mundo porque todos se preguntaban quién sería el ganador entre un luchador y un boxeador. La pelea terminó en empate. Aparte de eso, no sentí ninguna emoción más.

Antes de la pelea, ¿Muhammad Ali se mostró nervioso?

Bueno, él se encontraba seguro. De hecho, cuando noqueó a Richard Dunn, el campeón británico, en Múnich en 1976, creo que fue en mayo, lo noqueó y un comentarista deportivo de la NBC le preguntó: «¿Qué tipo de puñetazo fue ese, era un golpe ancla?» Ali dijo: «No. Es diferente. Este es el *accu-punch* del maestro

248

Jhoon Rhee». De hecho, cuando noqueó a Dunn y lo derribó, se pudo escuchar su voz diciendo: «¡Ese era el golpe del maestro Jhoon Rhee!» Así lo dijo en el cuadrilátero.

Muchas artes marciales y sus representantes no eran realmente respetadas. ¿Qué percepción tenía Muhammad Ali de las artes marciales?

Las artes marciales eran un truco porque [muchas] realmente no llegaban al contacto total. Para mí, eran golpes y patadas, realmente no sabíamos cómo funcionaría en una pelea real. Sin embargo, creo que los boxeadores actualmente respetan mucho más las artes marciales. Muhammad Ali respetaba realmente a Bruce Lee.

¿Puede relatarme alguna conversación que haya tenido con Muhammad Ali relacionada con Bruce Lee?

Claro, hablamos de él. Son iguales en el sentido de contar con una personalidad similar, diría yo. Muhammad Ali tenía muchas ganas de conocer a Bruce Lee. Cuando conocí a Muhammad Ali, Bruce Lee ya se había ido. Los habría puesto en contacto para que pudieran conocerse dos de los más grandes, pero me fue imposible.

Muhammad Ali representa más que una simple personalidad deportiva. Sus obras y actitudes humanitarias parecen haber impactado en personas de diferentes niveles.

Creo que era una persona muy humanitaria. Realmente sentía pasión por las personas desfavorecidas, era una persona especial por la forma en la que se comportaba y era muy educado. No solo era un campeón de boxeo, sino que era un campeón humano. Reunía todas las condiciones para ser respetado por todo el mundo.

Tras el combate con Antonio Inoki, ¿volvieron a coincidir?

Lo vi al menos seis veces. Tenía problemas con la enfermedad de Parkinson. En aquel tiempo podía hablar de vez en cuando, pero aparte de eso, no se movía. Es una pena que un gran hombre a una edad tan joven no estuviese bien físicamente. Tengo más de ochenta años. A día de hoy, hago cien flexiones en un minuto, rompo tres tablas colgando con un golpe a treinta centímetros de distancia. Elevo la pierna hasta el estómago. Mantengo una tremenda energía y hago ejercicio para mantenerme joven. Porque realmente quiero convertirme en un modelo a seguir para todos los que practican artes marciales y para todos los demás.

¿Comentó con él alguno de sus combates?
No, nunca me habló del boxeo. Desconozco el motivo, pero tal vez por respeto a mí para no ofenderme. Eso a mí no me ofendería en ningún caso, aunque quizá él pensara que sí.

¿Recuerda alguna anécdota graciosa?
Cuando me pidió una dama fue algo muy divertido. Aparte de eso, él era muy religioso. En Corea, teníamos casi cinco o seis comparecencias personales diarias y, dondequiera que íbamos, las motocicletas escoltaban nuestro coche. Realmente fue uno de los mayores honores de mi vida.

Rezaba por su consuelo dadas las circunstancias. Hizo mucho por la humanidad y por sus seguidores, no solo por el boxeo, sino por el público en general que lo amaba. Esperaba que no sufriera por su condición física. Al final, parecía estar cómodo. Una vez que lo vi, yo iba con mi esposa —era la primera vez que la veía— y le dijo a mi esposa: «¡Cuidado! El maestro Rhee es muy popular entre las mujeres de Corea». Ya tenía problemas con el Parkinson, pero era capaz de bromear así.

LOUIS GOSSETT JR.

Louis Gossett Jr. fue el primer afroamericano en ganar un Óscar al mejor actor de reparto, otorgado por su papel en *Oficial y caballero*. Nacido en Nueva York, tenía predilección por los deportes, pero continuó su carrera de actor rechazando una beca deportiva en Nueva York para centrarse en papeles teatrales. Como activista social y firme convencido de la educación, su fundación antirracista Eracism tiene como objetivo brindar capacitación a jóvenes y adultos ayudándoles a dar ejemplo para vivir una vida racialmente diversa y culturalmente inclusiva. Buen amigo de Muhammad Ali desde principios de la década de 1960 en adelante, interpretó a un boxeador campeón en la película *El golpe perfecto* de 1992.

¿Qué grado de dificultad supuso para los actores y deportistas negros de las décadas de 1950 y 1960 superar la barrera del racismo para seguir sus carreras?

Fue bastante difícil. Los papeles eran pocos y distantes entre sí, y a veces nos veíamos obligados a competir entre nosotros por pequeños papeles de cinco líneas. Fue un momento difícil para mantener amistades al mismo tiempo. Llamábamos a esto «cangrejos en el barril», pues tirábamos de uno u otro en lugar de ayudarnos unos a otros. Nos moríamos de hambre y teníamos que ganarnos la vida de igual modo que cualquier otra persona. Los guionistas y escritores escribían cosas que no eran para nosotros, así que estábamos parados de vez en cuando. Más adelante, Sidney Poitier y otros salieron a la palestra. Incluso hoy en día, seguimos haciendo esto. Necesitamos demostrarle a la gente cuántos profesionales buenos hay: buenos actores y actrices.

¿Cuándo escuchó por primera vez algo de Muhammad Ali?

Muhammad Ali era Cassius Clay en un principio cuando lo conocí. Vivía a diez manzanas de mí. Solía correr por la calle y pasaba por mi casa y bromeaba con mi hijo pequeño. Estaba muy unido a él. Vivíamos a menos de dos kilómetros de distancia en Los Ángeles. Lo conocí justo cuando iba a luchar por el campeonato. Él corría por las calles de Los Ángeles y yo vivía en Hancock Park, cerca de Fremont Place. Estábamos bastantes unidos.

¿Asistió a alguno de sus combates?

¡Por supuesto! Era un deportista notable. Vi un montón de ellos. Lo vi boxear contra Jerry Quarry. Lo vi boxear contra Sonny Liston. Y vi muchos otros. Era tan bueno que apenas le pegaban. Era tan guapo que apenas tenía una marca en la cara.

¿Boxeaba o tenía alguna experiencia en boxeo?

Conocí a Sugar Ray Robinson. Yo era un aficionado. Nosotros [los niños] hacíamos boxeo, pues el baloncesto no era tan popular. No había lugar para jugar al baloncesto, por lo que todos los niños pequeños aspiraban a ser como Sugar Ray Robinson y Joe Louis. Había algo llamado los Guantes de Oro y competí en eso a pequeña escala. Aquello era todo el deporte que había en ese momento. Aquellos eran mis héroes. Luego, más tarde, llegaron Jackie Robinson y, por supuesto, Elvis.

¿Cómo describiría su personalidad?

Era excelente. Una personalidad absolutamente grandiosa y un carisma genial.

Cuando se posicionó en contra de la guerra de Vietnam, hubo una presencia potente de deportistas negros que lo apoyaron, incluidos Jim Brown y Kareem Abdul-Jabbar…

Tenía todo el sentido que no debíamos ir y tratar de matar a alguien por ciertas cosas que nosotros mismos no teníamos. Todavía no teníamos los mismos derechos en este país, por lo que no parecía tener mucho sentido el ir a matar a alguien más por sus derechos [del gobierno estadounidense] cuando no teníamos los nuestros. Así que se convirtió en una guerra como la Primera y Segunda Guerra Mundial, especialmente la Segunda Guerra Mundial, donde había un enemigo y una doctrina evidentes que debían ser detenidos, de lo contrario iba a ser un dominio global.

¿Alguna vez mantuvo alguna conversación con él sobre su postura contra la guerra?

No directamente. A medida que se hizo famoso, fue dejando el barrio y nos fuimos separando, aunque seguía habiendo un hermoso aprecio y afecto entre nosotros dos. Por entonces escuchaba lo que él tenía que decir y yo, de algún modo, estuve de acuerdo en silencio. Dijo que tenía que pelear su lucha de esta manera y que yo tenía que pelear la mía a mi manera.

En cuanto a la Nación del Islam, ¿se sintió él atraído por esta organización, que algunas personas pensaban que era una secta con visión parroquial?

No se dio tal cosa porque no era necesario ser musulmán para hacer esto. Aunque creo que los afroamericanos dieron un paso que consistió en mostrar a la sociedad estadounidense en general lo que podían hacer por sí mismos: cómo se apañaban para mantener a la gente alimentada, sacar a los niños de las calles y cómo educarlos bien. Entonces, cuando el niño aparecía en sociedad, tenía una base de respeto propio para respetar a los mayores, la cultura y la forma en la que se presentan. Nadie enseñó aquello a esos niños. Muhammad Ali y otros, incluido yo mismo, seguíamos avanzando, debíamos cuidar de nuestros propios hijos para que recibiesen una educación adecuada y conociesen quiénes eran y cómo debían hablar y presentarse. Entonces, podíamos asumir la responsabilidad de que esos jóvenes fueran a la escuela y se presentaran en público, siendo respetados. Era nuestro trabajo y eso es lo que empezaron a hacer los musulmanes. Se convirtieron en una amenaza para las personas que hacían las cosas a la antigua usanza. Estará de acuerdo conmigo en que siempre debemos cambiar para mejorar. Entonces, aunque disfrutemos de algo de libertad gracias a las generaciones anteriores, a la larga tenemos que cambiar hacia algo mejor. Nunca nos detendremos, el cambio siempre será inevitable.

Muhammad Ali fue algo más que un mero deportista, ¿cómo lo definiría? ¡Incluso los no negros empezaron a admirarlo y abrazarlo!

Le apasionaba la gente y, a las personas que no eran negras las animaba a enorgullecerse de sí mismas. Entonces, cuando decía que algo andaba mal, es que estaba mal. Y la gente empezaba a mirar más allá sin límites y a mejorar.

¿Cuál fue su experiencia colaborando en el documental Cuando éramos reyes? Fue algo fantástico. Los boxeadores eran mis héroes de entonces. Eran atletas espectaculares, especialmente por aquel entonces.

¿Hay alguna conversación trascendente que se le haya quedado grabada en la memoria?
Una cosa que teníamos en común era la forma de cuidar a nuestros hijos. Ellos son el futuro.

Muhammad Ali participó en la vanguardia de la erradicación del racismo en la sociedad estadounidense. ¿Cómo es su organización llamada Eracism?
Siempre habrá alguna forma de racismo. En ocasiones vemos una señal: Dios está haciendo erupcionar aquellos volcanes que estaban muertos, haciéndolos cobrar vida, produciendo tsunamis y terremotos. Es la forma en la que él nos da un toque en el hombro y nos dice que no podemos sobrevivir el uno sin el otro. Debemos poner las cosas claras y volver al ciclo que existía cuando comenzó el género humano. Comida, alimento para todos y aire puro para el pueblo. Sin embargo, nos salimos del círculo con nuestros pensamientos racistas. De una forma u otra, sentimos que debemos lograr lo que queremos sin importarnos las demás personas. Tenemos que cambiar esto. Nuestros compañeros importan tanto como nosotros. Nuestros hijos importan, y lo más importante es mejorar para una próxima generación. En eso consiste la fundación y en ella se imparten cursos. Los niños asisten y aprenden. La mayoría de las veces, cuando Ali hacía obras benéficas, siempre me llamaba. Había muchos ejemplos como las fundaciones United Way o Save the Children. Él era apreciado por sus obras benéficas.

¿Cree que Estados Unidos ha evolucionado en lo que respecta al racismo?
El racismo definitivamente cambiará según las personas que dirijan Estados Unidos. Cuanto mejor sea la gente que dirija el país,

más cantidad de racismo desaparecerá. Sin embargo, para garantizar que se mantenga alejado, se necesita un intento organizado de analizar y atajar los problemas y cambiarlos. Eso es algo que ocurre mientras hablamos. Hicimos historia con nuestro presidente Obama. Debemos avanzar directa y constantemente hacia la paz y la fraternidad. Siempre ir juntos y permanecer unidos.

¿Qué fue lo más impresionante que presenció de Muhammad Ali?
Fue la técnica de marear contra las cuerdas. Su mentalidad era fuerte y su forma física robusta. Se mantenía en pie y encajaba todos los golpes. George Foreman se tiró su tiempo golpeándole para acabar cansado y derrotado treinta segundos después de aquello. Iba a todo combate al que me fuera posible asistir. Participaba en sus fiestas, barbacoas y demás reuniones donde estaba toda la familia. Solía hacer una gracia con su dedo en tu oreja, y sentías como si una abeja fuera a picarte en el oído. Le hacía mucho eso a mi hijo.

GEORGE DILLMAN

George Dillman es famoso por el concepto de los puntos de presión en la lucha libre y fue una de las pocas personas que estuvo asociada y también trabajó tanto con Bruce Lee como con Muhammad Ali. Dillman, que acabó comprando las instalaciones de entrenamiento de Ali en Deer Lake, se hizo amigo del campeón de peso pesado y entrenaron juntos cuando instaló el campo de entrenamiento de Pensilvania. Dillman tiene una personalidad fuerte y es un hombre fascinante que siempre muestra grandes conocimientos. En esta entrevista exclusiva, que concede con muy poca frecuencia, ofrece algunas ideas muy reveladoras e interesantes.

¿Cuándo conociste a Muhammad Ali?
Soy dueño del campo de entrenamiento de Muhammad Ali en Reading (Pensilvania). Suelo contar esto cuando realizo campos

de entrenamiento. Organizamos campos de entrenamientos de tres días en dicho lugar. En el punto álgido de las competiciones del circuito de kárate, yo viajaba y competía en todas las grandes competiciones de kárate de todo el país. Conocí a Muhammad Ali en 1967. Creo que fue el 28 de marzo. Tengo esta fecha en un programa. He vivido una vida muy interesante. Yo era pobre y me convertí a mí mismo en boxeador. Luego me metí en el mundo del kárate y posteriormente en el ejército. En 1967, me invitaron a un banquete deportivo en la ciudad de Nueva York en un gran hotel cerca del Madison Square Garden. Creo que el nombre del hotel ha cambiado ahora, pero por aquel entonces era el hotel New Yorker. Conocí a Muhammad Ali en ese banquete. Allí se encontraban muchos deportistas famosos. Era un banquete para recaudar fondos para obras benéficas, y contaban con Muhammad Ali del mundo del boxeo. Yo asistía como miembro del kárate. También se encontraban allí importantes representantes del tenis, el golf, el béisbol y todos pagaban mucho dinero que se destinaba a obras benéficas. Estaba sentado junto a Muhammad Ali y empezamos a charlar. Le pedí que comenzara a entrenar conmigo.

En cierta ocasión, estaba sentado a su lado y le dije: «Sabes, creo que deberíamos empezar a entrenar juntos». Él dijo: «¿Por qué? Soy el campeón mundial de peso pesado». Yo le respondí: «Sí, lo entiendo, lo sé muy bien. Yo soy ahora una persona muy conocida del mundo del kárate, soy campeón de kárate, por eso estoy aquí en el banquete. Simplemente, me gustaría entrenar contigo. Podríamos montar grandes proyectos o lo que quieras. Y puedo darte algunas ideas». En 1967 vivía en Washington D. C. y era oficial de la policía militar de Estados Unidos; Muhammad me preguntó qué razón había para que entrenáramos juntos. Le dije que él era genial en el boxeo. Yo boxeé en el pasado (estuve boxeando durante tres años y medio), y le dije que, si nos subiéramos a un cuadrilátero, me ganaría, no había duda de eso, pero le haría correr lo suyo, aunque me derrotaría.

Luego, añadí: «Si salimos al callejón, podré usar mis manos y pies y sin guantes. Te patearé a base de bien. No me importa lo que sepas. Te golpearé tanto que no sabrás quién eres». Él dijo: «¿Eso crees?» Le respondí: «¡Lo sé!», y añadí: «¿Vamos al callejón?» Él dijo: «No, no. Déjame pensármelo. Me gustaría trabajar contigo, pero ¿qué me puedes ofrecer?» Le dije: «Bueno, voy a mejorar la velocidad de tu mano, te enseñaré lo que llamamos un golpe de revés, que supone un movimiento muy rápido». Así que empezamos a hablar de eso, de golpes y demás, y acabamos intercambiando tarjetas de visita. Conservo esa tarjeta hasta hoy: le pedí que me la firmara. Escribí la fecha, era el 28 de marzo. Entonces, cuando terminamos el banquete, salimos y conversamos. La prensa tomaba fotos principalmente a él por su fama y habilidad para hablar. En ese momento nos despedimos, y yo regresé a Washington D. C.

Por aquel entonces, creo que él vivía en Miami. Aunque realmente no sabía dónde vivía, solo sabía que vivía en Miami y que entrenaba en el 5th Street Gym. Yo estaba en el ejército. De hecho, justo dos semanas después de aquel día, lo arrestaron por rechazar el reclutamiento. Luego, todo lo demás tuve que verlo por televisión. No podía asociarme con él porque estaba en el ejército y era oficial, tenía una autorización de alto secreto. Ni siquiera hacía llamadas telefónicas a su número de teléfono porque, si alguna vez se rastreaban y pasaba algo, perdería mi autorización de alto secreto, ya que eso iría en contra del ejército de Estados Unidos Luego viene la historia que todos conocen de su comparecencia en los tribunales por todo aquello. Estaba predestinado a ser así. Era, sencillamente, una de esas cosas en la vida cuyo destino no puedes cambiar.

¿Es correcto afirmar que, cuando os volvisteis a encontrar en un restaurante de Reading en 1972, era la segunda vez que se cruzaban vuestros caminos?

Sí. En 1967 lo conocí en D. C. y en 1968 me trasladé con el ejército a Reading (Pennsylvania). Abrí mi escuela de kárate en el centro de la ciudad, en la 5th Street. Al otro lado de la calle había un restaurante muy bueno, que ahora está cerrado, pero yo solo iba quizá dos o tres veces al año. Fuimos allí, mi exmujer

Kim y yo, en la hora libre cuando no había nadie, porque no era posible entrar a la hora del almuerzo. Así que fuimos alrededor de las dos de la tarde a comer porque teníamos que volver y dar nuestras clases después. Ella ya me había oído la historia de que podría darle una paliza. Ya se la había contado, así como a mis alumnos. Cada vez que Ali aparecía en las noticias, le decía: «No te lo vas a creer, pero yo le llegué a decir que podía patearle el trasero». Entonces, entró en el restaurante. Yo estaba sentado allí y mi esposa me dijo que no me diera la vuelta, que Muhammad Ali estaba detrás de mí. Estábamos sentados detrás de la puerta y dije: «¡Sí, venga!» Ella dijo: «¡Sí, es él! Está con Bernie Pollack». Al decir eso, yo sabía que él era un promotor de peleas, así que me di la vuelta y, efectivamente, ahí estaba.

Me levanté, le estreché la mano y le dije: «Campeón, ¿te acuerdas de mí?» Él dijo, palabras textuales: «No recuerdo tu nombre, ¡pero eres el tío ese del kárate que dijo que me podía dar leña!» Dije: «¡Eso es! George Dillman». Contestó: «Eso es. Dijiste que me podías dar leña. ¿Todavía crees que podrías?» Dije: «Sí, puedo». Él dijo: «Voy a entrenar por esta zona, ¿tú dónde estás?» Le respondí: «Mi escuela está al otro lado de la calle. Justo en la misma calle de este restaurante, a menos de media manzana». Dijo: «Mira, tenemos que comer. No quiero que te alejes de mí esta vez. ¿Puedes esperar hasta que comamos, porque quiero hablar contigo?» Le contesté que no me movería. Aún no nos habían traído la comida, la habíamos pedido, pero todavía no nos habían servido. Así que nos sentamos, comimos y tomamos una taza de café esperando a que terminara. Luego, salieron y nosotros salimos con él y caminamos calle arriba. Le enseñé mi escuela de kárate.

Empezamos a hablar y me dijo: «Voy a entrenar aquí. Me estoy preparando para una gran reaparición con este tipo. ¿Quieres entrenar conmigo?» Le dije que sí. Dijo: «No tengo ningún compañero de entrenamiento. No tengo nada. Realmente todavía no tengo ni equipo. Empiezo a entrenar este viernes. Correré por la carretera, colgaré una bolsa en un árbol afuera y voy a trabajar el saco, saltar con la cuerda y tal vez boxeo de sombra.

¿Quieres hacer eso conmigo?» Yo respondí que sí. Esto fue un martes. Me dijo: «Llama al número de teléfono de Bernie Pollack. Me alojo en su casa. Tienes que llamar a Bernie el jueves por la noche para saber dónde estamos. Yo soy nuevo aquí. No sé a dónde me llevarán a entrenar, pero sé que está a solo unos kilómetros al norte de esta ciudad de Reading». Yo sí sabía dónde estaba: Deer Lake. Lo llamamos Deer Lake. Me dio el número de teléfono de Bernie Pollack.

Él sintió curiosidad y me dijo: «¿Qué harás? ¿En qué quieres entrenarme?» Le dije: «Bueno, me gustaría mejorar tus manos. La forma en la que golpeas. Creo que tengo algunas buenas ideas para ti. Hay ciertas cosas de la respiración que quiero enseñarte, una respiración que te ayudará. Tendrás la capacidad de encajar golpes de doce a quince asaltos. Podrás encajar golpes y no cansarte. Y podrás devolver el golpe al contrario manteniendo una respiración adecuada. Me gustaría enseñarte a bloquear patadas». Dijo: «No quiero aprender a dar patadas». Le contesté: «No quiero enseñarte a dar patadas». Él dijo: «Si pateo a alguien en el cuadrilátero, estoy descalificado». Así que dije: «Bueno, me gustaría enseñarte cómo bloquear patadas cuando te lleguen, en caso de que alguien intente darte un puñetazo o patearte en la calle. Eres el campeón mundial de peso pesado. Puedes bloquear eso para dejar de preocuparte por ello y ocuparte de lo que tengas que hacer». Dijo: «Eso es genial. Estás dentro». Así que ese jueves por la noche llamé a Bernie Pollack y me dijo que fuera a la granja que tenía. Bernie, que falleció ya, instaló un cuadrilátero de boxeo al aire libre protegido con una carpa.

Esa mañana, Muhammad Ali y yo corrimos unos tres kilómetros (eran como las seis de la mañana, mi exmujer Kim conducía el auto). Luego pasamos a hacer cinco kilómetros y lo aumentamos lentamente hasta llegar a ocho kilómetros. Al regresar, hicimos trabajo de saco y boxeo de sombra. No nos pusimos guantes porque él todavía no tenía su equipamiento. Luego, trabajé con él en la acción combinada de puño de revés. Un boxeador y un karateca pueden realizar el mismo movimiento, pero se puede realizar el movimiento un poco más rápido por la forma en la que posicionas el codo. Aunque los boxeadores no hacen eso. Él dijo: «¡No puedo golpear con la parte interna del puño!» Le dije: «Lo sé, lo vamos a modificar y tú vas a hacer el mismo movimiento». Entonces, empezamos a trabajar en eso. Lo llamaron un «derechazo», pero si lo miras en cualquier vídeo, verás que es un golpe de revés de arte marcial.

Le digo a la gente que, si lo miras en cualquier combate, y hay muchos documentales, si observas cualquier combate de Muhammad Ali antes de 1972 y cualquier otro después de 1972, verás sin duda mi influencia, especialmente si practicas las artes marciales. Podrás observar que se mueve de forma diferente y que respira diferente.

De hecho, en uno de los combates, creo que fue el combate contra George Chuvalo, se fue a la esquina e hizo un ejercicio de respiración de artes marciales. Luego salió y miró a su contrincante de forma amenazante. Ni siquiera aprovechó los dos minutos en la esquina. Se acercó y miró hacia abajo al hombre esperando que se levantara. Hizo un ejercicio de respiración de kárate para recuperar el aliento. Todo esto era influencia mía. Nos entrenamos regularmente durante tres años y medio. Trabajé con él en el segundo combate de Frazier; no trabajé con él en el primero, que perdió. Tengo fotografías de Muhammad. Si te fijas, se le ve mirando hacia abajo, con semblante un poco deprimido, y yo, con los brazos en jarras le estoy gritando, porque decía que no iba a pelear con Joe Frazier por segunda vez. Dado que la primera pelea fue tan dura, tan mala, dijo que no lo iba a hacer. Él me dijo: «No se ve a la prensa aquí». Le dije: «¿Cómo?» Él me respondió: «Toda la prensa está en el campo de entrenamiento de Joe Frazier, ellos no hacen reportajes de perdedores». Le dije: «Muhammad, tú no eres un perdedor. Si piensas así, serás un perdedor. Si piensas como ganador, pensarás en positivo. Podemos entrenar y tú puedes vencerlo, de eso no cabe duda. Él es lento, lanza golpes en círculos redondos. Vamos a acortar esa distancia y lo vas a superar». Nos planteamos unos entrenamientos serios para Frazier II, Frazier III, George Foreman, George Chuvalo, Jerry Quarry y Floyd Patterson, y los ganó todos. Cuando venció a Floyd Patterson, fui reconocido en la revista *World Boxing* como el hombre que le enseñó el movimiento que cerró los ojos de Floyd Patterson. No lo llamó un golpe de revés, pero sí dijo que era un movimiento con el que golpeaba en el mismo punto del ojo por sorpresa. Patterson no podía ver, así que detuvieron el combate. Esa fue mi aportación.

Después de tres años y medio, empezó a cambiar de esposas. Su esposa Belinda era una buena amiga de mi esposa. Íbamos juntos a los actos con ellos. En la época en la que yo estaba con Muhammad Ali, mi esposa de entonces y yo, junto con dos de mis alumnos, fuimos los primeros en ir a un mitin de Black Muslims, ¡los primeros blancos de la historia! Fue Louis Farrakhan. Hablaron en 1973. Hablaron acerca del espectáculo que se estaba montando, donde Nancy Wilson iba a ser la cantante principal. No sé si has oído hablar de Ben Vereen, pero Ben Vereen y The Delfonics iban a estar allí. Fue el mejor espectáculo de rock and roll jamás organizado. Utilizaron a Ali para reclutar personas negras en dicho grupo musulmán.

Cuando le pregunté a Ali si podía ir a esa reunión, dijo: «¡No puedes ir a esa reunión!» Le pregunté por qué. Dijo: «¡Es todo para ciudadanos negros! Están tratando de reclutar gente negra». Le dije: «Ali, sabes que yo tengo una mentalidad abierta». Añadió: «Además, van a hablar mal de los blancos». Le dije: «Puedo soportarlo. Quiero ver a Nancy Wilson. Adoro a Nancy Wilson y me encantan The Delfonics, yo quiero asistir a ese espectáculo». Él me dijo: «¿Sabes qué? Lo voy a preguntar, pero no creo que puedas ir». Regresó una semana después y me dijo: «Vale, han dicho que puedes ir».

Le dije a mi esposa que era solo porque Muhammad Ali lo había pedido. Si cualquier otro hubiera preguntado si podía llevar a cuatro personas blancas, le habrían dicho que no. Dado que fue Muhammad Ali quien lo preguntó, dijeron que sí porque él era su fuente de dinero. Fuimos y nos sentamos a la mesa con Ali y Belinda. Había cuatro blancos y cuatro mil negros. Louis Farrakhan habló durante media hora, gritando y desgañitándose sobre la gente blanca. Cada vez que decía que los blancos son demonios, pegaba un grito diciendo que los blancos son los demonios, y cuatro mil personas miraban hacia mi mesa mientras yo me sentía allí apocado. De hecho, Ali me había advertido que hablarían mal de nosotros, y que no podría usar mi kárate. Le dije que no haría nada de kárate, que me superarían en número. Aun así, fuimos y hablaron de nosotros. Tengo que ser honesto, lo que dijo Louis Farrakhan, todo lo que dijo, se lo debo reconocer.

Ali y yo hablamos de eso más tarde. ¡Dije que entre el ochenta y el noventa por ciento de lo que había dicho era correcto! Adornó algunas cosas. Creo que mencioné una o dos cosas cuando estaba con Ali, y él dijo: «Sí, yo también pensé eso». Aunque admití que el resto estaba bien porque teníamos prejuicios en ese momento en este país. Estábamos humillando a los negros. Les hacíamos comer en diferentes restaurantes. No pasó nada por alto. Fui a la casa de Muhammad Ali y repasó todo lo hablado. Tuve que admitir que tenía razón. Luego fui a la casa de Muhammad Ali en Nueva Jersey y cené con The Delfonics y Nancy Wilson. Luego volví a entrenar la semana siguiente.

¿Puedes contarme más sobre las visitas a su casa?

Fui a su casa unas veinte veces. No necesitaba ser invitado, podía presentarme sin más. Cada vez que íbamos a torneos de artes marciales en Nueva Jersey, Atlantic City o cerca de Filadelfia, pasábamos por su casa. Yo llevaba a mis alumnos. En cierta ocasión, Muhammad Ali estaba entrenando conmigo para saber qué eran los katas y sus movimientos. Un alumno mío consiguió la segunda posición en los movimientos. No hizo el movimiento que debería haber hecho, pero esas cosas pasan. Podría haber obtenido el primer lugar. Entonces le mostramos el trofeo a Muhammad Ali. Preguntó qué movimiento había hecho el chico y le dijo el nombre del movimiento. Dijo: «Déjame verlo». El estudiante se puso pálido y dijo: «¿Cómo?» Ali le dijo que quería ver el kata. Quería ver el movimiento y dijo que lo podría hacer en el salón. El alumno hizo el movimiento a la perfección y Muhammad Ali le dio un pequeño aplauso. Yo le pregunté al chico: «¿Por qué no hiciste así el movimiento en el torneo? Habrías conseguido el primer lugar». Él respondió: «Bueno, Muhammad Ali no estaba allí mirándome». Esa fue una bonita anécdota.

Íbamos a su casa en cualquier momento. Salía a cenar con él y su esposa. Tenía un perro pastor alemán al que adoraba. Una vez que se encontraba fuera, su perro se metió en la piscina y no conseguía salir, por lo que se ahogó. Nos fuimos y dejamos a Muhammad Ali llorando como un bebé. Me pareció mejor marcharnos y dejarlo en paz. Lloraba como un crío por su perro. A todo el mundo le ha pasado eso, pero yo estaba con él cuando sucedió. Le dije cuánto lo sentía y le dije a su esposa que nos íbamos a ir. Le dije a mi esposa que mejor lo dejáramos en paz.

Otra historia interesante que relataste una vez fue aquella vez que estabas charlando con él y le retaste. Le dijiste que podrías patearlo en la entrepierna.

Sí, sucedió cuando coincidimos en el restaurante, cuando llegó por primera vez a Pensilvania. Subimos a mi escuela de kárate. Estábamos en la calle. En realidad, todavía estaba intrigado, así que me dijo: «¿Qué me harías si te lanzara un *jab* a la cara? ¿Y si te lanzo un *jab* de izquierda?» Le dije: «Bueno, puedes intentarlo si quieres». Me lanzó un *jab* de izquierda y lo esquivé con la mano derecha. Aparte de esquivarlo, hice con fuerza una patada circular izquierda dando golpecitos. No le di una patada en la ingle con fuerza, sino que le di unos golpecitos en los pantalones lo suficiente para que se doblara. Cuando se dobló, intervine con la mano derecha y le pregunté: «¿Quieres que termine mi trabajo?» Dijo: «No, vamos a empezar a entrenar». Fue entonces cuando me dijo que lo llamara el jueves por la noche y que íbamos a entrenar el viernes.

¿Alguna historia fuera de lo normal?

Me llamaba todo el rato. Una vez me llamó a las cuatro de la mañana. Mi esposa me dijo que alguien me llamaba al teléfono. Respondí a las cuatro de la mañana. Ella dijo que ya sabía que era tarde, pero que se trataba de Muhammad Ali. Me sorprendí. Ella me respondió que no era cualquiera, que se trataba del campeón mundial de peso pesado y que sería mejor que hablase con él. Así que cogí el teléfono y acabé escuchando algunas de sus vicisitudes y quejas. Como le pasaría a cualquier otra persona, solo quería alguien con quien hablar. No se había dado cuenta de que estaba en el otro extremo del mundo y de la diferencia horaria. Sin embargo, coincidíamos principalmente en el campo de entrenamiento. Me llamaba para decirme cuándo vendría al campo de entrenamiento. Entonces se marchaba. Yo estaba por allí cuando se estaba construyendo. Hay fotografías en el gimnasio del campo de entrenamiento en construcción. Adoro ese campo de entrenamiento, forma parte de mí.

Él al final se encontraba en mal estado, bastante malo y realmente no podía hablar, estaba sin voz y solo parpadeaba. En la época en la que estuve con él le hice muchas fotos entrenando en el campo de entrenamiento. El fotógrafo me llamó en cierta ocasión y me dijo: «George, él no puede hablar, pero cuando le mostré algunas fotos tuyas con él entrenando en el campo de entrenamiento, empezó a parpadear y sonreír». Le encantaba el campo de entrenamiento.

En el campo de entrenamiento, ¿qué métodos de entrenamiento aplicaste con Muhammad Ali?

La mayor parte del entrenamiento lo constituía su entrenamiento. Yo lo hacía con él. Donde quiera que estuviéramos, de cinco a seis de la mañana dependiendo de si había tenido una rueda de prensa. Trataba de conseguirlo antes de que la gente pudiera molestarlo porque no podía interrumpir su entrenamiento. Solíamos correr cinco kilómetros y lo ampliamos hasta ocho kilómetros. Lo hacíamos a las cinco o seis de la mañana. Cuando regresaba de correr, hacíamos abdominales y trabajábamos en ellos. Hacíamos también estiramientos, luego él saltaba y hacía ejercicio y, por último, recibía un masaje. Trabajaba con el saco y la pera. Había dos sacos allí que pusimos uno al lado del otro. Luego salía al cuadrilátero donde tenía compañeros de entrenamiento. Por lo general, tenía tres compañeros de entrenamiento diferentes. Durante tres años, Larry Holmes fue uno de ellos. Tenía un montón de *sparrings*. Tenía a Billy Daniels, de quien realmente me hice amigo, de quien no creo que haya alcanzado algo más que el tercer puesto en el mundo. Pero Billy era un tipo duro, tenía muchas victorias y derrotas. Tenía a Eddie Mustafa Muhammad, con quien todavía mantengo amistad y con quien todavía hablo al menos una vez al mes. Entrena a boxeadores en Las Vegas. Eddie Mustafa fue campeón mundial de peso semipesado durante tres años y medio y entrenó en el campo de entrenamiento. También conocí a Sugar Ray Leonard. Comenzó toda su carrera en ese campo de entrenamiento. Angelo Dundee entrenaba a Sugar Ray y Muhammad Ali. Conocí a Floyd Patterson en el campo de entrenamiento.

¿Hay alguna anécdota intrigante entre tú y Muhammad Ali?

Una era sobre Elvis Presley. Una vez Muhammad se me acercó y me dijo: «No se lo puedes contar a nadie. Mañana ven aquí a las cuatro en punto». Por lo general, boxeaba a las dos en punto. En ese momento es cuando hacía su entrenamiento. Me dijo: «Mañana voy a entrenar a las cuatro en punto. No vengas a las dos, ven a las cuatro en punto. No puedes contárselo a tus alumnos, no puedes publicarlo en el periódico. Nadie debe saber que Elvis Presley vendrá a verme entrenar». Dije: «¿En serio?» Él asintió: «Elvis Presley vendrá aquí y vamos a entrenar, tú y yo. Quiero que Elvis vea lo que hacemos». Dieron las cuatro y seguíamos esperando, sin Elvis.

Alrededor de las seis en punto, Muhammad Ali dijo que tenía que empezar a boxear. Entonces empezaron a boxear y él peleó con los compañeros de entrenamiento. Luego cenamos en la cocina y nos sentamos a esperar a Elvis. Creo que alguien llamó para decir que iba a llegar tarde, que llegaría tarde, ¡que llegaría tarde! ¡Sin Elvis, sin Elvis, sin Elvis! Se hizo tarde, de noche. Eran las nueve o diez de la noche. Dije: «Me voy a casa, dudo que se presente». Él dijo: «Sí, ya no creo que vaya a aparecer». Entonces me fui a casa. Me enteré al día siguiente de que Elvis apareció a las cuatro de la madrugada. Dijeron que se había perdido. Pero fue a hacer otras cosas y se presentó a las cuatro. Ali despertó a la cocinera e hizo que la cocinera preparara un poco de desayuno y café. Elvis, por lo que me dijeron, estaba un poco drogado o borracho. Ali le dio el desayuno y se sentaron a charlar. Luego, alrededor de las ocho o nueve de la mañana, salieron de compras juntos. Los propietarios de la tienda tenían una hija que estaba en la escuela secundaria y le encantaba Elvis. Elvis y Muhammad Ali fueron a la tienda a comprar algunas antigüedades. Los padres no podían creer que Elvis y Muhammad Ali estuvieran delante de ellos. Cuando su hija regresó de la escuela, sus padres le contaron lo sucedido. Ella no podía creerlo de ninguna manera. Dos policías custodiaban la tienda para que nadie más pudiera entrar. Elvis estampó su firma en billetes de cien dólares y nos dio uno a cada uno de nosotros como regalo. Un tipo vendió su billete de cien dólares, creo que por tres mil dólares al cabo de una semana. Alguien le dijo que le daba tres de los grandes, le pareció bien y se deshizo de él. El otro todavía tiene el suyo y apareció en los periódicos no hace mucho.

¿Qué te parecía la personalidad vital de Muhammad Ali?
¡Era fantástico! No era en absoluto como la gente lo percibía o conocía a través de la prensa. Se encendía y apagaba como con un botón. Cuando llegaba la prensa, empezaba a vociferar y gritar: «¡Voy a golpear a este y a ese tipo! ¡Voy a hacerle tal cosa a este tío!» En cuanto se iban decía: «Bueno, eso me hará ganar más dinero».

De hecho, una vez se sentó conmigo antes de pelear contra George Chuvalo fuera de Canadá. Creo recordar que Muhammad Ali recibiría tres millones de dólares por ese combate y George Chuvalo recibiría trescientos mil dólares. Muhammad Ali comenzó a vocear y gritar lo que le iba a hacer a Chuvalo. Ali se sentó conmigo y me dijo: «Este hombre es bastante estúpido. No va a vocear ni me va a responder a gritos». Lo único que dijo Chuvalo es: «Veremos cómo va la cosa en el ring». Eso fue todo. Eso fue todo lo que dijo. Ali decía: «Si consiguiera que me insultase y yo le insultase, él ganaría tres millones de dólares y yo podría ganar cinco millones. ¡Pero él no voceará nada y yo le insulto todo lo habido y por haber! Pero él no dice nada». Eso es lo que me dijo Muhammad. ¿Quieres que te cuente el combate más genial que he visto jamás?

Un miércoles por la noche, no recuerdo seguro la fecha, pero debió de ser alrededor de 1975, Muhammad Ali fue a dar una rueda de prensa en Pensilvania. Había tres compañeros de entrenamiento. Uno de ellos era Alonzo Johnson, el contendiente de peso semipesado del momento. Los otros dos eran algo famosos. Alonzo Johnson era campeón de peso semipesado o iba a serlo. Muhammad Ali tenía que entrenar con cada uno de estos *sparring* tres veces, pues cada uno tenía asignados tres asaltos. Al final, boxeó nueve asaltos. Yo no estaba en esa ocasión porque tenía que dirigir mi escuela. Entrenaba con Ali durante el día porque tenía una escuela de kárate. Ese era mi medio de vida, así que entrenaba en mi escuela de kárate por las tardes con mis alumnos, dando clases infantiles, como hago hoy. Al día siguiente, tenía que subir y entrenar con Muhammad y correr por carretera. Más tarde iba a entrenar. Recibí una llamada telefónica de Ali diciéndome que no estaría allí a las cinco de la mañana porque estaría boxeando la noche anterior. Así que se me dijo que no subiera hasta las dos de la tarde. Propuso hacer un entrenamiento ligero porque tenía que hacer nueve asaltos para la prensa.

Cuando subí al campo de entrenamiento, mi exmujer estaba conmigo, caminamos hasta el gimnasio como hacíamos habitualmente, y allí se encontraba un personaje famoso llamado Bundini Brown. Era el esquinero de Ali, pero era más que eso. Él era la razón por la que Ali ganó muchas de las peleas. Le aportaba inspiración cuando Ali estaba en el cuadrilátero en combates reales. Le decía que iba perdiendo, a no ser que ganara los siguientes dos asaltos, y cosas así, para que siguiera adelante. Muhammad Ali le preguntaba: «¿Cómo vamos?» Bundini le mentía y le decía: «Has perdido en los tres primeros asaltos, así que es mejor que empieces a boxear». Le decía cosas así, con lo que Ali se ponía loco y salía a ganar el combate. Sé con seguridad que, si no hubiera sido por Bundini Brown, Ali habría perdido varios combates más. Lo que ocurrió entonces fue que Bundini me interrumpió al pasar por la puerta y me dijo: «Será mejor que no entres». Dije: «¿Qué pasa?» Él me respondió: «Muhammad Ali está cabreado». Así lo dijo, palabras textuales. Le dije: «¿Cómo?» Respondió: «Yo nunca le había visto así. En toda mi vida, desde que lo conozco, jamás le había visto así. Está furioso, ha perdido el control».

Le pregunté: «¿Qué ocurre?» Él dijo: «Bueno, va a seguir peleando». Dije: «¿Va a entrenar?» Él dijo: «¡Oh, sí! Va a hacer ejercicios. Pero no quiere ver a nadie allí. Creí que sería mejor avisarte para que volvieras a casa porque nunca lo había visto así de cabreado». Le pregunté qué había pasado. Me dijo: «Anoche en la rueda de prensa, los tres boxeadores que eran compañeros de entrenamiento intentaron pillarle. Ya sabes, George, se supone que el *sparring* no debe lucirse. Pues bien, los compañeros de entrenamiento trataron de pillarle e ir a por él y conseguir notoriedad con toda la prensa que se encontraba allí. No querían quedar mal. Golpearon demasiado fuerte, casi como si fuera un combate real. Ali terminó defendiéndose. Él pensaba que aquello no iba a ser más que unas fotos para la prensa». Alonzo Johnson lo lideró. Afirmó que, en realidad, ¡intentaba noquear a Ali! Ali tuvo que salir de su esquina y devolver los golpes.

Se supone que los *sparring* te entrenan para el combate, para eso se les paga. Sin embargo, estaban allí para salir en las fotos y dar una buena imagen. «¿Qué va a ocurrir ahora?», le pregunté. Dijo: «Muhammad Ali se enfrentará hoy a los tres y les va a dar de golpes». «¿Cómo»?», le dije. Bundini Brown me respondió: «Los va a meter en el cuadrilátero y les va a dar una paliza, a los tres. Les dijeron que estuvieran aquí a las doce en punto». Dije: «Bundini, eso tengo que verlo». Él dijo: «No. Cállate, entra y no le digas nada a nadie. Solo ve, siéntate y mira».

Así que entré y me senté. Bundini se acercó a Ali y le dio sus guantes y vendas. Ali salió del vestuario. Echaba humo. Tenía la cara enrojecida. Los tres boxeadores entraron. Permanecían tan callados que se podía escuchar caer un alfiler. Le estaban poniendo las vendas y los guantes a los boxeadores. Ali se subió al cuadrilátero, y empezó a botar y a balancearse. Fue la pelea más grande que jamás haya visto, ¡jamás! Y las he visto todas. Se subió al cuadrilátero y comenzó a calentar, botando y lanzando golpes. Se acercó a la esquina. Ellos permanecían quietos fuera. Ali dijo: «¡Te quiero a ti primero! ¡Tú, quiero que seas el segundo! ¡Y tú, señor bocazas, serás el último!» Añadió: «Ahora os quiero ver boxear. Anoche os creíais los más listillos. Pero hoy más os vale pelear. ¡Ahora quiero que intentéis ganarme! ¡Quiero que me peguéis fuerte! Quiero ver lo que hacéis. Veamos lo que realmente hacéis. ¡Y tú, señor bocazas, será mejor que luches por tu vida!» Pensé para mis adentros: «Oh, Dios mío». Volvió a su esquina, se colocó el protector bucal y ya tenía puestas las vendas. Llegó el primer boxeador y le dijo: «Por cierto, será mejor que uséis casco». Bundini le dice: «¿Quieres tu casco, campeón?» Ali respondió: «No. ¡Quiero ver qué hacen!»

Al primer chico que salió, Ali le dio una paliza de verdad. El tío intentaba golpear a Ali, intentaba defenderse y golpearle. Ali lo cortó, lo golpeó, lo derribó y le dio una paliza durante tres asaltos. El siguiente tipo entró, Ali lo golpeó, le dio otra paliza y lo derribó sobre una rodilla. El tipo se levantó y volvió a golpearlo. Yo estaba sentado viendo esto y me decía: «Dios mío». Entró el tercer tipo, Alonzo Johnson. Ali le dijo: «Da todo lo que tienes». Alonzo era un buen boxeador. Trataba de devolver los golpes, pero Ali simplemente le metió una paliza, lo puso contra las cuerdas y le golpeó la cabeza como si fuera una pera de entrenamiento. Lo puso de rodillas, iba a golpearlo de nuevo y le empezaron a gritar: «¡Para, campeón! ¡Para, campeón!» Bundini se interpuso entre ellos y dijo: «¡Lo vas a matar! ¡Lo matarás! ¡No quieres matarlo!» Alonzo no podía levantarse.

Ali retrocedió y se quitó las vendas. Tiró los guantes al suelo y entró en su vestuario. Los tres boxeadores se fueron; o, mejor dicho, les ayudaron a llegar a su vestuario. Ni siquiera sé si Ali sabía que yo estaba presente. Ali miró fuera de su vestuario. Había un espejo de dos caras por el que podía ver lo que había ahí fuera. Miró por el espejo de dos caras, que yo desconocía, y nos vio a Kim y a mí sentados allí. Abrió la puerta, se acercó a nosotros y nos dijo: «Oye, ¿qué te ha parecido? ¿Ha sido una paliza o qué?» Esta es la historia íntegra y real. Creo que nunca le había contado esta historia a la prensa.

George, eras amigo del ya desaparecido Bruce Lee. ¿Tuviste alguna conversación con Muhammad Ali relacionada con Bruce Lee cuando todavía vivía?

Muhammad Ali me dijo que el único hombre que quería conocer en todo el mundo era Bruce Lee porque él ya conocía a todos los famosos. Conoció a todo tipo de famosos, reyes, reinas y presidentes. Decía que el único hombre que quería conocer era a Bruce Lee. Esto fue a mediados de 1972. Estábamos haciendo ejercicio y me dijo: «Oye, ¿conoces a Bruce Lee?» Dije: «Sí, conozco a Bruce Lee. Hablamos. Tengo su número y su dirección». Dijo: « He conocido a todas las personas que te puedas imaginar, pero el único hombre que me gustaría conocer de todo el mundo es Bruce Lee». Dije: «Bueno, puedo arreglarlo».

Así que llamé a Bruce Lee y empezamos a hablar, y le dije: «Bruce, Muhammad Ali quiere conocerte». Él dijo: «Oh, lo idolatro. Incluso trato de botar como él cuando peleo. Yo uso los dedos de los pies». Ali me dijo: «Tengo muchas ganas de conocerlo ¿lo puedes organizar?» Le dije que sí podía conseguirlo. Así que hablé con Bruce. Bruce quería conocer a Muhammad y Muhammad quería conocer a Bruce. Poco después, Bruce se fue a Hong Kong y nunca regresó. Así fue la historia. Nunca llegaron a conocerse.

Cuando Bruce Lee fue catapultado a la fama mundial, justo después de su muerte, ¿alguna vez te confesó Muhammad Ali algún respeto especial hacia la fallecida estrella?

Hablábamos sobre Bruce muchas veces, y Muhammad en cierta ocasión me dijo: «Como sabes nunca conocí a este hombre, pero me sentí un poco deprimido con su muerte. Me impactó porque me di cuenta de que podía pasarme a mí. Le puede pasar a cualquiera. Era tan joven». Ali me decía: «Estaba abatido. Ni siquiera quise entrenar durante dos semanas. Me di cuenta de que tendría que volver a entrenar, pero no quería. Simplemente, me dejó descolocado. Nunca le llegué a conocer y era el único hombre a quien quería conocer». Así que tuvimos una larga conversación sobre ese tema. Yo también estaba deprimido y me duró un tiempo. Cuando todo el mundo empezó a vender todo tipo de cosas de Bruce Lee, me enfadé. Los llamaba prostitutas. Me preguntaba cómo diablos podían hacer eso. Bruce solo llevaba muerto dos semanas y ya estaban vendiendo cosas y escribiendo libros sobre él. Escribiendo cosas y diciendo que estaban escritas por él. Bruce Lee solo escribió un libro llamado *Gung Fu* del que yo tengo una copia. Recibí la copia directamente de Bruce Lee, quien me la mandó.

Después, salieron libros de Bruce Lee que él nunca escribió. Ni siquiera sabía de qué iban. Esa es la historia. Por cierto, había un libro con citas directas de Bruce Lee, que tenía refranes chinos como «la hierba es más verde al otro lado de la cerca», o cosas así: él nunca dijo ninguno de esos dichos, los sacaban de los guiones de sus películas. Lo decía en las películas, él no había escrito el guion. Muchas de las cosas que decía en las películas, no eran más que las frases que le habían dicho que leyera. Él dio aquella charla sobre el yo interior. Creía en todo eso, pero algunas de las citas que le atribuían no eran suyas. Eran cosas que decía en las películas, que aparecían en el guion.

JOSÉ SULAIMÁN

José Sulaimán fue presidente y administrador del WBC (Consejo Mundial de Boxeo) —considerado como la organización más prestigiosa de boxeo— desde la década de 1970 hasta su muerte en 2014. Actualmente, su hijo Mauricio es el presidente. Sulaimán era un boxeador aficionado, entrenador, árbitro y promotor y era un buen amigo de Ali, una relación que continuó mucho después de terminar la carrera de Ali. Fue incluido en el Salón de la Fama del Boxeo Internacional en 2007.

¿Cuándo se puso en contacto por primera vez con Muhammad Ali? ¿Cuál era su participación en el boxeo en aquel momento?

Fue cuando se celebró el combate contra Sonny Liston en Florida, la primera pelea. Nos hicimos muy amigos más tarde, cuando yo era presidente del Consejo Mundial del Boxeo. Pero no empezamos con buen pie porque critiqué su combate con un luchador [Antonio Inoki] en Japón. Cuando regresó de Japón, uno de los redactores le preguntó: «¿Qué opinas de José Sulaimán?» Ali respondió: «¿José qué?» Después de ocurrir aquello, nos hicimos muy amigos. Yo había mandado una nota de prensa declarando que pensaba que su pelea con Inoki dañaría su imagen. Además, perjudicaría al boxeo por la oposición de los seguidores del boxeo. Se vendieron todas las entradas. Por supuesto, el combate fue absolutamente terrible. Inoki estuvo en la lona todo el rato y acabo pateando las rodillas de Ali y la parte inferior de las piernas. Ali tuvo que ir al hospital debido a un coágulo de sangre. Aunque aquello no fue realmente una pelea. Sin embargo, después de eso, Ali y yo nos hicimos muy amigos. Yo quería que tuviera una revancha con George Foreman en Las Vegas en 1976. Dijo: «Lo haré, aunque ya tengo uno o dos combates con los que estoy comprometido. Lucharé contra George de nuevo». Al final, ese combate nunca sucedió.

Tras la pelea de Antonio Inoki, en su opinión, ¿cree que su imagen resultó dañada? ¿Surgieron sentimientos encontrados en el mundo del boxeo?

No dañó su imagen porque suponía más publicidad para él. Yo diría que en Japón se consideró un gran acontecimiento. Todos los periódicos del mundo asistieron también al combate. Todos leyeron que no fue un combate real porque Inoki no se pudo poner de pie con Ali. Fue a la lona y empezó a patear a Ali. Por lo tanto, aquel combate no tuvo ningún atractivo. Si bien creo que Ali, en aquel momento, se podía permitir involucrarse en muchas cosas porque gozaba de una gran popularidad.

La pelea se materializó cuando algunos promotores japoneses pensaron que se ganaría mucho dinero. ¿Fue esta la razón principal que impulsó esta pelea?

Sí. Absoluta y ciertamente era solo dinero. Creo que ganaron mucho dinero porque en Japón supuso un gran acontecimiento y éxito. Pero es parecido a muchos otros casos de boxeadores que buscaban otra cosa. Recuerdo a otro boxeador que participó en un combate de lucha libre, al igual que lo intentó Joe Louis. Aunque eso fue al final de sus carreras. Sin embargo, el combate con Inoki se organizó cuando Ali estaba en la cima, cuando él era muy muy famoso.

¿Considera que Muhammad Ali elevó el deporte del boxeo en cuanto a popularidad y en el aspecto comercial?
Ali fue lo más grande que le ha sucedido al deporte del boxeo. Muchos boxeadores intentan imitar su estilo. A Ali lo considero el mejor, dentro y fuera del cuadrilátero. También ha sido un campeón en la vida. Me siento profundamente honrado de haberlo conocido personalmente y de que estuviese entre mis amigos. Aportó un nuevo estilo al deporte del boxeo y mayor espectacularidad. Su presencia, el baile contra las cuerdas y todas esas cosas despertaron un gran interés entre los seguidores del boxeo en todo el mundo. Muhammad Ali es el rey en la historia del boxeo.

Usted dijo en el pasado que el mejor momento que vivió con Muhammad Ali fue cuando llegó a su ciudad natal en las montañas de México. ¿Podría hablarme de esto?
Él vino varias veces a México. La primera vez fue para mi reelección en el año 1980. Cuando vino a México todo el país cayó rendido. ¡Era tan vivaz y joven! Con el público de habla hispana se mostraba cómico y gastaba bromas. Era fantástico. Las fotografías se difundieron por todo el mundo. En México la gente lo adoraba. Luego volvió en 1988 para otra de mis reelecciones. Recuerdo algo muy muy importante que sucedió. El presidente de la mayor cadena de televisión de México estaba sentado a una mesa, en una de las cenas de la convención, acompañado de importantes personalidades y de hermosas damas. Me pidió que viniera y me sentara a su mesa. En la mesa también se encontraban

Mike Tyson y Don King. Le dije: «No, estoy sentado a esa mesa con Muhammad Ali». Luego dijo: «¡Debes estar loco! No ves que esa mesa representa el pasado, esta es el presente y el futuro». Le respondí: «Mira, el pasado es lo que me ha formado y Ali es mi superhéroe de todos los tiempos». Así que fui y me senté con Muhammad Ali.

Hubo otra ocasión en que vino a México porque quería ser examinado por un médico mexicano que había descubierto cierto tratamiento para la enfermedad de Parkinson. Cuando vino a México, se alojó en mi casa. El médico vino a verlo y le dijo que era un buen candidato. Luego, me pidió poner un vídeo. Así que le llevé a la sala de estudio de mi casa y puse el vídeo. En la cinta, se veía cómo se llevaba a cabo una especie de cirugía, que tomaba una especie de hueso de alguna parte del cuerpo. Después, ese pequeño hueso se implantaba en el cerebro. En cuanto vio esta cirugía, me miró como diciendo: ya sabes. Fue una evolución de su personalidad. Le llevamos a un hospital para terminar la prueba. Dijo que sería absolutamente privado y secreto. Así que lo llevé en mi coche al hospital. Cuando llegamos allí, creo que no faltaba ninguna emisora de televisión de las existentes. Todas las cadenas de televisión estaban allí con las cámaras esperando la entrada de Muhammad Ali. Así que detuvimos el coche y dijo: «No, no, no. Regresemos a casa por favor». Volvió a mi casa con su esposa Lonnie. Tomaron un vuelo y aterrizaron en Chicago. El aeropuerto de Chicago estaba lleno de cámaras de televisión.

Luego, vino una vez más a mi pequeña ciudad natal en las montañas. Lo llevé a una fiesta que estaba especialmente organizada para él. Trataba a los niños con mucho cariño y sinceridad, lo que realmente me conmovía. Toda la gente allí era increíble, totalmente volcada en él. Fue con Howard Bingham, su fotógrafo, y Lonnie, su esposa. Lo pasó genial. Recuerdo cuatro visitas de él a México, y en una de ellas fuimos a un programa de televisión que era muy famoso. Y, Dios mío, toda la gente de la televisión estaba hipnotizada cuando lo entrevistaban. Se convirtió en una demostración del amor y la admiración que el pueblo de México siempre tuvo por Muhammad Ali.

¿Qué impresionaba a Muhammad Ali de México? ¿Gozó, como siempre, de una entusiasta acogida?

Creo que la hospitalidad, la calidez, la humildad y la sencillez de la gente. No tenían límites, no había barreras. Era querido y bienvenido. En Estados Unidos, en su país de origen, había mucha discriminación y había mucha gente a su favor. Cuando combatía, la mitad de la gente quería que perdiera y la otra mitad que ganase. Fue tras su retirada cuando se convirtió en un único héroe de todos los tiempos de toda América y del mundo. Sin embargo, durante muchos años sufrió la discriminación. En México se encontraba con que, desde la máxima autoridad hasta la persona más humilde, todos le amaban de manera sincera y auténtica.

¿Puede contarme la conversación más fascinante que compartiera con él?

Bueno, hablábamos de todo. Me contó lo respetuoso que era con la regla de los doce asaltos. Me confesó que esa era la mejor regla que jamás había existido para los campeonatos mundiales. En cierta ocasión, me firmó un autógrafo que decía: «Muhammad Ali AKA Cassius Clay», y Howard Bingham, que había estado muy cerca de él todo el tiempo, me dijo que nunca lo había visto firmar «Cassius Clay». Howard dijo que esta era la única vez en su vida que lo había visto hacer esto. Así que guardo ese guante como un tesoro en una cajita con llave. Déjeme decirle que era muy sincero con la religión musulmana y sumamente pacífico. Una vez, me contó que alcanzó una fase diferente en el conocimiento del tiempo de la tierra en el universo porque a nadie en el mundo le importaba quién hizo todo lo que existe en la tierra.

Así que se fue al desierto y reflexionó sobre cada grano como si correspondiera a cada año de la tierra en el universo. Me contó que entonces entendió lo pequeño que era. Así que tomó ochenta granos de arena y se los puso en las manos, y dijo: «Quizá Dios me dé ochenta años de vida. Por eso quiero complacerlo intensamente porque quiero dejar una huella excelente de mi paso por la vida. Esos ochenta granos los arrojaré sobre mis pies hasta que venga el viento y se los lleve». Esto fue algo fantástico que me contó en cierta ocasión. Me gusta mucho.

Es cierto: si alguien llega a la vida y no hace nada, no deja huella de su vida. Pero si alguien es grande y hace algo bueno, las generaciones futuras sabrán lo que hizo por el bien de la sociedad hasta que el viento del tiempo venga y se lo lleve. En otras palabras, dijo que quería trabajar toda su vida por el bien de la sociedad en todo el mundo. Ese, para mí, es uno de los más extraordinarios pensamientos que he escuchado de alguien en mi vida.

¿Qué huella dejó Muhammad Ali en el mundo del boxeo?

Sin ninguna duda, fue un gran estadounidense. Viajó por todo el mundo. Su sello de éxito fue un ejemplo para las nuevas generaciones del planeta. En lo que respecta al boxeo, no hay duda de que la mejor agilidad en el boxeo fue la de Muhammad Ali. En el boxeo, en el pasado, había pesos pesados que, por lo general, no se movían. Se encasillaban en el poder del poder. Rara vez se aplicaba la agilidad en el boxeo. Muhammad Ali vino y trajo un nuevo estilo de boxeo. Mucha gente intentaría e intenta copiarlo. Uno de los mejores boxeadores llegó gracias a Ali: Larry Holmes.

Larry Holmes se convirtió en un gran boxeador. Fue compañero de entrenamiento de Muhammad Ali antes de convertirse en campeón. De hecho, al final de la carrera exitosa de Ali, Larry Holmes luchó contra él en un combate. Le hablaba en voz realmente alta porque Ali estaba muy mayor. Pedimos un examen médico intensivo. Lo llevaron a una clínica estadounidense muy famosa y pasó el examen. Aunque pasó el examen de una simple persona, no el de un boxeador anciano, que debería haber sido diferente. El combate tuvo lugar y, obviamente, Ali bajó mucho peso porque estaba muy pasado. Perdió alrededor de 18 kilos, aproximadamente. Larry Holmes, obviamente, estaba totalmente desolado. Diré algo que nunca le he dicho a nadie. La luz de los ojos de Muhammad Ali se apagó tras su combate con Larry Holmes. Los ojos de Muhammad Ali eran como los de un zorro, muy vivos muy cercanos muy hondos y profundos, muy brillantes. Después de esa pelea, esa mirada desapareció.

¿Recuerda cuando el gobierno de Estados Unidos le envió en misiones de paz a Moscú?

No, la verdad es que no. Aunque puedo asegurarle que los tres años y medio que estuvo fuera del boxeo por no querer enrolarse en el ejército fueron los mejores tres años y medio de su vida. Solo tenía veinticinco años y le prohibieron boxear. Luego, regresó a la edad de veintiocho años y medio. Desde los veinticinco hasta los veintiocho —los mejores años, extraordinarios y poderosos, que le quitó la prohibición— también fueron los años más importantes de mi vida. No se pueden comparar con ninguna otra edad. Ellos sacaron a Ali del boxeo. Esa fue una de las posiciones más respetadas que cualquier gobierno podría haber tomado contra un deportista.

¿Considera que trascendió más allá de los estadios de boxeo?

Sí, claramente. Hay muchos ámbitos deportivos, pero no creo que ninguno de ellos haya llegado a lo más alto como lo hizo Muhammad Ali. Han existido muchos héroes, pero creo que Muhammad Ali es el mayor de todos. Hubo una encuesta para ver cuál era el rostro más conocido del mundo. Muhammad Ali quedó por encima del Papa y de muchas otras grandes personalidades de la época. Era el rostro más reconocido del mundo.

¿Le gustaría añadir algo significativo que encarne el legado de Muhammad Ali?

Yo diría que fue una persona muy querida. Cuando Muhammad Ali iba a Oriente Medio, era como un dios. No hay una sola persona allí que no considere a Muhammad Ali como una especie de dios. Recuerdo que hace algunos años el presidente del Líbano y su primer ministro, el señor Hariri —que fue asesinado con un coche bomba— me pidieron que intentara llevar a Ali al Líbano. Luego, me preguntaron por Mike Tyson. También pensaban que Ali era nuestro rey. Ali fue nuestro querido héroe. Sin embargo, más tarde, hubo un enfrentamiento entre Israel y el Líbano, por lo que ese proyecto se canceló. Viajó a muchos países de Oriente Medio varias veces. Ali era el tipo de persona que luchaba por la paz y la buena voluntad. Su religión está dedicada a la paz y a la buena voluntad, y brinda apoyo a todas las personas. Sus pensamientos en el desierto dejan claro lo que siempre fue Muhammad Ali.

Diría que ha sido el mejor boxeador que haya existido jamás. En el cuadrilátero, todos querían boxear con él y, en el plano personal, todos querían conocerlo. Creo que ha sido el ejemplo más grande y elevado de ser humano que trabaja por la paz, la solidaridad y la buena voluntad. Si cada boxeador fuera como Muhammad Ali, tal vez sería una influencia contra los ríos de sangre derramada y de odio en guerras y enfrentamientos. Estamos hablando del deporte del boxeo, que muchos lo consideran un deporte violento, pero somos un deporte que da ejemplo. Después de un combate, se ve a ambos boxeadores ir al centro del cuadrilátero y abrazarse, incluso tras una tremenda violencia. Espero que ese haya sido un ejemplo que también haya transmitido Muhammad Ali y espero que todos los líderes políticos del mundo lo tengan en cuenta.

LEON GAST

Director de documentales, productor, director de fotografía y editor, Leon Gast es ampliamente conocido por su fundamental y aclamado documental *Cuando éramos reyes*. Nacido en Nueva York, Gast ha recibido numerosos premios por su cobertura del icónico combate de la categoría de peso pesado *Rumble in the Jungle* entre Muhammad Ali y George Foreman. Gast sigue trabajando en proyectos documentales.

¿Cuándo se puso en contacto por primera vez con Muhammad Ali? ¿Cómo fue la experiencia?

Fue probablemente alrededor de mayo de 1974. Fue justo antes de que se firmara el combate [Foreman-Ali]. No estoy seguro de la fecha exacta, pero el combate se estaba negociando y planificando con Foreman. Tuve ocasión de conocer a Don King, Stewart Levine y Hugh Masekela y visité el campo de entrenamiento de Muhammad Ali en Deer Lake (Pensilvania), donde lo conocí por primera vez. Yo ya era un gran admirador de Muhammad Ali. Cuando lo conocí estaba con muy buen ánimo. Por aquel entonces, estaba casado con Belinda, quien más tarde se convirtió en Khalilah, y sus hijas gemelas estaban también allí. Caminamos por el campo de entrenamiento y me mostró su gimnasio y el lugar donde se alojaba, que era una cabaña grande. Tenía que bombear el agua. Me dijo que, antes de un combate, le gustaba vivir en aquella cabaña oxidada, que tenía cerca de su hermosa casa en Deer Lake. Nos sentamos en el exterior y charlamos unos minutos.

Entonces, noté algo, aunque no fui capaz de expresarlo con palabras hasta que leí el gran libro de Norman Mailer *The Fight*. En el primer capítulo, creo recordar que incluso en el primer párrafo del libro, Norman Mailer describe a Ali diciendo (y estoy parafraseando, a pesar de que no tengo el libro frente a mí): «Cuando Muhammad Ali está de buen humor, lo rodea un aura dorada, una mirada dorada». Estas son las palabras de Norman Mailer. Sigue diciendo: «Pero, cuando está de malas pulgas, tiene la tez verdosa». Cuando lees esto, te da la impresión de que Norman Mailer fue muy literario. Sin embargo, ese día con él, fue realmente dorado. Lo fue de verdad. Estábamos al aire libre y el sol brillaba, estábamos a finales de mayo.

Más tarde, tuve una experiencia con él un día que no estaba de muy buen humor. Ali me dijo: «¿Qué eres, el nuevo Howard Cosell?» Fue muy desagradable. No es que fuera desagradable, sino que no estaba de humor para hablar. No sé, tal vez le planteé malas preguntas. Sin embargo, años más tarde, después de haber filmado la película, de hecho, ya en la década de 1990, un par de compañías se pusieron en contacto para hacer anuncios con Ali. Uno de ellos era Adidas. Decían que habían visionado una gran cantidad de material y todos parecían hacer mención a las imágenes que filmé de él en Deer Lake, y posteriormente al aire libre corriendo en Zaire, como imágenes doradas, porque solo en estos casos parecía mostrar su aura dorada.

Incluso siendo más preciso, comenzamos a rodar probablemente en junio. Pasamos un tiempo allí caminando con él, saliendo a correr con él, yendo al gimnasio, haciendo ejercicio con Larry Holmes, que era su compañero de entrenamiento. Me parece que Holmes tenía entonces diecinueve años. Bossman Jones era otro de sus compañeros de entrenamiento. El tercero era otro peso pesado cuyo nombre no recuerdo. Pero daba la sensación de que no eran solo compañeros de entrenamiento, eran casi como una familia. Fue muy diferente cuando conocí a George Foreman en África y observé la relación que mantenía con sus compañeros de entrenamiento. Ali me mostró su mundo. Todo documentalista o periodista te dirá que todo depende del acceso: cuando puedes acceder a tu tema. Yo obtuve un acceso completo a Ali.

Una vez que estuvimos en Deer Lake, nos invitó a la casa y le grabamos con su esposa y el cocinero. Se abrió totalmente, no era alguien que estuviera pendiente de la cámara. No era como la mayoría de los deportistas de hoy que te dan hecho el titular: voy a hacer un gran combate. Ali era muy muy natural y se abría del todo. Luego, en otra ocasión, nos marchamos a África. Uno de los miembros de mi equipo había estado en San Francisco en el entrenamiento con George Foreman. Dos miembros del equipo y yo habíamos estado siguiendo a Ali desde Deer Lake hasta Nueva York, y en ruedas de prensa con Don King. Después, nos fuimos para tomar el avión. Así que los detuve afuera. Íbamos del aeropuerto LaGuardia al aeropuerto de Logan, en Boston, y de allí a París y, luego, a Kinshasa. Estaba ahí con la cámara. Dije: «Nos marchamos a...». Y él fue un poco desagradable. Me dijo: «Está bien. No te interpongas en mi camino». Fue algo totalmente impropio de él. Pensé que seguramente había tenido un mal día o lo que fuera.

Llegamos a África y pasamos un tiempo donde él entrenaba. Salíamos todos los días y nos sentábamos frente a su casa, que estaba junto al río Zaire. ¡Siempre se cometen errores! Él decía: «Estamos sentados aquí frente al río Congo. ¿No es hermoso?» El dictador Mobutu tenía gente de seguridad y había mucha gente alrededor. Cada vez que Ali decía: «Estamos sentados aquí en el río Congo», alguien le decía: «Ali, no. Zaire, Zaire». Él repetía prácticamente la misma respuesta cada vez, decía: «No te preocupes, todo el mundo sabe que se llama Zaire, junto al río Zaire». Siguió metiendo la pata llamándolo como se lo conocía en la época colonial: Congo. En fin, una vez pasado el primer incidente del momento aquel en el que estábamos subiendo y cambiando de avión, filmamos imágenes cruzándonos en su camino y no nos puso pegas. Luego, cuando llegamos allí, un par de días después, estuvimos charlando.

Le filmé haciendo sus entrenamientos y me dijo: «Si quieres rodar una escena realmente hermosa, yo corro por las mañanas. Corro por los alrededores y, si pones las cámaras ahí mismo, empiezo a correr entre las cinco o las cinco y media de la mañana. El sol sale detrás de mí. Obtendrás una hermosa toma». No puedo decir que dirigiera la película, puede que haya dicho eso en el pasado, pero me estaba indicando lo que consideraba buenas escenas para rodar. Cuando hacía ejercicio en el gimnasio, siempre se acercaba a saludarnos a dónde estábamos en cuanto nos veía. Era el tema perfecto para hacer una película. Empezó siendo solo un reportaje acerca del combate, pero me parece que dio un giro hacia un estudio del personaje de Ali.

¿Cómo surgió la idea del documental? ¿Qué intentaban conseguir con la película?

El concepto inicial era: se trata de un combate por el campeonato, Ali está afrontando su combate más duro, el que todos consideran como el más difícil de su historia. Había gente en su campo de entrenamiento que estaba realmente asustada de que fuera a lesionarse porque en aquel momento tenía treinta y dos años. Se estaba enfrentando a tres tipos que le habían proporcionado una gran cantidad de problemas: Joe Frazier, George Foreman y Ken Norton. George Foreman había aniquilado a Joe Frazier en su última pelea y había hecho lo mismo con Kenny Norton. Esos dos boxeadores siempre le habían dado problemas a Ali. Todas las personas de su esquina estaban realmente preocupadas de que sufriera mucho daño, especialmente el doctor Pacheco, que estaba seriamente intranquilo. Todos estaban inquietos: Bundini, Angelo y todo su séquito. Teníamos la secuencia, que no creo que la usáramos en *When We Were Kings*, y no creo que Jeff la usara en su documental *Soul Power*, donde Angelo Dundee está de pie junto a él y dice: «Mírelo. Mire la forma en la que se encuentra. Está en el mejor estado de forma que ha tenido en años. Va a noquear a George Foreman». Me lo dijo a mí. No sé por qué nunca la usamos en la película.

Primero, iba a ser un viaje a África al que fueron cerca de doscientos cuarenta músicos y su séquito, en su mayoría familiares y amigos. A Bundini se le ocurrió lo de «From the Root to the Flute» («Desde las raíces a la flauta»). Don King se dio cuenta de eso. Ahí estaban todos esos campeones volviendo a casa. No solo Ali, Foreman y su gente por el combate, sino todos aquellos músicos: James Brown, BB King, las Pointer Sisters, los Spinners, los Crusaders, todos regresando a la patria, a las raíces. De forma que el combate iba a englobar más cosas, aunque el énfasis estaba en la música y el festival. E iba a ser la música la que siempre impulsaría el combate.

Según estaba programado, teníamos, por una parte, el festival de música que iba a celebrarse el 20, 21 y 22 de septiembre, y el combate iba a producirse el 23 o 24 después del festival de música. Estábamos en el gimnasio con Ali, mientras entrenaba, cuando se cortó. Los músicos aún no habían llegado. Se iban al día siguiente. Llamé a la oficina de Nueva York y les conté lo del corte.

Se iba a celebrar una rueda de prensa. Todo el mundo decía que no habría manera de que esos tipos fuesen a boxear. Todo el mundo pensaba que no habría forma de que se realizase el combate por el corte. La pelea se retrasó, lo que nos dio la oportunidades de pasar más tiempo con Ali y llegar a cosas mucho más personales con él, mientras esperaba que tuviese lugar el combate. Al final, el enfoque de la película cambió y Taylor Hackford se involucró. Había visto un corte de la película y fue Taylor quien dijo: «Me encantó tu película. Es el mejor material». Creo que, sin lugar a duda, teníamos algunas de las cosas más íntimas sobre Ali que jamás se hubieran filmado durante su carrera. Entonces, nos reunimos en la oficina de mi socio, David Sonenberg. Taylor dijo: «...y me adelanto veinte años porque éramos... ¿Debería retroceder?»

Lo que vino después fue que empezamos a editar la película. Lo primero que ocurrió fue que, en cuanto volvimos, Don King se pasó por la sala de edición, junto con el socio de Hank Schwartz y su especialista en cine, quienquiera que fuera, un tipo de televisión que trabajaba con él. Les mostré el material de la película, que estaba en su estado bruto. Les mostré cosas de Ali corriendo. El tipo, que era el experto de DK, según me enteré por los comentarios de alguien que trabajaba para King, dijo: «Bueno, realmente no están interesados». Así que nos dimos de golpe con el problema de la financiación del proyecto si no les gustaba.

Mobutu ponía el dinero para los boxeadores: cinco millones de dólares por cada uno. Sin embargo, esos cinco millones se repartieron con Herbert Muhammad, su mánager, su entrenador, Bundini, no lo sé. Había oído que el contrato contenía dos millones y medio de dólares para Don King. También escuché que no era tanto, era más como un millón, con cierto acuerdo bajo mano. Sin embargo, Mobutu aportó ese dinero sin duda alguna. Ahora, la película. ¿De dónde íbamos a sacar el dinero para hacer la película? La organización de David Wahlberg estaba muy interesada en involucrarse en ella. Luego, se implicó Hugh Masekela, que es un gran músico. Él todavía está por aquí. Acababa de divorciarse de Miriam Makeba, con quien había estado casado por un corto plazo de tiempo. Se estableció en Nigeria y se hizo amigo de la familia gobernante de Nigeria. Ellos estaban de acuerdo.

Me reuní con su representante en la ciudad de Nueva York. Representaban a una empresa pesquera. Querían ver un presupuesto. Hice un presupuesto que, en principio, lo incluía todo. Incluía el escenario, que se iba a construir, e incluía el viaje. No llegaba a un millón de dólares. Entonces, me reuní con su representante y llegamos a un acuerdo. Les encantó la idea. Hablamos ya de julio, agosto de 1974. Teníamos un trato, un contrato cinematográfico con ellos. No teníamos dinero en absoluto. Firmamos con el equipo.

Tenía claro que quería, al menos, seis equipos de filmación porque quería rodar un montón de material de fondo. Quería contar con la posibilidad de filmar a todos los músicos en sus ensayos, actuaciones, etc., sin olvidarnos de filmar a Ali y a Foreman. Quería reunir este material y hacer una película con el énfasis puesto en el regreso de todos estos músicos y deportistas afroamericanos. A Don King se le ocurrió algo así como «De barcos de esclavos a campeonatos». Eso fue cosa suya. Creo que pudo haber estado en algunos de los carteles. Así que esperamos. De hecho, habíamos firmado contratos con diferentes personas. Finalmente recibimos un cheque de África. Lo ingresaron en uno de los bancos de la ciudad de Nueva York. Creo que contratamos a unas ochenta y tantas personas, incluido el personal del escenario. Teníamos siete equipos de cámara. Quería que cada equipo de cámara fuera autónomo. Así que cada uno de ellos tenía un técnico de sonido, un asistente de cámara y un ayudante que llevaría el equipo y colocaría las luces.

La sede de todo esto estaba ubicada en Manhattan, en la calle 55. Fue con la empresa Video Techniques, esa era la empresa. Hank Schwartz estaba a cargo y Don King era el vicepresidente y terminó siendo socio después de aquel combate, pero esa es otra historia. En cualquier caso, Don vio a la gente entrando y firmando sus contratos y dijo: «No veo muchas caras negras que vengan aquí para trabajar en esto. Quiero ver muchas más caras negras en este equipo». Quiero decir, Don King había tomado el mando. Pero yo era el director y el productor. Y hablamos. Don King dijo: «Ahora estoy en una posición en la que podría hacer algo por mi gente». Lo dijo así. Quiero decir, el gran aura que es y el filósofo que es. «Tengo la oportunidad ahora. ¡Si no viera que hay tantos negros como blancos en su equipo, me sentiría avergonzado!» Lo dijo con mucha expresividad. Estábamos en 1974. Dije: «Don, no conozco a cuarenta negros que pueda contratar para el equipo». Simplemente no había tantos que trabajaran en televisión y cine en ese momento en la ciudad de Nueva York. Su respuesta fue: «Creo que, si los buscas con empeño, los encontrarás». Así que contratamos a un equipo de California. Habíamos recibido buenos comentarios del equipo sobre lo que queríamos hacer y, lo demás, simplemente preguntando. Conocía a un tipo que hacía anuncios, un neoyorquino. Me dijo que conocía a otro tipo que había trabajado en el primer combate entre Joe Frazier y Muhammad Ali en el Madison Square Garden. Era cámara. Me reuní con él y lo contratamos. Él tenía a otro tipo de sonido con el que trabajaba y que fichamos, en realidad, para que el equipo fuera cincuenta por ciento blanco y cincuenta por ciento negro. Don estaba realmente feliz con eso.

Por desgracia para mí, porque tuve que prescindir de personas con las que había trabajado antes, como Kevin Keaton, Paul Goldsmith y Albert Maysles, de las que conocía la calidad de su material. Que sabía que eran excelentes cámaras. Se convirtió en un fastidio porque, si íbamos a filmar algo, yo quería que Albert fuera quien estuviera en el vestuario de BB o con Ali cuando iba a su casa. Pero Don King había dicho que no veía suficientes personas negras. Estaba siempre encima de mí queriendo que el equipo negro tuviera más presencia. Le di cancha con eso porque estaba encima de mí todo el rato.

Hubo un puñado de gente que realmente consiguió, si no su comienzo, sí diría que una ayuda en su carrera cinematográfica. Filmamos la película. Lo teníamos todo en el laboratorio para su proceso. Entonces, lo primero que ocurre es la demanda de Don King. Don King obtiene una orden judicial contra todo el proceso reclamando que le deben ciento cincuenta mil dólares. De hecho, recibió una orden judicial sobre el laboratorio que tenía el material y el lugar donde se almacenaban todas las grabaciones de sonido de aquel festival de música: gracias a Dios, lo grabamos todo. Las personas involucradas en la disputa dijeron: «Vaya, será un desperdicio. ¿Para qué necesitas grabar todo? Solo vas a usar dos canciones de cada uno. Así que habla con sus gerentes y descubre cuáles son las mejores». Sin embargo, quería filmar todo y terminamos filmándolo todo. Estoy feliz de que lo hiciéramos porque *Soul Power* surgió de aquello. Don King presentó una demanda. Hank Schwartz de Video Techniques presentó otra demanda.

Después llegaron los problemas desde Monrovia (Liberia), problemas políticos por los que el régimen de Tolbert estaba siendo amenazado. Yo negociaba con Steve Tolbert, que era el ministro de Finanzas, hermano del presidente de Liberia. Aparte del primer cheque, no recibimos más dinero. A los laboratorios y a todo el mundo se les debía algo. Además, tenía el pleito con Don King, que había contratado a uno de los bufetes de abogados más prestigiosos de la ciudad. En cualquier caso, finalmente se dio cuenta de la causa en un Tribunal Federal en el Distrito Sur de Nueva York. Escucharon las reclamaciones de Don King y nos citaron en el tribunal. Yo tenía dos abogados. El abogado de Don se levantó y habló con el juez. El juez resultó ser una mujer afroamericana, la primera mujer afroamericana en todo el sistema de justicia estadounidense. No hubo ningún negro hasta Constant Motley. Su abogado se levantó y abrió el discurso con: «Su Señoría, estoy seguro de que está al tanto del combate que tuvo lugar en África hace un par de años.» Ni siquiera pudo terminar: ella se inclinó hacia adelante y dijo: «No dé por supuesto que sé algo sobre África o algo sobre Muhammad Ali.» Sus litigantes estaban empezando a tratar de jugar una especie de carta racial con una juez negra, a quien realmente le molestó aquello.

En cualquier caso, duró medio día y la juez falló a nuestro favor: el dinero que se le debía a Don King no tenía nada que ver con eso. En realidad, el contrato de King estipulaba que iba a recibir ciento cincuenta mil dólares de las entradas de los conciertos porque el combate se había pospuesto y el concierto comenzó el 21 y 22, y las personas que estaban allí, que iban a venir a África para ver el combate, no aparecieron una vez que supieron que se había anulado. El plan era: este combate se celebraría el día después del festival de música de tres días.

Quien hubiera puesto precio a las entradas, había fijado un precio de quince dólares para cada una. Nadie se enteró hasta que llegamos allí que, de media, en el Zaire, una persona ganaba alrededor de quince dólares al mes. No había forma de que pudieran pagar esas entradas. Además, otra cosa que sucedió, que realmente arruinó el proyecto, fue que las entradas se habían impreso en

Estados Unidos y se enviaron con el nombre de Mobutu mal escrito en ellas. ¡La gente se estaba volviendo loca! ¡Vaya con el dictador Mobutu! Entonces, hubo que destruir todas aquellas entradas. Ojalá tuviera una porque sería como cuando en un sello se escribe mal el nombre de alguien. Se destruyeron las entradas y se consiguió que alguien las volviera a imprimir. No estoy seguro dónde, Masekela sí lo sabe.

El concierto se acabó y hubo muy poca gente. En su mayoría de la embajada. Enviaron a alguien a reservar las entradas. Un tipo de la embajada estadounidense, no el embajador, dijo: «No podemos pagar las entradas, ¿no podrías darnos entradas?» Eran unos veintiséis. Luego, también el de la embajada británica. Y después todas las embajadas querían entradas gratis. Así que casi no se vendieron muchas entradas para el primer y segundo día del concierto. Me quejaba a Don King y Mubula —que era el principal hombre de Mobutu que gestionaba el concierto y el combate— de que esto iba a hacer que todo pareciera terrible.

Teníamos un estadio vacío y no había gente en ninguna de las tomas que enfocaban hacia la multitud; no había nadie allí, solo gente de las embajadas. Así que, junto con Lloyd Price y un par de personas más, pudimos convencer a Mubula de que tenían que hablar con Mobutu para hacer de este un concierto gratuito. El gran problema era que la gente se enterase, ya que estábamos a un día del concierto. Tenían que convertirlo en un concierto gratuito. Al día siguiente iba a actuar James Brown. Al final, usaron los helicópteros para dar vueltas y vueltas tirando folletos. En la radio anunciaron también que el festival en Kinshasa era gratuito. Llegamos a tener hasta ochenta mil personas. Eso sí que era una multitud. Al menos, conseguí planos con el público del concierto. De forma que, al ver la película, ves a gente saltando delante del escenario, aunque, en realidad, todo eso se hiciera en una sesión de un día.

En el juzgado se retrasó el tema. Posteriormente me hicieron una entrega a mi nombre porque tampoco me habían pagado a mí y me debían una cantidad considerable de dinero. Pasaron otros dos años antes de que se tuvieran noticias y se emitiera la resolución judicial. Luego volvimos con el tema del tribunal y con todos los derechos y propiedades que tenía el grupo. Era una tapadera para los liberianos llamada International Films and Records. El dinero fue de Liberia a las Bahamas, pasando por Suiza, y luego a mí. Así que nunca pusieron más dinero. Tengo todos los derechos. No hubo dinero. En cierta ocasión recibí una llamada de uno de los directores de escena, Barrie Singer, que murió recientemente. Yo les decía a todos que íbamos a recibir el dinero. Ya habían depositado alrededor de novecientos mil dólares: ciertamente terminaron de financiarlo. Estábamos esperando el dinero. Fui a Liberia, pero nadie apareció por allí. Me invitaron a Liberia. Volví y esperé durante días y días en Monrovia para encontrarme con alguien.

Entonces, recibí una llamada de Barry, que me preguntó: «¿Has visto la revista *Newsweek?*» Respondí que no. Dijo: «Hay una foto donde la gente está atada a un poste. Es una foto en tres planos. Ha habido un golpe. El país ha sido tomado y hay una foto de estos tipos atados a un poste con el pelotón de fusilamiento. Supongo que no vamos a recibir nada de dinero de Liberia.» Al final, David Sonenberg acordó financiarlo. Como pasaba el tiempo, hice un montaje preliminar y lo edité. Duraba unas tres horas en ese momento. Contenía mucha música. Pude conseguir una buena copia del combate.

Conocí a Bill Cayton, el tipo que dirigía Big Fights. Esto iba a resultar muy caro. Iba a costar alrededor de ciento veinte mil dólares. Me preguntó qué estaba buscando. Bueno, yo quería lo más destacado de la pelea. Quería el primer asalto. Quería, sin duda, el quinto asalto, donde Ali realmente comienza a cambiar el rumbo, y el último asalto con el *knockout*. «Vaya, eso te va a costar mucho dinero. Eso será, aproximadamente, ciento veinte mil dólares», me dijo Bill. Le contesté: «Bill, mi presupuesto para todo el material del archivo es menos de la mitad». Me dijo: «Bueno, tendrás que ingeniártelas». Conocí a Tom Hauser, quien finalmente escribió el libro *Muhammad Ali: His Life and Times* y que, de hecho, aparece en la película. Tom va y me dice que lo que tengo que hacer con Bill Cayton es llevarlo a un plano personal. Que lo sacara de su oficina, le dijera que quería hablar de ello y que lo invitase a comer.

Le llamé y le dije que me encantaría que comiéramos juntos, que a dónde le gustaría ir a almorzar. Justo a la vuelta de la esquina de la oficina de Cayton en Big Fights, había un restaurante muy caro. Big Fights lo poseía todo. Era una empresa fundada por Jimmy Jacobs y Bill Cayton. Empezaron comprando todo lo que saliera, incluidos los combates de Jack Johnson, que se remontan a los tiempos en los que se empezaron a rodar combates. Era algo rudimentario, pero cubrieron muchas de aquellas peleas. También todos los combates de Dempsey y los de Joe Louis, Rocky Marciano, Sugar Ray Robinson. Eran dueños de todo hasta lo de Zaire. Así pues, me lo llevé a comer y le dije que sin ese metraje no había película. Me preguntó entonces: «¿Cuánto puedes gastar?» Le dije que unos veinticinco mil dólares. Le pareció ridículo, no podía aceptar. Le dije que tenía que registrarlo y le mencioné todo el material adicional que estábamos registrando. Él poseía todos los combates de Ali. Poseía todos los combates de Cassius Clay. Aquellos primeros combates con Henry Cooper en el Reino Unido. Cerramos un trato por treinta mil dólares en el acto. Me dijo: «De acuerdo. ¡Treinta mil dólares! Antes de hacer nada, entrégame un cheque. Una vez que le dé el visto bueno al cheque, te daré acceso a lo que quieres.»

Así que regresé a ver a David Sonenberg, quien extendió el cheque, y se cobró de inmediato. En realidad, estaba por allí un chico que trabajaba para mí. Iba a mandárselo a David, pero él dijo que no, que se lo llevara Terry. Así que hizo de mensajero. Terry me contó: «Extendí mi mano para estrecharle la suya, pero lo único que hizo fue extender la otra mano para agarrar el cheque». Cogieron el cheque, lo cobraron y nos dieron acceso al metraje. Disney compró la compañía y, ahora, ESPN Classics posee todo el material de los combates. Si quieres hacer algún tipo de negocio, metraje de archivo de combates, tienes que lidiar con ESPN Classics, que forma parte del dominio de Disney. No es nada barato.

La gente me llama para pedirme autorización de licencia. No puedo autorizar nada como el entrenamiento de Ali y sus palabras de «Soy guapo, soy malo, noqueé a Henry Cooper en el quinto asalto», todas aquellas fabulosas diatribas que hizo entre 1964 y 1965. Pudimos cerrar el trato. Conseguí unos siete u ocho minutos del material que necesitaba. Buena parte se encuentra en el minuto siete u ocho.

Una vez que lo conseguí, pude revisar sus archivos. El material del combate que tenemos en la pelea, en realidad, está compuesto por exactamente la misma cinta que se estaba grabando en el camión cuando estuvieron rodando el combate y que luego pasó a una retransmisión por satélite que solo pudieron ver quienes habían comprado una entrada en los teatros de Estados Unidos. Era en directo. Todo lo que conseguí era de la mejor calidad que tenía Bill. En ese momento, se implicó Taylor. En fin, en cierto momento, llegamos a un acuerdo con Universal. Un tipo de compras de Universal entró en la sala de edición en la que yo estaba trabajando y me dijo que estaban interesados. Que querían lanzarlo como un largometraje. Que iba a hacer esto y lo otro.

Todo fue muy lento. Al cabo de un año, no había sucedido nada. Fue algo así como, venga, vamos a hacer un trato, aunque primero hay que hacer esto. En cualquier caso, no ocurrió. Me involucré en otro proyecto. En realidad, lo tenía todo en mi apartamento, negativos incluidos. Una vez que se elevó el mandato judicial, me lo llevé todo. Toda la obra impresa y todos los negativos originales. Lo tenía almacenado en mi apartamento. Luego, empecé a compartir el espacio y busqué otro sitio, donde lo llevé todo.

Al final, lo guardamos en un almacén. Allí es donde transferimos y digitalizamos todo el material con la ayuda de Jeffrey Levy-Hinte, que hizo el increíble documental *Soul Power*. No sé si lo has visto, pero fue un gran trabajo. También colaboró como editor en *Cuando éramos reyes*, por lo que Jeffrey conocía todo ese material. Siempre decía que allí había otra película, una distinta dejando fuera la música. En un principio, me iba a centrar en el festival de música, en que Ali estuvo allí, en que Ali fue al festival de música y George Foreman no lo hizo.

Un cineasta de la costa Oeste, de algún modo, lo vio. Supongo que sería por su amigo de Universal. Vio un corte sin editar.

Fue algo más que un corte porque fue largo, unas dos o tres horas. Lo vio y fijamos una reunión. Él tenía una compañía. Le había encantado. Dijo que quería involucrarse. Me dijo que tenía un amigo que era un gran admirador de Muhammad Ali y que le encantaría que nos reuniésemos. Entró el amigo. El amigo era Taylor Hackford. Estamos hablando de que habían pasado veinte años. El material había estado almacenado.

Durante esos años, de vez en cuando, surgía algo. Escucho a alguien que quiere hacer un programa de BB King. HBO Home Entertainment pagará una cierta cantidad de dólares. Así que le doy el material de BB King en África a HBO. En fin, Taylor Hackford entró y tuvimos la reunión. Dijo que le encantaba el material y que tenía una propuesta si podía participar. Creía que había que llevarlo a la década de 1990 (estábamos en 1995). Me dijo que buscara gente que pudiera dar un análisis y ofrecer comentarios. Enseguida le conté a Taylor que Jerry —otro productor con el que he trabajado— y David no había dejado de decirme que metiera entrevistas. Les había dicho que no: «Creo firmemente en el cine directo. No hace falta un narrador de ninguna clase. Una película debe funcionar por sí misma y contar la historia». Bien, no quería hacer entrevistas. Me había hecho amigo de George Plimpton. Yo tenía muchos amigos.

Durante aquella primera reunión, Taylor me sugirió que me imaginase a un afroamericano, a alguien que quizá fuera joven, que le hubiese influido Ali. Que, si pudiera elegir a alguien así, a quién elegiría. Denzel Washington estaba muy de moda en ese momento. Dije que Denzel Washington. Me parecía que sería genial. Es de Nueva York. Taylor dijo que Spike Lee estaría mejor. Spike contaba con mayor credibilidad callejera y sería fantástico. Le dije que Spike me parecía genial. ¿Quién más? De inmediato, dije que Norman Mailer. Le pregunté a Taylor si había leído su libro, *The Fight*. No lo había leído y le dije que se lo enviaría. Le dije que adoraba a Ali. Taylor estuvo de acuerdo. ¿Quién más? ¡George Plimpton! Estuvo en el combate. Le dije a Taylor que era uno de mis colegas, con el que había trabajado en otro proyecto. En fin, ya teníamos a tres tipos y a David cerrando el trato con Taylor. Así que, en el plazo de dos o tres meses, íbamos a entrevistar a aquellos tres.

Mientras tanto, Taylor y yo nos reunimos en privado. Taylor me dijo: «Quiero ver todo lo que tienes que creas que es realmente bueno y que no estuviera en el corte». Le respondí: «Tenemos mucho material. Rodamos mucho. Tengo mucho de Ali y mucho menos de Foreman. Pero tengo horas y horas de Ali». Me preguntó si podría juntarlo todo en VHS o en cualquier otro formato y llevarlo a Los Ángeles para verlo juntos. Teníamos más de ochenta y cinco mil metros de película. Revisé todas las copias de las entrevistas y todo lo demás. Es probable que grabara cuarenta o cincuenta cintas de VHS. Cada una duraba más de una hora sobre Ali. Se lo llevé a Taylor y pasé con él un par de días. Lo revisó todo. Me dijo que le había encantado. Volvió y mantuvimos varias conversaciones. Yo vivía en Nueva York. Tenía una casa en el campo que alquilaba, aunque iba y venía. Decidí mudarme a ella definitivamente.

Otro buen amigo mío, ya fallecido, que fue quien me presentó a Tom Hauser, era el periodista Jack Newfield, gran escritor y aficionado al boxeo. Le encantaba Ali. Cada vez que tenía un corte, se lo pasaba a Jack. Jack lo veía y me decía lo que le gustaba y lo que no. Thomas Hauser decía: «Me está volviendo loco. Hay demasiadas cosas africanas. Como vea a otra mujer con una cesta en la cabeza o a otra lanzando maíz o lo que sea... Debería haber más Ali, más Ali». Jack dijo lo mismo: «Tienes que meter más de Ali. La música está bien, pero me gustaría ver más a Ali». Taylor sentía exactamente lo mismo. Así que hicimos todas las entrevistas y las montamos. Se lo proyecté a Jack, y él ya había cortado los negativos. Jack estaba entonces escribiendo para *The New York Post* o *The News*. Dijo: «Tengo un fotograma en nuestros archivos. Tengo que buscarlo. Aunque recuerdo que es una foto de George Plimpton y Norman Mailer sentados uno al lado del otro junto al cuadrilátero, en la tercera fila». Lo encontró y, al día siguiente, fui a su oficina a recogerlo. Lo filmamos nosotros mismos con una cámara de 16 mm en la pared y lo devolvimos al día siguiente. En realidad, cogimos físicamente el negativo y cortamos esa toma dentro del negativo. Creo que, si Sonenberg o Hackford hubiesen sabido lo que estábamos haciendo, se habrían puesto como locos porque podríamos habernos cargado el negativo. Sin embargo, lo cortamos dentro y quedó bien. Cuando Foreman cae, se produce el corte a ese fotograma, en el que se puede ver a Mailer y a Plimpton con la boca abierta. Parecen reaccionar a lo que sucede en el cuadrilátero antes de que nadie más alrededor se percate de que eso era un *knockout* y que no se iba a levantar.

¿Cuál fue la conversación más fascinante que tuvo con Muhammad Ali, que cautivara su atención?

Hubo varias. Una vez, en África, él me estaba hablando de la injusticia y de Estados Unidos y de cómo el hombre negro había sido víctima durante tantos años. Le dije: «¿Acaso no somos todos hermanos y hermanas?» ¡Se puso a vociferar! «¡No! ¡No somos hermanos y hermanas! Los hermanos y hermanas no se cuelgan los unos a los otros.» «Linchamiento» es la palabra que usó. «Un hermano no le corta las partes pudendas a otro hermano.» Hubo muchos momentos muy buenos con él, que se remontan a cuando tenía una voz realmente prominente. Después de los Juegos Olímpicos, está la historia de cuando ganó una medalla de oro y la arrojó al río: es falsa y se ha convertido en una leyenda. O la historia de que predecía el asalto en el que ganaría por *knockout*. Se hizo profesional después de los Juegos Olímpicos de 1960. En cada uno de sus combates, decía: «Lo voy a noquear en el cuarto asalto». Recibió el apodo del «bocazas de Louisville». Él lo predecía [cuándo iba a noquear a sus oponentes]. Antes de que existiera algo llamado rap o hip hop, Ali ya lo hacía. Rítmico, simplemente salía de su boca y rimaba. Realmente era un poeta.

Se volvió extremadamente directo, el movimiento de derechos civiles estaba surgiendo en este país. Se vislumbraban cambios. El cambio se estaba produciendo sumamente despacio, pero hubo muy pocas personas que se pusieran del lado de Ali y de lo que estaba llevando a cabo. La mayoría de los afroamericanos profesionales con formación estaban en su contra. To-

dos creían que se avecinaba un cambio y que sería lento y liti-
gioso, pero consideraban que Ali era demasiado impetuoso y se
lo estaba lanzando en cara a todos. Hubo personas que pensé
que lo apoyarían y que no lo hicieron. Era Cassius Clay después
de la primera pelea de Sonny Liston, pero cambió su nombre a
Muhammad Ali. Realmente no contaba con el apoyo de la élite negra.

*¿Puede relatarnos el incidente de la rueda de prensa en Zaire cuando Mu-
hammad Ali se sintió frustrado con Don King?*
Sí, claro. Eso aparece en la película. Aquella fue una rueda de
prensa en la que King estaba sentado en el medio, a la izquierda
de King estaba Dick Sadler y a su derecha estaba Angelo Dundee
y Bundini Brown. Bundini Brown siempre le iba diciendo las
frases a Ali, cosas inteligentes que decir. Ali ni siquiera escuchaba
algunas cosas y las usaba de inmediato. Fue Bundini quien sacó lo
de «flotar como una mariposa, picar como una abeja». Muchas de
estas frases se convirtieron en parte de la jerga de Ali, que le llegaban a través de Bundini. Bundini se inclinó sobre quien estaba
sentado a su lado y le susurró algo a Ali al otro lado de King.
«Dile que vigile las estaciones de autobuses.» Porque Ali estaba
diciendo: «George Foreman quiere escaparse de este combate, así
que vigilad todos los aeropuertos, vigilad los muelles y los barcos». Entonces, Bundini quería que dijera que vigilasen las estaciones de autobuses. Angelo estaba allí, y dijo algo como: «¿Qué
has dicho?» Bundini simplemente lo molestó un poco. Y King le
dijo algo humillante a Angelo. Él dijo: «¡Me está hablando!» King
le respondió de forma brusca a Angelo y Ali dijo: «Nunca le hables así.» Luego, no lo dejó pasar y señaló con el dedo a Don King
diciendo: «¡Nunca le hables así a Angelo! ¡Nunca le hables así!»
Lo tengo en mente y puedo recordar la rueda de prensa en África,
donde había mayoritariamente africanos, aunque estaba también
la prensa estadounidense. Ali defendió a Angelo y se metió directamente con Don King diciendo que nunca le faltase al respeto
como lo estaba haciendo. Aparece en la película. Esa es una de las
grandes escenas.

¿Cómo era la relación entre Don King y Muhammad Ali? Don King parecía tener problemas con mucha gente.

Porque Don King solo se preocupaba de Don King. King quería una parte de todo, ¡de todo! No sé en qué medida quiero airear esto, pero King era un hombre de negocios. Era un auténtico hombre de negocios. La forma en que Don King te trataba era: «No, hermano, estrechemos la mano, todo está bien». Te decía: «Vas a ser millonario, ¡algún día serás millonario!» Sin embargo, cuando llegaba el momento, a menos que tuvieras un abogado que analizase detenidamente todo, terminabas sin nada, o con muy poco.

Muchos boxeadores me lo decían porque la gente sabía que yo había sido amigo de King y que habíamos trabajado juntos. Hablaba con ellos. Trabajé en una película con Robert Coppell. Fui editor de una película sobre Mike Tyson llamada *El campeón caído* y tuve ocasión de hablar con muchos boxeadores y siempre hablábamos de Don King. Los boxeadores me decían: «No me importa lo que digas. No me importa cuánto dinero obtuviera Don King más del que yo debería tener. Todo lo que puedo decirte es que antes de Don King, la mayor cifra de dinero que había ganado en un combate era doce mil dólares, pero desde que Don King me dirige, gano diez veces esa cantidad por combate. No me importa lo que gane Don King. Lo que sea que esté haciendo, consigue que yo gane más dinero del que había ganado antes». Era un hombre de negocios muy astuto, un tipo muy inteligente.

Muhammad Ali desmontó los pronósticos al noquear a George Foreman en el octavo asalto. Cuando hablabais de esto ¿expresó algún elemento de temor posterior al combate?

Solo confianza. Mostraba solo confianza cada vez que hablaba de él, pero a veces esa confianza era para fortalecerse. No es que fuera una falsa confianza, pero siempre quería mostrar confianza en que podía vencer a George. Pasábamos mucho tiempo juntos, yo hablándole, él respondiéndome, a veces en su lugar favorito en un banco que tenía junto al río donde nos sentábamos. Sé que Jeff usó muchas cosas en *Soul Power*. Normalmente, teníamos dos o tres cámaras.

Una vez, comenzamos a hablar del combate. No soy periodista deportivo, como tú o como muchos otros. Comenté lo que decía todo el mundo, que Foreman acababa de vencer a Joe Frazier. Ali hablaba y lanzaba puñetazos. Imagínate que él tenía la mano derecha en alto y lanzaba un derechazo. Yo estaba sentado en el suelo y él seguía hablando de por qué iba a vencer a George Foreman. «George Foreman no es nada.» Seguía hablando, era casi como si estuviera haciendo algo autohipnótico, golpeando con su mano con un movimiento cada vez más potente. Al final, utilizamos una pequeña escena en la película, en *Cuando éramos reyes*, en la que se levanta justo después de eso. Dice: «Tengo a Dios de mi lado». De eso es de lo que hablaba. Mientras hablábamos, parecía como si este tipo se estuviera convirtiendo en otro. Es autohipnosis, como convencerse a sí mismo de que iba a vencer a ese tipo. Lo noté, al final le dije al equipo cuando salimos: «Lo dijo tanto que toda la habitación estaba temblando». Ahí estaba él hablando y lanzando puñetazos, diciendo por qué iba a vencer a George Foreman.

El retraso de treinta días, sin duda, funcionó a favor de Ali y muy en contra de George Foreman. George entrenaba y estaba en su mejor momento. Aniquilaba a sus compañeros de entrenamiento en el cuadrilátero. Trabajaba con tres muchachos, tres asaltos por cada ronda. En alguna de las sesiones, sus entrenadores eran Archie Moore y Dick Sadler. Sadler también estaba allí con ellos. Sadler decía: «Está bien, es suficiente». Hacía un asalto y medio con uno de los compañeros de entrenamiento. Era tan intenso que lesionaba a los *sparring*. Sadler decía compasivamente: «¡Está bien, es suficiente!» Paraban y entraba el siguiente. George estaba en un estado de forma tremendo. Sandy y Archie Moore le estaban enseñando cómo cortar el ring para intentar atrapar a Ali. En realidad, a Ali se le ocurrió aquello de marear contra las cuerdas, por eso no tenía que recortar a Foreman. Ali simplemente lo esperaba contra las cuerdas y dejaba que Foreman continuara como si estuviera cazando ballenas con la mano izquierda y derecha. Al final, Foreman acababa cansado. En el octavo asalto lo noqueó.

¿Su película se estrenó en 1996?

La primera vez que él vio la película fue cuando estaba preparando los cortes. Mientras editaba, le enviaba cintas VHS por secciones a donde estuviera en ese momento, principalmente a Deer Lake y Michigan. Le enviaba copias y a él le encantaba verlas. Una mañana le hice una llamada telefónica. «Hola. Hola, dije, ¡Campeón! ¿¡Me recuerdas!?» Me contestó: «Sí, eres el tipo feo y flaco que andaba persiguiéndome en África». Hablamos y organizamos el estreno, en el que Ali se sentó dos filas delante de mí. Estaba con un joven. Pude ver que no hacía más que darle golpecitos mientras estaba sentado ante la gran pantalla luciendo una gran sonrisa en su rostro. Luego, vino la fiesta, el lanzamiento y todo el asunto de los premios de la Academia. Creo que la proyectamos en enero en Radio City. Ganamos el Premio de la Academia en 1997, pero la película se estrenó en 1996.

¿Cuándo fue la última vez que estuvieron en contacto?

Recibí una llamada telefónica de Lonnie, su esposa. Entonces vivían entre Arizona y Louisville. Tenían casa en ambos lugares. Un par de anécdotas que quiero contar. La primera: recibo una llamada telefónica. Había visto a Lonnie en el funeral de Norman Mailer, pero Ali no estuvo allí. Lonnie llamó y me dijo: «A Ali le encanta mirar material de sí mismo. Aunque no le gusta tanto mirar las cosas de los combates. Le gusta verse haciendo cosas o hablando. ¿Tienes algún material que no estuviera en la película en el que aparezca Ali sentado hablando o charlando con amigos?» Le dije que tenía un montón, que me dejara revisarlo y se lo pondría en un DVD. Ya estaba todo digitalizado. Así que le dije que lo pondría todo en un DVD y se lo enviaría. Ella me dio su dirección en Arizona y les envié el DVD.

Llamó aproximadamente un mes después y me dijo: «Lamento no haberte llamado antes, hemos estado muy ocupados. Ali lo ve una y otra vez. Sus ojos se le quedan como platos. Simplemente mira, lo detiene y lo rebobina». Este es el material que filmamos en Deer Lake, en África, caminando al aire libre. Le encantaba ver ese material. «¿Tienes más?», pregunta ella. Llamé a Jeff Levy-Hinte, que era el director de *Soul Power*, y se lo conté. Le dije: «Aquí tienes su dirección, no se la des a nadie. ¿Podrías volcar todo el material en un DVD, todo lo que tengas de Ali? Puede que haya algo que ya le haya enviado». Lo enviamos de nuevo.

Ocurrió otra historia con Don King en Zaire. Llegamos allí. Creo que había ochenta y dos u ochenta y siete personas en mi equipo. Alguien se me acerca. Estoy en el bar con George Plimpton en el hotel. Alguien comunica que hay una reunión en la *suite* de Don King en el Intercontinental. Alguien dice: «¡Tienen una reunión que parece un motín!» Corro hacia la *suite* de Don King, llamo a la puerta y alguien abre. Me encuentro, calculo, al ochenta por ciento de las personas negras del equipo que habíamos contratado. King les dijo: «¡Aquí está! ¡Decídselo a la cara!» Así que entré en la habitación y uno de los muchachos que estaban allí, su portavoz, dijo: «No creemos que un hombre blanco tenga la sensibilidad para hacer esta película sobre africanos en África. Creemos que la película debería dirigirla una persona negra». Hablaba el portavoz y líder autoproclamado de aquel grupo. King añadió: «¿Qué sugieres, Leon?» Me quedé de piedra. Continué balbuceando y dije: «Entonces ¿lo que estás diciendo es que, porque soy blanco, no puedo hacer una película sobre África?» «No, simplemente es que no creemos que tengas la sensibilidad», fue la respuesta.

Creo que tuvo mucho que ver con el hecho de que confiara principalmente en los tres cámaras con los que había trabajado antes. Sabía que aquellos chicos obtendrían excelentes imágenes y que se filmarían correctamente. Aunque sabía que algunos de los afroamericanos tenían buena reputación, Paul Goldsmith, Kevin Keating y Albert Maysles tenían una carrera ilustre y eran grandes cámaras. Creo que esto influyó. Se me ocurrió decir para terminar: «Entonces, si estuviéramos haciendo una película sobre un asesinato, ¿tendría que ser un asesino para hacer una película?»

¡Funcionó! Ahí quedó la cosa. Después de nuestra primera proyección en Sundance, todos estaban allí, incluido Michael Kuhn, quien en aquel momento era el CEO de Polygram en el Reino Unido. Gramercy Pictures se interesó mucho. En Sundance, a excepción de las personas que estaban relacionadas con el negocio, había muy pocas personas de minorías en 1997.

Había una mujer que había visto frente al teatro: era la única persona negra entre la multitud. Michael Kuhn se había acercado, nos dimos la mano y charlamos. Ella se acercó y dijo: «Discúlpeme. Solo quería decirle algo, señor Gast. Nunca pensé que una persona blanca, en manos de una persona blanca, pudiera hacer una película sobre la experiencia negra». Dijo exactamente lo mismo que aquellos chicos habían dicho veinte años antes. Y Michael Kuhn lo escuchó. En cualquier caso, finalizamos nuestro trato. Presentamos la película a un festival, Sundance. Ahí es donde queríamos estar. Nos metimos en la competición y nos fue muy bien. Llegamos a un acuerdo con HBO y Magnolia Films y terminé ganando el Premio al Mejor Director por el documental.

Muhammad Ali era idolatrado por muchos, y continúa siéndolo, ¿recuerda algún incidente significativo cuando proyectó su película?

Sí, empezaron aquella misma noche. Tras ganar el premio, fuimos detrás del escenario y era una locura. La tenían montada en una sala. Alguien de la Academia dijo que eran unos animales, que seguirían gritando. ¡Gire para aquí! ¡Gire para allá! Ignórelos. Suba a la plataforma. Estará allí durante un minuto o dos. Así que fui con David Sonenberg, George Foreman y Muhammad Ali y posamos en esa sala. Luego, fuimos a otra sala. Ali estaba muerto de hambre. Otra anécdota fue cuando Ali estaba intentando comer y la gente seguía acercándose a él. «Muhammad, has sido mi ídolo desde que era un niño», y les daba la mano. George Foreman se colocó delante de Ali, de espaldas a él, porque Ali estaba llenando un plato con frutas y verduras. No dejó que nadie se le acercara a Ali hasta que terminó de comer. Era como si hiciera de guardaespaldas. Después de todos esos años, George decía: «Todavía no me lo explico. Todavía no me puedo creer que me tumbara».

Ganamos otro premio. Una semana antes de los premios de la Academia, hay otro evento llamado The Independent Awards y ganamos el de Mejor Documental. En fin, estaba en una mesa —una mesa de Polygram—. *Fargo* ganó ese año, así que los hermanos Coen estaban allí y todos estábamos sentados a aquella mesa. En cuanto hubo un descanso, en lugar de ir hacia la puerta, fueron a por Ali. Él se sentó a una mesa e hicieron fila con sus programas. Les firmó los programas a todos los que estaban en la fila hasta que esta se vació. Simplemente se sentó allí y se puso a firmar.

Me había contado que, tiempo atrás, se vio ante una situación similar en la que pedía una firma. Me contó que, siendo un crío, volvió de Roma tras ganar la medalla de oro olímpica. Quería saber dónde estaba la casa de Sugar Ray Robinson, que estaba en Harlem en la calle 125. Caminó desde la calle cuarta hasta la 125 en Harlem. Estuvo esperando frente al local, que se encontraba cerrado. Sugar Ray era dueño de un club nocturno llamado Sugar Ray's, que era muy famoso por aquel entonces. Estamos hablando de 1960. Sugar Ray tenía un Cadillac descapotable rosa. Ali estaba esperando y Sugar Ray llegó, salió del coche y Ali le dijo: «Disculpe. Acabo de regresar de los Juegos Olímpicos. Usted es mi héroe». Sugar Ray le dijo: «Estoy muy ocupado. Tengo que entrar al local. Lo siento, en otro momento». Le dio a Cassius Clay con la puerta en las narices. Ali se dijo para sus adentros que desde ese momento se juraba a sí mismo que nunca le negaría un autógrafo a nadie que se lo pidiera. Yo puedo dar fe: todos los que lo querían, tuvieron su firma. A veces, no con el cariño de hacerlo mirando a la cara, a veces, miraba lo que firmaba, pero lo hacía con todo su respeto.

BUTCH LEWIS

Butch Lewis, natural de Nueva Jersey, fue promotor de boxeo y el gerente responsable del éxito de muchos campeones, entre ellos, Muhammad Ali, Joe Frazier, los hermanos Spinks —Leon y Michael— y, más tarde, Mike Tyson. Se convirtió en uno de los promotores más destacados de este negocio antes de dedicarse a la producción de proyectos deportivos y de entretenimiento desde Nueva York.

Butch, ¿cómo llegaste a la promoción del boxeo y a Muhammad Ali?
Amando el deporte desde que era niño. Cuando Joe Frazier volvió de los Juegos Olímpicos y ganó la medalla de oro en 1964, se fundó una empresa conocida como Clover-lay. Mi padre fue uno de los inversores originales de Clover-lay, que financió la campaña de Frazier. A través de este contacto, me hice muy amigo de Joe. Mi familia estaba en el negocio del automóvil. A medida que nuestra relación crecía, llegué a ser muy amigo de Joe, comencé a viajar mucho con él y a conocer a mucha gente dentro del mundo del boxeo. Con el tiempo, conocí a mucha gente. De algún modo, comencé a aprender y a comprender el negocio desde dentro. Había reuniones de las que yo no formaba parte, pero estaba presente en la sala. Los veía intentar tomar decisiones con respecto a la carrera de Frazier a medida que esta progresaba. Yo me sentaba en el extremo opuesto de la sala. Para mis adentros, pensaba en qué haría y propondría si estuviera en aquella mesa, cómo se podría gestionar mejor la carrera de Frazier y ese tipo de cosas.

En realidad, como se vio con el tiempo, muchas de las decisiones que tomaron en aquella mesa fueron peores que las que yo había estado imaginado. Tampoco es que llegaran a perjudicar la carrera de Frazier, ya que se convirtió en uno de los mejores boxeadores en la historia del boxeo. Sin embargo, supongo que empecé a visualizar lo que sería capaz de hacer. Me dije a mí mismo que era algo que podía hacer. Y como conocía a todos los jugadores importantes del deporte, después de haber viajado con Joe y convertirme en su mejor amigo, éramos como los mejores amigos. No se trataba de hacerlo y que pagaran, lo hacía como amigo. Viajábamos juntos y gestionaba ciertas cosas en su nombre para asegurarme no solo de que se hicieran, sino de que se hicieran de la mejor manera para él. Estuve en Kuala Lumpur, en Malasia. Joe y yo habíamos ido allí para ver a Ali boxear con Joe Bugner porque se comentaba que Ali vencería a Bugner, y que se iría al tercer combate de desempate en los clásicos de Ali y Frazier.

Un grupo de promotores de boxeo y financieros alemanes se me acercó, ya que me habían visto en todo el mundo y por todas partes. Pensaron que, en realidad, yo era promotor de boxeo. Me tomaron por eso. Siempre me veían con Frazier. Incluso comencé a estar con Ali, quien constantemente me pedía que le acompañase. Solía decir: «Eres demasiado inteligente para estar con Frazier, Lewis. Necesitas estar conmigo». Aunque nunca llegué a estar oficialmente en ese juego. Resultaba que mi padre era uno de los inversores de Frazier. Sin embargo, seguí adelante y les hice creer que estaba en el boxeo, que era capaz de montar un acuerdo si se me informaba sobre el trato correcto para Frazier tras el combate de Ali. Cuando regresé de aquel viaje, hubo una intensa comunicación entre los promotores y yo. Entretanto, estaba dirigiendo un negocio. En aquella época, teníamos tres instalaciones de automóviles y yo estaba llevando las tres.

Así que me acerqué a mi padre y le dije: «Sabes qué, podría hacer una cosa. Podría dejar el negocio del automóvil y convertirme en promotor de boxeo». Yo era joven, entonces, pero ganaba ciento cincuenta mil dólares al año. Tenía poco más de veinte años. Supongo que, a finales de la década de 1960 y principios de la de 1970, sería comparable a un joven ganando millones. Eso es lo que hacía. Mi padre me dijo: «¿Estás loco? Ganas cerca de doscientos mil al año y estás en la veintena. ¿Te has vuelto loco hablando de convertirte en promotor de boxeo?» En realidad, no sabía nada sobre ser un promotor de boxeo. Quiero decir, conocía a todos los boxeadores y tenía una gran relación con todos los grandes del boxeo, pero no sabía lo que se necesitaba y cómo hacer un trato y montar un combate importante. No había promovido un combate en mi vida. Jamás había promovido nada, cero, ni en el patio del recreo. Los promotores [alemanes] me enviaron un fax y me llamaron diciendo que hablaríamos. Volaron a Nueva

York para reunirse conmigo un par de veces. También nos encontramos cuando finalmente se celebró el combate en Manila. Durante el periodo desde el combate de Bugner hasta el combate de Manila, se produjeron comunicaciones constantes y se intentó negociar para que llevara a Joe Frazier a Alemania a defender el título.

Entretanto, le dije a Joe: «Escucha, podemos hacer una cosa. Cuando derrotes a Ali en el tercer combate, solo quiero que me des una oportunidad». Me dijo: «Tío, tú no sabes nada sobre lo que no es boxeo. ¡No sabes nada de promoción!» Dije: «Tengo a los tipos de Alemania con el dinero». En mi mente, realmente pensaba que podía. Pensé que podría resolverlo con la ayuda de algunas personas que sí sabían del mundo del boxeo. Me comportaba como si realmente fuera un tipo que supiera manejarse en ese mundo.

Antes del primer clásico entre Joe Frazier y Muhammad Ali, pasaste por el vestuario de Muhammad Ali. ¿Qué ambiente se respiraba allí?

¿En el combate de 1971? Ni siquiera podría explicar la atmósfera del combate. No fue un combate, fue el mayor acontecimiento, te lo puedo asegurar, que sucedió en la historia del planeta en mi época. Si recuerdas, se acordó que la guerra de Vietnam pararía para que los soldados pudieran escuchar el combate en las radios de los buques de todo el mundo. Por primera vez fui testigo de cómo aquel día se paralizó todo en la ciudad de Nueva York, y eso contando con las visitas del presidente a Nueva York. Nunca había visto la ciudad cerrarse de esa manera. Me faltan palabras para explicarlo.

Sin embargo, yo me encontraba en el vestuario de Joe. Tenía una buena relación con Ali, tanto que a veces él, o sea Frazier, me enviaba cuando quería algo de Ali. Yo era el tipo que a veces iba a su campo de entrenamiento, iba a Chicago para conseguir algunas cosas y solucionaba las cosas cuando había que organizar algo para la promoción. Pues bien, cuando llegó el momento del vendaje de manos, todos informaron de que estaban preparados para intercambiar los representantes en cada vestuario del equipo contrario para ver cómo se vendaban las manos. Así que yo fui el tipo que mi equipo envió a decirle que estábamos listos para intercambiar controladores y empezar el vendaje de manos. Como te puedes imaginar, eso era emocionante. El mundo llevaba años, no sé cuántos, esperando que se produjera aquel acontecimiento. Y ya estaba aquí, finalmente estaba sucediendo.

El ambiente entre bastidores era increíble. Yo estaba hecho un manojo de nervios. Fui al vestuario de Ali y los de seguridad de fuera me vieron. Me dijeron: «Butch, ¿qué quieres?» Les dije a lo que venía y me dejaron entrar. Ali estaba tumbado en la camilla de masaje. Tenía el calzón y las botas de boxeo puestos, pero estaba acostado en la camilla. No sé si lo recuerdas, el tipo aquel que Ali llevaba con él todo el tiempo, que era como un masajista. He olvidado su nombre, un cubano....

¿Luis Sierra?

Sí, me parece que se llamaba así. Era como si le estuviera haciendo fricciones a Ali. Entonces, Ali me vio. El vestuario estaba lleno. Aquello era una locura. Ali estaba tumbado en la mesa y el cubano le estaba masajeando. Cuando Ali me vio, se sentó. Me llamó «Lew Smoke», haciendo un juego de palabras con el apodo «Smoke» de Joe Frazier. Dijo: «¡"Lew Smoke"! ¿Qué haces aquí? ¿Qué haces aquí?» Me quedé mirándolo y yo estaba aterrado. Al final, me recompuse y se lo dije. Ali, en su papel, se giró sobre la camilla de masaje con las manos en el suelo y dijo: «Butch, ¿está listo Frazier?» No hacía otra cosa que mirarlo. No sé lo que hice, si negué con la cabeza, no lo sé. Estaba abrumado en aquel momento. Luego, me dijo: «Si no es así, dile que se prepare. Frazier no podrá vencerme». ¡Me estaba diciendo todo esto a mí! Después, como sabes, Ali tenía un espejo de cuerpo entero para hacer ejercicio en el vestuario antes de pelear.

Me dijo: «Está bien, escucha. Esto es lo que quiero que hagas. Ven aquí». Se acercó al espejo y yo caminé hacia donde se encontraba el espejo. Empezó a hacer boxeo de sombra y me dijo: «Frazier no podrá encajar esto». ¡Pa, pa, pa, pa! «No podrá aguantar esto, mándale esto.» ¡Pa, pa, pa, pa, pa! Yo estaba allí quieto, y Ali hacía sus movimientos: «¡Pa, pa, pa, pa, pa! Ahora, devuélvele esto. Dile a Frazier que no puede encajar esto. Debería tirar la toalla ahora mismo». Me sentía como una mierda. Estaba a punto de desmayarme por lo abrumador que era todo aquello. Salí del vestuario como entumecido. Ali se estaba riendo y..., mierda. Dijo: «Deberías quedarte aquí conmigo. ¡Voy a ser el ganador! ¡No necesitas estar con Frazier, eres demasiado inteligente para estar con Frazier!» Pensaba: «¡Mierda!» Así que volví a ver a los entrenadores en el vestuario de Joe para decirles que había ido a ver a Ali y que estaban listos. Dije que el chico vendría aquí en un par de minutos y luego podríamos enviar a nuestro chico allí.

Entonces, cuando regresé al camerino de Joe, este también se estaba calentando frente al espejo, haciendo boxeo de sombra. Me miró. Supongo que se me notaba el sonrojo en mi cara. Me dijo: «Butch, ¿qué pasa? ¿Te están jodiendo o algo?» Dije: «No. Estoy bien». Joe dijo: «¿Qué hacía?» Le dije que solo estaba tumbado en la mesa recibiendo un masaje. No le conté lo que pasó. No le conté lo que me había dicho Ali y toda esa mierda. Solo le dije que estaba acostado en la mesa y que luego comenzó a calentar. El vestuario de Joe estaba lleno de cámaras. A Joe no le preocupaba tener gente. Había mucha gente, pero muchos pertenecían a cámaras de circuito cerrado que mostraban los vestuarios y mierdas así antes de ir al cuadrilátero.

Entonces, Joe me dijo: «Bien, esta mierda ya está en marcha. Diles a estos hijos de puta que se larguen de aquí con sus cámaras. Deja a las personas que vienen con nosotros». De acuerdo; me tocaba meterme en el papel de chico malo que le dice a todo el mundo: «Debes irte. Esto es todo, joder, no puedes sacar más, se acabó». Fue como si surgiera ese tipo de mierda. Había un par de tipos intentando quedarse rezagados con un par de cámaras. Joe me miró y me dijo: «¿¡No te he dicho que sacaras a estos hijos de puta de aquí!?» Así que empecé a empujar a aquellos tipos. Me encontré empujando a esos hijos de puta fuera de allí. Estas cosas sucedían mientras se empezaba a vendar las manos. Estuve allí hasta que Joe tuvo las manos vendadas. Luego, le toqué las manos. Después, me fui hacia el cuadrilátero porque aún faltaba un rato para que saliesen a boxear. Me dirigí hacia el cuadrilátero para tomar asiento porque todo era caótico allí fuera. La gente sufría ataques cardíacos. Se estaban montando peleas, todo tipo de mierdas. Ese fue un momento que, por supuesto, nunca olvidaré.

Cuando se enfrentaron la segunda vez, ¿qué pensaste del rendimiento de ambos boxeadores?

¿La segunda pelea cuando no había un título en juego? Ciertamente, no podía ser lo mismo que lo que ocurrió en el primer combate. Ali entró en aquel cuadrilátero y casi noquea a Joe. Planteó un combate mucho más inteligente. El árbitro era Tony Pérez. El problema de ese combate, si lo analizas, fue que Ali se mantuvo cerca del cogote de Joe para no darle ventaja y que no pudiera golpearlo. Eso fue básicamente lo que hizo Ali: pegarse y moverse. No cometió los errores del primer combate. Había aprendido e hizo un combate mucho más inteligente. Joe lo persiguió durante toda la velada tratando de alcanzarlo. Ali ganó por decisión. La decisión podría haber ido en cualquier sentido, sin embargo, me parece que Ali hizo lo suficiente para frustrar a Joe, tomándose su tiempo y ganando por decisión.

¿Por qué crees que tuvo lugar el tercer combate? ¿Fue porque tenían una victoria cada uno, y esta sería una plataforma para decidir quién se impondría en un tercer y último encuentro, además de hacer de ese acontecimiento otro éxito económico?

¿Por qué hubo un tercer combate? Porque estaba en la mente de todo el mundo, y cuando digo esto no me refiero solo a los fanáticos del boxeo, me refiero a que aquello fue un acontecimiento, no fue solo un combate. Se encontraban dos de los mejores deportistas que jamás hayan existido en cualquier deporte, que habían elevado un deporte hasta ese nivel, hasta el punto de convertirlo en un acontecimiento que sobrepasaba el ámbito deportivo. Uno había ganado el primer combate; el otro, el segundo, en el que no se jugó un título y no fue tan atractivo para el público. Sin embargo, quedaba mucho por decir. Había que hacerlo una vez más para determinar el ganador de estos encuentros clásicos; había que celebrar el encuentro de desempate. Quiero decir con esto que de nuevo fue un acontecimiento que todo el mundo anhelaba, particularmente después del combate de Ali contra Foreman, en el que todos pensaban que el gran George iba a destruir a Ali. Ali terminó noqueando a George Foreman. Es decir, el escenario estaba preparado, era la mayor cantidad de dinero jamás pagada y jamás garantizada a cualquier deportista en cualquier deporte. Con eso estaba todo dicho. Ni siquiera hubo que promocionar el combate. De hecho, no hizo falta la promoción: bastó con anunciarlo. Era lo que todo el mundo estaba esperando.

Habiendo trabajado con Muhammad Ali y Mike Tyson, ¿podrías comparar a estos dos grandes boxeadores desde la perspectiva del promotor?

Me siento afortunado por haber tratado con tantos promotores y tantos campeones en mi vida. Retrocediendo en el tiempo, mi primera pelea fue con Ali. Resultó que Joe no ganó en Manila y terminé convenciendo a Ali para que me diera mi primera pelea profesional: mi primera promoción profesional. Nunca hice otra cosa. Mi primer combate fue el de Ali con Richard Dunn. Ese fue mi primer esfuerzo. Me encargué de unos siete combates de Ali, y creo que hice un total de cuatro o cinco combates de Tyson.

La diferencia era la siguiente: el ambiente personal era totalmente distinto y, por supuesto, me hice muy amigo de Ali. Quiero decir, nunca perdí mi amistad con Joe o con Ali. Aunque me hice muy íntimo de Ali y, por supuesto, hice negocios con él. Con Tyson, era distinto. La gente no lo sabe, pero Tyson solía venir a algunos de los campos de entrenamiento que organizaba para algunos de mis boxeadores cerca de donde vivió durante un tiempo con Cus. Todavía era un chaval de unos catorce o quince años. Bajaba a nuestro campo de entrenamiento y miraba. De hecho, un verano organicé allí un campo de entrenamiento. Mike tenía una buena relación con mi hijo, a quien tuve trabajando con los boxeadores del campo de entrenamiento aquel verano. Aún mantienen esa buena relación.

Sin embargo, Mike, por otro lado, era diferente a lo que percibía la gente: nunca fue esa persona. Era como Jekyll y Mr. Hyde. Pensaba que debía ser un tipo duro tanto dentro como fuera del cuadrilátero. Si hablamos de Ali, digamos que él fue el mejor promotor, tanto que ni siquiera necesitabas promocionarlo. Ali era el promotor y hacía promoción allí donde estuviera. Hacía la promoción por ti. Solo tenías que poner las entradas a la venta y eso era todo. Tal cual. Él hacía toda la promoción. En cambio, tratar con Herbert Muhammad, era muy duro en muchos aspectos y tenía que serlo. Quiero decir, él me ayudó. Si eres capaz de ganar algo de dinero después de negociar con Herbert, eres un hombre afortunado. Aprendí muy pronto de qué modo se podía perder un dineral. Podía parecer una gran promoción, pero no ganar nadie excepto Ali. Por lo tanto, estabas perdiendo dinero. La gente se pregunta: «¿Cómo es posible que pierdas dinero?» Yo diría: «Bueno, porque se lo llevaban todo».

Sin embargo, aprendí mucho y lo disfruté más tarde. Una vez que comprendí y aprendí el negocio, fue como si pudiera hacerlo dormido. Con Tyson, inicialmente con Jim Jacobs y Bill Clayton, es distinto. Jim era un analista del boxeo y Bill Clayton intentaba sacarte cada dólar, de nuevo, hasta que no quedaba dinero en la mesa para mí. Ni siquiera para recuperar parte de mi dinero, lo cual era ridículo. Yo me decía: «No, no. Ya aprendí ese juego. Hago todo este trabajo y pierdo todo ese dinero. No, no y no». Por lo tanto, la atmósfera era completamente diferente. Lo entiendo mejor ahora que en aquel entonces. Mantenían a Tyson casi como un gladiador secuestrado que únicamente dejaban salir a pelear. Luego, se le sacaba de la sociedad y se le ponía en el campo de entrenamiento, listo para pelear de nuevo. Mientras que Ali fue más una personalidad que convirtió el boxeo en entretenimiento. Así que, sin duda, fue mucho más divertido con Ali.

Hay quien considera que Herbert Muhammad disminuyó el potencial de Muhammad Ali al tratar de ganar más dinero para sí mismo asegurándose los mejores acuerdos. ¿Qué opinas?

¿Lo han demostrado? ¿Han dado algún ejemplo de ello? Desde mi punto de vista, Herbert no pudo obstaculizar la carrera de Ali. Si observas la carrera de Ali, excepto durante el tiempo en el que se le prohibió boxear, ves que Herbert habría tenido a Ali boxeando cada treinta días si hubiera podido. Nunca fue tímido al tratar de ingeniárselas para conseguir todo el dinero posible. Así que no sé cómo lo podría haber obstaculizado. Desde mi punto de vista, si hubiera dependido de Herbert, Ali podría haber peleado cada treinta días.

¿Cómo encajó Don King en la foto con Herbert Muhammad y Muhammad Ali? ¿Estaba tratando de triunfar en aquel entonces? ¿Crees que estos dos hombres contribuyeron a dar forma a la dirección de su carrera?

Bueno, por supuesto, estaba intentando triunfar. En realidad, al principio, cuando me metí realmente en este juego, los principales organizadores de los grandes combates eran el Madison Square Garden, Top Rank y, luego, King entró en escena y Arum se retiró. De hecho, Arum dejó el boxeo porque King entró y convenció a Herbert de que ya no hiciera negocios con Arum. Así que Bob Arum se retiró y volvió a ejercer la abogacía. Porque inicialmente King entró con Foreman para el combate Foreman-Ali, *Rumble in the Jungle*, a través de Hank Schwartz, quien básicamente llevaba una compañía de circuito cerrado. Se hicieron con todo el circuito cerrado y King se asoció con ellos. Consiguieron a Foreman y esperaban, como la mayoría de la gente, que Foreman destruyera a Ali. Aunque, por supuesto, Ali le dio la vuelta a toda esa mierda y noqueó a Foreman. Don, tal y como se esperaba de él, simplemente cruzó por encima del cuerpo de Foreman, se fue al otro lado e intentó hablar con Ali para trabajar en acuerdos promocionales exclusivos, lo que Herbert no haría. Herbert nunca lo hizo, siempre fue un contrato de combate por combate. Aunque, si actuabas bien y eras el favorito de Herbert en ese momento, siempre tendrías el siguiente combate. Él lo resolvería mientras que fueras con el dinero.

Por eso, cuando rompí esa cadena, era como un don nadie. Quiero decir, me conocían de verme, pero no dentro del juego.

Así que, cuando tuve a Ali para hacer el combate de Dunn, todos me miraron como un advenedizo. Realmente no me prestaron atención, pero eso fue algo bueno. Sin embargo, estaba trabajando detrás de escena por mi cuenta haciendo lo que pensaba que podía hacer. A Ali le agradaba tanto que me ayudó a convencer a Herbert Muhammad para que me diera una oportunidad, porque Herbert le dijo: «¿¡Estás loco!? ¡El chico ni siquiera ha promovido una pelea en el patio de la escuela! ¿Cómo diablos va a promover una pelea para nosotros?» Al final, me dieron un contrato, un contrato de noventa días. No sé cómo me las apañé. Pero conseguí un contrato de ellos para organizar un combate en noventa días.

No tenía ni la más mínima idea de por dónde empezar, así que fui a ver a King y le dije: «King, escucha, tengo el contrato. Todos dicen que Herbert está loco por habérselo dado a Butch Lewis. ¿Están perdiendo la cabeza?» Añadí: «No conozco bien el negocio, pero estoy dispuesto a compartirlo contigo porque tú sí que lo conoces. Pero vamos a partes iguales». Él dijo: «No, no. Te daré un trabajo y así puedes trabajar para mí». Le contesté: «Espera un segundo, Don. De donde vengo, ya estaba ganando ciento cincuenta mil dólares en el negocio familiar. No necesito que me des un trabajo».

Resultó que siguió intentándolo. Descubrió que tenía un plazo de noventa días. Don King le dijo entonces a Herbert Muhammad que, si el chaval no cumplía, él se hacía con el contrato. En realidad, Herbert había estado husmeando y se había enterado de que yo no lo estaba logrando, así que iría a decirle a Ali: «Le hemos dado una oportunidad al chico, pero no puede hacer ni una mierda. Así que está fuera». Le había dicho a King que, si no lograba un combate en noventa días, se lo darían a Don. Ali volvería con Don. Entretanto, yo había conocido el Garden y me fui allí para ver si querían participar. Teddy Branham me hizo todo tipo de preguntas. Y me dije, espera un minuto. Sabía que Arum se había retirado, pero era el otro tipo que había trabajado con Ali. Conocía el negocio. Me decidí a visitarlo y ver si se quería asociar conmigo y salir del retiro. Fui a verlo y empezamos a hablar. Arum no creía que yo tuviera ningún contrato. Me dijo: «¡Déjame ver el contrato!» Tuve que enseñárselo, y reconoció las firmas de Ali y de Herbert. No se hablaba con ellos porque lo habían puesto de patitas en la calle. A ellos no les gustaba realmente Arum.

Logramos entendernos, aunque tuve que regresar y convencer a Herbert, no tanto a Ali. A Ali le importaba una mierda con tal de que yo fuese el promotor en ese acuerdo. A Herbert, por otro lado, le traía sin cuidado Arum. He olvidado lo que le hizo Arum, pero King había envenenado aquella relación. Convencí a Herbert de que no tenía que amarlo, pero que había hecho negocios con él a lo largo de los años y sabía que era diestro en el negocio. Nunca hubo problemas con el dinero, Herbert siempre recibió su parte. Herbert estuvo de acuerdo. Así fue cómo logré escabullirme del laberinto y conseguir promocionar un combate de Ali como profesional por primera vez. Así fue como llegué allí. O sea, no fue sencillo. Hubo un montón de noches sin dormir, muchas amenazas. Pensaba: «Vaya, esto parece una película».

¿Podemos hablar del primer combate Ali-Spinks?
Cuando contraté a Leon y a Michael, cuando convencí a Arum para que saliera, por así decirlo, de su retiro y nos asociáramos, considerando que él conocía el negocio y yo podía conseguir boxeadores porque me relacionaba con todos ellos, vimos que podíamos hacerlo. Por eso, fiché a los hermanos Spinks. Al principio, solo íbamos a firmar un acuerdo de combate por combate entre Top Rank y yo mismo como asociado. Luego, cuando fiché a los hermanos Spinks, fue cuando me convertí en vicepresidente de Top Rank y me asocié con la compañía. El combate lo promocionamos en colaboración con el Garden porque yo había asumido ese papel con Ali. Dijeron que, si lo llevábamos a cabo, nos darían otro combate y así sucesivamente. Por eso, hicimos el combate Shavers-Ali en el Garden. Después de ese combate, Ali iba a retirarse.

Pues bien, yo estaba sentado con Ali, y me dice que pensaba retirarse después del combate con Earnie Shavers. En fin, al cabo de unos pocos meses, Ali ya estaba preparado. Dijo que se retiraba, por lo que todos empezaron a hablar de posibles distintos rivales. En realidad, yo estaba deseando que se retirase porque me preocupaba mucho y no quería verlo acabar sufriendo, ya que estaba recibiendo cada vez más golpes. Pues bien, allí sentados, le dije: «Escucha, si vas a boxear, ¿por qué no le das una oportunidad a mi joven campeón Leon?» Se quedó mirándome (porque en ese momento Leon solo llevaba cinco combates) y me dijo: «¿Estás loco? ¡Ese chico solo lleva cinco combates!» Sin embargo, le hice entender que podríamos promover esta pelea y llevarla a cabo, ya que Leon estaba bien situado en las valoraciones.

En cualquier caso, convencí a Ali y a Herbert. De nuevo, Herbert no creía que pudiéramos conseguir dinero porque le parecía una pelea realmente fácil para Ali. Antes del combate entre Ali y Spinks, Leon tenía que enfrentarse con alguien más para hacer subir el combate. La gente decía que se estaba dejando perder a este chaval, cosa ridícula a todas luces. Nadie pagaría por este combate y mucho menos lo consideraría realmente una pelea, sería vergonzoso. Así que organicé un combate con Scott LeDoux, que era un duro boxeador blanco situado entre los diez primeros, una especie de Rocky que tenía un «nombre». Así que monté el combate y, ¡maldita sea!, casi lo perdemos. El combate terminó en empate.

De forma que, en aquel momento, parecía que el combate no se podría celebrar porque contaba con un campeón olímpico que acababa de empatar contra Scott LeDoux. Solo tenía en su haber seis peleas profesionales. Me paré a pensar: «¿Qué pasa? Todos me miran como si estuviera loco, incluso Arum». Él me decía: «¡No podemos hacer esto! La estás jodiendo». Yo controlaba a Leon y a Michael. Así que le dije que no me importaba lo que pensara ya que yo creía que podría funcionar. Yo entendía el boxeo lo suficientemente bien como para saber en qué punto de su carrera se encontraba Leon y cuál era su estilo. El verdadero reto era poder ponerle en forma: lograr que Leon se preparara realmente. Para los combates que había tenido, probablemente nunca se había preparado bien.

De todos modos, convencí a todos de que podríamos solucionarlo. Así que me acerqué a Ali y le dije: «Escucha, necesito tu ayuda». Él me dijo: «¿Qué?» Yo le respondí: «Nadie cree en esta pelea en absoluto, va a ser difícil de vender. Pero si empezases a comentar que esta es tu última pelea, que no quieres que este crío olímpico... Todo ese tipo de cosas, lo que sea. Hazlo por mí, tío». Dijo: «No sé si realmente puedo vender esto». Le dije: «Tú puedes vender cualquier cosa». Ali comenzó a representar su papel y conseguimos la cadena ABC: teníamos una empresa que compraba el directo. Así que monté todo, no me preguntes cómo. El resto es historia. Me llevé a Leon durante tres meses completos al campo de entrenamiento, mejor dicho, lo recluí. ¡Nunca en su vida había estado tan en forma como en aquella ocasión! El resto es historia, ya sabéis lo que pasó. Incluso sorprendió al propio Ali. Era como: ¡Oh, mierda! El tío no retrocede, aguanta ahí. Nadie había visto el potencial que tenía Leon y el gran tipo de luchador que mostraba ser cuando estaba bien. No lo sabían porque casi nunca se había entrenado para ningún combate antes de este. Sin embargo, le proporcioné un estado de forma que le convirtió en una pequeña máquina de pelear.

Yo sabía que su estilo le daría problemas a Ali. Era un estilo que a Ali le daba problemas, al igual que los tuvo con Joe Frazier y Norton. Pero Leon, siendo el boxeador que era, disponía de un buen par de manos y de pies. Arrancamos una sorprendente derrota en la historia del boxeo. ¿Qué más puedo decir? Nunca se repetirá. Nadie ganará un campeonato mundial de peso pesado como en un combate como aquel. No en un mundo real, no volverá a suceder en la historia. Él ganó y venció al mejor luchador que jamás haya subido a un cuadrilátero.

¿Puedes hablarnos del segundo combate entre Ali y Spinks?
Es probable que, para el segundo combate, Leon no llegara a entrenar hasta dos semanas antes de la cita. Estaba alucinando. Estaba en todas las salsas. Entraba y salía de los clubes. ¡Dos semanas antes de la pelea, lo estaba buscando! La prensa me decía: «Butch, hombre, no podemos pillar a Leon». Les dije que lo te-

313

nía en un centro de entrenamiento secreto. ¡Maldita sea! No lo tenía en un centro de entrenamiento secreto. ¡Ni yo mismo sabía dónde estaba el hijo de puta! Te podría contar todo tipo de historias: le estaba buscando, parece ser que conducía sin carnet, no tenía carnet, y que lo arrestaron por llevar drogas, encontraron medio porro en su cartera, me enteré de que fumaba marihuana. Quiero decir, aunque era joven, temía que tuviera un ataque al corazón antes de que el combate se celebrara. La pelea fue en el estadio Superdome con más de cien mil asientos vendidos. ¡La gente se olvidó de que el combate se transmitía gratis por la cadena ABC y vendimos completo el Superdome!

¿Participaste en alguno de los combates de Ken Norton con Muhammad Ali?

Sí, celebramos el combate en el estadio de los Yankees. Ken Norton había sido uno de los principales compañeros de entrenamiento de Frazier. Kenny era otro chico que solía quedarse en mi casa, ya que cuando Joe comenzó al principio, cuando traían compañeros de entrenamiento, en lugar de alojar a Kenny en un hotel, dejaba que durmiera en una de las habitaciones de mis hijos, en una litera. Pues bien, montamos el tercer combate en el estadio de los Yankees. Yo lo preparé. Lo hicimos con Top Rank y el Garden. Debido a mi relación con los dos boxeadores, pude montar ese combate.

¿Qué te pareció el primer combate entre Norton y Ali?

Creo que, de nuevo, fue una de esas «noches libres» para Ali. Había tomado a Norton a la ligera. El estilo de Norton, ¿recuerdas que Norton tenía ese estilo cruzado similar al de Frazier? Si te fijas, era un boxeador alto, pero que en cierto modo enganchaba mucho. Ese tipo de boxeadores le causaba problemas a Ali. Muchas veces, en general, un boxeador A puede vencer a un boxeador B; también puede ser que un boxeador A pueda vencer a un boxeador C, pero no pueda vencer a un boxeador B por culpa de su estilo. No necesariamente porque sea mejor boxeador, sino que el estilo desempeña un papel. El estilo de Norton de hacer juego de cintura y lanzar volados siempre le daba problemas a Ali. Ali podría alegar que quizá (no lo sé porque no participé en la primera pelea) no se preparó adecuadamente, tal vez se lo tomó a la ligera o algo así. La cosa es que Norton ganó, claramente ganó el combate.

¿Cuál es la conversación más conmovedora que mantuviste con Muhammad Ali?

Hubo muchas porque Ali era un apasionado de muchas cosas y siempre pretendía ayudar y cuidar a sus amigos. En mi caso, recuerdo que estábamos en Múnich para el primer combate con Richard Dunn. Los promotores alemanes me habían estado siguiendo por todo el país y querían poner dinero. Cuando llegamos a Alemania, a dos semanas de la fecha del combate, no habían aportado su dinero cumpliendo con la fecha acordada. En otras palabras, nos compraron los derechos de taquilla en Múnich, pero no consiguieron el dinero. Estábamos en Alemania a solo dos semanas de la pelea. Era mi primer combate y no sabía qué hacer. Todo era una locura y ellos decían que era mejor hacer las maletas. No, no, no, no vamos a hacer las maletas. No voy a actuar así, esto es de locos. Ali me ayudó. Estoy aquí y nos quedan dos semanas. Me quedé muy preocupado. Había defraudado a Ali porque me había ayudado a montar este combate. Sin él, el combate no habría tenido lugar.

Así que me acerqué a él, indeciso. Luego, de alguna manera, apareció en el periódico, el periódico local de Múnich, sobre cómo estos promotores no obtuvieron el resto del dinero y que nos quedamos cortos. Nos quedábamos cortos con el dinero de las ventas extranjeras, el dinero de la televisión y con el dinero de la taquilla. Creo que la cantidad era entre setecientos cincuenta mil y un millón de dólares por debajo. Lo que teníamos que pagarle a Ali, lo teníamos que poner a su disposición cuando aterrizásemos en Múnich. El montante tenía que transferirse a Estados Unidos en ese momento. Herbert Muhammad me llamaba cada dos minutos y me decía que se acabó el combate. Creo que Ali ya tenía un millón. Creo que le pagábamos dos millones y medio de dólares por el combate. Ya tenía un millón. No había marcha atrás, ahora le debíamos lo que fuera. Mientras tanto Herbert seguía llamando, todavía no había venido a Alemania. Herbert Muhammad solía venir dos o tres días antes de cada combate. No iba con el resto de la comitiva que acompañaba a Ali. Llegaba un par de días antes del combate.

Entonces, me llamó y me dijo: «Lewis, te dimos una oportunidad y has fallado». Yo me sentía como una mierda. Añadió: «Llamé a Ali y le dije que hiciera las maletas y sacara a todos de allí. Volvemos a casa». Le dije: «Herbert, ¿qué vas a hacer?» Arum estaba alineado con él y decía: «Esto es todo, no podemos hacerlo. Hagamos las maletas y volvamos a casa». Tal cual, él también se iba. Entonces, Ali me pidió que subiera a su *suite*. Me dijo: «Butch, ¿qué está pasando?» Le dije: «Pues hombre, que te he fallado. Los promotores alemanes me han jodido. No han puesto el resto del dinero como acordamos. Me dicen que si no se me ocurre otra solución, que me vaya a la mierda. Estoy en Alemania y ni siquiera hay un tribunal al que pueda dirigirme, no hay nada. Es todo un infierno, y Herbert dice que regreséis a casa». Entonces Ali dijo: «¿Cuánto dinero te falta?» Le dije la cifra y él me respondió: «Si no cojo el millón, ¿el resto del dinero está bien y todo puede seguir adelante?» «Sí», le respondí.

Me llevó donde tenía el maletín debajo de la cama. Sacó el maletín. Yo no sabía lo que contenía, ni entendía qué estaba haciendo. Herbert ya le había llamado y le había dicho que regresara a casa, que había más de un millón de dólares que no podríamos recuperar. Que no debemos hacer el combate. Ali me dijo: «No voy a permitir que fracases. Voy a llamar a Herbert Muhammad y decirle que estoy dispuesto a renunciar a mi millón de dólares. Estoy dispuesto a renunciar al millón que Butch me debe». Yo le dije: «¿Cómo?» Mientras estábamos en su dormitorio, llamó por teléfono. Estábamos sentados, él y yo, en la cama. Llamó a Herbert a Chicago desde Alemania. Le dijo a Herbert: «Estoy aquí con Butch y entiendo lo que está ocurriendo, pero estoy dispuesto a seguir adelante con el combate y renunciar al millón de dólares». Yo ya sabía lo que estaba diciendo Herbert, no me hacía falta escucharlo. Le estaría diciendo que volviese a casa, Ali no hagas eso, bla, bla, bla. Le estaba diciendo que no lo hiciera. Ali le decía que no, que quería hacerlo. Que no quería que Butch fallase. Yo estaba tan sorprendido que no podía creer lo que estaba sucediendo. Estuvo hablando por teléfono con Herbert durante una hora. Ali dijo que estaba dispuesto a renunciar al millón y seguir con el combate. Herbert intentó convencerlo.

Supongo que Herbert estaba tan cabreado que ni siquiera fue al combate. Quizá sea el único combate que Herbert se perdió por el enfado que tenía. Ali colgó el teléfono y me dijo que estaba todo bien. Luego, cogió el maletín, lo abrió y sacó el talonario. Yo le miraba, y me dijo: «¿Cuánto cuestan las entradas?» Le dije el precio de las de primera fila. Me preguntó: «¿Cuántas entradas se pueden comprar con cien mil dólares?» Yo le dije: «¿Qué?» Me dijo: «Quiero comprar entradas por un total de cien mil dólares para este combate. ¿Cuántas entradas puedo comprar?» Le dije la cifra, él rellenó un cheque y dijo: «¿A nombre de quién extiendo el cheque?» Le dije que lo hiciera a nombre de la empresa Top Rank. Firmó un cheque de cien mil dólares de su cuenta corriente personal. Me dio el cheque y me dijo que había una gran instalación militar en Múnich donde tenía su base el ejército estadounidense. Me dijo: «Quiero que consigas esas entradas y las repartas entre todos los soldados para que puedan venir a mi combate. Haz que todos se sienten junto al cuadrilátero y griten: "¡Ali! ¡Ali! ¡Ali!"». Le dije que de acuerdo.

Después de decirme todo esto, convoqué una rueda de prensa para comunicar que el combate continuaba y que Ali había donado cien mil dólares para invitar a los soldados estacionados en Múnich. El resto es historia. Cuando Ali lo hizo, no me avergüenza admitirlo, me eché a llorar. Lloré. ¡No podía creer lo que había hecho, dando un paso más allá y comprando entradas por valor de cien mil dólares para regalarlas! Además, lo hizo por mí. Por eso, desde aquel momento, hice cualquier cosa en el mundo que Ali me pudiera pedir, yo haría lo imposible por conseguir lo que él me pidiese.

ALEX WALLAU

Nacido en Georgia, criado en el Bronx y en Connecticut, Alex Wallau conoció a Muhammad Ali antes de entrar en la ABC y llegar a ser finalmente el presidente de la compañía. Empezó trabajando en la división de deportes de la cadena como productor y director de la información deportiva de la ABC, con lo que ganó el Premio Emmy en dos ocasiones. La asociación Boxing Writers of America lo galardonó como el mejor periodista televisivo de boxeo durante su primer año como analista de boxeo. Wallau también es miembro de la Junta Directiva de ESPN.

¿Cómo comenzó su relación laboral con Muhammad Ali y su participación en la ABC?

En realidad, no recuerdo la primera vez que lo conocí. Fue antes de entrar en la ABC, aunque no recuerdo dónde. Yo era amigo de Angelo Dundee y de Howard Bingham, muy amigo de Howard. Cuando venían a la ciudad, sobre todo Howard, nos veíamos. No digo que sucediese con frecuencia, pero lo suficiente como para crear una pequeña relación. Estuve presente durante todo el vínculo Cosell-Ali, cuando Cosell hizo más famoso a Ali y, desde luego, Ali hizo más famoso a Cosell. Por eso, eran los combates que ponía la ABC en horario de máxima audiencia. Creo que ellos se dieron cuenta de que se habían ayudado mutuamente y estaban agradecidos. Sin Cosell, Ali no habría sido lo grande que fue y, sin duda, sin Ali, Cosell no habría sido tan grande como fue. Me parece que los dos lo sabían. Años más tarde, podías ver que seguían divirtiéndose mucho cuando se juntaban.

¿Podemos hablar del combate con Jimmy Ellis? Él conoció y trabajó con Muhammad Ali desde los primeros días. ¿Procedían ambos de la misma ciudad?

Jimmy había sido compañero de entrenamiento de Frazier. En ese momento, no sé cómo era su relación. Yo no formaba parte entonces del séquito de Ali. Nos dedicábamos a los combates de

Ali. Sé más sobre la pelea que sobre los antecedentes. El ambiente era más bien el de que sería una victoria fácil para Ali. Todos lo sabían. A Ali se le consideraba tan superior que ni siquiera era primordial comparar el combate.

¿Podría hablarme del combate?
Solía hablar de su oponente e intentaba meterse en su piel y esta no fue una excepción. Jimmy era Jimmy. Ali no estaba en su mejor momento, lo que suponía un argumento a favor de sus oponentes inferiores. Digamos que no se preparaba para los oponentes inferiores, algo que solían hacer casi todos los campeones. Les cuesta motivarse ante gente que saben que son menos competitivos. En aquella época, Ali era muy superior a otros boxeadores, por lo que la preparación y el entrenamiento no eran sus prioridades.

¿Recuerda algún incidente social o divertido?
En aquel combate en particular llegué con el tiempo justo y cogí un vuelo justo al terminar el encuentro. No tengo grandes anécdotas divertidas que contar del campo de entrenamiento previas al combate, salvo los típicos trucos de magia de Ali y esas cosas. Lo habitual en el campo de entrenamiento.

Muhammad Ali estaba rodeado de muchos explotadores que formaban parte del séquito. ¿Cuál es su opinión al respecto?
Había distintos niveles de personas: estaban los relacionados con el boxeo, de los que Angelo era el primero y, luego, estaba Ferdie Pacheco. A continuación, venían los musulmanes. Por último, estaban Bundini, Gene Kilroy y gente así. No es justo hablar de parásitos porque formaban parte de su séquito. Bundini no sabía nada de boxeo. Era una especie de amigo, de animador. A Ali le gustaba tenerlo cerca. Le gustaba tenerlo en la esquina porque lo animaba, pero no desempeñaba ningún papel en lo que respecta al boxeo.

En una ocasión en la que visitó a Muhammad Ali en su casa, tenía alfombras persas y maravillosos objetos de arte. ¿Qué clase de persona era Ali alejado de las cámaras y del público?

Fui a varias de sus casas. La que tenía objetos de arte y alfombras persas era la casa de Hancock Park en Los Ángeles, que es una rica urbanización cerrada. En mi opinión, nada de aquello era del gusto de Ali, sino del de Veronica. Ella se encargó de seleccionar y comprar todo. No creo que a Ali le importase. Casi siempre había una cámara. Desde luego, cuando yo estaba con él, había una cámara. Cuando no interpretaba su papel, era una persona cercana. La mayoría de las veces —en la etapa Frazier de su carrera— me parece que no se comportó bien en lo que respecta a lo que decía de Frazier. Creo que fue muy poco sensible al hablar de su nariz y todo aquello. No debió de ser agradable estar cerca en aquella época. En los últimos años, sin embargo, tras el combate de Holmes, diría que estaba mucho más tranquilo. Cuando finalmente se retiró, fui a visitarlo a su casa de Michigan, Bern Springs, y era mucho más cariñoso. Le resultaba muy difícil hablar. Era divertido e inteligente.

En su opinión, ¿en qué sentido cambió el boxeo?

Trascendió absolutamente el boxeo. Se hizo mucho más grande, no solo en el boxeo, se hizo más grande más allá del deporte. He visto vídeos de él visitando lugares donde le siguen miles y miles de personas por toda la ciudad: extraordinario. Fue muy popular en su generación y fue el hombre más famoso del mundo. El boxeo fue su trampolín. No obstante, su personalidad y el caos de la década de 1960, no solo por los musulmanes, sino por la Nación del Islam —esa secta concreta—, provocaron toneladas de controversia y de electricidad en torno a su persona. Realmente era único.

En la década de 1970, Herbert Muhammad emprendió acuerdos comerciales, unos buenos y otros malos, ¿qué intereses comerciales tenía Muhammad Ali fuera del boxeo?

El primer papel que desempeñó Herbert no fue más que el de llevarse un porcentaje de la bolsa. Por lo tanto, nunca tuvo nada que ver con otras inversiones comerciales o nada parecido. Tengo entendido que Herbert se llevaba una parte de la bolsa. Escuché que era cerca del treinta por ciento. Esa fue su primera participación. La siguiente participación fue la de invertir en negocios que, hasta donde sé, nunca tuvieron éxito. Creo que la relación con la Nación del Islam cambió al morir Elijah Muhammad. Su puesto lo ocupó su hijo Herbert Muhammad, que era un hombre más espiritual y menos involucrado en comerciar con la carrera de Ali.

Es de dominio público que la gente le robaba a Muhammad Ali.

Es algo que pasa si te llamas Ali, o cualquier otro nombre, y eres un boxeador rico. Es algo que, lamentablemente, viene implícito.

¿Cuál ha sido la conversación más conmovedora que mantuvo con Muhammad Ali?

Sin duda, fue en Bern Springs, cuando se había retirado. Cuando era más auténtico. No mostraba su faceta pública, sino la privada. Fue una conversación mucho más real, sin actuar. Habló de su religión, de lo que le importaba en aquel momento. Llevaba una vida muy sencilla, a pesar de vivir en una hermosa granja de caballos. Parecía estar muy contento. Había dejado definitivamente su carrera y dedicaba la mayor parte de su vida a actividades benéficas, que dominaban por completo su vida. Seguía haciendo referencias divertidas y contando chistes, pero nunca hablaba de los combates de Frazier o Foreman. Simplemente, ya no le interesaban.

¿Cuál fue su aportación más destacada dentro del cuadrilátero?

Desde el punto de vista del boxeo, siempre he sentido que lo más impresionante de él era su velocidad. Fue el peso pesado más rápido de su talla que haya visto nunca. Para mí, lo más impresionante era su corazón. Tenía un aguante increíble, unas agallas increíbles. He visto sus combates muchas veces: el décimo asalto del primer combate contra Frazier; el decimoquinto asalto, en el que se levanta justo después del gancho de izquierda en el combate con Frazier. Cada vez que Ali recibía un puñetazo que lo tumbaba, recobraba la conciencia en cuanto tocaba el suelo. Tenía un aguante increíble que le permitía recuperarse y volver al combate en momentos en los que otros no habrían tenido ninguna posibilidad. Creo que eso le llevó a lesionarse en el combate con Holmes y en otras peleas, pero en su apogeo fue lo más impresionante de él. Desde un punto de vista personal, casi siempre se veía al Ali público, la persona que promovía los combates, se promocionaba a sí mismo y que, en realidad, cansaba al cabo del tiempo. De hecho, durante su carrera, sobre todo en su apogeo, no reflexionaba ni hablaba de sus sentimientos, miedos y esperanzas, ni de todo aquello que, estoy seguro, pasaba por su fuero interno. Nunca fue muy dado a eso, razón por la que siempre lo encontré interesante después de que se retirase.

Earnie Shavers, uno de los pesos pesados de la historia que pegaba más duro, se enfrentó a Muhammad Ali.

Conozco muy bien a Earnie. El combate tuvo lugar en el Madison Square Garden. Creo que le dio a Earnie una oportunidad. Un amigo mío, Dean Chance, era el mánager de Shavers. Me parece que Ali descubrió que Earnie aún tenía pegada y boxeó con mucho cuidado después de eso. No fue un combate especialmente emocionante. Pero Ali siempre tuvo problemas con los pegadores. Si el oponente no tenía pegada, le iba bien.

Permítame plantearlo de esta manera: si Ali hubiese boxeado con Foreman diez veces, habría ganado diez veces. Si Ali hubiese peleado con Frazier diez veces (hablo de su mejor momento, no me refiero a Manila, me refiero al primer combate), entonces, Frazier habría ganado la mayoría de las veces. Si Frazier hubiese boxeado con Foreman diez veces, Frazier habría resultado noqueado diez veces. En esa época, el estilo marcaba los combates, y Ali podía boxear con cualquier que no tuviera pegada. Si un boxeador tenía pegada y aguantaba los golpes, si tenía corazón y seguía entrándole como lo hizo Frazier, como lo hizo Ken Norton, Ali siempre tendría problemas.

¿Observó cambios en él como persona después de que se retirara?
Lo veía una o dos veces al año. Creo que se hizo mucho más religioso. Se convirtió en un devoto del islam. Me refiero a que ese fue el cambio principal. También su matrimonio con Lonnie. Fue una compañera fantástica para él, cuidándolo de manera increíble, sobre todo desde que empezó su deterioro. A menudo, me pregunto si los veinteañeros apreciaron a Ali con la misma intensidad. De verdad que no lo sé. Sí sé que lo hicieron los que ya habían cumplido los cuarenta. No estoy seguro de lo que sentían los jóvenes. Hay que ver la acogida que tuvo cuando encendió la antorcha olímpica en Atlanta. Fue un símbolo de una época en la que el mundo estaba cambiando de manera radical. Él simbolizó eso. También era un deportista con talento, así como una figura irresistible por su personalidad.

¿Hay algo que quisiera añadir en relación con la amistad que le unió a Muhammad Ali durante décadas?
Para ser sincero, no quiero exagerar mi relación personal con él. Yo era más de Frazier. No tenía personalidad, pero era un excelente boxeador. Me molestó mucho lo que Ali dijo de él. El problema era con Frazier. Joe Frazier, si se quiere hablar de un hombre negro, es un hombre negro. Quiero decir que es evidente que Muhammad Ali tenía sangre blanca. Frazier siempre decía de Ali: «¡No sabe bailar!» Por cierto, Ali no sabía bailar. Era incapaz de bailar en una pista de baile. Pero las cosas que le dijo a Frazier y el dolor que le causó... También duele que dijera que Frazier era el campeón de los blancos y Ali, el campeón de los negros.

Joe Frazier nunca dijo o hizo nada que le hiciera merecedor de aquello. Yo simpatizaba mucho con Frazier y pasé mucho tiempo en sus campos de entrenamiento. Asistí a su combate con Foreman. Fui a muchas de sus peleas. Yo era más de Frazier. En realidad, creo que Ali debería haberse disculpado. Del mismo modo, me gustaba más Wilt Chamberlain que Bill Russell. Pasé mucho tiempo en el campo de entrenamiento de entrenamiento de Ali en Pensilvania y casi siempre por motivos profesionales. Iba con un equipo de cámaras. Montábamos el equipo y hacía una entrevista, grabábamos en el campo de entrenamiento y asistíamos a sus sesiones de entrenamiento. Aunque tampoco nos quedábamos mucho. Una vez cené allí. Betty Shabazz también estaba. Era divertido cuando él entrenaba, aunque había una parte seria. En mi opinión, no le hablaba a nadie de él como persona.

¿Estaba presente cuando Howard Cosell llevó a su programa a Muhammad Ali y a Joe Frazier, y casi llegan a las manos?
Estuve allí. Ali estaba bromeando, pero Frazier no. En algún momento, se dio cuenta de que Frazier no bromeaba. Frazier no estaba bromeando porque, a medida que se enfadaba cada vez más por lo que Ali decía de él, se quitó el anillo. Creo que aparece en el vídeo. En realidad, yo vi cómo lo hizo desde el estudio, pero no estoy seguro de que la cámara enfocase a Frazier en ese momento. Pero sí, se quitó el anillo. Joe era muy serio, muy serio. Ali no lo era. Pero Joe saltó, se levantó el primero. Se vio entonces a Ali abrazarlo para intentar neutralizar la situación. Todo aquello no estaba planeado. Ali se estaba burlando de él. Estoy seguro de que sabía que iba a burlarse antes de que pasara. Sin duda, la reacción de Joe fue una reacción real.

MURAD MUHAMMAD

Nacido en Newark (Nueva Jersey), Murad Muhammad se inició en el mundo del boxeo a la edad de dieciséis años viajando con Muhammad Ali en calidad de guardaespaldas. Desempeñó esta labor durante diez años, al cabo de los cuales se convirtió en promotor de boxeo y trabajó con muchos campeones, entre ellos, Tim Witherspoon, Larry Holmes, James, «Bonecrusher», Smith, Donovan, «Razor», Ruddock y Manny Pacquiao.

¿Cómo llegó a involucrarse trabajando como guardaespaldas de Muhammad Ali con solo dieciséis años?

Llamaron a una escuela de artes marciales. Me eligieron para cuidar de Muhammad Ali. Era una persona conocidísima entre nosotros y, por supuesto, muy querido. Yo tuve el privilegio y el honor de estar con él. Recuerdo nuestro primer combate, cuando luchó contra Zora Folley en el Madison Square Garden. Mientras caminábamos por la calle, llevaba puesta una máscara de gorila. Nadie sabía quién se escondía detrás de la máscara. Se iba deteniendo en ciertos lugares, como en un quiosco, y asustaba al tipo. Luego, se quitaba la máscara. Entonces, esa persona decía: «¡Dios mío, pero si es Muhammad Ali!» Repitió aquello durante todo el camino hasta el Garden. Cuando llegamos, cruzó la puerta con Bundini Brown, el doctor Ferdie Pacheco, uno de sus entrenadores, Gene Kilroy, uno de sus controladores y otra gente que llevaba años con él. Cuando llegué a la puerta, me pararon. Me dijeron: «Lo sentimos, no puedes entrar». Les dije: «Voy con Muhammad Ali». Me dijeron que ya había usado todas las entradas gratuitas que tenía. En aquel momento, no sabía qué significaba aquello.

Ni el doctor Pacheco ni Bundini Brown vinieron a buscarme. Fue el propio Muhammad. Cuando regresó a por mí, me quedé atónito, pasmado, al ver que se había dado cuenta de que yo faltaba. Entonces, me di cuenta de que no importaba lo insignificante o importante que fuera uno, él no se olvidaba de su séquito. Le dijo al responsable de la puerta: «Viene conmigo». El otro le respondió: «Ali, ya has gastado todas las entradas gratuitas». Ali dijo: «¿Quieres decir que no puede entrar?» Le respondieron: «Eso es, no puede entrar». Ali dijo: «Vale, no habrá combate», y se dispuso a marcharse. Entonces, los otros gritaron: «¡Vale! ¡Vale!» Y así fue como entré. Ese fue el comienzo de mi relación con Muhammad Ali.

¿Cómo funcionaban sus disposiciones de seguridad? ¿Se vio involucrado en complicaciones?

Todo se reducía a observar y asegurarme de que nadie fuera a hacerle daño. Se hacía lo que él pidiera. Recuerdo que después del combate, él estaba muy cansado. Yo estaba en el dormitorio. Se quitó la ropa y se metió en la cama. Me pidió que no le abriese la puerta a nadie. Al cabo de unos quince minutos, escuché golpes en la puerta: «¡Yo te hice! ¡Yo te hice! ¡Abre la puerta! ¡Yo te hice!» Miré por la mirilla y, al preguntar quién era, un tipo me respondió: «¡Soy Howard Cosell!» Ni siquiera sabía qué significaba aquello. Fui al dormitorio y dije: «Ali, hay un hombre aporreando la puerta». «¿Quién?», dijo Ali. «Un hombre blanco», le respondí. «¿Cómo se llama?», me preguntó. «Un tal Howard Cosell», le dije. Ali respondió: «Ah, vale, ¡déjalo pasar!» Así es como conocí a Howard Cosell. Entró y se sentó. Él y Ali estaban muy unidos. Se sentaron y charlaron durante quince o veinte minutos. Esa fue mi primera experiencia con Howard Cosell, de quien llegué a ser un buen amigo.

¿Viajó con Muhammad Ali? ¿Recuerda algún incidente interesante?

Viajé con él unas cuantas veces. Recuerdo un viaje a Nueva York. Al otro lado de la calle, vio el anuncio de un refugio para indigentes que iban a cerrar. Ali le pidió a Gene Kilroy que le consiguiese el número, y Gene se lo dio. Ali le preguntó dónde quedaba aquello, Gene se lo dijo. Entonces, Ali dijo: «Venga, vamos hacia allí». Gene dijo: «Ali, eso queda a una hora de distancia más o menos». «No hay problema», fue la respuesta de Ali.

Nos metimos en un taxi y nos dirigimos hacia allí. Cuando llegamos, la gente hablaba otro idioma. Ali le preguntó a Gene qué idioma era. Era hebreo. Ali preguntó si alguien hablaba inglés. Un caballero, dueño del local, gritó: «¡Muhammad! ¡Muhammad Ali!» «¿Me conoces?», preguntó Ali. El hombre contestó: «¡Quién no te conoce!» Ali le preguntó qué clase de sitio era aquel, y el hombre le contó que era un lugar para huérfanos procedentes de Israel. Ali le preguntó qué hacían con ellos. Él le respondió: «Los colocamos en distintos hogares, con padres que cuiden de ellos». «¿Y por qué vais a cerrarlo?», le preguntó Ali. El hombre respondió: «Por dinero». «¿Y qué vais a hacer con la gente?», preguntó Ali. El hombre respondió: «Vamos a cerrar y enviarlos de vuelta a Israel.»

Entonces, Ali le preguntó qué necesitaba. Dinero fue la respuesta del hombre. «¿Cuánto dinero?», le preguntó Ali. «Unos ciento cincuenta mil dólares», le respondió el otro. Ali le dijo a Gene: «Gene, extiende un cheque por ciento cincuenta mil dólares». Gene extendió un cheque por esa cantidad. «¿Esto te servirá?», le preguntó Ali. El hombre lo agarró y lo abrazó. Ali le dijo: «No lo lleves al banco de inmediato. Guárdalo durante diez días, para entonces habré regresado a casa e ingresaré el dinero en el banco». El hombre le respondió: «Muhammad, muchas gracias en nombre de los huérfanos. Estoy seguro de que les encantaría darte las gracias.» Ali le dijo que no había de qué y se subió al taxi, que nos estaba esperando. Gene le dijo: «Ali, ¡agáchate! ¿Sabes lo que acabas de hacer? ¡Les has regalado ciento cincuenta mil dólares!» Ali respondió: «Gene, ¡agáchate! —Gene se agachó—. El dinero que les he dado no lo puedo llevar conmigo. Pero lo que he hecho por ellos, sí que puedo llevarlo conmigo al más allá». Aquello me conmovió en lo más profundo. Ali era un hombre religioso que se volcaba con la gente.

Otra situación se produjo en Alemania cuando boxeó contra Richard Dunn. Ali lo noqueó con lo que él llamaba el *accu-punch*. Ali le propinó ese golpe certero, y su oponente se dio cuenta tres o cuatro segundos más tarde. En Alemania, visitamos un campo de concentración y vimos los hornos. Aquello conmovió a Muhammad, que vio cómo metían a los judíos en los hornos. Se quedó consternado. Luego, durante la rueda de prensa, el escenario se vino abajo por completo. Tenía que hacer mi trabajo. Yo tan solo pesaba setenta y dos kilos, pero podía levantar más de doscientos kilos en la prensa del gimnasio. Pude ponerme a horcajadas sobre aquel agujero y agarrar a Ali por las axilas y sostenerlo. Le ayudé a levantarse. Se trataba de ayudarlo a él o a Bundini Brown. Sin Ali, no habría habido combate. Así que creo que tomé la decisión correcta.

Otro momento es cuando luchó contra Kenny Norton en el Madison Square Garden. Queríamos la revancha. Yo estaba de pie en el cuadrilátero. En ese momento, se produjo un disturbio porque los policías estaban entonces en huelga. La gente tiraba sillas. Hubo una gran pelea. Una parte del público creía que había ganado Kenny, pero otros pensaban que había ganado Ali. Fue una decisión controvertida. Él no miró a nadie más que a mí y me dijo: «¿Podemos atravesar la multitud?» Yo le contesté que sí. Ali se colgó de mis hombros y lo saqué atravesando aquella multitud hostil. Pensé que aquello era algo único: un joven que practica las artes marciales protegiendo a Muhammad, que tenía que confiar en mí para atravesar aquel gentío.

Otra cosa que recuerdo es cuando estuvimos en Tokio para el combate contra Inoki. Muhammad iba por ahí asustándolos a todos. Y aquellos tipos podían agarrar una guía telefónica y partirla por la mitad. Podían romper ladrillos. Eran profesionales de la lucha libre. Eran luchadores grandes y fuertes, pero le tenían miedo a Ali. Hacía como si fuera a golpearlos. Ellos se daban la vuelta corriendo y eso le divertía mucho. Así que el promotor dijo que por qué no hacíamos que el ganador se lo llevase todo. Ali dijo: «De acuerdo, el ganador se lo lleva todo. Porque lo voy a machacar y lo voy a noquear en el quinto asalto del combate».

Su mánager, Herbert Muhammad, le dijo al promotor que no podía hacer eso. Ali no firmaba ningún acuerdo. El promotor dijo: «Firmó este y lo va a cumplir». Herbert respondió: «Bien, se supone que debe depositar cinco millones en el banco estadounidense». Solo había depositado dos millones. El promotor dijo: «Déjeme decirle una cosa, señor Muhammad, esto no es América. Tenemos un acuerdo firmado de que el ganador se lo lleva todo. No vamos a poner más dinero en su cuenta de América. Creemos que Inoki va a ganar la pelea». Herbert se mostró de acuerdo y salimos. Entonces, se volvió hacia mí y me dijo que me asegurara de que todo el mundo bajase en una hora.

Hicimos las maletas y nos preparamos para marcharnos. Éramos unos setenta. En efecto, todos bajamos con las maletas. El promotor dijo: «¿¡Qué hace, señor Muhammad!? ¿¡Qué hace!?» Él contestó: «Mi contrato no significa nada aquí, así que me voy a casa donde sí significa algo». El promotor rompió el contrato y dijo: «¡Está bien! ¡Vale! ¡Vale! ¡Vale! El dinero estará en el banco mañana». Estuvo bien que hiciera aquello porque el luchador, como sabe, se pasó quince asaltos tirado en el suelo pateándole a Ali en las espinillas. El combate acabó en empate, pero nos pagaron, por supuesto. El dinero estaba en el banco. De allí, fuimos a Corea. Todos decían que Ali no iría. Se había lesionado en una pierna, pero aun así fue para cumplir con su compromiso. Cuando llegamos a Seúl, Dios mío, había millones de personas en todo el trayecto desde el aeropuerto hasta el hotel. Gritaban: «¡Viva Muhammad! ¡Viva Muhammad!» Fue increíble. Esos son algunos de mis recuerdos más destacados con Muhammad Ali.

Como su guardaespaldas personal, iba con él a todas partes. ¿Alguna anécdota interesante con los fans?

La gente lo amaba. Los grupos de admiradores iban desde personas mayores hasta niños pequeños. Todos acudían al campo de entrenamiento para estar con él. Sentían un gran amor por él. Un día que me parece muy interesante destacar fue durante su época de exilio. Él vivía en Nueva Jersey. Ese día llovía a cántaros, y él iba en el coche con su chófer. Una persona estaba parada en una esquina buscando un taxi. Ali pidió parar y le preguntó que a dónde iba. El tipo iba a Nueva York. Ali le dijo: «Estás muy lejos de Nueva York. Sube». No reconoció a Muhammad. Se metió en el coche. Muhammad se lo llevó a su casa y le dijo que podía pasar allí la noche. Pues bien, aquel fue un duro trabajo para mí porque tuve que pasarme la noche despierto mirando al extraño y preguntándome si le haría algo a Muhammad. Al día siguiente, llevó al extraño al aeropuerto y lo metió en un avión rumbo a Nueva York.

Unos diez o quince años más tarde —yo era ya promotor y Muhammad viajaba conmigo a todas partes—, íbamos en avión y Ali se levantó para ir al baño. Cuando regresó, un señor mayor de unos setenta años le dijo: «Hola, Muhammad, ¿me conoce?» Él dijo: «Sí, claro. ¿Lo conocemos? ¿Ha visto mis combates?» El hombre replicó: «No, no hemos visto muchos combates suyos, pero lo conocemos». Ali le preguntó: «¿De qué me conoce?» El hombre respondió: «Hace años, recogió a un hombre y lo llevó a su casa, le dio de comer y lo subió a un avión». «¡Ah, sí! ¡Ya lo recuerdo!», dijo Ali. Pero él ya no recordaba cosas así. Sin embargo, le gustaba hacer que la gente se sintiera bien. Cuando Ali le preguntó que de qué lo conocía, el anciano le contó que aquel hombre era su hijo. Aquello me pareció asombroso.

En otra ocasión yo estaba preparando un combate. Uno de mis boxeadores iba a pelear contra el irlandés Steve Collins. El Estado me pidió que lo montase en el Miami Arena, al que llamaban Pink Elephant. Mucha gente me llamaba porque, como promotor de boxeo, había hecho cosas únicas, que nadie había hecho antes. Como lo de llevar a Roy Jones Jr. de tres a diecisiete millones; llevar a Roy Jones Jr. del peso medio al campeonato mundial de peso pesado y ganar. Eso no se había hecho en más de 106 años. Otra fue la del Radio City Music Hall.

El Garden seguía rogándome que sacara a Roy de Misisipi. Les decía que no iba a dejar un lugar en el que promocionaba un encuentro mensual con el que vendía todas las entradas. No creía que Roy pudiera agotar las localidades del Garden. Ellos seguían suplicando. Entonces, les dije que me consiguieran el Radio City Music Hall. «De acuerdo. Hecho», me dijeron. Vendí todas las entradas en dos semanas. Llevamos a dos raperos que no conocía porque no me iba mucho el rap. A Roy le gustaba el rap, por eso los llevamos. Me dirigía hacia la esquina cuando salieron los raperos. El noventa por ciento del público era caucásico. Cuando salieron los raperos, la gente saltaba en sus asientos, se levantaba y agitaba las manos. Pensé: «¡Madre mía!» Salí de detrás de la cortina y me dije a mí mismo: «Lo hice.»

Luego, lo de meterme en *Sports Illustrated* por mis destacados logros fue un milagro. Nunca debí estar en *Sports Illustrated*. No practico ningún deporte. Aquella fue la primera vez. Después, seguir y hacer un programa tras los muros de una prisión, eso fue original, nunca se había hecho. Recibí una llamada de Ross Greenberg, el presidente de la HBO. Me dijo que me hiciera un favor a mí mismo, ya que me gustaba hacer cosas que nadie más había hecho. Así que me metí en una prisión. Don King y Bob Arum eran los dos únicos grandes promotores del momento y no podían actuar a mis espaldas porque yo tenía una exclusiva de toda la institución del estado de Nueva Jersey, lo cual era inaudito. Don pudo encontrar a un chico llamado James Scott. Me pagaron para ver un combate en la prisión estatal de Rahway. James Scott hizo un trabajo excelente al derrotar a un tipo llamado Eddie Gregory. Yo fui quien se lo vendió a la HBO; no fueron ni Arum ni Don King. Yo llevé el boxeo en directo a la HBO. Ese es mi récord, mi historia. Me llaman «el trabajador milagroso». Hacía que sucediesen los milagros.

Cuando Óscar de la Hoya me contactó siendo un crío, le dije que lo convertiría en millonario. Nunca había conseguido más de doscientos mil dólares en toda su carrera hasta aquel momento. Le dije a su mánager que firmase en la línea de puntos y que sería millonario. Me preguntó que cómo podía hacerlo. Le dije que yo hacía milagros. Firmó en la línea de puntos. Me puse en contacto con Óscar y le presenté a un tipo llamado Jerry Pacheco. Llegamos a un acuerdo y promocionamos juntos a Óscar, que salía de su retiro para boxear por el campeonato mundial de peso superwélter. Convertí en millonarios tanto al mánager como al boxeador. Pude sacar millones de aquel acuerdo.

En la pelea de apertura, había un boxeador africano que no era de los míos. Era un combate que quería organizar la HBO. El tipo tenía seis defensas de título, era el contendiente número uno y ¡se había retirado! Bueno, antes de seguir con eso, yo había empezado a trabajar con un joven llamado Manny Pacquiao, a quien nadie quería. Estaba ganando cinco mil por combate. Le di diez mil por estar en aquella pelea. Su mánager dijo: «Llevo en América dos años, ¿por qué debería ir contigo?» «Porque hago milagros», le contesté. Le gustó mi respuesta y firmó por diez mil. Le hice firmar en exclusiva. Firmamos un sábado y el miércoles siguiente le dije: «¿Qué os parecería pelear por el título del mundo?» Me respondió: «¡Debes estar bromeando! Eso sí que sería un milagro». Lo metí en la pelea de apertura.

Por supuesto, noqueó al campeón y se alzó con el título mundial. Allí comenzó el éxito de Manny Pacquiao, un fenómeno en Estados Unidos y en su propio país. Estas son historias únicas con respecto a las demás. Esto se debe a mi honestidad e integridad dentro del mundo del boxeo, algo que me enseñó Muhammad Ali. Muhammad me dijo que aquello que hiciera con transparencia, poniéndolo todo encima de la mesa, sería mi mayor activo. Por eso, después de que el FBI investigase a los boxeadores durante catorce años, se empezó a decir que el FBI intentaba acabar con el boxeo porque quince tipos admitieron haber cometido fraude. Yo fui el único que salió limpio de aquello. No tuvieron que investigarme. Muhammad solía decir: «¿Escribieron bien tu nombre? No te desvíes».

Muhammad viajaba conmigo a todas partes. Una vez que me acompañó al estadio, donde vendimos todas las entradas, les pedí a mis hombres de seguridad que cuidasen de Muhammad mientras estaba allí. Entramos en la *suite* del hotel y le dije a Muhammad: «Muhammad, ¿te quedas con mi habitación?» Él dijo: «No, no, ahora eres un pez gordo. Me quedo con la pequeña de dos camas». Quería quedarse fuera. Mi chico de seguridad se sentó con él. Ali se quedó dormido y empezó a hablar en sueños. «¡Te voy a matar! ¡Te voy a matar!», decía en sueños. Cuando se despertó, le pidió al de seguridad que le contara lo que había dicho mientras dormía. El chico se llamaba Keith Ali. Tenía el mismo apellido que Muhammad. Ali le preguntó: «¿He hablado en sueños?» El chico se lo confirmó. «Así es que mi mujer decía la verdad. Me llevó al hospital. Los doctores me examinaron y dijeron que ¡hablo en sueños! Pero no me puedes tocar porque, si lo haces, me puede dar un ataque al corazón mientras duermo», le contó Ali. Keith le dijo que lo entendía y que no había ningún problema. Entonces, Ali le dijo: «Venga, dormirás en mi habitación». Keith le dijo que no. «Hay dos camas», le dijo Ali. Aquel fue un honor para el guarda de seguridad.

Ali volvió a la cama y el de seguridad, que no tenía sueño, encendió la lamparita para leer. Más tarde, Ali empezó de nuevo. «¡Te voy a matar! ¡Te voy a matar!» Luego, se puso de rodillas como si estuviese golpeando a Joe Frazier. «¡Te voy a matar! ¡Te voy a matar!» Entonces, se detuvo, se bajó de la cama y empezó a caminar como una momia, con las manos como si fuera a estrangular a alguien. «¡Te voy a matar! ¡Te voy a matar!» Salió por la puerta y el de seguridad dijo: «Ay, Dios, ¡si no puedo tocarlo!», al recordar lo que Ali le había contado de sufrir un ataque al corazón. Después, Ali regresó y empezó a acercarse más y más. El chico de seguridad no sabía qué hacer. Al final, el de seguridad se echó hacia atrás, y Ali dijo: «¡Inocente, inocente!»

Muchas de las mayores estrellas de los mundos deportivo y del entretenimiento lo han visto con gran reverencia. ¿Recuerda alguna anécdota interesante?

Dios mío, ¡los Beatles lo amaban! Ellos solían ir a verlo para tocar con él y rodar por el suelo. Él amaba a los Beatles. Los Beatles lo amaban a él. Otra estrella le regaló una bata de diamantes como la que le habían hecho para él. Elvis Presley lo amaba. Ambos estaban muy unidos. Sammy Davis Jr. solía visitarlo y bailar claqué antes de que Ali saliera a boxear. También lo quería. Todos los famosos lo querían. Cuando entrábamos en una fiesta, la música sonaba y los famosos hacían fila para conseguir un autógrafo. Cher, Diana Ross, Sylvester Stallone..., todos hacían fila para que Ali les firmase un autógrafo. Era el alma de las fiestas.

Ese tipo de personas venía al campo de entrenamiento. Él era ese tipo de persona. Lo amaban y él los amaba. Sam Cooke solía visitarlo todo el tiempo. Ali se lo llevaba al cuadrilátero. El gran artista Leroy Neiman, cuyas pinturas no bajaban de los cien mil dólares en Estados Unidos, se quedaba de pie y dibujaba a Ali. Aquella gente sentía amor por Ali. Era un polo de atracción. Grandes personas se acercaron a Ali, que no era ningún buscador de ídolos. Disfrutaba con ellos, pero no corría detrás de ellos.

Ali era también esa clase de gente que, cuando iba a la tienda a comprar, se compraba un pack de seis pantalones y otro de seis camisas. Ese era su atuendo. Si necesitaba un traje, teníamos que llevarlo a una tienda para comprárselo. Luego, no sabíamos qué hacer con ese traje porque nunca llevaba trajes en la maleta. Lo nombraron la persona mejor vestida del mundo. Fue sorprendente que presentaran a las tres personas que destacaban en todo el mundo por su forma de vestir y que pusieran a Muhammad Ali en el primer puesto. Creo que aquel fue un logro excepcional. El mundo entero conocía a Muhammad Ali. He estado en muchos países y fue increíble que viajáramos a Turquía para boxear por primera vez con Kenny Norton. Los turcos dijeron que, si ganaba Norton, nunca regresaría a casa. Por eso, Ali nunca se enfrentó a Norton en Turquía. Aquello era demasiado fuerte, no podías golpearlo en ese país. Esas son las cosas que presencié, que mejoraron mi mentalidad y me hicieron comprender de qué iba el mundo. Fue la razón de que me convirtiera en un fenómeno dentro del mundo deportivo. Al principio de mi carrera, Ali se sentaba a mi lado en todas partes.

Antes ha mencionado a Sylvester Stallone.

A Ali le gustó la idea de que Sylvester Stallone hiciese la película *Rocky*. Le gustaba la gente que venía de la nada y creaba cosas, como hizo Sylvester. Stallone se abrió su propio camino en Hollywood. Era un tipo de Filadelfia que intentaba triunfar y llegó a hacerse muy importante con *Rocky, Rocky II* o *Rocky III*. James Brown cantó una de sus canciones. Ali y James Brown estaban muy unidos. Quería mucho a James Brown. Esa fue una de las razones de que le gustase la película. Ali le consiguió ese papel a James Brown porque conocía bien a Sylvester y él conocía a James Brown. Y James hizo un trabajo fantástico. Ali renunciaba a cosas. Una vez, él estaba fuera del país y, cuando regresó a casa, repartió los Rolex que tenía entre los miembros de su personal. No le importaban las joyas. Le encantaban los coches, por supuesto. Aunque no le importaban las cosas materiales.

En otra ocasión, hacia el final de mi carrera como hombre de seguridad con Ali, él y yo estuvimos viendo una y otra vez el combate entre Joe Frazier y George Foreman. Lo memorizó tan bien que podía decir qué traje llevaba yo, sentado en la tercera fila, aquel día. Así de bien recordaba la pelea. Luego fue muy distinto con los mandos a distancia, pero entonces había que levantarse para rebobinar la cinta. Cuando George Foreman noqueó a Joe Frazier, me pidió que volviera a ponerlo. Y lo vimos otra vez. No podía comprender por qué seguía diciéndome que lo volviera a reproducir si ya lo había visto cientos de veces.

Dijo: «Fíjate en George, está cansado. Tiene las manos en las cuerdas... ¡Ya lo tengo! Voy a dejar que consuma toda su energía, su resistencia». Le pregunté que cómo iba a hacerlo. Dijo: «Voy a hacer que lance golpes. Cuando lance los golpes, me apoyaré en las cuerdas. Primer asalto, irá a cien por hora. Cuarto asalto, irá a cien por hora. Sexto asalto, irá a cincuenta por hora. Séptimo asalto, los golpes irán ya a treinta». Luego, añadió: «En el noveno o décimo asalto será cuando lo noquee. Tengo que jugar con las cuerdas. ¡Lo tengo!» Le pregunté el qué y él dijo: «Marearlo contra las cuerdas. Tengo que convertirlo en un pelele». Así es como creó la técnica de marear contra las cuerdas.

¿Cómo pasaba el tiempo Muhammad Ali cuando viajaba? ¿A qué dedicaba su tiempo libre?

Estudiaba el Corán. Solía estudiar a la una o las dos de la madrugada. Yo también lo hacía cuando estudiaba el Corán. Lo miraba estudiar y él me hacía estudiar. Estudió también las Escrituras. Esa es la razón de que se convirtiera en un musulmán tan firme y devoto. Cuando no podía hablar, repartía tarjetas de «Dios es uno». Le encantaba repartir tarjetas y, como musulmán, se tomó en serio su religión. Siguió al honorable Elijah Muhammad cuando era joven y, luego, siguió a su hijo en 1975. Fue entonces cuando se volcó en el estudio. Lo hizo más tarde. Yo lo animaba porque siempre estaba cerca. En su última etapa, si no estaba haciendo nada, le gustaba hacer trucos, trucos de magia. No quería que la gente creyese en la magia. Cada vez que hacía un truco, le contaba a la gente cómo lo hacía. Le gustaba jugar a las cartas. Se divertía jugando con la gente, entreteniéndola con sus pequeños trucos y con las cartas.

¿Me puede hablar de la película Yo, el mejor*?*

Bueno, alguien me preguntó si esa era la verdad. Le dije que no. Todo inventado, la película no contaba la verdad. La película mintió. El fotógrafo replicó a Herbert Muhammad en la película. Herbert Muhammad era uno de los hombres más poderosos en el boxeo. No quería publicidad. Nunca quiso que se le grabase porque no le gustaban las cámaras. Pero era muy poderoso. Era tan poderoso que creó a Don King, que era un delincuente salido de prisión, y Bob Arum, que solía rondar por ahí. Esa es otra historia. Creó a un chico llamado Butch Lewis, que se unió a Bob Arum en Top Rank. También creó a Murad Muhammad. Los cuatro tuvieron éxito. King tenía boxeadores tanto de peso ligero como pesado. Arum era conocido por sus luchadores de peso ligero y pesado. A mí me conocían por mis boxeadores tanto de peso ligero como pesado, y por los campeones del mundo y contendientes mundiales.

Organicé muchos combates para la ABC, NBC, CBS, HBO, ESPN, pago por visión o circuito cerrado. Arum, King y yo hemos hecho todo esto. Butch Lewis acabó con un chico llamado Leon Spinks cuando dejó a Bob Arum y se lo conoce por Michael Spinks. ¡Butch era un fenómeno! Consiguió los primeros once millones de dólares para el chico, que probablemente no habría ganado esa cantidad si hubiese boxeado, cuando Michael peleó contra Mike Tyson. Butch decidió dejar el mundo deportivo. Herbert Muhammad era un hombre poderoso. Ali lo respetaba. Lo llamaba «el Juez». Nadie le faltó al respeto, ni siquiera la mafia. La mafia lo temía porque lo respaldaba toda la Nación del Islam. Sin embargo, en la película retrataron a Herbert como el fotógrafo que quiso hacerlo en su subconsciente. Luego, dijeron que Herbert no ayudó a Ali cuando estuvo en el exilio. Cuando alguien me preguntó si aprobaba la película, le dije: «Sugiero que puedan hacer algo que les sirva a mis tataranietos para conocer a Muhammad Ali». A veces, hay que pasar por alto algo que no es verdad para conseguir la realidad, ya que quieren ofrecer una percepción de algo que era más que eso y quitar la realidad de la película.

La realidad es que mi hermano Herbert Muhammad no solo era el hombre más poderoso de Estados Unidos en el boxeo, sino en todos los deportes. Porque nunca ningún deportista, ya fuera jugador de baloncesto, de fútbol americano, de béisbol, caucásico, afroamericano o latino, ningún deportista recibió nunca un millón de dólares por su trabajo hasta que el Madison Square Garden ofreció un millón para Ali con Frazier. Ali llamó al mánager de Joe Frazier y le dijo que le dejara gestionarlo. El mánager no tuvo ningún problema en dejarle hacer. Así que, cuando le ofrecieron a Herbert un millón por los dos boxeadores, se fue con su abogado, del mismo y prestigioso bufete de abogados en el que estuvo Michelle Obama al salir de la universidad.

Había un tipo llamado Charlie López. Ya ha fallecido. Charlie salió y Herbert le dijo: «¿Qué te parece, Charlie?» Él dijo: «¡¿Que qué te parece!? Herbert, no hay ningún deportista que gane un millón de dólares por hora. ¿Crees que van a darte más? ¡Ni hablar! ¡Es mucho dinero!» «Vale», dijo Herbert. Entraron de nuevo y todos se pusieron de pie. Había unos cinco del Garden. Dijeron: «¿Hay trato?» Se fueron estrechando las manos y Herbert les dijo: «Llamadme cuando lleguéis a cinco millones», y se marchó. Charlie dijo: «Herbert, ¿¡sabes lo que acabas de hacer!?» Herbert, respondió: «Por supuesto que sé lo que hago».

En efecto, les dieron cinco millones: dos millones y medio a cada uno por el combate. Ese era el dinero que se recaudaba en boxeo. Lo hicieron una y otra vez hasta que los jugadores de baloncesto empezaron a pedir más dinero, los de fútbol empezaron a pedir más dinero, y así sucesivamente. Todos en el ámbito deportivo intentaban seguir a Muhammad Ali. Herbert abrió la puerta. Ellos no contaron ese tipo de historias, pero yo lo viví y lo sé. Y sé qué ocurría cuando se trataba del gran Muhammad Ali. Cuando alguien se le acercaba para ofrecerle un trato, él se sentaba a la mesa y, mientras el otro hablaba, él se hacía el dormido, incluso roncaba. Nos reíamos porque uno no podía acercársele e intentar hacer negocios. Tenías que hacerlo a través de su mánager. No es que fuera poco inteligente o maleducado, sino que era sabio porque ese hombre cuidaba de su fortuna; ese hombre sabía conseguir lo que quería.

Por eso, todos mis atletas se hicieron millonarios o les hice ganar muchos millones. Tengo un club al que llamo el club de los millonarios. Aprendí cómo hacerlo estando cerca de Muhammad Ali. ¿Te imaginas a Ali boxeando hoy en día con veintiún años? ¡Habría batido récords! Si piensas que Mayweather y Óscar pudieron ganar ciento cincuenta millones, o que Mayweather y Pacquiao lograron doscientos millones, multiplícalo ahora por tres y eso sería lo que ganaría Ali. ¡Era un fenómeno! Era el sueño de todo promotor. No lloraba por cosas como tener que ir a una rueda de prensa. Se pararía en medio de la calle 42, pararía el tráfico y le diría a todo el mundo que iba a boxear esa semana. Si se subía a un tren, sin importar qué clase de tren o a dónde fuera, lo recorría de principio a fin y se paraba a hablar con la gente. Hablaba con todas las personas, no solo con reyes y reinas, sino con conductores de autobús o de taxis, con el mozo que llevaba las maletas a la habitación, los chulos o los timadores. Incluso las prostitutas salían vestidas con sus mejores galas.

Por eso, cuando la gente se pregunta por qué era tan genial Muhammad Ali, no saben de lo que hablan porque Muhammad no solo fue genial dentro del cuadrilátero: también fue un gran hombre fuera. Los boxeadores actuales no devuelven nada a su comunidad. No hacen nada por las personas que se mueren de hambre. No defenderán nada con lo que quizá no obtengan buena publicidad. Mira contra lo que se opuso Muhammad: el reclutamiento. Dijo que no iría a Vietnam, que nadie del Vietcong le había llamado nunca negrata. Que por qué iba a ir allí a matarlos solo porque le dijeran que había que hacerlo. Toda esa gente estaba en su contra. La gente que amaba la guerra estaba en su contra.

Hoy en día se le respeta por su postura porque la guerra de Vietnam fue la peor guerra que pudimos tener. Existen dos guerras que nadie quiere: una guerra de guerrillas y una guerra santa. Al final de su vida, no podía hablar más que en un susurro. Su mente no podía decirle a su cuerpo lo que tenía que hacer. Si se pone a George Foreman, Mayweather, Pacquiao, Roy Jones Jr., Evander Holyfield, Joe Frazier y a cualquier otro boxeador en un lado de la calle, todos caminan juntos. Si se pone a Muhammad solo en el otro lado de la calle, la gente cruzará y se irá con Muhammad porque lo conocían desde los más viejos hasta los más pequeños. Puede que los jóvenes no lo hayan visto, pero sus padres hablan sobre el más grande de todos los tiempos.

SUGAR RAY LEONARD

Mucha gente considera a Sugar Ray Leonard uno de los mejores boxeadores de todos los tiempos, y fue el primero en ganar más de cien millones de dólares por combate. Leonard comenzó a boxear en 1969 y ganó la medalla de oro olímpica en 1976 antes de ganar títulos mundiales en cinco categorías de peso. Luchó contra alguno de los campeones más feroces de todos los tiempos, entre ellos, Marvin Hagler, Thomas Hearns y Roberto Durán. Durante la mayor parte de su carrera, tuvo como entrenador a Angelo Dundee, que también lo fue de Ali. Leonard también presentó junto con Sylvester Stallone el popular programa de televisión *The Contender*.

¿Recuerda haber visto a Muhammad Ali cuando era niño?
La primera vez que vi a Ali yo tendría unos quince o dieciséis años. Me impresionó el que fuera tan distinto a los demás tipos grandes, los pesos pesados, por el hecho de que boxeaba y se movía como si fuese un peso ligero. Además, era muy fluido. Era muy rápido y avasallaba con sus palabras. Ver a Muhammad era mucho más entretenido que cualquier otra cosa, lo que me atrajo hacia él hasta convertirlo en uno de mis ídolos.

¿Qué diferenció a Muhammad Ali de los demás pesos pesados? ¿Qué elementos tomó de él?
Su estilo de boxeo era más científico que el de los demás. Los otros boxeadores eran un poco más metódicos, pero Ali era algo bello. Fue su arte y su actuación lo que captó mi atención. Sus movimientos y su fluidez. Además, nadie ha podido insultar como lo hacía Ali, aunque yo no representé ese papel.

Cuando Muhammad Ali entrenaba en Deer Lake, ¿empezó usted a entrenar allí después?

Tuve la oportunidad de ir a Deer Lake y verlo allí. Me impresionó. En primer lugar, nunca había visto a tanta gente en un campo de entrenamiento —admiradores en un campo de entrenamiento—, y él siempre mantenía el control, incluso en el gimnasio. Y estaba relajado. Descubrí que aquello, el estar relajado, era uno de los factores de mi éxito.

Ali era muy bromista. ¿Puede contar alguna situación divertida?

Algo que recuerdo es que, cuando no mirabas, usaba las manos para hacer una especie de sonido de grillo. Lo hacía frotando el pulgar y un dedo. Yo saltaba asustado porque pensaba que tenía un bicho en la oreja. Otra ocasión que recuerdo fue cuando conocí a Ali en una cena de etiqueta. Jamás en la vida había visto tantos utensilios delante de mi plato, porque no usábamos más que tenedores o una cuchara. Me esperé a que Ali empezara porque pensé que él sabría cómo comer correctamente en una cena formal. Agarró su panecillo y lo echó sin más en la salsa. Así que yo hice lo mismo. Ese fue uno de los momentos graciosos que recuerdo.

¿Qué es lo que más destacaría de todas las conversaciones que mantuvo con él?

Una cosa que me dijo fue que controlara siempre mi destino. Lo comprendí enseguida porque ha habido miles de boxeadores, quizá más, que han ganado mucho dinero y, al final, no les quedaba nada. Siempre me hablaba de eso, de controlar mi propio destino.

¡Usted estuvo en el programa El show de Arsenio Hall *con Mike Tyson y Muhammad Ali!*

Me sentí eclipsado por Ali y Mike Tyson; dos tipos grandes. Sin duda, Ali era una leyenda viviente y Mike Tyson era el peso pesado más dominante del mundo. Fue un momento especial estar en el programa de Arsenio Hall. Está considerado uno de los mejores episodios del programa. El Parkinson aún no lo había debilitado tanto. Esta enfermedad tiene una progresión paulatina. Pero él no estaba tan mal. Respondía bien a lo que le preguntaban, aunque no era del todo él mismo. Sin embargo, fue una gran experiencia. Muy buena.

¿Estaría en lo cierto al decir que usted modeló parte de su estilo fijándose en Muhammad Ali?
Nadie podría duplicar a Muhammad Ali. Pero aprendí de él todo lo que pude, así como de Sugar Ray Robinson. También aprendí cosas de Bruce Lee, de Jersey Joe Walcott y de muchos otros boxeadores increíbles.

¿Cuál es su combate preferido de Muhammad Ali?
Los de Muhammad Ali y Joe Frazier, los tres. Cuando Ali luchaba, era mágico, era su jornal.

Alcanzó un nivel global de idolatría que muy pocos han igualado. ¿Cuál ha sido el impacto e influencia que ha tenido en el mundo?
Para mí, Ali era mayor que el boxeo. Él era el boxeo. Su legado se extenderá para siempre, para toda la eternidad. Defendió sus creencias al no alistarse en el ejército debido a su religión y el hacerlo en ese momento, enfrentándose a una fuerte oposición y manteniéndose firme incluso a riesgo de sacrificar su carrera, lo dice todo del carácter de un hombre: Ali, el hombre.

EVANDER HOLYFIELD

Evander Holyfield es el único boxeador que ha conquistado el campeonato mundial de peso pesado en cuatro ocasiones. Es un campeón mundial múltiple en las categorías de peso pesado y peso crucero. Se ha enfrentado a algunos de los principales boxeadores de su era, entre ellos, Larry Holmes, Riddick Bowe y George Foreman. Asimismo, ha boxeado en combates clásicos contra Mike Tyson y Lennox Lewis. En la actualidad, reside en Atlanta.

¿Qué recuerda de cuando veía a Muhammad Ali en televisión cuando usted era pequeño?

Veía sus combates, aquellos en los que boxeaba contra Leon Spinks. Pusieron muchos en televisión cuando derrotó a Sonny Liston, cuando ganó el título por primera vez. Ponían este, sobre todo, porque él era el que tenía menos posibilidades y parecía que no fuera a ganar el combate, pero lo hizo. Mostraban a Ali tal como era, con mucha confianza, el que le iba diciendo a la gente lo que iba a hacer, y salía y lo hacía. Los combates de Ali contra Frazier fueron, sin duda, grandes combates. Ambos eran boxeadores legendarios, ambos tenían confianza en sí mismos y la capacidad de ganar. Ali ganó dos, y Frazier ganó uno. Sin embargo, todos estos combates fueron importantes.

¿Qué le parece el estilo pugilístico de Muhammad Ali? La velocidad parecía ser uno de sus atributos más fuertes. ¿Qué opina sobre su estilo de boxear?

Era un boxeador inteligente. Tenía una buena velocidad de mano. Tenía una potencia media, pero gracias a la velocidad de mano era capaz de contraatacar porque tenía una gran velocidad. Además, cuando se trataba de golpes de potencia, podía batir a la gente.

¿Cree que elevó el deporte del boxeo gracias al modo en el que utilizó su personalidad?

Siendo realistas, además de ser un buen boxeador, fue un buen comunicador. Fue un buen motivador. La gente acudía para entretenerse, pero él era capaz de mostrar una persona que sabía boxear y, al mismo tiempo, una persona que sabía comunicar e inspirar a otros. Era un hombre muy seguro de sí mismo.

Usted nació en Alabama, ¿cuánto les costó a los negros de aquella parte del país superar el racismo en la década de 1960?

Es lo que hizo Ali por la gente: alguien tiene que defender una causa. Él estaba en la posición correcta en el momento adecuado.

Cuando rechazó el reclutamiento, dijo que no iba a ir a luchar en el ejército para enseñarle a la gente que por qué tendría que ir a la guerra para luchar contra alguien a quien no conocía, mientras que la gente que sí conocía le odiaban aquí. Era, desde luego, algo que tenía fuerza. Dijo que podíamos alzarnos. Teníamos a Martin Luther King y a otras personas que luchaban para que se nos tratase como a seres humanos. Creo que todo esto se suma a ese legado de la libertad negra. Ali desempeñó un papel muy importante en ello.

¿Cuándo conoció por primera vez a Muhammad Ali?
La primera vez que conocí a Ali fue en 1984 en los Juegos Olímpicos. Era genial pensar que Ali había sido campeón de peso semipesado en los Juegos Olímpicos, igual que yo. Por eso, todos aquellos admiradores me permitieron saber, de algún modo, que yo también llegaría a ser un peso pesado. De niño, incluso, me decían que podría llegar a ser el campeón mundial de peso pesado como Ali. De ahí me vino la inspiración. Cuando tenía ocho años, me dijeron que podía ser como Muhammad Ali. Pude lograr lo mismo que él logró y pude llevarlo a otro nivel.

¿Asistió usted a algún acto benéfico o social?
Sí, claro. Ali organizaba aquello para la enfermedad de Parkinson y asistí cinco o seis veces. Fue en la década de 1990. Estuve allí para respaldarlo. En algún momento, respetas al hombre por todo lo que ha logrado, te das cuenta y esperas lo mejor para él. Necesitamos encontrar una cura para la enfermedad de Parkinson. Sé que era un hombre que intentó siempre unir a la gente para lograr lo mejor. La primera vez que pude hablar con él, yo era campeón mundial de peso pesado.

¿Algo que añadir sobre Muhammad Ali?
Creo que las cosas están hechas para mejorar. Su generación aportó algo, pero él fue definitivamente un pionero. Cuando él llegó, estableció un estándar muy alto que nadie alcanzó nunca

hasta que yo lo alcancé. Y eso debe perdurar. Floyd Patterson, en realidad, fue el primero en decir que Ali sería la primera persona que nunca llegaría a convertirse en campeón de peso pesado por segunda vez. Por supuesto, Ali fue la primera persona en lograrlo tres veces, y yo soy la primera persona que lo logra una cuarta.

JIMMY WALKER

Jimmy Walker es el fundador y presidente de la gala Celebrity Fight Night de Muhammad Ali que atrajo a multitud de nombres prominentes del mundo de los deportes y del entretenimiento para apoyar a la fundación Barrow Neurological Foundation y a muchas otras organizaciones benéficas. Por ahora, la Celebrity Fight Night ha recaudado más de noventa millones de dólares para los enfermos de Parkinson.

¿Qué recuerda de la primera vez que se reunió con Muhammad y Lonnie Ali para discutir con ellos que unieran sus fuerzas con la Celebrity Fight Night?

La primera reunión tuvo lugar en Phoenix cuando Muhammad acudió al Barrow Neurological Institute para recibir su tratamiento para el Parkinson. Yo era miembro de la junta del hospital. Había empezado con la Celebrity Fight Night en 1994 y, en ese momento, era socio limitado del equipo de baloncesto Phoenix Suns. Llamé a Charles Barkley y le pregunté si se pondría unos guantes de boxeo de gran tamaño para boxear de manera cómica con otras celebridades: la estrella del baloncesto Phil Jackson, la estrella de la NFL Joe Montana o la leyenda del boxeo Sugar Ray Leonard. Algún tiempo después, Muhammad vino a Phoenix y me volví a reunir con él para explicarle que podría añadir su nombre y su participación a la gala para recaudar fondos y crear el Muhammad Ali Parkinson's Center. Tanto a él como a Lonnie les encantó la idea. Durante los veinte años previos a su fallecimiento, Muhammad Ali asistió a todos y cada uno de los actos. De hecho, hemos donado noventa millones de dólares a través de la Celebrity Fight Night, y el principal beneficiario ha sido el Muhammad Ali Parkinson's Center. Desde luego, se le echa mucho de menos. Seguimos recaudando dinero para ayudar a quienes padecen la enfermedad de Parkinson.

¿Cuál es el recuerdo más vívido que tiene de la primera gala a la que asistió Ali?

Fue en 1996. Recuerdo que a la gente le impresionó ver a Muhammad Ali en la sala. Su presencia era simplemente electrizante. Muhammad subió al escenario lo mejor que le permitía el Parkinson y pudo hablar. A medida que pasó el tiempo, la voz le falló, pero siguió sobre el escenario y presentó los premios Muhammad Ali. Debo añadir que en Phoenix, en nuestra comunidad, llevé a Muhammad a muchos lugares, como a un partido de baloncesto. Allí me presenté con Muhammad delante de dieciocho mil personas y recibió la ovación en pie de prácticamente toda la multitud. Nos sentamos, y los jugadores de ambos equipos se acercaron a él, muchos de ellos solo para estrecharle la mano. Cuando dejamos el partido, el público se levantó de nuevo para ovacionarlo. Podría haberlo llevado al partido del viernes y haber repetido al día siguiente, y aun así el público se habría puesto de pie para aplaudirle. Además, y lo digo con todo el respeto, junto a mí estaban sentados Tiger Woods y Michael Jordan. Quiero decir que la gente sabía que estos iconos estaban presentes, pero nada en comparación con Muhammad Ali. Solo Muhammad podría recibir aquella ovación porque era muy especial.

Añadiría que la vida de Muhammad estaba llena de un gran amor. Muhammad solía decirme que la mejor religión del mundo era la religión del amor. Y que incluso en las Sagradas Escrituras se dice que entre la fe el amor es lo más importante. Muhammad Ali era la personificación de eso. Muhammad no odió a nadie en su vida. Amó a Joe Frazier, a pesar de que antes a Joe no le gustase mucho Muhammad. Para Muhammad todo giraba en torno a las personas. Nunca habrá otro Muhammad Ali: ya no se fabrican personas como él.

¿Cuál fue la conversación más reflexiva que mantuvo con él, mientras aún podía hablar, que le causara una impresión duradera?

La visita que nunca olvidaré fue cuando lo conocí por primera vez. Sucedió en un partido de baloncesto de los LA Lakers. El propietario del equipo, Jerry Duckworth, y Sammy Davis Jr. estaban con Muhammad. Yo estaba en otra mesa y subí a presentarme a él. No conseguí que me dijera gran cosa, así que insistí. Seguía sin sacarle nada. En aquel momento, aún podía hablar. Le dije: «Muhammad, tú y yo tenemos un amigo en común: Earnie Shavers». Se me quedó mirando. Le dije: «Muhammad, Earnie realmente te quiere mucho». Muhammad respondió: «Si me quiere tanto, ¿por qué me pegó tan duro?» Earnie aguantó con él los quince asaltos en el Madison Square Garden. Muhammad me contó que Earnie le había golpeado más fuerte que a cualquier otro. Ese fue un momento que nunca olvidaré. Fue, probablemente, en 1987. Años más tarde, cuando oí que Muhammad estaba en Phoenix, me propuse conocerlos a él y a Lonnie. A partir de aquel momento, pasamos mucho tiempo juntos, nada menos que veinte años. Recuerdo una vez que me lo llevé a un partido de béisbol. Le encantaba mirar por la ventanilla del coche. Era típico de él. Los conductores que pasaban al lado casi se salían de la carretera por quedarse mirando a Muhammad, y él sonreía. En aquella ocasión en particular, después del partido, él le iba indicando con la mano a la gente que nos siguieran. Detrás de nosotros, llevábamos a unos veinte coches y así llegamos hasta la casa donde vivía Muhammad. Toda aquella gente que nos seguía bajó de los coches, veinte personas entraron en la casa porque Muhammad les hacía señas con la mano para que entraran. Lonnie le preguntó: «¿Quién es toda esta gente, Muhammad?» Y siguió diciendo: «Muhammad, son extraños, ni siquiera los conoces». Muhammad respondió: «Lonnie, son mis amigos». Metió a todas aquellas personas en su casa. Así era Muhammad: amabilidad, amor y acogida. Todo el mundo era amigo suyo.

¿Puede revelar alguna anécdota referente a las estrellas de primera categoría que asisten a la Celebrity Fight Night?

Enseguida me vienen a la mente tres personas. Una de ellas es Billy Cristal. Billy empezó haciéndose pasar por Muhammad Ali. Fue asombroso el modo en el que ambos conectaron. Se hicieron íntimos. Billy habría hecho por Muhammad lo que hubiera sido necesario, bueno o malo. La primera vez que acudí al museo de Muhammad Ali en Louisville, allí estaban Angelina Jolie y Brad Pitt. Pude conocerlos. También estaba el presidente Clinton. De nuevo, hay que entender que Muhammad era capaz de atraer a cualquier tipo de multitud. A la gente le encantaba estar con él.

Céline Dion cantó en una de las galas, mientras su esposo René, ya fallecido, estaba sentado al lado de Muhammad, que se encontraba justo delante de ella. Céline dejó de cantar en medio de la canción y dijo: «René, ¿sabes a quién tienes sentado a tu lado? Estás sentado al lado de Muhammad Ali, el más grande de todos los tiempos». Después, ella siguió cantando, terminó su canción, y a René le asomaban las lágrimas a los ojos. Fue la mayor emoción de su vida. Robin Williams decía siempre cosas divertidas. Recuerdo algo que dijo Halle Berry en una ocasión. Estaba recogiendo su premio en el escenario y, delante de mil trescientas personas, le dijo a Muhammad: «Sabes, Muhammad, me he casado varias veces, pero debería haberme casado contigo». Y Lonnie Ali le respondió de broma: «Ahí lo tienes, Halle. Puedes llevártelo. Todo tuyo». Muhammad no podía hablar, pero se puso a girar el dedo alrededor de la oreja, como diciendo: «Estás loca.» Nos divertíamos siempre mucho con los famosos.

Todos y cada uno tuvieron algo especial, incluso, Andrea Bocelli, uno de los mejores cantantes del mundo. Resulta que me encuentro en el Ritz Carlton de Nueva York, en el vestíbulo. Veo a Andrea. Voy hacia el ascensor y lo paro. Me presento. Le cuento que organizo una gala benéfica con David Foster, ya que David produce la música de Andrea. Sin embargo, no parece entusiasmado. Entonces, le digo: «La organizo con Muhammad Ali». Andrea me responde: «¿Conoce a Muhammad Ali?» Le digo: «Sí, organizo este acto con él todos los años». Me dice: «Es mi héroe. Siempre he querido conocerlo». Yo le contesto: «Andrea, sé que la próxima semana das un concierto en Phoenix. ¿Te gustaría conocer a Muhammad cuando estés en la ciudad? Podemos ir a su casa». Así fue como a la semana siguiente, mi esposa y yo recogimos a Andrea y a algunos directores italianos en el Ritz Carlton de Phoenix y fuimos a casa de Muhammad Ali. Mientras nos dirigíamos a la puerta, le conté a Andrea que era el cumpleaños de Lonnie, la esposa de Muhammad. Ella abrió la puerta y, enseguida, Andrea le cantó a Lonnie el cumpleaños feliz. Entramos en la casa y me dispuse a presentarle a un ciego a un hombre que no podía hablar. Se sentaron uno al lado del otro. Andrea le besó varias veces en las mejillas. Se puso de rodillas y le dijo a Muhammad: «Me siento abrumado. Me siento honrado. Es una gran emoción la que siento y estoy muy nervioso. Toda mi vida he querido conocerte».

Luego, se levantó, y Muhammad le susurró: «¿Cantarías para mí?» Bocelli cantó un aria de una ópera italiana. Fue algo muy especial. A la noche siguiente, acudimos al concierto en el Coliseum delante de veinte mil personas. Lonnie, Muhammad, mi esposa y yo nos sentamos en la primera fila. Andrea Bocelli apareció en el escenario con unos guantes de boxeo puestos y haciendo que boxeaba. Le dijo al público: «Anoche viví la mayor emoción de mi vida cuando conocí a Muhammad Ali. Estuve en su casa».

La salud de Muhammad se deterioró a causa del Parkinson. En los últimos años de su vida, ¿a qué dedicaba el tiempo en casa?

Es una buena pregunta. Durante el día, a Muhammad le gustaba ver películas de boxeo. Veía los combates que le habían enfrentado a Joe Frazier, Earnie Shavers o Ken Norton. Le gustaba la magia, así que se sentaba y hacía trucos de magia. Recuerdo que una vez llevé a Billy Cristal a casa de Muhammad y le estuvo haciendo trucos. También llevé a Puff Daddy. En una ocasión, lo recogí y lo llevé a casa de Muhammad. Era muy fácil preguntarle a cualquier famoso: «¿Te gustaría ir a casa de Muhammad Ali y pasar un rato con él?» La respuesta era afirmativa. Dejaban todo lo que estuvieran haciendo e iban. Era fácil porque Lonnie era muy hospitalaria y le gustaba invitar a la gente a su hogar. Recuerdo que, cuando Denzel Washington cumplió cincuenta años, le hicimos un vídeo para él en la casa de Ali. A Muhammad siempre le encantó que la gente se detuviera en su casa. Se subía en el coche con quien fuera y se iban a dar una vuelta. Le gustaba ir a ver partidos. Fue una verdadera lástima que el Parkinson le robara la voz. Tenía tanta gracia para hablar. Era muy conocido por las cosas que dijo, sin embargo, perdió la voz y ya no pudo hablar. Sus hijas lo llamaban muy temprano por la mañana cuando podía articular algunas palabras, aunque le resultaba muy difícil. Pero Lonnie fue una esposa superestrella y amaba de verdad a Muhammad. Creo que se enamoró de él cuando estaba en la escuela primaria y él aún era Cassius Clay. Ambos crecieron en Louisville. Fue una esposa increíble que lo hizo todo por ayudar a Muhammad. Lo mantenían ocupado, y él hacía algunos ejercicios de estiramiento. Hacía lo que podía. Tenía temblores y tomaba su medicación. El doctor Lieberman prácticamente iba a verlo todos los domingos. Sin duda, tuvo el apoyo de mucha gente buena a su alrededor.

¿Cuál es el legado que ha dejado esta gran figura icónica?

Creo que el legado que deja, en mi opinión, es el amor que sentía por la gente y su sentido del humor. Estamos hablando de la persona más conocida del mundo en cierto momento. Fuera donde fuera, todo el mundo lo reconocía. En gran parte, esto comenzó cuando portó la antorcha olímpica en los Juegos de Atlanta de 1996. Su funeral se celebró en el estadio del equipo de baloncesto de Louisville ante catorce mil personas. La gente que esperaba en las calles lanzaba flores al paso del coche que llevaba sus restos mortales, fue una muestra muy especial de amor y aprecio. Él amaba las multitudes. Escuché que Muhammad quería que su funeral se celebrase en el estadio de los Yankees. Cuando Lonnie le preguntó por qué, él respondió que quería que asistiese una gran multitud. En una ocasión, recorrimos el estadio de los Yankees. Íbamos en un cochecito y dimos una vuelta al campo antes de que comenzara el partido. Los cincuenta mil asistentes le ofrecieron a Muhammad una gran ovación de pie. Luego, salieron todos los jugadores, unos cincuenta jugadores de béisbol, para estrecharle la mano, a pesar de que supuestamente solo tres o así tenían que acercarse para recibir un premio que él les iba a entregar. Tengo tantos recuerdos con él. El legado es el respeto que sentía por las personas y cuánto lo amaba la gente. Cambió muchas vidas con su influencia. Una cosa sé con seguridad: con los problemas que tenemos en el mundo, si Muhammad tuviera voz, iría a esos países sin guardaespaldas y les hablaría de paz. Representaba la paz. Como ocurrió con Vietnam, no quiso ir allí a matar a nadie. Era un hombre de paz. Si pudiera hablar, iría a esos países en conflicto. Nadie atacaría a Muhammad. No tenía guardaespaldas. No lo necesitaba. Era Muhammad Ali.

APÉNDICE

CRONOLOGÍA DE MUHAMMAD ALI

17 de enero de 1942. Nace en el hospital general de Louisville (Kentucky).

Asiste a la escuela elemental Virginia Avenue.

1954. A la edad de doce años, empieza a boxear después de que el oficial de policía y entrenador Joe Martin lo lleve a ver al entrenador de boxeo Fred Stoner.

Entre 1954 y 1960. Gana seis títulos Kentucky Golden Gloves, dos títulos nacionales Golden Gloves y dos títulos AAU.

Termina el noveno grado de la escuela secundaria Du Valle Junior High School.

4 de septiembre de 1957. Se matricula en el instituto público Central High School.

31 de marzo de 1958. Abandona voluntariamente el Central High School.

1959. Escucha hablar por primera vez de la Nación del Islam.

1960. Gana la medalla de oro olímpica en la categoría de peso semipesado en los Juegos Olímpicos de Roma.

1960. Firma con el Louisville Sponsoring Group y se convierte en profesional.

29 de octubre de 1960. Boxea por primera vez como profesional y vence a Tunney Hunskar en Louisville (Kentucky).

Noviembre de 1960. Lo envían a California para entrenar con Archie Moore.

351

19 de diciembre de 1960. Empieza a entrenar con Angelo Dundee en el célebre gimnasio 5th Street Gym en Miami (Florida).

27 de diciembre de 1960. Boxea y vence a Herb Siler en Miami (Florida). Primer combate en el que Angelo Dundee lo asiste en la esquina.

15 de noviembre de 1962. Boxea y vence a su antiguo entrenador Archie Moore en Los Ángeles.

18 de junio de 1963. Boxea y vence a Henry Cooper en Londres (Inglaterra).

1964. Se une a la Nación del Islam.

25 de febrero de 1964. Gana el título de los pesos pesados en Miami (Florida) después de que Sonny Liston no acudiera a la llamada de la campana para el séptimo asalto.

6 de marzo de 1964. Elijah Muhammad le otorga su nuevo nombre: Muhammad Ali.

14 de agosto de 1964. Se casa con Sonji Roi en Gary (Indiana).

25 de mayo de 1965. Noquea a Sonny Liston en el primer asalto de la revancha en Lewiston (Maine).

22 de noviembre de 1965. Derrota a Floyd Patterson por *knockout* técnico en el decimosegundo asalto.

10 de enero de 1966. Se divorcia de su primera esposa, Sonji Roi.

1966. Recibe la clasificación A-1 que permite que lo puedan reclutar en las Fuerzas Armadas de Estados Unidos. Pronuncia el famoso comentario del «Vietcong».

21 de mayo de 1966. Vence a Henry Cooper por segunda vez en Londres (Inglaterra).

14 de noviembre de 1966. Vence a Cleveland Williams en el Astrodome de Houston.

6 de febrero de 1967. Vence a Ernie Terrell en Houston (Texas).

22 de marzo de 1967. Combate final con Zora Folley antes de que Ali sea despojado de su título y le revoquen la licencia.

Abril de 1967. Rechaza el reclutamiento en las Fuerzas Armadas de Estados Unidos

Junio de 1967. Destacados atletas afroamericanos y Ali celebran una histórica reunión en Cleveland.

20 de junio de 1967. El tribunal lo declara culpable de evasión del servicio militar, le impone una multa de diez mil dólares y lo condena a cinco años de prisión.

17 de agosto de 1967. Se casa con Belinda Boyd.

14 de abril de 1969. La Nación del Islam lo suspende oficialmente y le retira su nombre musulmán.

26 de octubre de 1970. Regresa al cuadrilátero en Atlanta (Georgia), donde derrota a Jerry Quarry en tres asaltos.

8 de marzo de 1971. La pelea del siglo: Ali boxea contra Joe Frazier en el Madison Square Garden en Nueva York. Ali pierde por decisión unánime.

28 de junio de 1971. La Corte Suprema falla a favor de Ali y revoca la condena de 1967 por evasión del servicio militar.

26 de julio de 1971. Vence a Jimmy Ellis en Houston (Texas).

Enero de 1972. Realiza la peregrinación a La Meca.

27 de junio de 1972. Vence a Jerry Quarry por segunda vez en Las Vegas.

20 de septiembre de 1972. Vence a Floyd Patterson por segunda vez en la ciudad de Nueva York.

14 de febrero de 1973. Vence a Joe Bugner por decisión en Las Vegas.

31 de marzo de 1973. Pierde ante Ken Norton por decisión en San Diego.

10 de septiembre de 1973. En la revancha con Ken Norton en Inglewood (California), Ali gana por decisión.

28 de enero de 1974. Boxea contra Joe Frazier por segunda vez en Nueva York y gana por decisión unánime.

30 de octubre de 1974. Boxea contra George Foreman en Kinshasa (Zaire), el combate *Rumble in the Jungle*, noqueando a Foreman en el octavo asalto.

30 de junio de 1975. Vence a Joe Bugner por decisión en Kuala Lumpur (Malasia).

24 de marzo de 1975. Vence a Chuck Wepner. El combate ins-

pira a Sylvester Stallone para escribir el guion de la película *Rocky*.

1 de octubre de 1975. El combate Frazier-Ali III —*Thrilla in Manila*— se celebra en Quezon (Filipinas). Ali conserva el título de los pesos pesados después de que la esquina de Frazier detenga el combate justo antes del decimoquinto asalto.

1975. Se convierte en musulmán suní tras la muerte de Elijah Muhammad.

26 de junio de 1976. Boxea contra el luchador de lucha libre Antonio Inoki en un combate mixto de artes marciales en Tokio (Japón). Terminó en empate.

Septiembre de 1976. Boxea contra Ken Norton por tercera y última vez en el estadio de los Yankees en Nueva York. Ali gana por decisión unánime en el decimoquinto asalto.

Enero de 1977. Se divorcia de su segunda esposa, Belinda Boyd.

1977. Se casa con Veronica Porche.

29 de septiembre de 1977. Vence a Earnie Shavers en la ciudad de Nueva York.

15 de febrero de 1978. Pierde ante Leon Spinks en Las Vegas por decisión dividida.

15 de septiembre de 1978. Vence a Leon Spinks en la revancha en Nueva Orleans, recuperando el título.

1979. Se muda a Los Ángeles.

27 de junio de 1979. Anuncia su retirada.

10 de octubre de 1980. Sale del retiro y pierde ante Larry Holmes en el undécimo asalto en Las Vegas.

11 de diciembre de 1981. Boxea por última vez en un combate celebrado en Nassau (Bahamas). Pierde ante Trevor Berbick.

1984. Se le diagnostica la enfermedad de Parkinson.

1986. Se divorcia de su tercera esposa, Veronica Porche.

19 de noviembre de 1986. Se casa por cuarta vez con Yolanda Williams y, luego, se mudan a Michigan.

1990. Viaja a Irak para reunirse con Saddam Hussein y negociar la liberación de los rehenes norteamericanos.

1996. Porta la antorcha olímpica en los Juegos Olímpicos de Atlanta.

1996. Se une a Jimmy Walker para prestar su nombre al acto benéfico anual Celebrity Fight Night.

1999. La BBC lo corona como Personalidad Deportiva del Siglo, y la revista *Sports Illustrated* lo nombra Deportista del Siglo.

17 de noviembre de 2002. Viaja a Afganistán como invitado de las Naciones Unidas.

2005. Se inaugura el Muhammad Ali Center en Louisville (Kentucky).

9 de noviembre de 2005. Recibe la Medalla de la Libertad en una ceremonia celebrada en la Casa Blanca.

3 de octubre de 2013. Asiste a la primera entrega de los premios Muhammad Ali Humanitarian en Louisville.

9 de abril de 2016. Asiste por última vez al acto Celebrity Fight Night en Phoenix.

3 de junio de 2016. Fallece en el hospital de Scottsdale (Phoenix) a la edad de setenta y cuatro años.

9 de junio de 2016. Se celebra su funeral en el Freedom Hall de Louisville.

AGRADECIMIENTOS

Quiero enviar un agradecimiento muy grande al personal de las revistas *Martial Arts Illustrated* e *Impact*: Moira, Martin, Neal, John, Roy y especialmente al editor Bob Sykes por concederme una oportunidad y aceptarme al iniciar mi carrera como escritor. Los quince años de relación laboral fueron divertidos. A todos los editores de las diferentes revistas y periódicos nacionales con quienes he trabajado, cuya ayuda contribuyó a mi éxito en mi desarrollo profesional como escritor. Además, quisiera dar también las gracias a todas aquellas figuras de los ámbitos deportivo y del entretenimiento a las que he entrevistado a lo largo de los años: sois una parte fundamental del porqué de mi éxito.

Me gustaría agradecer a mis viejos amigos Diana Lee Inosanto, Royce Gracie, Rasheda Ali, Ron Balicki, Bob Sykes, Ronnie Green, Lance Lewis, Seyfi Shevket y Peter Consterdine, sus innumerables años de apoyo y aliento.

Mi agradecimiento también al hermano de Muhammad Ali, Rahaman Ali, y a Ron Brashear, por su relación de amistad y laboral; sin olvidar a mi agente Charlie Brotherstone.

Gracias a Joel Snape por editar el manuscrito. Un agradecimiento especial dirigido a Neville Moir y a Pete Burns en mi editorial, Arena, por creer en mí y por su arduo trabajo.

Quisiera darles las gracias a mis amigos de la industria, tanto

en Estados Unidos como en el Reino Unido, que han enriquecido mi vida y me han brindado su apoyo.

Por último, aunque no menos importante, gracias al propio
Muhammad Ali y también a Bruce Lee: sin ellos dos, mis sueños
puede que nunca se hubiesen hecho realidad.

SOBRE EL AUTOR

FIAZ RAFIQ es escritor profesional en el ámbito de los deportes y del entretenimiento. Colabora con más de media docena de periódicos de prestigio nacional de Estados Unidos como *The Sun*. Durante quince años, fue columnista jefe de la exitosa revista de deportes de combate *Martial Arts Illustrated*, y contribuyó también en otras como *MMA Uncaged, Fighters Only* (la mayor revista de artes marciales mixtas del mundo), *Men's Fitness, Muscle & Fitness* e *Impact: The Global Action Movie Magazine*. Su trabajo se ha publicado en medios de todo el mundo. Ha entrevistado a numerosas personalidades célebres, entre ellas, a los mejores campeones de boxeo, UFC y culturismo, así como a innumerables actores, productores y directores de Hollywood.

Es un aclamado biógrafo de alguna de las figuras más icónicas del ámbito deportivo y de Hollywood. Es autor de tres biografías orales: *Conversaciones sobre Bruce Lee: vida y legado de una leyenda*, *Muhammad Ali: la vida de una leyenda* y *Arnold Schwarzenegger: The Life of a Legend* (Arnold Schwarzenegger: la vida de una leyenda). Fiaz fue coautor junto con Rahaman Ali, el único hermano de Muhammad Ali, del libro aclamado por la crítica *My Brother, Muhammad Ali: The Definitive Biography* (Mi hermano, Muhammad Ali: la biografía definitiva), que *The Sunday Times* clasificó como uno de los libros del año 2019. Asimismo, contribuyó en el documental autorizado *How Bruce Lee Changed the World (Cómo Bruce Lee cambió el mundo)*. Mantiene una estrecha relación de amistad con los miembros de la familia de Muhammad Ali.

ÍNDICE ONOMÁSTICO